문학비평과 소설교육

김성진

서울대학교 사범대학 국어교육과를 졸업하고, 동 대학원에서 박사학위를 받았다. 서울대학교 기초교육원 전임대우강사, 한국교육과정평가원 연구위원을 거쳐 현재 대구대학교 사범대학 국어교육과에 재직 중이다. 청소년 소설 비평가로도 활동하고 있다.
주요 논저로『문학교육론의 쟁점과 전망』,『서사교육론』(공저),「애도의 서사 윤리와 문학치료」,「김동리 초기 소설에 나타난 원시적 열정의 현대성」,「아동청소년 문학의 정전과 권정생의 한국전쟁 3부작」 등이 있다.

문학비평과 소설교육

초판 1쇄 발행 2012년 10월 21일
재판 1쇄 인쇄 2012년 10월 27일
지은이   김성진
펴낸이   지현구
펴낸곳   태학사
주 소   경기도 파주시 광인사길 223
전 화   마케팅부 (031)955-7580~82   편집부 (031)955-7585~89
전 송   (031)955-0910
전자우편   thaehak4@chol.com
홈페이지   www.thaehaksa.com
등 록   제406-2006-00008호
저작권자 ⓒ 김성진, 2012
이 책의 저작권은 저자에게 있습니다.
저자와 출판사의 허락 없이 내용의 일부를 인용하거나
발췌하는 것을 금합니다.

값은 뒤표지에 있습니다.

ISBN 978-89-5966-536-5 93810

문학비평과 소설교육

김성진 지음

태학사

머리말

올여름에는 모두들 알고 있듯이 올림픽이 열렸다. 개강을 눈앞에 두고 있는 지금 내 머릿속에 여전히 남아 있는 것은 경기 장면이 아니라 개막식이다. 특히 영문학의 정전에 해당하는 작품들이 당대의 가장 화려한 문화 이벤트 속에서 자신의 목소리를 뚜렷하게 내는 장면은 학교에서 문학을 가르치는 일의 의미를 다시 생각해 보게 하기에 충분했다. 셰익스피어 작품 영화화의 단골 배우 케네스 브래너가 「템페스트」의 한 대목을 낭독하며 런던 올림픽의 시작을 알리는 장면은 물론이고 조앤 롤링으로 하여금 「피터팬」의 도입부를 읽게 한 대목 역시 생각할 거리를 던져 주었다. 어느 장소에 서 있느냐에 따라 조금씩 다르겠지만 문학을 가르치는 사람들은 자국 문학을 대표하는 작품이 당대의 새로운 문화적 산물을 낳는 주춧돌이 될 수 있기를 소망한다. 못된 친척들에 의해 골방에 갇힌 자존심 강한 제인 에어가 시간이 흐른 뒤 해리 포터의 모습으로 다시 태어나는 것처럼 말이다. 그러나 고전과 독자의 살아 있는 만남은 일방적 강요나 설득만으로는 불가능하다. 소통의 과정에서 주체적 판단에 바탕을 둔 공감이 과거의 작품을 살아 있게 만든다. 이 책은 비평을 중심으로 한 소설교육의 가능성을 이론 차원에서 모색한 결과물을 담고 있다.

1부에서는 현대 소설의 장르론, 서사 이론, 비평 이론을 바탕으로 해석의 다양성, 맥락의 구체적 의미, 문학교육과 읽기 교육의 접점을 찾아보았다. 이 글들은 중등학교 국어교육과정의 용어와 성취 기준으로 진술될 수 있는 매개 역할에 해당하는 내용을 다루고 있다. 주지하다시피 문학교육의 실천 국면에서 교육과정의 용어와 진술은 특정 시기 문학교육의 방향에 큰 영향력을 행사한다. 교육과정 개정이 단순한 '합의'에 그치지 않기 위해서는 용어에 대한 엄밀한 진단과 교육 내용에 대한 새로운 접근이 선행되어야 한다. 주어지는 교육과정의 시야에 갇혀 그 '해설'에 만족해서는 문학교육의 학문적 근거를 주장할 수 없다. 2부에서는 소설교육 연구자의 시각으로 한국 근대 소설사의 주요 작품을 재해석해 보았다. 문학 연구와 문학교육 연구는 모두 넓은 의미의 인문학으로서 공유하는 면이 적지 않다. 그러나 기원보다는 현재적 의미를, 작품 자체보다는 독자에 대한 작품의 작용을 시야에 넣어야 한다는 점에서 우리는 모두 '효용론'자들이다. 여기서는 일제 강점기에서 1990년대 후반에 이르는 시기의 작품을 소설교육의 시각에서 어떻게 달리 읽을 수 있는가를 탐구해 보았다. 추후에 이 글들을 '소설교육을 위한 한국 소설사'를 쓰기 위한 디딤돌로 삼으려고 한다. 3부에서는 비평을 중심으로 한 문학 수용의 원리를 탐색해 보았다. 나 자신이 청소년 소설 비평가로 활동하고 있지만 현재 문학 소통의 장에서 '비평가'의 역할은 왜소하기 짝이 없다. 그러나 독자들에게 주어진 권능을 고려하면 지금이야말로 진정한 의미의 '비평의 시대'이다. 좋은 작품을 찾아 권하고 이를 함께 공유하고자 하는 태도는 비평의 근본이라 할 수 있다. 따라서 비평 활동은 작품의 부정적인 면을 들추면서 등급을 매기거나 평가하는 것이 아니라 작품에 담긴 세계와 독자의 세계가 만나 서로가 변화하는 '상호 소통'에 가깝다. 이를 직관의 표현, 논리적 설명, 이념적 실천으로 나누어 소설 감상의 원리로 삼고자 했다.

이 책을 준비하는 과정에서 많은 분들의 도움을 받았다. 설익은 의견에도 늘 격려를 해주시며 공부의 기본을 잊지 않게 해주셨던 우한용 선생님을 비롯한 모교의 은사님들에게 감사의 인사를 드리지 않을 수 없다. 문학교육의 바다를 앞서거니 뒤서거니 함께 항해하는 선후배 동학님들에게도 감사의 마음을 표한다. 아내와 두 아들 세영, 도영은 읽고 쓰는 일을 가능하게 하는 희망의 원천이다.

이 책을 준비하기 위해 그동안에 쓴 글을 읽으며 생각을 더 벼려야 할 지점과 새롭게 공부해야 할 것들이 조금은 선명해졌다. 과거와 현재의 역사적 만남을 가능하게 하는 소설교육이 전자요, 서사의 논리가 테크놀로지와 만나 문화적 상상력으로 변환될 수 있는 소설교육이 후자이다. 이 둘이 전적으로 다르지 않을 것이라 생각한다.

 지난 겨울 끝자락 '무소식이 희소식'이었던 한 후배의 빈소에 나는 가지 못했다. 아니, 가지 않았다. 이런 식의 작별 인사를 그 친구가 어떻게 받아들일지 알 수 없지만, 같이 공부했던 홍군에게 이 책을 바치고 싶다.

태풍이 지나가며 남겨 놓은 바람 소리를 들으며

김성진

목차

제1부 현대 소설의 이론과 문학 교육과정   11

제1장 소설 해석의 다양성과 교육과정   13
1. 구성주의의 수용과 문학 해석의 쟁점   13
2. 작품 해석에서 주관성과 객관성의 문제   15
3. 텍스트에 기반한 독자의 의미 구성과 소설 해석   20
4. 내적 균열의 현동화로서의 소설 읽기   26

제2장 현대 소설의 장르론과 맥락의 문제   35
1. 맥락 범주의 역할과 의미   35
2. 장르를 배제한 맥락 이해 비판   36
3. 장르를 고려한 서사교육의 성취 기준 진술의 방향   42
4. 장르 이론 수용의 방향   52

제3장 서사 이론과 읽기 교육의 소통   53
1. 체계와 현실의 균형   53
2. 문학 읽기와 비문학 읽기의 접점   54
3. 구성주의의 현실화를 위한 문학 이론의 역할   58
4. 플롯 재구성으로서의 텍스트 읽기   62
5. 서사 이론과 비판적 읽기의 만남   72

제4장 문학 영역 교육과정 개정의 논리   75
1. 해설과 제안 사이에서   75
2. 2011 공통 교육과정 문학 영역의 중요 특징   76
3. 문학 영역 내용 체계 구성의 쟁점   84
4. 교육과정 개정에서 고려해야 할 사항   93

제5장 문학 교수 학습 방법론의 탐색   95
1. 보편 모델로서의 교수법 비판   95
2. '반응 중심 교수 학습법'에 대한 재검토   96
3. '반응 중심 교수 학습법'의 재구성   100
4. 남는 문제들   110

제2부 소설교육의 눈으로 다시 읽는 한국 현대 소설 113

제1장 작품 읽기와 비평 이론의 관계
- 『고향』을 중심으로 115
1. 『고향』에 대한 재평가의 필요성 115
2. 전형성 중심의 『고향』 읽기에 대한 비판적 검토 117
3. 『고향』의 서사 구성에서 통속성의 역할 121
4. 이론과 읽기의 상호작용 132

제2장 진정성의 서사 윤리
- 「비 오는 길」을 중심으로 137
1. 문학을 통한 윤리교육의 방향 137
2. 소설의 윤리와 소설교육 138
3. 진정성 윤리 형상화의 한 방식 143
4. 자아의 기획과 윤리적 주체의 형성 152

제3장 장편 소설 읽기에서 인물론의 역할
- 『광장』을 중심으로 157
1. 문학 교과서에 나타난 『광장』에 대한 해석 157
2. 장편 소설 읽기와 인물 160
3. 『광장』의 서사 구조에서 매개적 인물의 기능 164
4. 인물 중심 장편 소설 교육의 방향 172

제4장 메타소설과 창작 교육
- 『외딴 방』을 중심으로 175
1. '이해와 감상'에서 '수용과 창작'으로 175
2. 실천적 의미 구성 행위로서의 수용과 창작교육 176
3. 자전적 글쓰기에 대한 성찰의 전경화 183
4. 메타소설화 전략의 내용 194

제3부 비평 활동 중심의 소설교육 199

제1장 비평 활동이라는 문제 설정 201
    1. 문학교육과 비평 201
    2. 비평에서 비평 활동으로 204
    3. 비평 활동의 특징 209
    4. 비평 활동의 구도 223

제2장 직관의 표현으로서의 비평 활동 229
    1. 주관적 가치 판단의 절대화 230
    2. 인상의 재구성 237
    3. 비평의 심미화 241
    4. 비평 활동의 교육 내용 1 : 인상의 기술 250

제3장 논리적 설명으로서의 비평 활동 257
    1. 과학적 태도의 도입 259
    2. 기법의 의미 규명 267
    3. 법칙의 구성 279
    4. 비평 활동의 교육 내용 2 : 논리적 설명 286

제4장 이념적 실천으로서의 비평 활동 295
    1. 작품에 대한 정치적 읽기 296
    2. 이념적 주체의 재구성 300
    3. 내용과 형식의 역사적 의미 파악 315
    4. 비평 활동의 교육 내용 3 : 사회·역사적 가치 탐구 326

제5장 비평 활동의 목표 혹은 지혜 335
    1. 왜 지혜인가? 335
    2. 비평 주체와 텍스트의 '공명(共鳴)' 341

제1부
현대 소설의 이론과 문학 교육과정

제1장 소설 해석의 다양성과 교육과정
제2장 현대 소설의 장르론과 맥락의 문제
제3장 서사 이론과 읽기 교육의 소통
제4장 문학 영역 교육과정 개정의 논리
제5장 문학 교수 학습 방법론의 탐색

제1장

소설 해석의 다양성과 교육과정

1. 구성주의의 수용과 문학 해석의 쟁점

　국어교육에 구성주의라는 문제의식이 도입된 이후 일어난 가장 큰 변화는 읽기 영역에서 발생했다고 해도 지나친 말이 아니다. 과거의 읽기가 텍스트를 중심에 놓고 그 속에 내재한 의미를 '발견'하는 것에 초점을 맞추었음에 비해, 현재의 읽기는 독자와 텍스트의 상호 작용을 거쳐 의미를 '구성'한다는 식으로 독자의 능동적인 역할을 강조한다. 이러한 읽기관은 문학 작품의 수용 능력과도 밀접한 관련을 맺는다. 문학 작품 자체가 아니라 문학 작품과 학습자의 관계 맺음을 중시하는 문학교육에서 학습자 중심성이란 출발점이자 도달점과도 같기 때문이다. 그런데 문학이라는 장르는 구성주의의 문제의식을 이미 그 텍스트 자체에 내재하고 있다. 문학 작품의 구조는 다수의 이질적인 층으로 조성된 형상이라는 인가르덴(Ingarden)의 발언 역시 그러한 면을 부각시키고 있는데, 여기서 문학 읽기는 다른 장르의 텍스트에 비해 처음부터 의미의 능동적 구성을 강조한다.[1]

---

[1] R. Ingarden, *Literarische Kunstwerk*, 1960, 이동승 역, 『문학예술작품』, 1985, 민음사, 49-51면.

그러나 그 동안 문학교육의 실제에서 이러한 원칙이 얼마나 현실화되었는 가를 자문한다면 그다지 긍정적인 답변을 기대하기 어렵다. 작품의 미적 구조를 '기법'으로 특권화한 신비평이 큰 영향력을 발휘했던 4차 교육과정기의 경우 문학에 대한 학습자의 능동적 해석보다는 문학에 대한 지식의 습득에 치중함으로써 문학을 학생들로부터 소외시키기도 했다. 그러나 문학에 대한 체험을 지식으로 대체한 과거 문학교육의 잘못을 신비평 이론에 전가할 수는 없다. '애매성'이야말로 신비평이 중시한 문학의 본질적 속성이 아닌가?[2] 그러나 작품, 특히 시 작품에 특권적 지위를 부여한 결과 독자에게 작품의 신비를 겸허히 받아들이는 종속적 자리만을 허락했다는 점은 부인할 수 없다.[3] 이후의 문학교육에서 일어난 변화는 작품을 수용하는 과정에서 학습자의 능동성을 확대하는 과정이었다고 해도 과장은 아닐 듯하다. 7차 교육과정 이후 '이해와 감상'이라는 전통적인 용어보다 이 둘을 아우르는 '수용'이라는 새로운 개념을 강조한 것도 이러한 맥락에서 이해되어야 한다.[4]

이러한 변화가 말해주듯이 문학교육에서 작품 해석의 다양성을 강조하고 있지만 아직까지 텍스트의 다의성을 실현하는 작품 읽기의 방법에 대한 논의는 상대적으로 부족한 편이다. '텍스트 해석에서 정답이란 없다' 혹은 '작품 읽기는 텍스트에서 독자를 향하는 일방통행이 아니라 독자와 텍스트의 대화이다'는 진술은 분명 타당하다. 그러나 이러한 원론 차원의 진술을 반복하는 것을 넘어서 어떤 방법과 과정을 통해 학습자가 작품을 읽는 능력을 얻을 수 있게 되는가를 제시하지 않는다면 문학교육의 실천은 과거의 틀을

---

[2] 자세한 사항은 영미문학연구회, 『영미 문학의 길잡이 2』, 창작과비평사, 2001, 371-378면을 참조할 것.
[3] 이에 대해서는 우한용, 『문학교육과 문화론』, 서울대출판부, 1997, 227-231면과 김상욱, 『소설교육의 방법 연구』, 서울대출판부, 1996, 59-80면을 참조할 수 있다.
[4] 7차 교육과정과 2007년 개정 교육과정은 모두 8학년 문학 영역에 '다양한 시각과 방법으로 작품을 해석하고 평가한다'라는 목표를 명시함으로써 작품에 대한 다양한 해석의 가능성을 강조하고 있다. 2011년에 발표된 개정 교육과정 역시 주체적 시각의 작품 읽기와 함께 다양한 해석 가능성을 중시하고 있다.

벗어날 수 없다. 문학교육 연구도 새로운 문제의식을 제시하는 것과 더불어 그것을 현실화할 수 있는 방법을 모색하는 성숙의 문지방에 서 있다. 그렇다면 교육과정에 진술되어 있는 명제를 반복하는 것이 아니라 다양한 언어 자료를 활용하여 그 속에 담긴 함의를 분석하거나 공백을 메움으로써 내적 의미를 풍부하게 보탤 수 있어야 한다.

이 글에서는 학습자가 텍스트에 종속되지 않으면서도 텍스트를 기반으로 한 능동적인 해석을 이끌어낼 수 있는 소설 읽기의 방법을 탐구하고자 한다. 그것은 텍스트를 '깨어진 거울'로 보고 텍스트에 내재한 균열을 탐구하는 방식의 읽기이다. 이 과정에서 텍스트에 근거한 꼼꼼한 읽기와 학습자의 스키마나 해석 약호를 중시하는 구성주의 방식의 읽기를 대립시킬 필요가 없다는 점도 드러나게 될 것이다. 다양한 해석에 대한 추구는 학습자의 주관적 판단에만 의지하는 것이 아니다. 어디까지나 그 판단이 텍스트 내적 요건과 접속할 때 진정한 의미의 다성성을 획득할 수 있다. 이를 위해 필자는 먼저 해석에 있어 객관주의와 주관주의로 대별되는 해석학의 논의를 점검함으로써 텍스트의 내적 자질에 근거한 다양한 소설 해석의 이론적 토대를 마련할 것이다.

2. 작품 해석에서 주관성과 객관성의 문제

일반적으로 해석이란 대상이 되는 텍스트를 읽고 이를 독자 자신의 언어로 이해하는 활동을 뜻한다. '해석'을 텍스트에 담긴 의미를 풀이하면 되는 것으로 좁혀 이해한다면 이는 지극히 자명해 보이는 활동이다. 그러나 문제는 해석의 대상이 되는 텍스트와 해석하는 주체 사이에 시간적이고 공간적인 거리는 물론이고 문화적 거리 역시 자리 잡고 있다는 점이다. 이 거리를 어떻게 이해하느냐에 따라 텍스트 해석의 방향이 결정된다. 텍스트를 강조하는 읽기와 해석자의 주관성을 강조하는 읽기 역시 거리를 극복의 대상으로 보는가 아니면 해석의 조건이자 의미 생산의 긍정적 조건으로 보느냐에 따라 의견이 갈라지기 때문이다. 두 노선은 쉴라이에르마흐(Schleiermacher), 딜타이(Dilthey), 베티(Betti), 허쉬(Hirsch)를 아우르는 '해석의 방법론' 추구 노선과 하이데거(Heidegger)에서 가다머(Gadamer)로 연결되는 '존재론적 해석학'으로 대별된다. 일반적으로 전자는 '타당한 해석의 규준'을 찾으려 하고 후자는 텍스트 이해의 존재론적 성격을 기술하고자 한다고 알려져 있다.[5]

해석에 대한 정교한 논의를 본격적으로 시작한 '성서 해석학'은 텍스트와 해석 주체의 거리를 어떻게 극복하여 신성한 언어에 접근할 것인가를 고민하는 가운데 탄생했다. 텍스트 해석 논의가 해석의 타당성과 그것을 뒷받침하는 기준을 중시하는 '객관주의'에서 출발하는 것도, 이러한 거리를 어떻게 극복하여 좀 더 타당한 해석에 도달할 것인가를 중시하기 때문이다. 객관주의 해석학의 출발점이라 할 수 있는 쉴라이에르마흐는 그러한 기준을 텍스트를 생산한 작가에게서 찾고자 한다. 작가는 텍스트의 의미를 귀속시킬 수 있는 비교적 확실한 정박점과도 같으며 해석이란 그러한 작가의 정신적 삶을 재구성하는 것이다. 베티 역시 해석 대상은 감각적인 형태로 표현된 인간 정신의 산물이며, 해석이란 필연적으로 원저자가 의도했던 의미를 특수한 자료들을 이용하여 인식하고 재구성하는 것임을 강조했다. 객관주의 해석학을 옹호하고자 하는 비교적 최근의 논자인 허쉬 역시 저자의 의도를 강조하는데, 그에 따르면 저자의 의도는 해석의 타당성이 측정되는 규범과도 같다. 허쉬에게 있어 해석학의 목적은 각 구절이 현재의 우리에 대해 갖는 의의를 찾는 것이 아니라, 그 구절의 '언어적 의미'를 명료하게 하는 것으로서, 해석학은 구절의 언어적 의미를 타당하게 결정할 수 있는 규칙들을 설명하는 문헌학의 한 분야이다.

이들은 모두 텍스트의 의미를 고정시킬 수 있는 원천으로 작가를 중시한

---

[5] 이를 포함한 해석학의 변천 과정에 대해서는 R. Palmer, *Hermeneutics*, 1969, 이한우 역, 『해석학이란 무엇인가』, 문예출판사, 1989를 참조하였다.

다는 공통점이 있다. 쉴라이에르마흐가 이미 고정되고 완결된 표현에서 시작하여 원래 그 표현이 생겨났던 정신적 삶으로 거슬러 올라가는 것으로서의 '추체험'을 강조한다거나, 해석의 방법론으로서 감정 이입을 중시한 이유도 작가가 가지고 있는 개성의 완전한 재구성을 통해 텍스트의 의미를 확정할 수 있다고 보았기 때문이다. 여기서 독자와 텍스트의 거리는 극복의 대상이고 그 과정에서 텍스트는 해석에서 중핵적인 위치를 차지하게 된다. 또한 텍스트를 생산한 작가는 독자에 비해 우월한 지위에 서게 되고 해석은 작가의 정신적 과정을 독자가 고스란히 받아들이는 것으로 이해된다. 물론 객관주의 해석학도 해석자의 주관성을 전적으로 부정하는 것은 아니다. 그러나 해석자의 주관성은 대상의 낯섦과 타자성을 꿰뚫고 들어가야 하거나, 해석자는 해석의 대상에 자신의 주관성을 성공적으로 투사해야 한다는 제한 속에서 발휘될 수 있을 뿐이다. 그 결과 해석의 중심은 대상이 되는 텍스트가 되며 해석자의 자율성은 대상 그리고 대상을 낳은 작가에 종속된다. 정전이 될 수 있는 작품을 선별하여 '감동'의 대상으로 삼는 기존의 문학 감상 교육은 해석에 대한 객관주의적 문제 설정을 공유한다. 여기서 텍스트와 독자의 '대화'는 일방통행을 전제로 한 대화라는 점에서 구성주의 수용 이후 국어교육이 상정하는 대화와는 거리가 멀다.

그런데 텍스트와 주체의 거리는 의미에 도달하는 것을 가로막는 장벽이 아니라 풍요로운 의미의 유희를 낳는 축복일 수도 있다는 관점을 통해 새로운 해석 논의가 등장하게 된다. '불일치가 의미의 풍요를 낳는다'는 역설을 문자 언어의 특징을 빌어 설명한 리꾀르(Ricoeur)에 따르면 '문자'는 다양한 해석을 불러일으키는 존재 조건과도 같다. 음성 언어를 통한 담론은 발화 즉시 소멸한다거나 화자와 청자가 직접 대면하면서 공유하고 있는 맥락에 의존한다는 점에서 문자 언어에 의한 텍스트에 비해 구체적이다. 그러나 그 구체성은 화자와 청자라는 유한한 지평에 갇혀 있다는 점에서 또한 제한의 조건이기도 하다. 여기서 리꾀르가 중시한 것은 문자로 쓰여진 텍스트가 한 개인으로서의 저자라는 제한된 지평을 벗어나 독자에게 무한한 의미 생산의

지평을 열어줄 수 있는 가능성이다.[6]

　가다머(Gadamer)는 타당한 해석의 규준을 찾으려 한다거나 해석의 방법을 제시하려는 시도가 '아직 말해지지 않은 것'을 열어놓는 지평을 차단함으로써 풍요로운 의미의 생산을 가로막는다고 비판하면서 객관주의 해석학에 대립하는 '존재론적 해석학'을 제시하였다. 가다머에 따르면 하나의 특화된 방법을 제안하는 것이 아니라, 텍스트 해석에 뒤따르는 존재론적 변화를 강조해야 한다. 그 결과 타자와의 만남을 통해 새로운 의미의 창출이 가능하다는 것이다. 여기서 중요한 것은 '존재론적 해석학'이 객관주의에 대립하는 주관주의로 자신을 내세우지 않고 있다는 점이다. 다시 말해 이들은 그저 해석 주체의 자유로운 해석의 유희를 강조하는 것이 아니라, 텍스트를 매개로 한 타자와의 만남을 통해 해석 주체가 어떻게 변화할 수 있는가를 강조한다. 가다머가 이해란 주어진 대상에 대한 주관적인 절차가 아니라 이해되는 대상의 영향사적 의식이라는 점을 강조한 이유도 그 때문이다. 이를 위해 그동안 해석에서 부정적인 것으로 취급되었던 선입견을 긍정적인 것으로 재평가하였고 또한 이를 '전통'의 핵심으로 내세우기도 한다.[7] 과거의 해석 개념이 그것이 작가이든 텍스트 자체이든 간에 표면적인 것을 결과로 낳는 배후의 인과적 연쇄를 발견하는 것을 목표로 삼고 있음에 비해 최근의 해석 개념은 공통적으로 '해석의 무한성'을 강조한다는 점에서 독자와 독자가 처한 맥락을 강조하는 구성주의 수용 이후 국어교육의 읽기와 연결된다.[8] 문학 해석에서 텍스트가 가지는 다의성의 스펙트럼을 고려하는 가운데 학습자가

---

[6] P. Ricoeur, *Du Texte à l'Action*, 1972, 박병수・남기영 편역, 『텍스트에서 행동으로』, 아카넷, 2002, 126면.
[7] 가다머에 따르면, 이성의 요구와 전통 혹은 선입견의 요구는 적대적이지 않다. 이성은 항상 전통의 내부에 속해 있으며 전통은 이성이 작용할 수 있는 기반이 되는 현실과 역사의 측면을 제공해 준다. G. Warnke, *Gadamer: Hermeneutics, Tradition and Reason*, 1987, 이한우 옮김, 『가다머 - 해석학, 전통 그리고 이성』, 민음사, 1999의 2부를 참조할 것.
[8] 구성주의와 문학 읽기의 관련성에 대해서는 졸고, 「서사 이론과 읽기 교육의 소통을 위한 시론」, 『문학교육학』 19호, 2006, 187-190면과 임경순, 「구성주의적 관점에서의 문학 텍스트 읽기」, 『독서연구』 18호, 2007, 74-81면을 참조할 것.

자신의 고유한 해석을 어떻게 구성할 것인가를 구체화하는 연구는 해석에 대한 이러한 파악과 문제의식을 공유하고 있다.[9]

지금까지 살펴본 해석 논의는 국어교육의 읽기 및 문학교육의 작품 해석에서 나타난 변화와 상통한다. 작품을 생산한 작가의 의도에 따른 주제를 강조한 것이나 학문 중심 교육과정기의 경우 문학의 예술성을 결정하는 객관적인 기법을 강조한 것은 객관주의 해석학의 틀에 따르면 지극히 정당한 교육 내용의 설정이다. 해석의 주도권은 텍스트에 있으며 넓은 의미의 상향식 읽기 모델에 따른 작품 해석이 강조되기 때문이다. 그에 비해 독자가 이미 가지고 있는 개념을 조작하여 새로운 의미를 구성하는 것을 읽기의 본질로 강조한 구성주의는 학습자와 해석 맥락을 중시하는 존재론적 해석학과 유사한 면이 적지 않다. 특히 '문학 텍스트 수용의 창조성'에 도달하는 과정에서 존재론적 해석학은 여러모로 참조할 만한 통찰을 보여준다.

그러나 해석의 다양성을 강조하는 문학 해석 논의 역시 문제점이 없지 않다. 특히 작품의 다의성을 실현할 수 있는 읽기의 방법에 대한 논의가 구체화되지 않아 학습자가 무엇을 근거로 자신의 독자적인 의미를 실현해야 하는가를 알 수 없다. 물론 자신의 경험과 느낌을 살려 작품을 해석하라는 나름의 '처방'이 없는 것은 아니다. 그러나 자신의 경험과 느낌을 어떻게 텍스트와 결부시킬 것인가는 여전히 과제로 남아 있다. 이를 제대로 해명하지 못할 경우 해석의 자의성 문제는 여전히 남게 된다. 다양한 해석 역시 보편성은 아니지만 '일리'를 추구한다. 그런데 독자는 무엇을 근거로 자신의 해석이 일리가 있음을 말할 것인가? 이에 대한 적절한 답을 내놓지 않는다면 존재론적 해석학은 실제 적용에 있어 자신의 의도와는 달리 해석의 주관주

---

[9] 읽기와 쓰기의 통합 논의라든가 비평문 혹은 비평적 에세이와 같은 형태의 모색 역시 해석의 다양성을 전제로 한 작품 읽기 방법을 추구하고 있다. 관련 논문으로 졸고, 「비평 활동 교육의 내용 연구」, 서울대학교 박사학위 논문, 2004와 김정우, 「시 해석 교육 내용 연구」, 서울대학교 박사학위 논문, 2004와 양정실, 「해석 텍스트 쓰기의 서사교육 방법 연구」, 서울대학교 박사학위 논문, 2006 및 김미혜, 「지식 구성적 놀이로서의 시 읽기 교육 연구」, 서울대학교 박사학위 논문, 2007을 참조할 수 있다.

나아가 해석의 무정부성을 용인하게 된다. 독자의 판단에 의한 해석을 말하면서도 항상 텍스트라는 조건을 빼놓을 수 없는 이유가 여기에 있다.

3. 텍스트에 기반한 독자의 의미 구성과 소설 해석

(1) 교육과정에 나타난 해석의 다양성 문제

앞에서 살펴본 해석학의 전개 과정을 바탕으로 대화로서의 소설 해석의 방법을 구체화하기 위해 전제해야 할 사항을 살펴보기로 하자. 첫째, 소설의 해석은 텍스트에 내재한 객관적 의미의 발견이 아니라 해석 주체의 주관성을 투사하여 해석 주체의 의미를 부여는 방향을 취해야 한다. 작가의 의도나 작품에 객관화된 기법은 학습자의 작품에 대한 수용 능력을 길러주기 위한 해석의 매개 지점은 될 수 있으나 도달점이 될 수는 없다. 작품의 의미는 텍스트와 독자의 대화 속에서 실현되며 그것을 위해 다양한 해석은 장려되어야 한다. 둘째, 해석 주체의 주관성을 고려하면서도 동시에 텍스트의 영향력을 인정하는 가운데 해석의 다양성을 추구해야 한다. 텍스트의 권위에 종속되지 않는다는 것이 텍스트의 영향력을 부정한다는 것을 뜻하는 것은 아니다. 해석은 독백이 아니라 텍스트와의 대화이며 그런 점에서 상호주관성의 범주를 포괄한다. 다양한 해석 가능성을 승인하며 장려하는 것이 곧 자의적인 해석을 장려하는 상대주의와 동일시될 수 없는 까닭은 바로 실재하는 텍스트의 타자성 때문이다. 셋째, 해석 주체와 해석 텍스트가 놓인 맥락을 고려하는 가운데 해석 방법을 모색해야 한다. 텍스트는 진공 상태에서 있지 않으며 다름의 생산 맥락을 지니며 마찬가지로 해석 주체 역시 개인적이고 사회·문화적 맥락 속에서 텍스트를 해석한다. 특히 해석 주체를 고립된 한 개인으로 파악하지 않기 위해서 독자의 경험, 세계관이나 문학관 그리고 해석 공동체의 관습 등을 종합적으로 고려하는 가운데 해석의 방법을 모색해야 한다.

결국 객관주의나 주관주의라는 두 가지 해석 모델 둘 중에 하나를 선택하는 것으로는 불충분하다. 텍스트에 대한 정밀한 독해가 텍스트 중심의 읽기를 강조하게 되고 그 결과 학습자의 관심에 따른 다양한 의미 실현을 차단하게 된다고 볼 이유는 없다. 학습자 중심의 구성주의적 읽기의 장점을 살리되 이를 텍스트 내적 근거와 연결시킬 수 있는 지점을 탐색하는 것이 중요하다. 이를 위해 먼저 교육과정에서 해석의 다양성 항목이 어떻게 제시되어 왔는가를 살피기로 하자. 문학 감상에 있어 해석의 다양성을 본격적으로 강조하기 시작한 7차 교육과정에서 관련 항목을 정리하면 다음과 같다.

> 8학년 문학 (4) 다양한 시각과 방법으로 작품을 해석하고 평가한다.
> 【기본】
> ○ 같은 작품에 대한 여러 비평문을 읽고, 작품 해석과 평가 관점을 비교한다.
> ○ 다양한 시각과 방법으로 작품을 해석하고 평가한다.
> 【심화】
> ○ 다양한 시각과 방법으로 작품을 해석하고 평가한 여러 비평문을 읽고, 각 관점의 공통점과 차이점을 파악한다.

여기서는 다양한 해석을 비교하고 그것의 공통점과 차이점을 파악하는 것을 강조하고 있을 뿐, 다양한 시각과 방법과 결부된 해석의 근거에 대한 진술을 생략하고 있다. 텍스트의 실재적 힘은 시야에서 사라지고 독자와 텍스트의 대화로서의 해석이 아니라, 텍스트를 매개로 한 독자의 독백이 펼쳐질 수도 있는 것이다.

반면 2007년 개정 교육과정의 국어의 경우 해석의 다양성과 관련된 진술은 양적으로나 질적으로 훨씬 풍부한 내용을 가지고 있다. 이를 찾아 정리하면 다음과 같다.[10]

8학년 문학 (2) 다양한 시각과 방법으로 문학 작품을 해석하고 평가한다.
- 독자의 지식, 경험, 가치관에 따라 작품 해석이 다를 수 있음을 이해하기
- 독자의 인식 수준이나 관심에 따라 작품 감상이 달라짐을 이해하기
- 근거를 들어서 작품 해석하기

9학년 문학 (3) 문학 작품에 대한 다양한 해석을 비교한다.
- 해석에 관여하는 요소 이해하기
- 해석의 관점과 근거 비교하기
- 자신이 지지하는 해석과 그 근거 말하기

9학년 문학 (4) 문학 작품 해석의 근거에 유의하여 비평문을 읽는다.
- 작품 해석이 다양함을 이해하기
- 해석에는 전제와 근거가 있음을 이해하기
- 해석의 근거와 타당성 평가하기

10학년 문학 (4) 문학 작품에 대한 비평적 안목을 갖춘다.
- 비평은 작품에 대한 주체적인 판단임을 이해하기
- 작품에 대한 판단의 근거 마련하기
- 적절한 근거를 제시하면서 비평문 쓰기

여기서 눈여겨보아야 할 것은 모든 진술에서 해석의 다양성을 말하면서 동시에 해석의 근거를 중시하고 있다는 점이다. 이로써 개정 교육과정 역시 해석자 개인의 관점이나 그가 처한 사회문화적 맥락과 무관한 '보편적 방법'이나 '보편적 지식'에 대한 거부를 해석의 타당성에 대한 추구를 부정하는

---

10) 문학 영역은 아니지만 7학년 읽기 (2)의 '독자의 관점, 입장, 지식 등에 따라 글의 내용이 다르게 이해될 수 있음을 안다'도 관련된 항목으로 볼 수 있다. 문학 영역과 달리 해석의 근거에 대한 강조는 상대적으로 약화되었지만 하위 내용으로 '글을 다르게 이해하게 되는 원인 파악하기'를 설정하고 있다는 점에서 나름대로 텍스트 요건을 배려하고 있음을 알 수 있다.

것으로 이해하고 있지 않음을 확인할 수 있다.[11]

그러나 2007 개정 교육과정에서는 무엇을 해석의 근거로 삼을 것인가에 대한 진술이 더 이상 제시되지 않고 단지 '적절한 근거'라는 용어가 되풀이되고 있을 뿐이다. 9학년의 문학 (4)나 10학년에서는 '근거'의 요인을 구체적으로 제시하는 것이 교육과정의 위계화에도 도움이 될 것이나 이는 생략되어 있다. 작가 개인의 경험에서부터 전체 작품 세계의 특징 그리고 한층 포괄적으로는 문학사적 맥락과 같은 작품 생산 차원과 관련된 지식 요소 혹은 해당 장르의 규약과 관련된 장르론 차원의 지식 요소 그리고 독자가 작품 읽기의 방법론으로 활용하고 있는 비평론 차원의 지식 등이 그러한 근거로 상정될 수 있다. 여기서 텍스트 내적 근거 역시 빼놓을 수 없을 것이다. 타당성을 추구하기 위해 근거로 삼을 수 있는 하위 요소들을 보완함으로써 해석의 다양성을 강조하면서도 동시에 해석의 타당성을 중시한다는 진술이 실질적인 내용을 가질 수 있을 것이다. 아래에서는 소설의 다성성을 바탕으로 한 텍스트의 재개념화를 통해 텍스트 내적 근거를 해석의 다양성과 연결시킬 수 있는 지점을 살펴볼 것이다.

(2) '깨어진 거울'로서의 텍스트

해석의 방법을 모색함에 있어 장르의 특징에 대한 고려는 필수적이다. 읽기나 쓰기 교육에서 모두 모든 장르에 적용될 수 있는 보편적인 전략을 상정할 수 없음을 인정하고 '장르 중심성'을 내세우고 있는 이유도 이와 관련된다.[12]

---

[11] 이에 대해서는 김미혜, 「텍스트 해석에 있어서 타당성의 조건에 관한 연구」, 『국어국문학』 135집, 2003을 참조할 수 있다.
[12] 박인기는 문학 자체에 고유한 방법의 존재를 인정하며 이를 추구하는 '방법 고유성 지향'과 다른 분야에서 활용되는 방법을 문학 영역과 연결시킬 가능성이 있다면 이를 적극적으로 활용하는 '방법 상호성 지향'을 문학 교수 학습 방법론 탐색의 두 지향으로 보고 있다. 박인기, 「문학 교수·학습의 철학적 기초」, 구인환 외, 『문학 교수·학습 방법론』, 삼지원, 1989, 41-42면. 필자는 방법 고유성 지향을 바탕으로 하되, 소설 장르의 텍스트

소설 해석에서 텍스트 내적 요인에 대한 강조와 학습자의 다양한 해석에 대한 장려가 양립할 수 있는 이유는 텍스트 자체의 특징 때문이다. 소설 텍스트는 유기적 완결성보다는 복잡성과 내적 모순성을 본질적 특징으로 한다. 만물이 무질서로 되돌아가는 성향을 지니는 것과 마찬가지로 소설 텍스트에서 형식의 유기적 조화는 가상적이거나 일회적이다. 소설 텍스트를 생산한 작가의 세계관과 연결시켜 볼 때, 한 개인의 세계관이 내적으로 일관되고 통일된 체계를 갖추는 경우는 드물다. 그렇다면 유독 작품에서 내적 체계로서의 완결성을 강조할 이유는 없다. 한마디로 텍스트는 '잘 구워진 항아리'보다는 '깨어진 거울'에 가깝고 균열과 모순은 텍스트의 이례적인 모습이 아니라 지극히 정상적인 상태라 볼 수 있다.

주지하다시피 장르로서의 소설이 지니는 문체론적 특징은 상대적 자율성을 지닌 담화의 단위들이 서로 결합함으로써 전체로서의 작품이 지니는 높은 차원의 통일성을 창조한다는 것이다. 바흐친(Bakhtin)은 이를 강조하여 소설의 문체란 소설을 구성하고 있는 다양한 여러 문체들이 결합되는 가운데 발견되는 것이며, 소설의 언어란 그러한 '언어들'의 체계라고 말한 바 있다.[13] 소설은 이질적 담론이 경합하는 장으로서 다양한 목소리와 세계관이 울려퍼지는 다성성을 장르의 본질이라는 것이 바흐친이 소설을 설명하는 핵심적인 사항이다.[14] 한편 바흐친이 다성성을 소설 구성의 원리 차원에서 강조한 것과 유사한 차원에서 마슈레이(Macherey)의 논의 역시 균열을 텍스트의 중요한 특징으로 파악하고 있다. 마슈레이에 따르면 텍스트의 완결성을 가정하는 설명은 헤겔이 제시한 방식의 표현적 총체성 논리에 기반하고 있다. 내적 조화를 이루고 있는 작품에 대한 가정은 이질적인 여러 요소를 담고 있

적 성격이 역으로 비문학 장르에 속하는 다른 텍스트에도 적용될 수 있는 새로운 텍스트관을 제시할 수 있다고 가정하고 있다.
13) M. Bakhtin, *Dialogic Imagination*, 1981, 진승희 외 역, 『장편소설과 민중언어』, 창작과비평사, 1988, 65-82면에 자세한 설명이 등장한다.
14) 자세한 사항은 Gary Saul Morson & Caryl Emerson, *Mikhail Bakhtin : Creation of a Prosaics*, 1990, 오문석 외 옮김, 『바흐친의 산문학』, 책세상, 2006, 404-460면을 참조할 것.

는 작품의 실제적인 복합성을 억압하게 된다는 것이다. 문학 작품은 한 가지 요소에 의해 구성되는 것이 아니라 필연적으로 다양한 이질적 요소들에 의해 구성되며, 이는 소설의 영역에서 더욱 강조되어야 한다.

이처럼 텍스트를 조화로운 전체가 아닌 내적 균열로 가득찬 불안정한 것으로 재개념화함으로써 소설 해석에서 학습자를 중시할 것인가 아니면 텍스트를 중시할 것인가라는 대립을 해소할 수 있다. 텍스트가 그 자체로 균열을 내재하고 있는 불완전한 전체라면, 텍스트에 자리 잡고 있는 하나의 통일적 의미를 수동적으로 발견한다는 전통적인 읽기관은 전제부터가 잘못된 것이다. 텍스트 중심의 읽기가 독자의 능동적 의미 구성을 가로막기 때문에, 학습자 중심의 읽기로 전환해야 한다는 식의 주장은 여전히 텍스트를 유기적 전체로 이해하고 있다. 결국 학습자 중심의 읽기로 전환할 것을 주장하면서도 자신들이 비판하고 있는 신비평의 텍스트관은 여전히 유지되고 있는 것이다. 문학 작품이 '신화적 깊이'가 아니라 '실제적인 복합성' 속에서 해석되어야 한다는 주장은 독자 요인과 더불어 텍스트 요인을 동시에 강조한다.[15] 학습자가 읽기 과정에서 동원하는 스키마와 해석 약호는 텍스트에 일방적으로 덧씌워지는 것이 아니라, 텍스트의 여러 이질적인 부분에서 어떤 면에 접속하느냐의 문제이며 그 접속의 방식에 따라 텍스트의 의미를 결정할 수 있는 것이다. 문학 작품에 대한 다양한 해석이 가능한 이유는, 이처럼 학습자 요인의 작용만이 아니라 텍스트 자체의 특징에서 비롯된 것이기도 하다.

텍스트를 균열된 것으로 봄으로써 얻을 수 있는 또 하나의 장점은 해석의 다양성을 강조하기 위해 학습 자료로 활용할 수 있는 소설 텍스트를 모더니즘 소설에 국한시킬 필요가 없다는 것이다. 지마(Zima) 같은 논자는 일상적인 의사소통의 틀을 의도적으로 위반하거나 인과성을 갖춘 플롯을 파괴하는 작품을 다성적인 텍스트로 파악한다.[16] 바르뜨(Barthes)가 제시한 '읽는 텍스

---

[15] P. Macherey, *Pour une Theorie de la Production Litteraire*, 1978, 배영달 옮김, 『문학생산 이론을 위하여』, 백의, 1994, 119-122면을 참조하였다.

트'와 '쓰는 텍스트'라는 구별 역시 리얼리즘과 대립하는 의미에서 모더니즘 문학을 일종의 다성적 텍스트로 규정하는 경향이 있다. 이처럼 모더니즘에 해석의 자율성을 위한 특권적인 지위를 부여하는 발상에 나름의 일리가 없는 것은 아니나, 중등학교 문학교육에서 학습자의 수준 문제가 부각되는 것은 필연적이다. 그러나 모든 텍스트가 일정 정도는 파편의 결합과도 같이 불안정한 것이라면, 다성성은 정도의 문제이지 별도의 '다성적 텍스트'를 따로 구별할 필요는 없다. 특히 장편 소설의 경우 다성성은 모든 종류의 텍스트에 다 내재하고 있다고 보아야 한다. 텍스트의 균열은 모더니즘과 같은 특정 텍스트에서만 발견되는 것이 아니라, 텍스트 일반의 조건으로 확대되어 이해되어야 한다. 한마디로 독백의 구조에 가까운 소설들 또한 미세한 차원의 균열은 존재하며 텍스트 해석에서 이질성의 요건을 형성하는 것이다. 아래에서는 일반적으로 다성성과는 거리가 먼 작품으로 인식되는 『무정』에 대한 상이한 해석을 점검하는 가운데 전술한 새로운 텍스트관이 소설교육에서 가질 수 있는 의미를 찾으려고 한다.

4. 내적 균열의 현동화로서의 소설 읽기

근대 문학 형성기에 차지하고 있는 비중으로 인해 『무정』은 문학 교과서에서 빠지지 않고 수록되고 있다. 대개 『무정』은 독자에게 작가 자신이 말하고자 하는 바를 비교적 명징하게 드러내는 작품, 다시 말해 단일한 의미를 담은 작품으로 이해된다. 『무정』에 대한 초기 연구는 내용과 형식 면에서 『무정』이 전대의 문학과 구별되는 것은 무엇이며 동시에 전대 문학을 답습하고 있는 한계는 또 어떤 점인가를 밝히는 데에 주력했다. 김현과 김윤식의 『한국문학사』는 이광수가 말년에 보인 친일 행적의 씨앗이라 할 수 있는 자학적

---

16) P. Zima, *Roman und Ideologie*, 1986, 서영상 외 옮김, 『소설과 이데올로기』, 1996, 35-43면.

개화 추구가 『무정』에서도 나타나고 있음을 보여주었다. 이광수가 속한 집단의 준비론적 세계관과 『무정』이 상동성의 관계에 있음을 제시한 논문도 평가의 초점은 다르지만 앞선 저작의 연속선상에 있는 것으로 볼 수 있다.[17]

이들 연구는 『무정』의 계몽성과 근대성을 인상이 아닌 당대 역사 및 세계관의 관련 속에서 정밀히 독해한 점에서 중요하며, 현재 문학 교과서의 『무정』 수용에 결정적 역할을 수행했다고 해도 과장은 아니다. 그런데 작가와 작품의 세계관 사이에 구조적 상동성을 전제로 하면서 이광수의 세계관이나 이데올로기를 중심으로 작품을 읽는 논의는 작품의 통일성을 가정하고 있다. 잘 알려져 있다시피 1910년대 이광수가 내놓은 여러 편의 논설에는 양립하기 어려운 모순적 견해가 동시에 제출되곤 하였다. 사실 조혼 풍속을 비판한다거나 감정 해방을 논할 때의 이광수가 보이는 급진적 개인주의의 면모는 교육을 통한 민족 개조의 논리와 공유할 부분이 과격함을 제외하고는 그다지 많지 않은 편이다. 신구의 세계관이 충돌하던 개화기의 역사적 맥락은 물론이요 이광수의 개인사 그리고 지속되던 고소설 전통 및 비교문학론 차원에서 접근되어야 할 당대 일본 소설의 영향에 이르기까지 여러 가지 요인이 복합적으로 작용하는 가운데 탄생한 텍스트가 『무정』이다. 여기에 침묵과 공백 그리고 내적 불일치가 존재하는 것은 지극히 자연스럽다. 그러나 현재의 소설교육은 그러한 균열을 억압하거나 외면하면서 작품을 하나의 의미망에 포섭하는 방식으로 이루어지고 있다. 이를 7차 교육과정에 따른 문학 교과서를 통해 자세히 살피도록 하자.

『무정』을 본격적으로 다루고 있는 문학 교과서는 5종이다.[18] 이들 교과서에 제시된 『무정』 관련 활동은 계몽성을 축으로 구성되어 있다. 교과서에

---

17) 김윤식, 『한국근대문학사상사』, 한길사, 1984, 37-43면.
18) 편의상 대한교과서에서 나온 고등학교 문학을 문학 (가), 금성출판사는 문학 (나), 케이스는 문학 (다), 교학사는 문학 (라), 두산의 경우 문학 (마)로 칭하기로 한다. (나)의 경우 수재민을 위한 음악회 장면을 수록하고 있어 조금은 구별되나 이 역시 결말부와 연속선상에 놓인 부분이다. 나머지 교과서는 모두 결말부에 나오는 여관에서의 대화 장면을 수록하고 있다.

실린 지문이 모두 삼랑진 수해 이후 음악회 장면과 음악회가 끝난 뒤 여관에서 나누는 네 사람의 대화 장면을 택하고 있다는 것은 그저 우연의 산물이 아니다. 이 장면은 삼각관계를 사제 관계로 전환시킴으로써 교육의 서사와 연애의 서사를 강제적으로 통일시키고 등장인물 모두를 민족 계몽의 주체로 호출한다. 그리고 이를 통해 『무정』을 계몽의 기획으로 종결시킨다. 영채의 유서 사건 이전과 이후 두 부분으로 분리될 수 있는 서사 구조가 '봉합'의 방식으로 종결될 수 있는 것이다. 이처럼 모든 교과서가 마지막 장면에 초점을 맞추고 있다는 것은 단순한 우연의 일치라고 넘겨버릴 수 없는 모종의 합의를 담고 있다. 그것은 작품 평가에 있어서 방향을 달리하지만 『무정』을 계몽주의의 코드에 고정시키는 논리이다.

물론 텍스트 발췌만으로 『무정』에 대한 의미 부여가 완성된다고 볼 수는 없다. 더 중요한 것은 어떤 활동을 통해 학습자들이 『무정』을 해석하고 감상할 수 있게 하는가이기 때문이다. 다섯 권의 교과서는 활동에 있어서도 『무정』의 계몽주의적 속성이 가지고 있는 긍정적인 면과 부정적인 면을 파악하는 쪽에 초점을 맞추고 있다. 문학 (가)의 경우 갈등 해소 관련 활동과 계몽소설로서 『무정』이 지니는 의의와 한계를 파악하게 하는 활동을 제시하고 있다. 그 어떤 세부 활동에서도 삼각관계 모티프에 대한 고려가 전혀 나타나지 않는다. 문학 (마)의 경우 아예 '개화와 계몽을 강조하는 부분을 찾아볼 것'을 요구하는 활동을 제시함으로써 이 작품에 단일한 의미를 명백히 부여하고 있다. 이는 다른 교과서에서도 크게 다르지 않다. 비록 두 권의 교과서에는 부분적으로 『무정』의 연애 소설적 면모를 드러내는 대목이 나타나기는 하나 그 비중은 크지 않다. 문학 (다)의 경우 이해와 활동의 길잡이에서 '박영채와 김선형 사이에서 고민하는 자유연애주의자 이형식의 모습을 부각했다'는 설명을 부가하여 『무정』의 다른 면을 부각시키고 있다. 그러나 이는 학습 활동이 아닌 작품에 대한 정보 소개에 그치고 있다. 문학 (마)는 '형식, 선형, 영채 세 인물 사이의 사랑의 갈등과 화해가 민족의 개화와 계몽이라는 주제와 어떤 관련을 맺고 있는지 이야기해 보자'라는 활동을 제시함으로써

『무정』의 또 다른 중요한 서사 구조를 형성하는 삼각관계 문제를 부분적으로 수용하는 모습을 보인다.

교과서에 나타난 지문 선택 및 제시된 활동을 그대로 내버려 두면서 해석의 다양성 문제를 최대치로 수용한다면 무정의 계몽성이 가지는 한계를 어떻게 비판적으로 인식할 것인가를 묻는 방식을 취하게 된다. 물론 작품에 대한 개인의 가치 평가 문제도 해석의 다양성과 관련되어 중요한 활동이다. 그러나 이를 텍스트 자체에 대한 해석과 분리시켜 독자의 '취향'이나 세계관에 따른 선택의 문제로 좁혀 이해한다면, '의미의 구성'은 텍스트 바깥에서 맴돌게 되고 결과적으로 독자와 텍스트의 대화보다는 텍스트를 매개로 한 독자의 독백에 멈추게 된다. 하지만 텍스트 내부에 대화의 요소가 존재하는데 이를 활용하지 않을 이유는 없다.

잘 알려진 것처럼 『무정』은 기념비적인 작품이기도 하지만 동시에 당대의 인기작이었다. 그런데 교과서에 제시된 활동은 『무정』이 당대 독자층의 인기를 끌었던 원인이 과연 무엇이었는가에 대해서는 큰 관심을 가지지 않는다. 『무정』의 계몽성을 신랄하게 비판하면서 동시에 『무정』이 대중의 흥미에 야합하는 소설임을 지적한 김동인의 「춘원 연구」에서 '연애'를 구하고자 하는 대중들의 요구에 따랐다는 비판이 주목할 가치가 있는 이유는 그 때문이다.[19] 조선 후기 애정 소설에서부터 이어지고 있는 삼각관계 모티프를 계승하고 있으면서도 개인의 욕망을 새로운 선택의 기준으로 제시함으로써 근대적 연애 소설의 새로운 삼각관계 구조를 제시한 것으로 『무정』을 평가하는 논문 역시 마찬가지이다.[20] 삼각관계의 한 당사자인 선형에 대한 형식의 감정은 아래 인용부에서 확인할 수 있듯이 선형의 외모에 대한 호감, 정확히 말하면 여성의 육체가 주는 흥분감에서 출발한다는 점을 외면한다면 작품의 실체에 도달할 수 없다.

---

[19] 김동인, 「춘원 연구」, 『김동인 전집』 6권, 1976, 삼중당, 86-88면.
[20] 자세한 사항은 서영채, 『『무정』 연구』, 서울대학교 석사학위 논문, 1992을 참조할 것.

형식은 두 처녀를 보매 얼마큼 뒤숭숭하던 생각이 없어지고 적이 정신이 쇄락한 듯하다. 형식은 고개 숙인 두 처녀의 까만 머리와 쪽진 서양 머리에 꽂은 널따란 옥색 리본을 보았다. 그리고 책상에 짚은 두 처녀의 손가락을 보았다. 부드러운 바람이 슬쩍 불어 지나갈 때 두 처녀의 몸과 머리에서 나는 듯 마는 듯한 향내가 불려온다. 선형의 모시 적삼 등에는 땀이 배어 하얀 살에 착 달라붙어 몸을 움직일 때마다 그 붙은 자리가 넓었다, 좁았다 한다. (중략) 여자란 매우 아름답게 생긴 동물이라 하였다. 어깨의 동그스름한 것과 뺨의 불그스레한 것과 머리카락의 길고 까만 것과, 또 앉은 태도와 옷고름 맨 모양과 - 그중에도 널찍한 적삼 고름이 차차 좁아오다가 가운데서 서로 꼭 옭혀매어 위로 간 코는 비스듬히 왼편 가슴을 향하고 아래로 간 고름의 한 끝이 훌쩍 날아오른 팔꿈치를 지나간 양이 더욱 풍정이 있다.[21]

또한 선형과의 결혼을 통해 신분 상승을 이룰 수 있다는 기대 역시 형식의 판단에서 중요한 역할을 하고 있음을 부정할 수 없다. 노골적으로 말해 해외 유학에 대한 기대나 김장로 집안의 재산이 주는 후광이 형식의 선택을 좌우하고 있다고 해도 지나치지 않다. 반면 영채에 대한 형식의 감정은 몰락한 은인의 딸이 기생으로 전락한 상황에서도 자신을 잊지 못하고 어렵게 정절을 지켜왔음을 고백하는 상황에서 느끼는 죄책감과 동정심에서 출발한다. 비록 영채의 외모에 대한 묘사와 그에 매혹당하는 형식의 상상이 군데군데 제시되기는 해도 감정의 출발점은 스승이 어린 시절 정해준 정혼자에 대한 의리이다.

여기서 형식의 선형에 대한 그리고 영채에 대한 감정이 과연 얼마나 근대

---

[21] 이광수, 『이광수 전집 1』, 삼중당, 1962, 55면. 삼중당 전집 판본이 매일신보 연재는 말할 것도 없고 해방 이전 출간된 『무정』의 단행본에 비해서도 적지 않은 부분이 '개작'에 가깝게 변형되었다는 점을 고려해야겠지만, 문체에 대한 정밀한 탐구는 중등학교의 교육 내용이 되기 어렵기 때문에 여기서는 삼중당 전집을 그대로 인용하였다. 그런 점에서 교과서 집필에 참조할 수 있는 '정본'을 확정하는 일이 필요하다. 『무정』의 판본과 그에 따른 문체 변화에 대해서는 김철 校註, 『바로잡은 『무정』』, 문학동네, 2004를 참조할 수 있다.

적인 의미의 사랑에 더 가까운가를 논하는 것은 필자의 관심을 벗어나 있다. 더구나 철저하게 '열정'에 의해 추동되는 '낭만적 사랑'이라는 개념 역시 현실을 설명하기 위한 이념형적 모델이라는 점을 고려해야 한다. 결과적으로 선형으로 기우는 형식의 마음이 어떤 사랑인가는 확인하기 어렵지만 개인의 욕망에 기반한 것이라는 점은 확실하다. 전대의 애정 서사와 『무정』이 구별되는 지점은 어느 정도 뚜렷해지는 것이다. 무정에 대한 일련의 연구[22])가 계몽주의적 세계관의 질을 따지는 것에서 벗어나 낭만적 사랑이라는 개념을 중심으로 『무정』의 연애 문제에 초점을 맞추고 있는 이유도 김동인이 지적했던 『무정』의 통속성과 관련이 있다. 결국 『무정』은 교육의 구조를 갖춘 계몽 소설이기 전에 삼각관계를 중심에 놓은 연애 소설이었으며 이 둘은 작품 내에서 유기적으로 통합되기보다는 때로는 파열에 가깝게 병치되고 있는 것이다.[23])

지금까지 살펴본 것처럼 『무정』에 대한 새로운 해석은 균열된 텍스트에서 지금까지 주목하지 못한 면에 의미를 부여하는 가운데 탄생했다. 『무정』은 다양한 결로 가득한 '깨어진 거울'과 같은 텍스트이기 때문에 다양한 해석이 가능한 것이다. 이처럼 텍스트에 내재한 균열을 탐구하는 방식으로 작품을 읽음으로써 작품 속에서 해석의 근거를 찾으면서 동시에 해석의 다양성을 추구하는 길이 열릴 수 있게 된다. 작품 해석에서 강조되는 '해석의 전제와

---

22) 형식 - 선형 - 영채의 삼각관계를 중심으로 한 연애 소설의 면에 주목한다거나 당대 독자들의 흥미를 자극하는 새로운 성적 응시의 대상으로서의 기생과 여학생이라는 소재를 강조하는 일련의 연구가 그것이다. 『사랑인가』에서부터 시작되어 『무정』에도 지속되고 있는 동성애 모티프를 찾아내는 연구도 주목할 만하다. 최혜실, 「『무정』에 나타난 '사랑'과 '주체'의 문제」, 『여성문학연구』 창간호, 1999, 155-184면, 정혜영, 「근대를 향한 시선: 이광수 『무정』에 나타난 '연애'의 성립 과정을 중심으로」, 『여성문학연구』 3호, 2000, 37-59면, 이영아, 「이광수 『무정』에 나타난 '육체'의 근대성 고찰」, 『한국학보』 28집, 2002, 132-162면, 서영채, 『사랑의 문법』, 민음사, 2004 등이 대표적이다.
23) 물론 삼각관계를 중심으로 한 연애 문제에 주목한다고 해서 계몽성의 문제를 도외시하자는 것은 아니다. 양자택일의 방식으로 접근할 경우 작품은 다시 단일한 코드에 종속되고 해석의 다양성 문제를 시야에서 놓칠 수 있기 때문이다.

근거' 혹은 '작품에 대한 판단의 근거'는 작품을 둘러싼 외적 맥락에서 생산된 이론이나 학습자의 선행 판단에 국한되지 않는다. 한마디로 텍스트에 근거한 꼼꼼한 읽기와 학습자의 스키마나 해석 약호를 중시하는 구성주의 방식의 읽기는 양자 선택의 문제가 아니다. 풍부한 의미를 산출하는 해석의 놀이는 학습자의 주관적 판단에만 의지하는 것이 아니라, 그 판단이 텍스트 내적 요건과 접속할 때 진정한 의미의 다양성을 획득할 수 있다.

기존의 소설 해석 교육은 암암리에 텍스트를 전일적으로 지배하고 있는 하나의 세계관이나 주제 의식을 가정해 왔다. 이 속에서 작품의 각 부분은 통일적 전체에 연결됨으로써만 의미를 갖게 된다. 그러나 해석의 다양성을 강조하기 위해서라면 작품에 표면적으로 나타나거나 이면에 숨겨진 세계관 차원의 불일치나 상충되는 주제 의식이 병렬되어 있을 가능성을 전제해야 한다. 이를 작품에 대한 부정적 평가의 근거로 삼는 것은 소설 장르의 실상을 제대로 파악하지 못한 신비평식의 텍스트관을 유지하고 있기 때문이다. 그러나 설령 그러한 관점을 받아들인다고 해도 교육의 장에서 작품의 내적 결함은 해석 능력을 길러주기 위한 자료로서 오히려 긍정적인 역할을 담당할 수 있다. 작품 읽기의 과정에서 그러한 내적 모순의 발견은 억압되는 것이 아니라 탐구의 과제로 장려되어야 한다. 그 가운데 내적 균열에 근거해 소설을 각기 다른 방식으로 해석할 수 있는 길이 열릴 수 있게 된다.

소설 해석에서 작품에 존재하는 여러 가지 차원의 불일치에 주목할 수 있게 하기 위해서라면 무엇보다도 먼저 교재에 작품을 제시하는 방식을 바꿔야 할 것이다. 특정 부분의 발췌만으로는 사실 작품의 실체를 제대로 확인할 수 없다. 특히 장편의 경우 작품 전체를 모두 제시할 수 없기 때문에 교과서는 특정 장면을 발췌 수록하게 되는데, 어떤 장면을 수록하는가는 교과서 집필자의 작품에 대한 이해를 드러낼 뿐만 아니라 학습자들이 그 작품을 이해함에 있어 중요한 비중을 차지한다. 그러나 현행 교과서의 지문 수록 방식으로는 『무정』의 균열을 학생들이 읽어내기 어렵다. 선형에게 영어를 가르칠 때 형식의 심리가 드러나는 부분이나 영채와의 결혼 생활을 상상하는 대목을 함께 제시함으로써 '계몽성'으로 단일화하는 경향을 교정하고 작품의 또 다른 층위를 볼 수 있게 하는 일이 필요하다.

『무정』에서 어떤 면에 주목할 것인가, 다시 말해 교육을 통해 후일 조선의 미래를 이끌고 나갈 지식인들의 결의를 형상화한 계몽성인가, 아니면 새롭게 떠오르는 남녀 관계가 주는 흥분감을 주로한 대중성인가, 혹은 그 이 둘을 통합하려 했지만, 결과적으로 실패하고 말았는가라는 물음에 답하는 가운데 학생들은 자신의 해석을 펼칠 수 있을 것이다. 물론 어떤 식으로든 의미를 결정하는 것은 작품을 읽는 학생들의 몫이며, 이러한 체험을 바탕으로 텍스트 내부의 근거를 통해 작품을 다양하게 해석할 수 있는 능력을 기를 수 있게 된다. 이 역시 대화의 방식으로 작품을 읽는 것이며, 더 정확히 말하자면 텍스트와 자신의 해석 약호를 접속시킴으로써 의미를 구성하는 것이기도 하다. 한 연구에 따르면 '대화'는 다양한 목소리들의 교환을 통해 목소리의 차이, 관점의 차이를 인정하면서 좀 더 타당한 목소리를 찾아가는 과정을 중시하는 개념이다. 텍스트 역시 메시지의 발신자라는 차원에서 보자면 단지 읽기의 대상이 아니라 '주체'의 지위에 오를 수 있고, 독자와 텍스트 사이의 대화 역시 다른 해석자와의 대화적 관계를 형성하는 기본축임을 부정할 수 없다.[24] 『무정』이라는 실재하는 텍스트를 존중하는 가운데 해석자의 주관적 의미 부여를 살릴 때, 객관주의와 주관주의를 지양하는 소설 해석 교육이 실현될 수 있다.

『무정』 안에 존재하는 내적 균열을 학습자가 탐구하는 가운데 작품을 다른 각도에서 해석할 수 있는 가능성이 열릴 수 있다. 그 과정에서 소설 텍스

---

[24] 최미숙은 독자 내면에서 이루어지는 내면적 대화, 학생과 학생 사이에 이루어지는 대화, 교사와 학생 사이에 이루어지는 대화를 대화의 층위로 제시하고 있다. '대화'라는 상투어에 머물지 않고 대화의 의미를 한층 구체화하는 견해이다. 그러나 대화의 주체를 학습자와 교사 같은 실재 인간으로 이해하면서 텍스트와 텍스트를 둘러싼 맥락을 배제하고 있다. 텍스트 역시 타자이며 그런 점에서 타자의 범위를 넓히는 편이 좋을 것이다. 자세한 사항은 최미숙, 「대화 중심의 현대시 교수·학습 방법」, 『국어교육학연구』 26집, 2006, 235-244면을 참조할 것.

트를 유기적 전체보다는 이질적인 요소가 결합된 일종의 '깨어진 거울'로 재개념화할 필요가 있음을 확인할 수 있다. 『무정』은 등장인물이 현실을 파악하는 가운데 자신의 역할을 자각하는 계몽의 서사 구조와 더불어 두 여성 사이에서 선택의 문제로 고민하는 삼각관계의 서사 구조를 동시에 가지고 있는 소설이다. 작품의 이 두 축은 작품 내에서 유기적으로 통합되기보다는 병존하면서 균열된 텍스트를 형성한다. 계몽주의 소설이라는 단일 의미망에 고정될 수 없는 여타 층위에서 무엇을 강조하느냐에 따라 작품은 달리 해석될 수 있다.

개인의 세계관이 통일된 체계를 갖추고 있지 않은 상황에서 탄생한 텍스트를 하나의 의미망으로 포섭하는 것은 텍스트의 실체를 억압함으로써 작품과의 진정한 대화를 가로막는다. 텍스트에 대한 정밀한 독해는 텍스트 중심의 읽기를 강조한 결과 학습자의 관심에 따른 다양한 의미 실현과 대립한다는 식의 발상은 잘못된 것이다. 해석의 다양성은 해석 주체의 주관성을 고려하면서도 동시에 텍스트의 영향력을 인정하는 가운데 추구되어야 할 것이다.

제2장

현대 소설의 장르론과 맥락의 문제

1. 맥락 범주의 역할과 의미

언어 활동에서 '맥락'의 역할은 2007년 개정 교육과정 이후 특히 강조된 바 있다. 2011년에 다시 개정된 교육과정에서 별도의 내용 체계 항목에서는 '맥락'이 제외되었지만 언어 기능은 언제나 특정한 상황이나 사회·문화적 맥락 속에서 실현된다는 전제가 취소된 것은 아니다. 이 과정에서 '기능적이고 도구적인' 언어관을 벗어나 '언어 활동이 갖는 사회성, 대화성, 관계성, 소통성'을 강조할 수 있는 토대를 마련하게 되었다는 것이 맥락 범주 도입의 의의에 대한 일반적인 평가이다.

그러나 각 세부 영역의 구체적인 내용을 살필 경우 이견이 생겨난다. 특히 문학 영역의 내용 체계와 성취 기준에 대한 진술의 경우 맥락을 강조했던 교육과정의 관점을 충분히 구체화하고 있는가라는 질문이 제기될 수 있다. 더구나 유사한 성취 기준이 여러 학년에 걸쳐 표현을 달리하여 나타나기 때문에 문면에 나타난 진술만으로는 교육 내용을 차별화하기 어렵다는 점이 문제를 더욱 증폭시킨다. 또한 교재 집필이나 평가 문항의 제작에서 사용할 수 있는 문학 용어의 폭과 수준을 알 수 없다는 점도 문제이다.[1] 교재 집필자나 문항 개발자의 독자적인 해석이나 개인적 경험에 의존할 수밖에 없는 상황인 것이다. 고등학교 선택 과목 '문학'의 경우 어려움은 가중된다. 선택 과목이라면 당연히 국민 공통 기본 교육과정에 속한 국어의 문학 영역에 비해 한층 정교한 목표와 개념이 제시되어야 한다. 교육과정에서 "'문학'은 국민 공통 기본 교육과정의 '국어' 과목 중 '문학' 영역을 심화·발전시킨 과목이다"는 점을 명시하고 있기 때문이다. 그러나 선택 과목의 세부 내용 진술은 더 추상적이고 포괄적이다. 이론으로서의 문학교육과정 용어 측면에서는 국어의 '문학' 영역에 비해 더 후퇴했다는 평가도 가능하다.

필자는 이러한 문제의 근본 원인이 무엇인가를 살펴볼 것인데, 특히 맥락의 실현 원리 중 하나는 장르이며 문학 영역에서 장르를 배제함으로써 맥락 논의가 공소해질 수밖에 없었다는 점을 강조하면서 논의를 시작하려고 한다.

2. 장르를 배제한 맥락 이해 비판

(1) 맥락 '연구'의 역할

주지하다시피 2007 교육과정은 맥락을 '상황 맥락'과 '사회·문화적 맥락' 둘로 나눠 설명하고 있다.

> 여기서 맥락은 상황 맥락과 사회·문화적 맥락을 포함한다. 상황 맥락은 담화와 글의 수용, 생산 활동에 직접적으로 개입하는 맥락으로 언어 행위 주체(화자·필자, 청자·독자), 주제, 목적 등을 포함하고, 사회·문화적 맥락은 담화와 글의 수용, 생산 활동에 간접적으로 작용하는 맥락으로 역사적·사회적 상황, 이데올로기, 공동체의 가치·신념 등을 포함한다.[2]

---

1) 최지현은 문학교육과정 용어를 이론으로서의 문학교육과정용어, 방법으로서의 문학교육과정용어, 평가 행위로서의 문학교육과정용어 셋으로 나누어 설명하고 있다. 최지현, 『문학교육과정론』, 역락, 2006, 82-86면. 현행 교육과정의 문학 영역은 '이론으로서의 문학교육과정용어'에 대한 관심을 거의 보이지 않고 있다고 해도 지나친 말이 아니다.

이 둘의 구별이 쉽지 않다는 지적이 여러 차례 제기된 바 있지만, 일단 전자가 개인의 심리적이고 인지적인 상황이나 구체적 개별성을 중시함에 비해 후자는 체계론적이고 집단적이라는 정도의 구별은 가능하다.
　그동안 문학교육에서 맥락이라는 주제를 다룬 연구는 교육과정에서 제시한 이 틀을 인정하는 가운데 맥락의 범위를 더 구체적으로 제시한다거나 이를 사회·문화적 독서 모델과 연결시키는 방식으로 논의를 진행해 왔다.3) 맥락 중심 문학 독서를 제안한 논의에 따르면, 문학 독서에서 맥락의 필요성은 다음 세 가지 측면에서 강조되어야 한다. 첫째, 독자를 맥락 속에 위치시킴으로써 현실 독자의 풍요로운 상을 독서교육에 수용할 수 있다, 둘째, 독서의 맥락을 삶을 구성하는 포괄적인 사회 문화적 맥락으로 확장함으로써, 독서 경험의 총체성을 살리고, 학교 독서 교육과 삶의 활동을 통합적으로 연관지을 수 있다. 셋째, 학습자들의 다양한 사회 문화적 맥락을 교육적 자원으로 활용하여 학습의 주체성을 살릴 수 있다.4) 이 과정에서 작품의 수용과 창작에 관여하는 다양한 사회적 요인을 부각시키고 작품 해석에서 독자의 적극적 역할을 강조하는 등의 성과를 얻을 수 있게 되었다.
　그런데 교육과정이 제시한 틀이나 체계를 메타적으로 점검하는 '이론 혹은 연구의 자의식'이라는 측면에서 보자면 문학 영역의 맥락 논의는 아쉬움이 없지 않다. 내용 체계의 틀을 인정하더라도 세부 내용으로 제시된 '수용·생산의 주체, 사회·문화적 맥락, 문학사적 맥락'이 과연 문학 영역에서 '맥락'을 충분히 구체화하고 있는가, 그리고 정작 강조해야 할 내용이 누락된 것은 없는가를 점검하는 일은 빼놓을 수 없는 '이론'의 역할이다. 연구는 행정적 합의의 산물인 교육과정이나 교육과정 해설을 '보충'하거나 그것에 풍

---

2) 교육인적자원부, 『초·중학교 교육과정 해설』, 2007, 11면.
3) 최인자, 「문학도서의 사회·문화적 모델과 '맥락' 중심 문학교육의 원리」, 『문학교육학』 제25호, 2008과 진선희, 「문학 소통 '맥락'의 교육적 탐색」, 『문학교육학』 제26호, 2008 등을 들 수 있다.
4) 최인자, 위의 논문, 439-440면.

부한 '주석'을 다는 것이 궁극적인 목표가 아니다. '실용 학문'으로서의 교과교육학이라는 정체성 다짐이 자칫 교과교육학을 '시행학'으로 몰고 가는 우를 범해서는 곤란하다. 물론 교육과정이나 해설서를 집필하는 과정에서는 마땅히 적용 가능성이나 현재 이론 수준에서 가능한 합의를 강조해야 한다. 그러나 현실의 중력에 완전히 종속될 수 없는 '이론'이라면 마땅히 '인식의 전환'이나 '문제 설정'의 변환 가능성을 시야에 확보해야 한다. 필자가 체계의 내적 모순이나 불균형 상태를 비판적으로 검토하고 이를 보완하거나 새로운 체계를 모색하려는 것을 강조하는 이유도 그 때문이다.

(2) 맥락과 문학 장르의 관계

문학 영역에서 맥락의 문제를 재검토하기 위해 현행 교육과정의 '맥락' 논의에 큰 영향을 준 할러데이(Halliday)의 논의를 먼저 살펴보도록 하자. 그는 맥락을 네 가지로 제시하는데 그것이 아래 표와 같이 상황 맥락, 문화 맥락, 텍스트 간 맥락, 텍스트 내 맥락이다.

상황 맥락	• 텍스트의 사용역(register)을 구체화하는 발화의 내용, 발화의 형식, 발화의 목적
문화 맥락	• 텍스트에 가치를 부여하고, 해석에 제약을 가하는 제도적이고 정신적인 배경
텍스트 간 맥락	• 다른 텍스트와의 관련 및 그로부터 수행된 가정
텍스트 내 맥락	• 내적 의미 관계를 실현하는 결속성, 결속구조

할러데이가 맥락이라는 범주를 상정한 이유는 눈앞에 보이는 결과물로서의 텍스트만이 아니라 그것을 형성하는 과정과 그 속에 작용하는 제반 역학 관계를 텍스트의 시야에 포함시키기 위해서이다. 한마디로 맥락은 언어적 사건을 실현하는 '잠재적인(Virtual) 힘'인 것이다. 이 개념을 통해 텍스트는 고정된 것이 아니라 사회적 과정에 의해 형성되는 역동적인 것으로 이해될 수 있다.[5]

잠재성으로서의 맥락을 어떤 층위에서 이해하느냐에 따라 맥락의 의미는 많이 달라진다. 맥락의 개별성에 무게 중심을 둔다면 언어 사용 주체가 텍스트를 실현하는 개별적인 상황이나 개인 심리가 맥락에서 중요한 위치를 차지하게 된다. 그런데 이처럼 개별성을 강조하는 논의는 상황이 끊임없이 분화되고 차별화될 수 있기 때문에 '상황'이라는 용어를 사용하는 것 이상의 이론화가 불가능해질 수밖에 없다. 개별적인 상황을 중시하는 것이 얼핏 보아서는 구체성을 확보하는 방법으로 보이지만, 이처럼 더 추상적인 차원에 빠지게 될 수도 있다. 모든 이론은 그 자체로는 추상적이지만, 복잡다단한 현상을 개념화하여 그 현상의 기저에 놓인 연관 관계를 파악하는 데 도움을 준다는 점에서 구체성의 도구이기도 하다. '사용역(register)'이라는 용어로 맥락을 부각시키려는 시도가 빠질 수 있는 딜레마를 피하기 위해 다른 이론가들이 장르와 이데올로기(또는 문화)를 끌어들이는 이유도 상황에 의존할 경우 발생하는 직접성의 한계를 넘어서기 위해서이다.

문학에서 장르라는 개념이 필요한 이유 역시 끊임없이 생산되는 문학 작품 하나하나의 연관 관계를 밝히는 데 도움을 주기 때문이다. 장르는 거칠게 말해 '문학적 담화의 양식이자 소통의 양식'을 뜻한다. 문학 텍스트를 읽고 쓰는 행위가 전적으로 장르의 규칙에 따라 이루어지는 것은 아니지만 생산 과정에서 텍스트로 실현되거나 텍스트를 읽고 독자가 나름의 의미 부여를 하는 과정에서 장르의 관습은 참조할 수 있는 규약이자 힘으로 작용한다. 다만 여기서 말하는 장르의 관습은 자아와 세계의 관계 양상에 따른 3분법이나 4분법이 제시한 규범성 차원의 것이 아님을 강조할 필요가 있다. 아리스토텔레스나 헤겔의 논의를 따른 서정, 서사, 극 그리고 교술과 같은 식의 장르 체계는 시공을 초월하여 나타나는 인간의 세계 및 자기 이해 방식에 초점을 맞추고 있다. 그 결과 분류에 집착하거나 체계로 설명될 수 없는 변

---

5) Peter Knapp, *Genre, Text, Grammar*, 2005, 주세형·김은성·남가영 옮김, 『장르, 텍스트, 문법』, 박이정, 2007, 6-9면을 참조하였다.

종들을 배제하는 경향을 보이게 된다. 즉 장르에 대한 설명은 구체적인 개별 작품과 동떨어진 채 추상적인 차원에 머무르게 되며, 시대와 지역에 따라 다양하게 나타나는 변종 장르의 실체를 제대로 설명하지 못하는 한계에 봉착하게 된다. 헤르나디(Hernadi)의 장르론은 추상적으로 존재하는 보편적 분류 모형인 장르 류보다는 각기 다른 민족 문학 내에서 형성된 역사의 산물로서의 장르 종을 강조하는데, 이후의 장르론은 규범에 따른 분류보다는 실제의 기술에 관심을 가지면서 장르의 생성과 변형을 중시하게 된다.[6]

구조주의와 기호학 수용 이후의 장르 이론은 인식론이나 존재론 차원보다는 언어적 진술 양식이자 생산자에서 수용자에 이르는 소통 과정의 차별화로서 장르를 파악하고 있다. 그중에서도 특히 바흐친은 장르의 형식을 이전의 상호 작용들의 '결정체'에 비유하면서, 장르의 형식이 단순한 형식이 아니라 아직 알지 못하는 새로운 내용에 접근하는 데 필수적인 다리를 놓아주는 정형화되고 응고된 '내용으로서의 형식'을 뜻한다고 설명하였다.[7] 장르 중심 쓰기 이론은 특정한 상황이나 수사적 의도에서 반복적으로 나타나는 패턴을 중시하고 이를 중심으로 쓰기 교육을 실행할 것을 주장하였는데, 이는 바흐친의 장르관을 수용한 결과이기도 했다.

문학에서 '맥락' 그중에서도 '사회·문화적 맥락'을 이야기할 때 장르를 빼놓을 수 없는 이유는 이처럼 장르가 언어 공동체 내에서 미래의 언어적 행위를 위한 특정한 장이나 패턴을 제공할 수 있기 때문이다. 장르가 특수한 언어 행위를 생산할 수 있는 자원이라면, 이를 배제한 사회·문화적 맥락은 공허한 것이 되기 쉽다. 할러데이의 맥락 구분에 의존하자면, 문학의 장르는 텍스트의 형식적 자질을 중시하는 미시적인 차원에서는 텍스트 내 맥락에

---

[6] 이에 대해서는 P. Hernadi, *Beyond Genre*, 1972, 김준오 옮김, 『장르론』, 문장출판사, 1983을 참조할 것.
[7] 바흐친의 장르에 대한 설명으로는 Gary Saul Morson & Caryl Emerson, *Mikhail Bakhtin : Creation of a Prosaics*, 1990, 오문석 외 옮김, 『바흐친의 산문학』, 책세상, 2006, 500-501면을 참조하였다.

관련된다. 동시에 생산에서 수용에 이르는 역동적인 과정 차원의 장르는 문화 맥락에 속한다.

'수용・생산의 주체, 사회・문화적 맥락, 문학사적 맥락'으로 제시된 현재 문학 영역 내용 체계의 맥락에 대한 이해는 맥락에서 장르가 차지하는 비중을 제대로 고려하지 못하고 있다. 필자는 맥락의 하위 요소를 '수용 및 생산 주체의 상황 맥락'과 '사회・문화적 맥락' 둘로 나누어 제시하고 후자에 장르와 문학사를 포함시킬 것을 제안하고자 한다. 이러한 제안은 2007 교육과정이 국어 사용 영역은 상황 맥락과 사회・문화적 맥락의 이분법을 취함에 비해, 문학 영역은 수용・생산의 주체, 사회・문화적 맥락, 문학사적 맥락의 삼분법을 취하고 있다는 체계상의 비대칭성을 해결할 수 있다는 장점을 가지고 있다.

맥 락
• 수용 및 생산 주체의 상황 맥락
• 사회・문화적 맥락―장르/문학사

사회・문화적 맥락에 문학사를 포함시킨 이유는 문학사가 지식의 나열이 아니라 텍스트와 텍스트를 연결하는 영향 관계를 서술한 흐름이며, 그 속에는 사회 문화적인 것부터 한층 직접적인 '상호텍스트성'을 포괄하고 있기 때문이다. 예를 들어 '문장파'라는 문학사의 흐름에는 문예지를 출간함으로써 문단이라는 제도를 형성하는 차원은 물론이요 1930년대 초중반 자신들이 생각하는 좋은 문학이란 무엇인가라는 '공유된 가정'이 내포되어 있기 때문이다. 문학사가 사회・문화적 맥락과 대등하게 나열되어 있는 현재 내용 체계가 수정되어야 하는 이유는 이 때문이다.[8]

---

8) 할러데이의 맥락 범주에 따라 맥락 요소를 분류한 한 논문에서 장르를 '텍스트 간 맥락'에 포함시키고 있는데, 문학의 경우 '다른 텍스트와의 관련'은 장르보다는 문학사에서 더 구체적으로 나타난다. 이에 대해서는 이재기, 「맥락 중심 문식성 교육 방법론 고찰」, 『청람어문 교육』 34집, 2006, 108면을 참조할 것. 한편 문학사적 지식을 맥락에서 배제해야 한다는 주

물론 '수용 및 생산 주체의 상황 맥락'이 개별화된 상황에 국한될 수는 없다. 독자가 작품을 읽을 때 의식이나 무의식 차원에서 의존하게 되는 좋은 작품에 대한 선입견이나 교육을 통해 습득하게 된 문학과 문학 아닌 것을 구별하는 규약은 개인의 정신에서 작용한다. 그러나 이는 개인의 판단에 앞서 선험적으로 주어진다는 점에서 사회·문화적 맥락에 속한다고 보아야 하기 때문이다. 다만 개인이 처한 특수한 상황이 작품의 생산과 수용에 영향을 끼친다는 점에서 이를 '상황 맥락'이라는 별도의 항으로 남겨둘 필요가 있다.

3. 장르를 고려한 서사교육의 성취 기준 진술의 방향

(1) 성취 기준 진술상의 공백

지금까지 필자는 맥락의 사회·문화적 측면을 구체화하기 위해서는 장르에 대한 고려가 필수적임을 주장하였다. 2007 개정 교육과정의 듣기·읽기, 쓰기의 경우 성취 기준 진술 차원에 장르에 대한 의식이 투영되어 있다. 예를 들어 7학년 듣기 성취 기준의 하나인 '광고를 보거나 듣고 설득의 전략을 파악한다'는 설득 전략 일반이 아닌 '광고'라고 하는 특정 발화 장르를 배경으로 설득의 전략을 파악하게 하고 있다. 쓰기와 읽기의 성취기준 역시 '보고서'나 '건의하는 글'과 같은 장르 속에서 구체화된다. 그런데 문학 영역을 살펴볼 경우 장르와 관련되어 있는 성취 기준은 표현·이해 활동 영역에 비해 오히려 비중이 약화된다. 중등학교 문학 영역에서 총 19가지 성취 기준 진술에서 장르와 연결되어 있는 성취 기준은 다음 네 가지이다. 7학년의 (1) 문학 작품에 드러난 인물의 심리 상태와 갈등의 해결 과정을 파악한다. (4) 시어와 일상어의 관계에 대한 이해를 바탕으로 노랫말을 쓴다. 8학년의 (3) 문학 작품의 세

장이 있으나, 이는 문학사를 단편적 지식의 나열로 이해하고 있다는 점에서 수정을 요한다. 이에 대해서는 김혜정, 「읽기의 맥락과 맥락 읽기」, 『독서 연구』 21호, 2009를 참조할 것.

계가 누구의 눈을 통해 전달되는지를 파악한다. (4) 문학 작품에 나오는 인물의 행동을 사회·문화적 상황과 관련지어 파악한다. 문학에 대한 해석이나 감상이 장르를 배경으로 한다는 상식에 비추어 볼 때 이러한 불균형은 납득하기 어렵다.

물론 장르에 대한 고려가 양적으로 적다는 것은 본질적인 문제가 아닐 수 있다. 더 중요한 성취 기준이 있다면 당연히 그것에 자리를 내주어야 하기 때문이다. 그러나 문학 영역 성취 기준에서 유사한 목표 진술이 학년을 달리하여 반복되고 있다. 7학년의 '역사적 상황이 문학 작품에 어떻게 나타나는지 이해한다'와 8학년의 '문학 작품에 나오는 인물의 행동을 사회·문화적 상황과 관련지어 파악한다' 9학년의 '문학 작품에 나타난 사회·문화적 상황과 관련지어 창작 동기와 의도를 파악한다'는 유사한 내용을 세 가지 다른 층위 즉 문학 일반, 서사 문학, 작가론의 측면에 골고루 배분하여 재진술하고 있다. '역사적 상황'과 '사회 문화적 상황'이 다르지 않느냐는 반문이 있을 법하지만, 교육과정을 실행하는 것을 가정한다면 이 둘을 구별하기란 쉽지 않다. 8학년의 '다양한 시각과 방법으로 문학 작품을 해석하고 평가한다'와 9학년의 '문학 작품에 대한 다양한 해석을 비교한다' 그리고 10학년의 '문학 작품에 대한 비평적 안목을 갖춘다'는 실질적으로 동어 반복에 가까운 진술이다.

선택 교과 '문학'의 '세부 내용' 진술을 살펴볼 경우 문제는 더 심각해진다. '가치 있는 내용을 형상화한 언어 예술임을 이해한다'나 '문학 갈래의 개념과 그 특징을 이해한다' 혹은 '내용, 형식, 표현의 유기적인 연관을 고려하며 작품을 수용한다'와 같은 일반론적 차원의 진술을 제외하고는 장르에 대한 고려는 전무하다. 선택 교과 '문학'이라면 공통 국어에 비해 문학에 대한 좀 더 전문화된 성취 기준 진술이 필요하다.

그렇다면 양적 불균형이라는 문제는 맥락을 협소하게 이해함으로써 파생된 체계 구성의 실패에서 기인한 것은 아닌가하는 의문이 드는 것도 자연스럽다. 과연 장르 관련 성취 기준이 대폭 배제된 이유는 무엇일까? 식별 가능한 주체 다시 말해 가시화될 수 있는 수용자나 생산자만이 맥락에 관련된다고 사고했기 때문이다. 예를 들어 그냥 감상문을 쓰라는 식의 진술은 탈맥락적이고 '현재 독자의 시각으로 작품을 읽고 이를 독자 투고의 형태로 잡지에 발표해 본다' 식의 성취 기준은 맥락적이라는 것이 교육과정의 '맥락'에 대한 이해이다. 그러나 이 진술 역시 더 구체적인 상황으로 차별화할 수 있으며, 그 경우 전자의 진술 역시 얼마든지 탈맥락적이라고 볼 수 있다. 수용이든 생산이든 가시적인 주체를 둘러싼 맥락의 구체화는 어디까지나 교재화 과정이나 교수 학습 활동에서 '해당 학습 집단의 상황과 수준'이라는 '국지성'을 고려하여 보완되어야 하는 것이다.

결과적으로 맥락을 가시적인 주체의 '상황'으로 좁혀 이해하는 것은 장르 나아가 장르론에 기반한 지식의 습득을 능동적인 독자의 해석 능력과 대립시키는 '선입견'에서 기인한다. 그리고 이 대목에서 전가의 보도처럼 사용되는 것이 '작품에 대한 학습자의 실제 체험을 지식으로 대체한 신비평'이라는 상투적 비판이다. 신비평의 독특한 문학관과 그로부터 비롯된 과도한 분석 비평의 경향에 대해서는 비판이 있어야겠지만, 문학에 대한 기초적인 '지식'의 획득과 이를 활용한 작품 읽기를 금기시하는 것은 온당한 해결책이 아니다.

(2) 서사 장르 성취 기준 진술의 준거

필자는 맥락에서 장르를 배제한 결과 문학 영역에서 성취 기준은 공백이 생기고 그 공백을 메우기 위해 동어 반복적 진술이 나타난다는 점을 지적했다. 이를 보완하기 위해서는 장르를 중심으로 문학 영역의 성취기준을 재편성해야 한다. 그렇다면 서사 장르의 경우 성취 기준 진술의 방향은 무엇이 되어야 하는가?

서사는 매체와 목표 그리고 내포 독자에 따라 다양한 하위 장르로 실현된다. 문자로 된 허구적 서사에 국한시켜 볼 때, 서사 문학은 동화에서 소설에 이르는 스펙트럼을 가지고 있다. 이를 서사 장르의 발달축이라 명명하도록 하자. 이를 고려하여 1학년에서 10학년에서 이르는 국어의 문학 영역과 선택 과목 문학에서 서사 장르는 학습자의 수준을 고려하여 위계화되어 제시될 필요가 있다. 그림책을 중심을 하는 저학년 동화, 소년소설, 청소년 소설, 소설로 이어지는 서사 발달의 흐름에 대한 고려가 현행 교육과정에서는 부족하다. 초등 문학교육에서는 '동화'가 '언어 자료의 수준'과 범위 차원에서 수용되었지만 동화를 구성하는 다양한 세부 장르의 특징과 이를 바탕으로 한 성취 기준 진술에는 이르지 못하고 있다.9) 동화 내에서도 '환상성'을 바탕으로 그림이 중요한 역할을 하는 저학년 동화는 소설적 요소가 강한 고학년의 '소년소설'과 구별되기 때문이다. 더구나 7학년에서 10학년 국어에서는 청소년 문학에 대한 고려는 전무하다. '능동적으로 읽어야 한다'는 당위론이나 읽기 방법의 개발에 의해서 학습자의 맥락을 살린 읽기가 가능해지는 것은 아니다. 학습자의 수준을 고려한 작품 선정을 거칠 때 맥락은 독서의 과정에 더욱 긴밀하게 연결될 수 있다. 그런 점에서 학습자의 생활 맥락에서 친숙하게 접근할 수 있는 청소년 소설을 통해 서사 문학에 입문할 수 있게 하는 배려가 필요하다. 물론 태동기에 있는 한국 청소년 문학의 현실을 고려할 때 과연 작품성 있는 문제작이 얼마나 있느냐는 반문이 가능하다. 그러나 그런 작품을 발굴하여 이를 문학교육에 도입하려는 노력이 부족하다는 것도 분명한 사실이다. 이를 위해서는 작가의 '명망'을 중시하거나 동화나 청소년 소설을 서사 문학의 '마이너리그'로 보는 태도의 불식이 필수적이다.

 서사의 발달축과 더불어 서사 장르를 형성하는 내적 자질에 대한 배려도 필요하다. 소설론에서 다루고 있는 사항을 참조한다면 인물의 성격화, 갈등, 플롯, 배경, 서술과 시점, 문체, 분위기 등이 꼽힐 수 있다. 그러나 이런 다

---

9) 비록 '동화'라는 명칭에 포함되지만 환상성을 본질적 특징으로 하여 그림책의 형태로 실현되는 저학년 동화와 고학년을 대상으로 하는 '소년소설'은 상이한 특징을 보인다는 것이 최근 동화 장르론의 연구에 의해 논의되었다. 이에 대해서는 김상욱, 「아동문학의 장르와 용어」, 『아동청소년문학연구』 4호, 2009와 원종찬, 「해방 이후 아동문학 서사 장르 용어에 대한 고찰」, 『한국아동청소년문학학회 2009년 여름 학술대회 자료집』, 2009 및 졸고, 「청소년 소설의 현실 형상화 방식에 대한 연구」, 『우리말글』 45집, 2009 등을 참조할 수 있다.

양한 자질을 병렬적으로 배치하는 것으로는 불충분하다. 서사 장르는 여타 장르와 구별해주는 핵심 지표들이 무엇인가를 점검하는 일이 선행되어야 한다. 서사물의 구조를 설명한 채트먼(Chatman)의 논의는 서사 이론의 성과를 명료하게 정리하고 있다는 점에서 서사 장르의 핵심 규약을 정하는 데 효과적이다. 그의 서사물에 대한 구조화를 간단히 표로 정리하면 다음과 같다.

	담론	이야기
실체	발현 매체	작가에 의해 모방될 수 있는 모든 것들의 집합
형식	서사적 전달의 구조	사건적 요소, 사물적 요소 및 그것들 사이의 관계

장르론적 접근에서는 내용이나 재료보다는 형식에 초점을 맞추는 것이 상례이다. 그것은 장르의 규약이 재료를 담론으로 실현하는 과정에서 핵심적인 역할을 담당하기 때문이다. 채트먼 역시 형식에 중요한 비중을 두고 있다. 그런데 그의 도표는 일반적으로 통용되는 내용 - 형식의 평면적 구도가 아닌 옐름슬레브의 실체 - 형식 / 내용 - 표현의 이차원적 구도를 바탕으로 하고 있다. 이야기 차원의 형식과 담론 차원의 형식으로 형식을 이원화하는 것도 그 때문이다. 이야기 차원에 포함되어 있는 '사건적 요소'와 '사물적 요소' 및 '그것들 사이의 관계'는 플롯과 관련되는 항목이다. 채트먼은 이를 '내용'이 아니라 '내용의 형식'으로 규정했다. 이는 그가 이 항목을 '어느 정도는 형식화된 내용'으로 이해했다는 것을 말해준다.[10] 다시 말해 플롯 구성을 통해 모종의 흐름을 갖춘 서사물을 형성하는 것은 이야기 차원의 형식의 문제가 되는 것이다. 물론 채트먼에게 있어 한층 본질적인 형식은 담론의 차원에서

---

10) 그는 플롯을 '담론화된 스토리(story-as-discoursed)'로, '스토리의 사건들이 담론에 의해 미적으로 전환된 상태'로 규정한다. S. Chatman, *Story and Discourse*, Cornell University Press, 1978, p.43.

논의되어야 하는 것으로, 위 표에서 '표현의 형식'의 문제이다. '서사적 전달의 구조'는 서사물의 이야기를 독자에게 전달하는 서술자의 목소리에 의해 실현된다.

과연 무엇이 더 본질적인 형식이냐는 물음에 답하기 위해서는 칸트와 헤겔의 내용과 형식에 대한 서로 다른 이해를 고려해야 한다. 칸트는 주체의 경험에 질서를 부여하는 선험적 범주 도식의 선차성을 강조하였다. 반면 헤겔에게 있어 모든 형식은 내용의 형식화이다. 헤겔의 방식으로 서사를 이해한 루카치는 『안나 까레리나』와 『나나』에 등장하는 '경마 장면' 에피소드를 비교하면서 전체 줄거리에서 이 에피소드가 어떤 위치를 차지하느냐에 따라, 자연주의와 리얼리즘이 갈라진다고 주장하였다. 이는 서사의 관건이 플롯 구성임을 주장하는 것과 같다. 입각점은 사뭇 다르지만 리꾀르의 서사에 대한 논의도 이와 유사하다. 결국 서사물에 대한 이론은 플롯을 강조하느냐 서술을 강조하느냐에 따라 계보가 달라진다고 볼 수 있다.[11]

그러나 필자의 관심은 무엇이 더 본질적인 형식인가를 논의하려는 것이 아니다. 다만 서사 장르의 내적 요소를 파악하기 위한 두 가지 중심축이 플롯과 서술이라고 주장할 수 있는 근거를 마련할 수 있다는 점은 명확하다. 플롯과 서술은 전통적인 소설론에서 언제나 강조했던 것이고, 그런 이유로 전통적 소설 장르론으로 회귀하여 서사 장르의 성취 기준을 조직하자는 것이 아닌가라는 반문이 가능하다. 그러나 서사물은 한 사람이 다른 사람에게 어떤 일이 일어났는지 이야기해주는 행위로서, 사건의 유기적 배열과 전달의 구조 없이는 성립할 수 없다. 플롯과 서술은 자신이 겪은 체험에 이야기의 형식을 부여하려 할 때 언제나 중요한 문제로 부각된다. 역사학의 공리를 빌려 말하자면 실제 사건들은 자신을 이야기로 제시하지 않기 때문이다.[12] 또

---

11) 칸트와 헤겔의 형식 이해에서 나타나는 차이에 대한 간단한 설명으로는 P. Zima, *Literarische Aesthetik*, 1991, 허창운 역, 『문예미학』, 을유문화사, 1993의 1부를 참조할 수 있다.
12) 역사학계에서는 세 가지 기본적인 역사 제시의 방법이 있는데 연보, 연대기, 전형적인 역사가 그것이다. 연보는 단순히 시간 순서로 정돈된 사건의 목록만으로 구성되고 당연히

한 소설뿐만 아니라 영화와 같은 매체 서사나 광고는 물론이고 역사 서술이나 수필과 같은 다양한 산문 양식에서 플롯과 서술은 중요한 역할을 담당한다. 20세기 후반 이후 문학의 '대세'라고도 볼 수 있는 장르 혼합이나 다매체 장르화 역시 마찬가지이다. 플롯과 서술은 전통적 소설론에서 중시된 요소이자만 동시에 소설을 벗어나 다양하게 확장된 서사물에도 적용될 수 있다는 점에서 서사 관련 성취 기준 진술의 핵심 축이 되어야 하는 것이다.

(3) 서술에서 '눈'과 '목소리'의 구별

플롯과 서술을 서사 교육의 중심 내용으로 삼고자 할 때 복잡한 문제가 제기되는 것이 서술의 문제이다. 플롯을 좁게 해석하여 사건들이 인과성의 고리로 연결되는가에 국한시키느냐 아니면 작가의 의도를 관철하기 위한 서술 전략 전체로 확장할 것인가의 이견이 있지만, 일반적으로 사건과 사건을 연결하는 구성의 원리가 플롯이라는 점에는 합의가 이루어져 있다. 따라서 교육과정이나 현장 교육에서도 플롯 교육의 내용에 대해서는 별다른 혼란은 없어 보인다. 갈등의 시작에서 갈등의 해결에 이르는 과정을 플롯의 단계로 설정한다거나 인과성을 중시하는 고전적인 플롯과 이를 의도적으로 파괴하여 우연성이나 불확실성을 강조하는 '탈인과적 플롯'의 경향을 모더니즘 소설의 특징으로 설명하는 것이 일반적이기 때문이다.

그에 비해 서술의 문제는 이론가들에 따라 서술에 대한 정의와 분류가 각기 다르고 교육에서 서술의 수준과 폭을 어디까지 가르쳐야 하는가에 대해서도 합의가 이루어지지 않았고 그로 인한 혼란이 교육 현장에서 지속되고

서술의 요인이 없다. 반면 연대기와 전형적인 역사는 구별이 쉽지 않다. 연대기는 어떤 사건에 의미를 부여함으로써 결론을 내리는 '서술적 종결'에 이르지 않고 그저 끝을 맺는다. 연대기 편자 자신이 속한 현재에서 멈춰버린다. 반면 역사가가 사건을 보고하는 데 아무리 객관성을 지니고 있고 또 증거를 제시해도 이에 이야기의 형식을 부여하는 데 실패한다면 그의 이야기는 '본격적인 의미의 역사 서술'이 되지 못한다. 이에 대해서는 H. White, 「리얼리티 제시에서의 서술성의 가치」, 『현대 서술 이론의 흐름』, 솔, 1997, 183-184면을 참조할 것.

있다. 이는 아직도 현장의 소설 교육에 지대한 영향을 미치고 있는 시점 이론의 한계를 극복할 교육 내용이 교육과정의 성취 기준에 제대로 반영되지 못한 것과도 관련이 깊다.[13] 브룩스(Brooks)와 워렌(Warren)이 제시한 이래 소설 교육에 큰 영향을 준 시점 4분법의 문제점과 그에 대한 대안으로서 '초점화'에 주목해야 한다는 주장이 제기되기도 하였다.[14] 특히 '인칭'을 과도하게 강조하는 시점 이론은 서술에 따른 실제 효과를 제대로 파악하지 못하고 작품을 분류하는 데 그치는 한계를 벗어날 수 없다. 예를 들어 아래 인용된 이태준의 「패강냉(浿江冷)」은 기존의 시점 4분법에 따르면, 서술자가 이야기 속에 등장하는 인물이 아니고 등장 인물의 심리까지 꿰뚫어 볼 수 있는 전지적 서술자가 사건을 내적으로 분석하고 있다는 점에서 '전지적 작가 시점'에 속한다.

> 현은 평양이 십여 년 만이다. 소설에서 평양 장면을 쓰게 될 때마다, 이번에는 좀 새로 가보고 써야, 스케치를 해와야, 하고 벼르기만 했지, 한 번도 그래서 와보지는 못하였다. 소설을 위해서뿐 아니라 친구들도 가끔 놀러 오라는 편지가 있었다. 학창 때 사건 벗들로, 이곳 부회 의원이요 실업가인 김(金)도 있고, 어느 고등보통학교에서 조선어와 한문을 가르치는 박(朴)도 있건만, 그들의 편지에 한 번도 용기를 내어 본 적은 없었다. 이번에 받은 박의 편지는 놀러 오라는 말이 있던 편지보다 오히려 현의 마음을 끌었다. ―내 시간이 반이 없어진 것은 자네도 짐작할 걸세. 편안하긴 허이. 그러나 전임으로 나가 주고 시간으로나 다녀 주기를 바라는 눈칠세. 나머지 시간이라야 그리 오래 지탱돼 나갈 학과 같지는 않네. 그것마저 없어지

---

13) 7차 교육과정에 따른 문학 교과서에서는 여전히 시점 4분법에 따른 서술이 주를 이루고 있으나 경직된 적용의 문제점에 대해서는 많은 교사들이 인식하고 있는 듯하다. 이는 대학 수학 능력 시험에서 초점 주체 논의를 바탕으로 한 문항이 출제된 것에 따른 효과로 보인다. 이에 대해서는 박기범, 「시점 - 서술 교육의 반성과 개선 방향」, 『국어교육학연구』 31집, 2008, 326-332면에 자세히 언급되어 있다.
14) 임경순, 「초점화를 통한 소설교육 연구」, 『국어교육』 95호, 1997가 대표적이다.

는 날 나도 그때 아주 손을 씻어 버리려 아직은 지싯지싯 붙어 있네.

하는 사연을 읽고는 갑자기 박을 가 만나 주고 싶었다. 만나야만 할 말이 있는 것은 아니지만 손이라도 한번 잡아 주고 싶어 전보만 한 장 치고 훌쩍 떠나 내려온 것이다. 정거장에 나온 박은 수염도 깎은 지 오래어 터부룩한데다 버릇처럼 자주 찡그려지는 비웃는 웃음은 전에 못 보던 표정이었다. 그 다니는 학교에서만 지싯지싯 붙어 있는 것이 아니라 이 시대 전체에서 긴치 않게 여기는, 지싯지싯 붙어 있는 존재 같았다. 현은 박의 그런 지싯지싯함에서 선뜻 자기를 느끼고 또 자기의 작품들을 느끼고 그만 더 울고 싶게 괴로워졌다.

그러나 이 작품의 실제 서술 효과는 '1인칭 주인공 시점'의 그것과 구별되지 않는다. 그것은 주인공 '현'을 '나'로 바꾸어도 작품에 변화가 없기 때문이다. 이를 고려하지 않고 이처럼 작중 인물의 시각으로 사건을 바라보고 해석하게 하는 '내적 초점화 서술'이 주가 된 작품을 대상으로 시점을 바꾸게 한다면 그저 인칭 명사를 대명사로 바꾸는 기계적인 활동을 하게 되는 셈이다.

사실 '시점'이라는 용어는 누구의 눈으로 사건을 관찰하고 해석하게 하는가를 중시해야 한다는 의도를 담고 있다. 그러나 시점 4분법은 이러한 문제의식을 제대로 살리지 못하고 형식적인 분류를 위한 기준에 그치고 있다. '서술'에서 '보는 주체'와 '말하는 주체'를 구별해야 한다는 지적 이후 서사 이론이 서사적 사건을 바라보는 초점 주체와 그것을 이야기로 전달하는 존재로서의 서술 주체를 구별하고 서술의 양상을 새롭게 분류하여 제시하려는 시도가 일반화된 이유도 그 때문이다.[15]

필자는 서술의 다양한 양상을 분류하는 다양한 이론 체계를 다 고려하거

---

15) 이에 대한 정리로는 G. Genette, *Narrative Discourse*, 1980, 권택영 역, 『서사담론』, 교보문고, 1992, 174-175면과 Rimon-Kennen, *Narrative Fiction*, 1983, 최상규 역, 『소설의 시학』, 문학과지성사, 1985, 109-113면을 참조할 수 있다.

나 어느 특정 이론의 우월성을 주장하는 것에는 관심이 없다. 다만 그 동안의 논의를 종합하여 서술을 구성하는 두 요소로서 '눈'과 '목소리'를 구별하여 성취 기준을 서술해야 한다는 견해를 제시할 따름이다. 지금까지 교육과정에서는 사건을 이야기하는 서술자가 서사적 사건 속에 자리잡고 있느냐 그렇지 않느냐에 따라 3인칭 서술과 1인칭 서술을 구별해 왔다. 이에 더하여 작품에서 사건을 바라보는 초점 주체가 작중 인물인가 아니면 작품 바깥에 존재하는 초월적 주체인가를 고려해야 한다. 내적 초점화 서술과 외적 초점화 서술의 경우 비교적 쉽게 구별할 수 있으며 그에 따른 서술의 효과도 뚜렷하게 나타는 편이다. 또한 작중의 여러 등장 인물 중 누구를 초점 주체로 삼았는가에 따라 전달되는 사건의 내용과 분위기가 사뭇 달라진다는 것 역시 중등학교 고학년 수준이면 충분히 파악할 수 있다.[16]

  기존의 시점 용어를 사용하여 이상의 논의를 정리하면 다음과 같다. 먼저 1인칭 시점의 경우 서술자와 초점 주체가 모두 작중 인물이라는 점에서 3인칭에 비해 복잡한 문제가 발생하지 않는다. 다만 기존의 1인칭 주인공 시점과 1인칭 관찰자 시점의 구분은 갈수록 주인공과 관찰자를 뚜렷하게 구별하기가 쉽지 않다는 점을 고려해야 할 것이다. 그런 점에서 단일한 1인칭 시점이라는 용어를 사용하는 편이 적절하다. 반면 3인칭 시점은 서술자는 작품 바깥에 존재하여 이야기를 전달한다. 그런데 서술자와 구별되어, 사건을 관찰하고 해석하는 보는 주체로서의 '초점 주체'가 작품 내부에 자리잡고 있는 경우와 그렇지 않은 경우로 나눌 수 있다.[17] 여기에 더하여 3인칭 서술자의 전지성 유무도 함께 고려해야 한다는 점에서 1인칭 서술에 비해 한층 복잡

---

[16] 예를 들어 조세희의 「내 그물로 오는 가시고기」에서 초점 주체를 은강 공장주의 아들에서 난장이의 아들 영수로 바꿔보는 활동을 통해 초점 주체가 서술에서 차지하는 위상을 간명히 파악할 수 있다.

[17] 이를 3인칭 내적 초점화 서술과 3인칭 외적 초점화 서술이라는 용어를 쓸 수 있다. 그런데 이론가에 따라 이를 '비초점화 서술'이라는 용어를 사용하여 '외적 초점화'와 구별하는 경우도 있다. 그러나 이들 모두 등장 인물의 시각으로 사건을 관찰하는 내적 초점화와는 구별된다는 점에서 공통점이 있다.

한 구별 양상을 나타낼 것이다. 그렇다면 초점 주체의 위치 그리고 서술자의 위치와 전지성 정도를 기준으로 서술의 이질적 양상을 체계화하고 그것이 작품에서 어떤 특징을 서술 교육의 내용으로 삼아야 할 것이다.

4. 장르 이론 수용의 방향

지금까지 필자는 개정 교육과정에서 '맥락'이 차지하는 위상을 살펴보고 문학 영역에서 '맥락'은 장르로 구체화되어야 함을 주장하였다. 장르가 배제된 '사회 문화적 맥락'은 내용이 없는 공허한 것이 되기 쉬우며 장르에 대한 무관심으로 인해 문학 영역에는 유사한 성취 기준이 반복적으로 나타나게 되었다. 이를 보완하기 위해서는 '수용 생산의 주체, 사회·문화적 맥락, 문학사적 맥락'으로 제시된 현재 문학 영역 내용 체계의 맥락을 '수용 및 생산 주체의 상황 맥락'과 '사회·문화적 맥락' 둘로 나눈 뒤, 후자에 장르와 문학사를 포함시켜야 할 것이다. 또한 서사 영역의 성취 기준을 장르 중심으로 재진술하기 위해서는 플롯과 서술의 비중을 중시해야 하며, 특히 기존의 시점 4분법의 문제를 해결하기 위해 서술에서 보는 주체와 말하는 주체를 구별해야 할 것이다.

어떤 이유에서인지 알 수는 없으나 말하기·듣기, 읽기, 쓰기에서 강조되고 있는 장르의 차원은 하필 문학 영역의 경우 내용 체계는 물론이고 성취 기준 진술에서 그 흔적을 찾기 쉽지 않다. 문학은 언제나 장르를 배경으로 존재하는 것이 상식을 감안할 때 이는 기이하게 보인다. 이런 현상이 벌어진 이유는 '맥락'과 '장르'를 대립적인 것으로 파악했기 때문이다. 맥락, 그중에서도 '사회·문화적 맥락'은 '장르'를 배경으로 할 때 구체화될 수 있으며, 이를 바탕으로 서사물의 장르적 특징을 강조하여 문학 영역의 성취 기준을 진술해야 할 것이다.

제3장

서사 이론과 읽기 교육의 소통

1. 체계와 현실의 균형

　국어과 교육과정이 개편될 때마다 가장 먼저 논의되는 것은 교육과정의 영역 확정 방안이다. '말하기, 듣기, 읽기, 쓰기, 문학, 문법'이라는 6분법 체계의 '이론적 문제점'에 대해서는 많은 이들이 지적을 해 왔다. '말하기, 듣기, 읽기, 쓰기'는 한국어를 현실화하는 대표적인 활동의 양태임에 비해, '문학'은 장르이며 '문법'은 지식이다. 서로 위계를 달리하는 이 여섯 영역이 대등하게 교육과정의 각 영역을 구성할 경우 내용 체계에 불균형을 가져올 수밖에 없다. 그러나 내용 체계 자체의 균형이나 완성도, 다시 말해 '횡적 연계성'의 확보가 교육과정 개정의 제일 목표는 아닐 것이다. 중요한 것은 교육과정 개편 논의를 통해 국어교육을 얼마나 내실 있고 풍부하게 기획할 수 있는가이다. 개념 자체가 아니라 개념을 통해 현실을 얼마나 더 잘 설명할 수 있으며, 현실을 보다 긍정적인 방향으로 변화시킬 수 있는가가 중요하기 때문이다. 만일 국어 사용의 현실을 보다 잘 설명하면서 이를 더욱 역동적으로 구조화할 수 있다면 '균형 있는 체계'를 기꺼이 포기할 수도 있다. 그런 점에서 초등학교에서 중등학교까지 일관된 영역과 내용 체계로 교육과정을 구성하는 현재의 '관습'도 되돌아볼 필요가 있다.

단지 체계의 완성도를 위해서라면 문학 영역의 내용을 읽기 영역을 주로 하고 부분적으로 말하기, 듣기, 쓰기의 영역에 그저 '흡수'하는 것이 최선의 방책이라고 생각하기 쉽다. 그러나 이는 진정한 의미의 영역 통합이 아니라 산술적 결합이 될 가능성이 높다. 이 지점에서 국어교육 역시 살아 움직이는 생태계와도 같다는 논의를 떠올려 보도록 하자.[1] 생태계에서 한 종이 다른 종과 결합되어 새로운 종을 낳을 경우 전체 체계 자체에 변화를 가져온다. 이와 마찬가지로 기존 '문학' 영역의 내용을 받아들인다면, 의사소통 능력의 내적 구조와 목표 역시 새롭게 구성될 필요가 있다. 말하기·듣기 영역에 리듬에 맞춰 시 낭송하거나, 어제 읽은 소설의 내용을 이야기로 전달하기와 같은 목표가 추가되는 상황을 떠올려 보자. 이는 단순한 활동의 추가 이상의 의미를 갖는다. 이러한 내용을 포함시킨 말하기·듣기 능력은 이를 배제했던 과거의 '말하기·듣기' 능력에 대한 상과는 변화된 것일 수밖에 없다.

'문학' 영역을 흡수함으로써 '국어 사용 능력'의 내포와 외연이 변화될 수 있는 가능성은 열릴 수 있을까? 이 글에서는 문학 영역과 읽기 영역의 연계 가능성을 집중적으로 탐색하고자 한다. 특히 그러한 소통을 통해 읽기 교육의 목표와 내용이 재구조화될 수 있는 여지는 없는지를 집중적으로 살펴볼 것이다. 그 과정에서 특히 '비문학 읽기' 영역에 '서사 이론'의 개념이 어떤 방식으로 원용될 수 있는지를 논함으로써 읽기 교육과 문학 교육의 소통을 추구하는 한 방향을 제시하고자 한다.

2. 문학 읽기와 비문학 읽기의 접점

극단적인 기능론자들이 아니라면 이제 아무도 국어교육에서 문학의 역할이 보잘 것 없다고 이야기하지 않는다. 문학을 말하기, 듣기, 읽기, 쓰기와

---

[1] 박인기, 「국어교육학 연구의 방향:재개념화 그리고 가로지르기」, 『국어교육학연구』 22집, 2005가 그러한 인식을 대표적으로 보여주고 있다.

동등하게 하나의 영역으로 설정할 것이 아니라 내용 체계에서 반영하는 편이 바람직하다는 주장 역시 학습 자료로서의 문학 작품이나 지식 체계로서 문학 작품과 문학 연구의 가능성을 인정하고 있다. 현실적으로도 시나 소설 같은 문학 작품을 배제하고 읽기 교재를 구성한다는 것은 불가능하다. 또한 문학 작품을 설명하는 '문학 이론' 역시 문학의 영역에만 한정되는 것이 아니라, 문자 언어와 음성 언어를 포함한 한국어 사용 전체의 해명에 기여할 수 있다는 것이다.[2]

일반적으로 문학 작품을 읽는 행위가 가지고 있는 특수성을 설명하기 위해 '감상'이라는 용어를 사용한다. 이를 통해 문학 작품이 가지고 있는 미적 자질에 주목하는 작품 읽기의 '심미적' 속성을 잘 드러낼 수 있다고 생각하기 때문이다. 그러나 실제로 문학 작품을 읽을 때, 좁은 의미의 심미성 이외의 여러 측면도 독자에게는 중요하다. 예를 들어 「메밀꽃 필 무렵」을 읽을 때, 이지러진 달빛을 극도의 시적 표현으로 묘사하는 구절에서 미적 만족감만을 느끼는 것이 감상의 전부는 아니다. 독자는 주관적 인상을 바탕으로 단편 소설로서 이 소설을 가능하게 하는 장치가 무엇인지를 해명하고자 하는 욕망을 느낄 수도 있다. 또 작가 이효석의 개인적 맥락과 이 작품이 쓰여진 1930년대라는 역사적 맥락 속에서 이 작품의 의미를 검토하는 것 역시 '감상'의 몫이다. 문학 작품을 읽으면서 미적 인상에 주목한다거나 텍스트의 내적 특질을 분석하는 일, 혹은 작품의 의미를 보다 작품이 생산된 보다 큰 구조 속에서 넣어보는 일 등은 문학 작품 읽기에만 배타적으로 귀속되는 활동이라고 볼 근거는 없다. 실제로 신문 사설을 읽을 때에도 때로는 논증의 구조에서 '쾌감' 혹은 '불쾌감'을 느끼기도 한다. 당연히 논증문에 담긴 정치적이고 이데올로기적 함의를 저울질하기도 한다. 문학과 비문학, 이 두 종류의 글을 읽는 과정에서 독자는 본질적으로 다른 행위를 한다고 볼 이유는 없다.

---

[2] 김대행, 『국어교과학의 지평』, 서울대출판부, 1995와 이성영, 『국어교육의 내용 연구』, 서울대출판부, 1995 등을 참조할 수 있다.

그런데 좁은 의미의 '읽기 이론'은 독자들이 모든 종류의 글을 읽을 때, 실제로 중시하는 측면 다시 말해 독자가 글을 읽을 때 실질적으로 벌어지는 '읽기의 현상'을 제대로 담아내지 못하는 경향이 있다. 비록 읽기 기능이나 전략이라고 제시된 것들이 비록 체계적이고 분절화되어 전문성을 가지고 있지만 읽기의 실상을 해명하는 데에서는 어딘가 모자라는 느낌을 준다. 대개 중요한 읽기 기능의 세부 목록을 거칠게나마 정리하면 단어의 의미 이해하기(사전적 의미와 문맥적 의미, 함축적 의미와 정서적 의미, 비유적 의미 파악하기, 사전 사용법 알기, 연상되는 의미 알기), 중심 내용 파악하기(소재, 주제 파악하기, 중심 문장 찾기, 제목 추론하기, 핵심어 찾기), 세부 내용 파악하기(중심 생각을 적극 활용하여 이어질 세부 내용 예측하기, 중심 생각과 연결지으며 세부 내용 읽기, 스키마를 활용하여 세부 내용 추론하기, 세부 내용 사이의 관계 파악하기), 내용의 전개방식 이해하기(비교와 대조, 원인과 결과, 예시, 분류 및 분석 등의 내용 전개 방식 파악하기, 글의 전반적인 형식 파악하기, 생략된 이야기 부분 추론하기), 비판적으로 이해하기 등이 꼽힌다.

물론 위에 제시된 항목의 중요성, 특히 기초 기능으로서의 역할은 강조되어 마땅하다.[3] 그러나 이것만을 반복할 경우 정작 독자가 실제로 책을 읽을 때 중요하게 체험하는 것을 제대로 담아낸다고 보기는 어렵다. 초등학교 국어교육을 제대로 받은 자국어 학습자는 위에 제시된 기능 항목을 거의 다 학습하게 된다. 그렇다면 그 뒤 남은 일은 반복 순환 학습이다. 물론 더 심화된 내용을 다룬 텍스트를 자료로 할 것이며, 어휘 역시 양적으로나 질적으로 확충될 것이기 때문에 말 그대로의 단순 반복 학습은 아니다. 그러나 능숙한 독자가 실제로 책을 읽을 때, 정작 머리와 가슴에서 일어나는 사건을

---

[3] 한편 읽기 전략의 경우 글 전체를 강조하는 가운데 통합적이며 상위인지적인 관심을 보인다는 점에서 위에 제시된 읽기 기능과는 구별되는 문제의식을 보이고 있다. 문제는 그러한 관점이 얼마나 현실화되고 있는가이다.

좁은 의미의 '기능' 혹은 '전략'의 문제 의식이 제대로 담아낼 수 있는가에 대해서는 재고해야 한다. 문자 문화에 대해 점점 소극적으로 변해가는 현재 학생들의 읽기 문화 추세에 비추어 보았을 때, 이러한 기능들을 소홀히 할 수는 없다. 다만 주제어를 찾고 중간 내용을 추론하며, 글을 요약하는 일과 동시에 글의 내용에서 새로운 사실을 깨닫고 머리를 친다거나 혹은 책에 제시된 내용에 분개하여 친구들에게 비록 정연한 논리는 아닐지라도 자신의 의견을 서툴게나마 펴보는 일들의 중요성은 학습자의 수준이 올라갈수록 보다 강조되어야 한다.

이 대목에서 하이데거(Heidegger)가 '이해'를 단순한 설명이나 인식의 범주가 아니라, '실존 범주'로 규정한 이유를 살펴볼 필요가 있다. 그의 논의에 따르면, 어떤 텍스트를 이해한다는 것은 관조 이상의 의미를 갖는다. 이해는 자신의 삶을 변화시키는 기획의 일부로 삼는다는 점에서 보다 '실천적'인 성격을 갖는다. 그가 이해를 '인간의 본질에 대한 존재의 진리의 연관에로 파고드는 관계'의 문제이자, 폐쇄되어 있는 자신의 세계를 깨뜨리고 세계를 확충하는 '탈자적인 기투'의 문제로 바라본 이유는 이해가 그저 '텍스트'만의 문제가 아니기 때문이다. 극단적으로 말해 텍스트의 내적 의미를 제대로 '이해'하지 못했다고 해도, 어떤 텍스트를 자발적으로 읽으며 그 내용을 곱씹어 보면서 자신의 삶을 되돌아보는 행위는 그런 점에서 보다 근원적인 '이해'를 시도하고 있다고 보아도 무방하다.[4] 이런 점에서 모든 텍스트 읽기에는 '심미적 반응과 윤리적이고 이데올로기적 평가'가 포함되어 있다. 이들은 단지 문학 감상의 전유물은 아닌 것이다.

---

[4] 자세한 사항은 M. Heidegger, *Wegmarken*, 1967, 신상희 역, 『이정표 1』, 2005, 140면을 참조할 것.

3. 구성주의의 현실화를 위한 문학 이론의 역할

필자의 이런 의견은 사실 읽기 이론 내부에서도 이미 제기되고 있는 것이기도 하다. 텍스트의 내용은 접어두고 전략 적용만 연습한다거나, 텍스트의 현실적 의미는 탈색시켜 버리고 화석화된 의미만을 건지는 것으로 인해 읽기 교육이 공허하게 느껴진다는 고백에 주목하자.5) 사회적 구성주의에 입각한 읽기 논의가 주목을 받은 이유도 그러한 자기 반성을 배경으로 하고 있기 때문일 것이다. 구성주의가 내포하고 있는 의미의 망이 워낙에 광범위하여 일목요연하게 정의하기 어렵지만, 그중에서도 사회적 구성주의는 학습을 사회·문화적 활동으로 규정하면서 공동체 구성원들의 사회적 상호작용을 강조한다. 인지 심리학을 배경으로 한 스키마 이론이 독자 개인의 정신 내적 과정에 초점을 맞춤으로써 읽기를 둘러싼 사회·문화적 맥락의 중요성을 간과했음을 지적하면서, 언어를 사용하는 구성원들을 배경으로, 텍스트와 독자의 협상 과정을 통해 텍스트의 의미가 사회적으로 구성되는 것이라 주장함으로써 문학 읽기와 비문학 읽기의 단절을 극복할 수 있는 길도 열리게 되었다. 그러나 다음 발언을 보면 읽기 교육에서 사회적 구성주의는 아직 관점 이상의 것이 되지는 못한 것 같다.

> 우리 읽기 교육의 현주소는 인지-구성주의로 몸체를 이루면서 내실에는 행동주의적 교육이 자리하고, 사회구성주의에 손을 내밀지만 만져지는 것은 거의 없으며, 균형 있는 읽기 교육을 건너다 보는 상황에 있다.6)

사회적 구성주의가 읽기 교육의 한 관점 이상의 의미를 가지기 위해서 다음 세 가지 문제를 해결해야 한다. 첫째, 구성주의 자체를 형식주의적으로

---

5) 김봉순, 「균형있는 읽기 교육의 가능성」, 『국어교육학연구』 15집, 2002, 169-194면을 참조할 것.
6) 김봉순, 앞의 논문, 170면.

이해하는 경향을 극복해야 한다. 읽기를 통한 의미 구성에서 동료들과의 토의나 토론이 중요한 역할을 차지하겠지만, 소집단 학습이 곧 사회적 상호작용의 보증 수표가 되는 것은 아니다. 여럿이 한 조를 이룬다고 해도 획일화된 의견만을 내놓을 수도 있는 것이며, 마찬가지 차원에서 혼자서 책을 읽어도 자신과 시·공간적으로 분리된 여러 타자들과의 의미심장한 대화가 가능하다. 다시 말해 읽기 주체가 복수인가 단수인가가 곧 읽기에서 사회적 의미 구성 여부를 결정하는 것은 아니다. 작문 영역이건 독서 영역이건 사회적 구성주의 하면 자동적으로 소집단 협력 학습을 떠올리고, 경우에 따라서는 그것만으로 구성주의의 문제 의식을 실현한 것으로 오해해서는 곤란하다. 동일한 의미론적 규칙을 일종의 규범으로 공유하고 있을 경우 이견이 발생하지 않고 참다운 의미의 '대화'는 불가능해져, 대화를 가장한 독백으로 귀결될 수 있기 때문이다.

둘째, '방법'과 '내용'이라는 이분법 구도를 설정하고 전자만을 읽기 교육의 내용으로 고집하는 태도를 극복해야 한다. 국어교육은 내용 교과가 아니라 방법 교과라는 주장은 원칙적으로 타당한 명제이지만, 실제 개별 언어 활동의 차원에서 이를 금과옥조로 삼을 경우 가능한 활동은 언제나 '형식 논리학' 차원을 벗어나기 어렵다. 독해의 과정에서 글에 제시된 내용, 표현, 조직 등에 대하여 그 적절성과 정확성, 타당성 및 효율성을 일정한 준거에 따라 판단하면서 이해하는 기능으로서의 '비판적 이해'를 강조하는 읽기 연구의 동향은 이 글과 문제 의식을 같이 한다. 여기서 비판적 읽기는 읽기 과정의 특정한 한 단계가 아니라 사회·문화적 의미에 이르는 이해의 전 과정에 걸쳐 있다. 특히 텍스트의 유형과 표면 구조에 구속되어 있는 표면적 주제 의미를 넘어서, 텍스트 생산과 수용의 사회 문화적 맥락과 결부된 이면적 의미를 독자가 추론해 가는 과정이 비판적 텍스트 이해라는 문제 의식은 '방법'의 한계를 일정 부분 넘어선다고 평가할 수 있다. 하지만 읽기의 실제에 들어가서는 이러한 시각이 일관되게 관철되지 않는다는 점이 문제이다. 일반적으로 비판적 읽기의 방법으로 제시되는 다음과 같은 항목을 살펴보도록 하자.[7]

(1) 단어 선택 및 문장 구조의 측면에서 내용 및 표현의 정확성과 적절성을 판단하며 글을 읽는다.
(2) 문단의 구조, 글 전체의 구조, 내용의 논리적 전개 등의 측면에서 내용 및 조직의 정확성과 적절성을 판단하며 읽는다.
(3) 글 전체의 통일성, 일관성, 강조성 등의 측면에서 내용 및 조직의 적절성을 판단하며 읽는다.
(4) 글의 주제나 목적에 비추어 내용의 타당성과 효용성을 판단하며 읽는다.
(5) 건전한 상식이나 사회 통념, 윤리적 가치, 미적 가치 등에 비추어 내용의 타당성과 효용성을 '비판하며' 읽는다.

여기서 (5)를 제외하고는 전체가 텍스트 내적인 차원의 문제로서 주로 논리적이고 형식적인 기준을 바탕으로 텍스트의 내적 문제점을 발견하는 차원을 강조하고 있다. 그리고 (5) 역시 사회에서 전반적으로 용인되는 가치를 기준으로 제시하고 있다는 점에서 참다운 '이견'의 백가쟁명을 활성화하기에는 부족함이 많아 보인다. 여기서도 다시 한번 '내용'이 아니라 '방법'이라는 강박 관념이 힘을 발휘하고 있다고 하면 지나친 억측일까?

셋째, '정보 가치'의 소통 이외에도 심미적 목적을 추구하는 의사소통이나 윤리적 목적을 추구하는 의사소통 역시 중요하게 취급해야 한다. 텍스트와 독자를 둘러싼 사회·문화적 맥락을 고려하여 다양한 의미의 실현을 강조하면서도 궁극적으로는 텍스트 바깥의 세계로 나가지 못하는 이유는 의사소통 능력 혹은 읽기 능력을 협소하게 규정했기 때문이기도 하다. 그런 점에서 기표를 사용할 때의 언행론을 강조하는 유가의 의사소통을 예(禮)로 규정하고, 불가와 도가의 의사소통을 시적 언어를 담은 예(藝)로 명명한 뒤, 이를

---

7) 자세한 사항은 김혜정, 「텍스트 이해의 과정과 전략에 관한 연구」, 서울대학교 박사학위 논문, 2002를 참조할 것.

동양의 의사소통 사상이라 규정한 논의는 의사소통의 폭에 대해서 다시 한 번 생각할 계기를 마련해준다.8) 의사소통 이론을 거대 담론으로 체계화한 하버마스(Habermas) 역시 비슷한 의미의 진단을 내리고 있다는 점도 주목할 만하다. 이들은 모두 뚜렷한 외적 목표를 가지고 있는 도구적 합목적성의 원리로는 의사소통의 전체 영역을 온전히 포괄할 수 없다는 주장을 하고 있는 셈이다. 예(禮), 다시 말해 윤리적·정치적인 것을 고려한 읽기, 그리고 예(藝), 다시 말해 심미적인 것에 관심을 기울이는 읽기 역시 읽기 능력의 일부로 포함되어야 한다. 심미성이나 윤리의 문제는 단순히 읽기 주체에게 주관적으로 귀속되는 정서나 태도에 국한되지 않는다. 시나 소설 같은 특정 장르의 글에만 해당되지 않는 읽기의 본질적인 이유 중의 하나이다. 독자가 텍스트를 읽는 가운데 개인적 맥락과 사회적 맥락을 동원하여 의미론적 '차이'를 생산하기 위해서는 특히 '가치'의 문제 즉 윤리와 이데올로기의 문제를 회피하기란 불가능하다. 결국 읽기 교육이 학습자의 발달 단계에 따라 반복 학습 이상의 목표를 구체화하기 위해서는 '방법'의 문제와 함께 '내용'의 문제를 자신의 영역으로 흡수할 것을 두려워해서는 안 된다.

그런 점에서 제도화된 문학의 영역에 자신을 국한시키지 않고 자신을 '읽기 이론'으로 규정하고 있는 현대의 문학 이론은 구성주의적 읽기를 구체화하는 자양분을 제공할 수 있다. 현대 비평은 비평 텍스트를 생산하는 과정에서 비평 주체가 의존하고 있는 해석 약호의 작용을 강조하는 가운데 사회적 실천으로서의 비평을 추구하는 경향을 보인다. 텍스트 이해 과정에서 해석 약호의 역할은 일찍이 퍼스(Pierce)가 기호론에서 해석자(interpretant)의 해석 지평을 강조하면서 시작된 바 있다. 퍼스에 따르면 텍스트 읽기는 해석 코드의 개입에 의해 구체화되는 역동적, 상황적 관계이다.9) 텍스트 읽기란 해석자가 의존하고 있는 특수한 해석 약호의 매개 하에 텍스트를 다시 쓰는

---

8) 김정탁, 『禮&藝 : 한국인의 의사소통 사상을 찾아서』, 한울, 2004를 참조할 것.
9) T. Hawkes, *Structuralism and Semiotics*, Methuen, 1977, pp.126-130을 참조할 수 있다.

행위이며, 텍스트 이해 역시 항상 이미 존재하는 텍스트를 적용하는 것이다. 여기서 이론은 단순한 지식의 차원에 머무르는 것이 아니라, 텍스트와 텍스트를 생산한 사회 문화적 환경을 바라보는 '이해의 선구조' 역할을 수행하게 된다. 비평 이론을 구성주의 읽기에서 강조하는 '사회, 문화적 맥락'을 지식의 형태로 구조화한 것으로 볼 수 있는 가능성도 여기에서 나온다. 지금부터는 '역사적 사실에 대한 기록물' 읽기에서 플롯 이론의 적용가능성을 타진함으로써 읽기 교육과 서사 이론의 만남을 모색하고자 한다.

4. 플롯 재구성으로서의 텍스트 읽기

(1) 비허구적 서사물에서 플롯의 문제

주지하다시피 플롯은 '서사의 구조'를 설명하기 위한 서사 이론의 개념이다. '뮈토스'에 대한 아리스토텔레스(Aristoteles)의 논의 이래 플롯은 우연적으로 시작하거나 끝나는 것이 아니라 개연성과 필연성에 근거한 처음과 중간 그리고 끝을 가진 이야기 전체 구조를 의미해 왔다. 전통적인 의미에서 플롯은 시간적인 연쇄와 인과성의 결합을 강조하면서, 소설의 구조를 분석하는 개념 역할을 해 왔다.[10] 그런데 1990년대 이후 서사 이론의 주된 경향이 허구적 서사물과 비허구적 서사물 간의 장벽을 허무는 방향으로 진행되어 온 이래, 플롯은 보다 넓은 의미를 가지게 된다. "텍스트 안에서 재현되는 역사적 실재는 없다. 다만 특정한 규약에 따르는 역사학적 작업에 의해 생산되는 역사 텍스트들만이 있을 뿐"이라는 주장은 극단적이라 할 수 있지만, 역사 서술은 엄밀한 의미에서의 '과학'이라기보다는 '서사'에 가깝다는 것이 논의의 출발점이다.[11] 그중에서도 특히 역사 서술 역시 연대기에 따른 사실

---

10) Aristoteles, 천병희 역, 『시학』, 문예출판사, 1986, 49면.
11) P. Veyne, *Comment on Ecrit l'histoire*, 1971, 이상길·김현경 옮김, 『역사를 어떻게 쓰는가』,

의 기록이나 객관적 법칙의 서술이 아니라 '서사 구성'의 틀로 보아야 한다는 주장이 플롯의 의미 확장에 큰 영향을 끼쳤다.

커모드(Kermode)는 시작과 끝 사이에 위치하는 사건들은 단순한 연속 다시 말해 공허한 시간이 아니라 결말을 통해 의미를 부여받게 된 시간 속에 놓인다고 보았다. 서사가 구성된다는 것은 어떤 종말을 전제로 하고 있으며, 이를 통해 인간은 무의미하고 무정형적인 시간에 질서와 의미를 부여하게 된다는 것이다. 소설과 달리 현실에서는 현재 진행형일 가능성이 높은 역사 서술에서 '서사적 종결'은 더 큰 의미를 가질 수 있다.[12] 연보와 연대기 그리고 제대로 된 역사 서술을 구별하자는 주장 역시 플롯 개념의 확장에 기반을 두고 있다. 연보는 연대기적 순서로 정돈된 사건의 목록만으로 구성되어 있어 서술로 보기 어렵고, 연대기는 이야기를 하고자 하는 열망이 있으나 제대로 된 서술적 종결에 이르지 못하고 실패한다는 것이다. 그에 비해 역사 서술은 역사적 사건에 인과 관계를 갖춘 줄거리를 갖춘 플롯을 부여하며, 그러한 플롯의 구축 또한 다양한 방식으로 가능하다는 것이다. 예를 들어 소련의 몰락을 기점으로 자본주의의 최종적 승리가 확정됨으로써 '역사의 종말에 도달한다는 후쿠야마의 설명이나 역사의 주인공인 노동자 계급이 자본가 계급의 방해를 물리치고 자본주의의 내적 모순을 극복한 사회주의에 이른다는 마르크스주의의 역사 서술 역시 역사에 대한 상이한 플롯을 바탕으로 한다. 화이트(White)가 역사가들이 이용할 수 있는 세 가지 전략으로 '형식적 논증에 의한 설명', '플롯 구성에 의한 설명', '이데올로기의 의미에 의한 설명'을 들고 있는 이유도 역사가 역시 본질적으로는 '시적 활동'을 수행한다고 보고 있기 때문이다. 그러한 활동을 통해서 역사가는 역사의 장을 형상화하고, 역사의 장에서 실제로 무슨 일이 일어났는가를 설

문예출판사, 2004.
12) 이에 대해서는 F. Kermode, *The Sense of an Ending*, 1967, 조초희 역, 『종말 의식과 인간적 시간』, 문학과지성사, 1993을 참조하였다.

명하기 위해서 그가 이용하는 독특한 이론을 적용시키는 장으로 역사를 구성한다.13)

아래에서는 플롯 개념을 활용하여 비숍(Bishop)의 『조선과 그 이웃 나라들』에 대한 비판적 읽기의 한 방법을 제시하려고 한다. 『조선과 그 이웃 나라들』은 필자의 19세기 말 조선에 대한 체험을 기록한 기행문이라는 점에서 소설과 같은 허구적 서사물과는 구별된다. 하지만 그런 점에서 서사 이론의 개념을 읽기 교육에 적용할 수 있는 가능성을 탐구하기에 적절한 텍스트이기도 하다.

(2) 대조의 수사학을 통한 표상의 형성

영국인 비숍은 1892년 왕립지리학회 최초의 여성 회원으로 선출되었으며, 그녀가 펴낸 모든 책들이 대중적 인기를 누렸는데, 그중에서도 이 책은 출간된 이래 이 분야의 독보적 저서로 인정을 받았다고 한다.14) 이광린의 연구에 따르면, 이 책은 "19세기 후반기 한국에 대한 역사, 정치, 경제 사회 전반에 대해 설명하고 있"다는15) 점에서 여행기 이상의 의미를 갖는다. 이는 다음과 같은 '서문'에서도 명시되어 있다.

> 1894년 1월부터 1897년 3월 사이의 4차례에 걸친 조선의 방문은, 몽골 인종의 중요한 특성에 관한 나의 연구 계획의 한 부분을 차지한다. (중략) 조선에 관한 2권의 양서들이 있지만 그 나라의 정치 상황과 사회적 질서에 관한 한, 그 지난 몇 해 내에 쓸모없이 되어 버렸고, 사람들이 바랐던 사실

---

13) H. White, *Metahistory*, 1975, 천형균 옮김, 『19세기 유럽의 역사적 상상력』, 문학과 지성사, 1991.

14) 비숍은 세계 각국을 여행한 결과를 기록하여 총 10권의 여행기를 폈는데, 이 책은 1894년 2월 하순부터 1897년 1월 하순까지 조선을 도합 네 차례 방문한 결과를 여행기로서 정한 결과물이다. 박지향, 「고요한 아침의 나라'와 '떠오르는 태양의 나라'」, 『안과 밖』 10호, 2000, 297면.

15) 이광린, 「비숍 여사의 여행기」, 『진단학보』 71·72집, 1991, 128면.

들을 조사하기 위해서 참고할 만한 서적들이 없기 때문에 조선은 글을 쓰기에 어려운 나라다. 여행자는 보통 번역자들의 매개물을 통해, 홀로 고생해 가며 개개의 사실들을 발굴해야만 한다. (중략) 그리고 몇몇 항목들에는 세부 내용을 많이 삽입했는데, 그것은 곧 사라질 운명에 놓여 있는 관습과 의식을 기록으로 남기고 싶은 생각 때문이었다.[16]

비숍의 저서는 몽골 인종의 국가와 지리, 그 민족적 특징을 파악하려는 '학문적 연구 계획'의 일부분으로서, 비록 여행기를 형태를 띠고 있지만, 해당 지역의 '관습과 제의'를 상세히 기술하려는 문화 인류학적 연구에 가깝다.[17] 이 책이 필자의 눈을 끈 이유는 낯선 이국의 풍물에 대한 기록에 멈추고 있는 것이 아니라, 근대성과 전근대성의 대조를 바탕으로 당시 조선에 대한 나름의 통일적 '표상'을 만들어내고 있기 때문이다. 사이드의 연구를 통해 서양이 타자로서의 동양을 차별화하면서 둘의 서열을 정하는 과정이 잘 드러난 바 있는데, 그중에서 가장 뚜렷한 전략은 '진보하는 서양 대 정체된 동양'의 구도를 전제한 대조의 수사학이었다. 당시 출간된 이런 부류의 책 중에서 드물게 '문화 상대주의'의 인식을 부분적으로 보이고 있다고 해도, 비숍의 책에서도 이런 식의 구도가 곳곳에서 발견된다. 여기서 특히 두드러진 조선의 이미지는 '불결함'이다. 비숍이 당시 한양을 묘사하고 있는 구절은 항상 '더럽고', '악취가 나고' 등의 형용사로 가득 차 있다. 심지어 "서울의 성벽 안쪽을 묘사하는 일은 어쩐지 피하고 싶다"고 하거나 "서울이 세상에서 가장 더러운 도시가 아닐까 생각"했다고 고백할 정도이다.

---

[16] I. B. Bishop, 신복룡 역, 『조선과 이웃나라들』, 집문당, 2006, 14-16면. 이후 작품 인용은 이 책을 활용하되 면수만을 기록할 것이다.
[17] 실제로 필자에게 있어서 가장 커다란 관심의 대상은 무속 신앙 및 민간신앙을 포함하는 종교와 의례의 영역, 여성의 지위 및 여성의 가정생활의 영역, 한국인의 성격적 특성이다. 왕한석, 「개화기 서양인이 본 한국문화」, 『비교문화연구』 4호, 1998을 참조하였다.

비틀어진 소로(小路)의 대부분은 짐실은 두 마리 소가 지나갈 수 있을 만큼 좁으며 한 사람이 짐을 실은 황소를 겨우 끌고 살 수 있을 정도의 너비이다. 그 길은 그나마 물구덩이와 초록색의 오수가 흐르는 하수도로 인해서 더욱 좁아진다. 하수도에는 각 가정에서 버린 고체와 액체의 오물로 가득 차 있으며 그들의 불결함과 악취 나는 하수도는 반나체 어린애들과 피부명이 오른 채 눈이 반쯤은 감긴 큰 개들의 놀이터가 되고 있다.(50면)

11개월에 걸친 여행이 계속됨에 따라 처음의 부정적 인상이 많은 부분 완화되지만, 이 '불결함'에 대해서는 큰 변화가 없다. 머물게 된 여관이나 골목길의 지저분한 모습은 비교적 상세하게 묘사된다. 그런데 '불결함'에 대한 민감한 인식은 개인의 성격 문제 이상의 의미를 갖는다. '청결함'을 강조하는 것은 비숍을 둘러싸고 있던 빅토리아 시대 영국 근대 문명의 대표적 특징이기 때문이다. 19세기 말, 20세기 초 아시아나 아프리카 같은 비유럽 세계를 묘사한 여행기에서 가장 자주 등장하는 인종적 차이가 바로 청결 여부일 정도로 청결은 당대에 중요한 문화적 의미를 지니는 가치였다.[18]

비숍이 전달하고 있는 당대 조선에 대한 표상 중에서 또 하나 중요한 것은 '무례함'이다. '무례함'은 지배 계급인 양반에서 피지배 계급인 농민에 이르기까지 모든 계급의 특징으로 파악된다. 심지어 '야만스럽다(barbaric)'는 표현을 사용함에 거리낌이 없다. 공손하지 못한 수행원에 대한 불평, 자신을 포함한 일행이 예의를 다해 대했건만 눈인사조차 제대로 하지 않는 지방 행정관에 대한 분노 등이 대표적이다. 특히 비숍을 고통스럽게 만든 것은 곳곳에서 마주치는 사람들의 지나친 호기심이었다. 비숍은 반강제적으로 어떤 부잣집에 끌려갔던 체험을 다음과 같이 강렬하게 서술하고 있다.

우리는 하녀들에게 잡혀서 문자 그대로 끌려가다시피 했다. 그들은 안뜰

---

18) 박지향, 앞의 논문, 304면.

을 가로질러 안채로 우리를 데려갔다. 거기에서 우리는 40명에 가까운 여자들에 둘러싸였다. 그들은 대개 어린아이에서 할머니에 이르기까지 의부인, 소실, 하녀들이었는데 모두 나들이 옷에다 치장을 하고 있었다. 아주 어려 보이는 주인 마님은 인디언 보석을 걸치고 있었는데 매우 예쁘고 피부가 고왔으나 그를 제외한 나머지는 모두 예의가 없었다. 그들은 나의 옷차림을 훑어보며 나를 잡아당기기도 하고 내 모자를 벗겨 써 보기도 하고 머리카락을 쭉 펴 보거나 머리핀을 뚫어지게 쳐다보기도 했으나 나의 장갑을 벗겨 자기들 손에 끼어 보며 깔깔거렸다.(94면)

남녀노소와 상하를 막론하고 모두가 예의를 찾아볼 수 없는 것으로 그려지지만, 특히 양반 계급에 대한 분노가 두드러진다. 양반이 한국의 '교양 계급'임을 알고 있었던 비숍은 조선식 예절에 전반에 대한 불신을 곳곳에서 내비치고 있다. 여기서 예의바른 무관심을 특징으로 하는 빅토리아 시기 영국의 예절과 조선의 그것이 다를 수 있다는 인식은 찾아보기 어렵다.

그런데 비숍이 한국의 지배 계급인 양반에 대해 부정적인 인식을 하게 된 가장 중요한 이유는 그들이 '게으르기' 때문이다. 식자층인 양반이 자신의 생계를 위해 일해서는 안 되며, 대신 그 아내들이 '숨어서 바느질이나 세탁 일을 해서 버는 돈에 얹혀 살거나', 친척들의 도움으로 살아가는 것이 불명예가 아니다. 멀쩡한 양반들이 친지나 친척의 도움으로 살아가는 것이야말로 당시 조선의 미개성을 상징하는 대표적 사회 현상이라는 발언도 서슴지 않는다. 비숍은 여기서 한발 나아가 '게으름'이라는 이미지를 조선인 전체에게로 투사하고 있다. '아무 할 일 없이 그저 처마 밑이나 길모퉁이에 서 있는' 모습이야 말로 게으른 조선의 표상이라는 식이다.

'무례함, 불결함, 게으름'을 특징으로 하는 조선의 이미지와 대비되는 것은 당시 서구 사회에서 중요한 가치로 꼽히고 있었던 '예의바름, 청결, 근면'이다. 이 모두를 제대로 갖추지 못하고 있던 당시 조선 사회는 당연히 근대 문명에 미달한 '봉건'의 왕국으로 인식될 수밖에 없다. 물론 당대의 조선이 버드 비숍의 눈에 온통 부정적으로 묘사되는 것은 아니다. 여행이 지속됨에 따라 처음의 불쾌한 인상은 점차 완화되고 낯선 이국의 문화에 거리를 두고 비교적 객관적으로 관찰하려는 태도가 나타난다. 이 여행기가 이 시기 다른 서양인의 조선 및 동북아시아 여행기에 나타나는 노골적인 식민주의와 구별되는 이유로 버드 비숍이 주류 사회에서 한 걸음 떨어져 있었던 '여성'이었다는 점을 드는 논의도 있다. 당시 조선 여인의 고단한 삶에 대한 연민과 그러한 삶을 낳은 사회 체제에 대한 분노가 두드러진 이유는 이와 관련이 있을 것이다. 여기서 주목할 점은 버드 비숍의 따뜻한 시선이 머무는 곳은 주로 이국의 자연이라는 것이다. 섬세한 필치로 그려지는 도성 안팎의 자연은 '불가사의한 아름다움'을 느끼게 하며 궁극적으로 조선의 자연은 '신비'한 것으로까지 표상된다.

> 구름은 회색빛 산봉우리에 의해 갈라진 채로 핑크빛 덩어리로 무리 지어 연두빛 바탕의 하늘에 의지하듯 걸려 있었다. 산의 급류는 콸콸 소리를 내며 빛을 받아 반짝거리고 거품이 일어났으며, 숲은 말 없이 그 초록빛 신선함과 희고 노란 꽃무덤, 그리고 저녁 기운을 감싸고 도는 달콤하면서도 은은한 향기로써 우리의 눈을 즐겁게 해주었다.
> 이번의 여행과 몇 번의 다른 경우를 통해 나는 조선이 기억에 남을 만한 독특한 아름다움을 가지고 있는 것을 알게 되었다. 그러나 그 아름다움은 봄이나 가을에, 사람의 발길이 닿지 않는 곳에서만 발견될 수 있다.(129-130면)

여기서 비숍이 조선의 아름다움은 '사람의 발길이 닿지 않는 곳에서만' 발견될 수 있다고 한 구절에 주목해야 한다. 조선의 사회 문화 그리고 예절에 대해서는 종종 불쾌감을 금치 못하는 비숍의 판단은 사라지고 이처럼 이국의 자연을 바라볼 때는 넉넉한 마음이 허용된다. 비숍에게 조선의 자연은 거주의 공간으로서는 부적합하지만 삶과 분리된 미적 대상으로서는 만족할 만하다. 미적 표상은 '아시아 특유의 정체성(停滯性)'이라는 편견과 아무런 모순을 일으키지 않는다.[19] 변화하지 않는 아름다움을 간직하고 있는 신비한 영역으로 아시아의 자연을 표상하는 행위는 당시 서구 지식인들을 사로잡고 있던 오리엔탈리즘의 핵심 부분이기 때문이다.

(3) 발전의 플롯 구축에 내재한 식민주의

지금까지 살펴본 비숍의 당대 조선에 대한 판단은, '차마 말로 할 수 없는 비천함과 영광을 동시에 가진'이라는 수식어로 종합할 수 있다. 그런데 이러한 안타까움과 연민은 서문에서 말한 '사라질 운명'을 띠고 있는 전근대 사회라는 표현과 연결되고 있다. 대조의 수사학을 통해 구축된 조선에 대한 표상은 시간성의 축에 연결됨으로써 더욱 구체화되고 있는 것이다. 다시 말해 서술 주체 비숍이 경험한 사건들은 일정한 계열 속에 배치됨으로써 나름의 이야기를 형성한다. 그것은 자신이 기록하고 있는 대상의 미래를 시간의 흐름 속에서 '사라질 운명'에 속하는 것으로 보는 '근대적 발전의 서사'이다.

버드 비숍의 눈에, 정체에 빠진 조선은 쇠락하고 죽어가는 나라이며 궁중은 물론이요 밑바닥 계층에 이르기까지 변화에 대해 끈질기게 저항하는 모습을 보이고 있다. 특히 '면허받은 흡혈귀'인 양반 계급이 관료 계급을 실질적으로 독점하고 있는 한 변화의 싹을 찾아보기 힘든 사회이다. 여기서 유일한 변화의 가능성은 어떤 방법을 통해서든 자신이 속한 서구와 같은 '정상적인 발전'의 코스로 진입하는 것이다. 비숍은 마지막 장인 '한국에 부치는 마지막 말'에서 한국의 장래에 대해서 '절망하지 않는다'는 표현을 남기고 있다. 실제로 연해주를 방문한 비숍이 전근대적 정치 체제 하에 고통 받는 농민은 서구식의 정치 체제 하에서라면 얼마든지 '시민'으로 발전할 수 있는

---

[19] 오리엔탈리즘의 핵심은 '동양의 왜곡'이 아니라, 끊임없이 동양과 서양을 구분 하는 행위, 다시 말해 '동양을 동양화 하는' 기획이라는 지적 역시 이와 연결된다. 이에 대한 자세한 논의는 E. Said, *Orientalism*, 1995, 박홍규 역, 『오리엔탈리즘』, 교보문고, 2000의 1부를 참조할 수 있다.

가능성을 가지고 있다는 희망을 피력하기도 한다.

> 조선에서 나는 그들이 열등 민족이었고 삶의 희망이 없는 존재라고 생각했으나 프리모르스크에서 나는 나의 의견을 수정해야 할 이유들을 발견했다. 그들 자신을 부유한 농민층으로 끌어올리고 러시아 경찰이나 러시아 정착민들, 군인들과 똑같이 근면하고 좋은 품행을 가진 우수한 성격을 얻은 이 조선 사람들만이 예외적으로 근면하고 검소한 사람들로 구성된 것이 아니라는 점을 명심해야 한다. 그들은 대개 기근으로부터 피난 온 굶주린 사람들이었다. 그들의 재산과 일반적인 태도는 조선에 있는 그들의 동포들이 정직한 행정과 수입에 대한 정당한 방어가 있다면 천천히 인간으로 발전해 갈 수 있으리란 희망을 나에게 안겨 주었다.(229-230면)

비숍이 양반 및 관리층에 대해서 '기생충들'과 같은 대단히 부정적인 평가를 내림에 비해 농민에 대해서는 '한국 어딘가에 애국심의 맥박이 있다면 그것은 오로지 농민들의 가슴 속 뿐'이라는 칭찬을 아끼지 않는 이유는 그들이 서구적 의미의 '인간'으로 발전할 가능성을 가진 집단이기 때문이다. 그러나 그러한 발전은 어디까지나 외부의 도움에 의해 가능하다는 것이 비숍의 결론이다. 책 전반에 걸쳐 한국에 대한 일본의 억압 정책을 비판하던 필자가 '현재 내부에서 한국을 개선할 세력을 찾기 어렵기에 한국의 개혁을 위한 외부의 도움이 필요하다'는 식의 결론에 도달한 이유는 그들이 '아류 근대화' 국가이기 때문이다. 책의 말미에 영국의 불간섭주의 정책의 문제점을 거론하는 이유는 바로 그러한 '외부의 도움'이 뜻하는 바가 무엇인지를 암시적으로 말해준다.

이처럼 『조선과 그 이웃 나라들』에는 자신의 경험을 근대화라는 동질적 시간축 안에 배열하고자 하는 욕망이 작용하고 있다. 대조적 이미지를 통해 형성된 '사라질 운명의 전근대 사회'와 '진보된 근대 사회'라는 이항 대립 구도는 그러한 시간적 배열의 기반을 제공한다. 플롯 이론에 비추어 말하자면,

버드 비숍의 다양한 경험은 그 자체로는 하나의 '사건'에 불과하다. 그러나 이 경험들이 '전근대 사회의 몰락과 근대 사회로의 이행'이라는 선조적 시간관을 배경으로 하여 하나의 이야기로 조직된다. 다시 말해 교육과 계몽을 통해 '정체와 억압'을 특징으로 하는 전근대의 시간대를 벗어나는 순간, 이들은 얼마든지 문명국의 시민이 될 수 있다는 것이다. 현재 그러한 역사의 이야기를 방해하는 세력은 '무례하고 게으른', 다시 말해 사회에 기생하는 토착 봉건 계급이다. 결국 버드 비숍이 전제하고 있는 근대적 발전의 시간관은 자신의 단편적인 체험을 연결하여 나름의 일관성을 부여하는 플롯의 기능을 하고 있다.

물론 『조선과 그 이웃 나라들』의 경우, 시작과 중간 끝은 있으나 이것이 뚜렷한 인과 구조로 연결되는 것은 아니라는 점에서 이를 고전적인 플롯 개념으로 보기에는 어려운 면이 있다. 그러나 명시적으로 드러나는 인과성에 충실한 고전적 플롯을 따르지 않는 현대 소설의 '열린 형식' 역시 플롯 구성의 하나로 볼 수 있다는 논의는 플롯 개념을 확장하여 적용할 수 있는 근거를 제공한다.[20] 특히 구조주의의 정적인 플롯 개념을 비판하면서 이야기에 내재한 필자의 역동적 욕망을 실현해가는 '계략'이나 '책략'의 측면을 강조한 브룩스의 주장을 따르면, 이러한 여행 서사에서도 시작 - 중간 - 끝이라는 시간성의 이면에 숨겨져 있는 인과성을 찾으려는 시도가 충분히 가능하다.[21] 소설과 달리 대부분의 기행문은 여행 동안 보고 들은 문물을 물리적 시간의 순서에 따라 기록하는 것으로 보인다. 그러나 표면적으로는 단순한 연대기적 시간에 머무르고 있는 것처럼 보이는 비허구적 서사 텍스트에도 사건을 배열하는 심층의 플롯이 작용하고 있다고 볼 수 있는 것이다.

---

20) W. Martin, *Recent Theories of Narrative*, Cornell University Press, 1986, pp.81-84.
21) 이에 대해서는 P. Brooks, *Reading for the Plot*, Random House, 1985를 참조하였다.

5. 서사 이론과 비판적 읽기의 만남

지금까지 살펴본 것처럼 플롯은 현대 소설의 영역에만 적용되는 '문학 이론' 이상의 의미를 가질 수 있다. 과거의 사건을 때로는 연대기적으로 그리고 때로는 연대기적 시간을 거슬러 재배열하여 플롯을 구축함으로써 서사물이 탄생하는 것처럼, 서사물을 읽는 행위 역시 나름의 플롯 구축을 시도하는 것이다. 독자의 재구성은 저자의 서술 순서에 따른 배열과 그 순서를 위반하는 재배열의 혼합에 의해 이루어지기 때문이다. 이 글에서 시도한 플롯 읽기의 작업처럼, 표면적으로는 잘 드러나지 않는 심층의 플롯을 전경화하여 가시적인 독자의 플롯을 구축하는 것도 독자의 몫이다. 앞에서 살펴본 읽기 이론의 경향 역시 대부분 자국어교육에서 축자적 읽기를 넘어선 의미 구성과 해석의 중요성을 강조하고 있다. 이는 서사물 읽기에서 텍스트의 표면에 드러난 시간 순서에 머물지 않고, 텍스트의 이면에서 필자의 체험을 하나의 전체로 엮어주는 '숨은 인과성'을 재구성하는 플롯 중심의 읽기와 연결된다. 다시 말해 독자는 텍스트에 드러난 서술 순서를 그대로 따라가는 과정만으로는 텍스트의 의미를 완전히 이해할 수 없다. 독서를 끝낸 후, 여러 가지 사건을 회고적으로 재구성하여 텍스트에 나름의 일관성을 부여해야 한다. 결국 독자의 재구성이란, 서사의 종결에 가서야 밝혀지는 결론에 입각하여 이전의 사건들을 다시 읽는 것이라 볼 수 있다. 사건을 하나의 이야기로 조직해가는 과정에서 사건을 경험한 인간의 삶과 행위를 제대로 이해할 수 있는 '읽기의 방법적 지식'으로 전화될 가능성은 여기서 나온다. 물론 역사 연구자가 서술하는 이야기는 직관이나 상상력만이 아니라, 나름의 인과법칙을 소급하여 추정하려는 시도를 바탕으로 한다는 점에서 역사 소설의 이야기와는 구별되어야 한다. 다시 말해, 역사 서술은 적어도 '사건' 차원에서는 실재로 벌어졌던 일, 정확히 말하자면 실제로 벌어졌다고 기록되어 있는 일에서 출발해야 한다. 하지만 역사 소설의 경우 그러한 제약에서 상대적으로 자유롭다.

플롯에 바탕을 둔 읽기는 '필자의 다양한 체험에 통일성을 부여하고 있는 내적 논리를 파악한다'는 명제로 정리될 수 있다. 그리고 이는 텍스트 내용의 신뢰성과 타당성을 평가하는 비판적 읽기와 연결될 수 있다. 현재 비평적 읽기의 기준으로 제시되곤 하는 정확성이나 적절성과 같은 '내적 준거'는 텍스트에 대한 비평적 읽기의 참된 기준이 되기 어렵다. 대상에 대한 이견과 이의는 사건의 실체를 제대로 전달하지 못했다는 식의 '오류의 발견'에서 나오는 것보다는, 사건을 어떻게 조직하여 일관성을 부여했는가를 파악하는 것에서 나오기 때문이다. 비허구적 서사물에서 사건이 어떻게 조직되고 있는가를 발견함으로서 외적 준거의 하나인 '공정성'이 텍스트 내에서 어떻게 실현되고 있는지를 보다 구체적으로 살펴볼 수 있다. 또한 기행문을 제외한 다양한 체험의 기록물에서도 서술자의 시각은 관점으로 머무는 것이 아니라 사건과 사건을 일정한 연쇄 고리로 연결하여 의미를 창출한다. 예를 들어 신문 기획 기사나 심야 방송에서 자주 보이는 '인간 극장' 류의 휴먼 다큐멘터리는 '고통과 절망 - 이웃과 가족의 격려 - 작은 성공'이라는 도식에 가까운 플롯에 개별 사건을 끼워 맞춤으로써 사회적인 메시지를 생산해낸다.[22] 이 외에 정보 전달에 치중하는 듯한 신문 보도 기사나 TV 뉴스에서도 플롯의 기능을 확인할 수 있다. 그렇다면 다양한 비문학 텍스트에서 작용하고 있는 플롯을 구성하고 그 의미를 발견하는 일은 사회적, 문화적 맥락을 동원하여 텍스트의 의미를 구성하는 행위가 구체적으로 무엇을 의미하는지를 보여주는 하나의 사례가 될 수 있다.

플롯 이외에도 서사 이론의 여러 개념은 비문학 텍스트 읽기와 만날 수 있는 가능성이 충분해 보인다. 신비평 이후의 현대 비평 이론은 시간과 공간의 제약을 넘어선 보편 이론이 아니라, 역사와 문화와 긴밀하게 연결되어

---

[22] 최인자, 「텔레비전 재난 보도 뉴스의 신화 비평」, 『국어교육의 문화론적 지평』, 소명출판, 2001과 김대행·윤여탁 외, 『방송의 언어문화와 미디어 교육』, 서울대학교출판부, 2004의 Ⅱ부를 참조할 것.

'맥락화된 이론'을 추구한다. 그런 점에서 문학 이론과 비평 이론은 읽기의 전략이자 방법적 지식을 구체화함으로써 '문학'과 '읽기' 영역의 만남과 소통을 추지하는 가교의 역할을 수행할 수 있다. 그리고 이러한 상호 소통의 과정을 통해 모국어 사용자가 '잘 읽는다는 것'이 무엇을 뜻하는가를 보다 깊이 있게 천착할 수 있는 하나의 계기가 형성될 수 있을 것이다.

제4장

문학 영역 교육과정 개정의 논리

1. 해설과 제안 사이에서

2011년 여름 새로운 국어과 교육과정이 발표된 이후, 강의 중에 교육과정을 언급할 때에는 항상 해당 연도를 붙여야 할 것 같은 강박 관념이 생겨났다. 맥락상 어떤 교육과정을 지칭하는지 학생들이 알아서 이해할 것이라 기대해서는 곤란하기 때문이다. 숨이 조금 가쁘더라도 '2007 개정' 혹은 '2011 개정'이라는 수식어를 달아주어야 불필요한 혼란을 방지할 수 있다.[1] 물론 이는 교육과정 개편 직전, 직후의 과도기에 뒤따르는 사소한 불편함일지도 모른다. 문제는 과도기가 자주 찾아온다는 것이다. 이번 교육과정 변경의 이유와 '실질적' 주체에 대한 물음은 국어교육사에 의문 부호와 함께 기록될 가능성이 높다. 명실상부한 '수시 개정'의 길을 열어놓은 것이 아니기를 소망할 뿐이다. 물론 이번 개정에서 긍정적인 면도 없지 않다. 무엇보다 각 영역을 대표하는 학회의 구성원들이 머리를 맞대고 '오랜' 숙의를 거쳐 의견을 조정하는 가운데 교육과정의 틀과 내용을 마련했다. 이 경험은 개편의

---

[1] 교육과정의 총론 개정판이 2009년에 제시되었기 때문에 '공식적'으로는 '2009년 개정 교육과정'이 정확한 명칭이라는 것이 교육부의 해석이다. 하지만 '2009 개정 교육과정'이 2011년에 발표되었다는 것도 엄연한 사실이다.

방향에 대한 물음과 별개로 이후 교육과정 개편 작업에 소중한 밑바탕이 될 것이다. 또한 교사들의 의견을 수용하기 위한 여러 절차 역시 시간의 제약을 감안하면 유의미한 시도였다고 평가할 수 있다. 다른 교과의 교육과정과 달리 신문 지상에 크게 오르내리는 일 없이 국어 교육계의 '상식'을 지켜냈다는 점 역시 성과라면 성과라 할 수 있다.

여기서는 2011 개정 국어과 교육과정 중 공통 교육과정의 '문학' 영역에 초점을 맞추어 변화의 모습과 그러한 변화를 시도한 근거를 밝히려고 한다. 그리고 이를 바탕으로 언젠가는 다시 시작될 교육과정 구안에서 함께 고민해야 할 논제를 제시할 것이다. 이를 위해 먼저 2011 개정 교육과정의 중요한 특징을 짚어보려고 한다. 이는 현재 국어교육계의 문학교육에 대한 합의 지점이 어디인가를 확인하는 길이기도 하다는 점에서 중요하다. 그 다음 단계는 교육과정 개편 작업에서 제기된 쟁점이 무엇인가를 확인하고 그에 대한 의견을 구하는 일이다. 이번 개편이 전례 없이 짧은 시간에 이루어져 일의 진행을 우선시할 수밖에 없었던 사정 때문에 본격적인 논의는 지금부터 시작되어야 한다고 해도 과언이 아니다. 특히 정책 연구 보고서가 아닌 '학술 논문'에서는 '쟁점의 공유와 논제의 제시'를 소홀히 할 수 없다. 이런 이유로 이 글에는 문학 교육과정 개편 작업을 같이한 연구진의 견해 전달과 필자 '개인'의 의견 개진이 함께 담겨 있다. 가능한 이 둘을 구별하여 서술하려고 했으나 이 둘이 선명하게 구별되지 않는 부분도 있을 것이다.

2. 2011 공통 교육과정 문학 영역의 중요 특징

(1) 위계화에 대한 고민의 흔적

2011 국어과 공통 교육과정에서 눈에 띄는 가장 큰 변화는 '학년군' 개념의 도입에서 찾을 수 있다. 지난 교육과정까지는 초등학교 6년, 중학교 3년을 기본으로 하고 고등학교 전체 학년 혹은 고등학교 1년의 학년 구분을 기

준으로 성취 기준을 마련하였다. 반면 2011 개정 교육과정은 공통 과정의 경우 1-2학년군, 3-4학년군, 5-6학년군, 중1-3학년군으로 학년군을 설정하고 각 학년군별 세부 내용을 다시 '학년군 성취 기준', '영역 성취 기준', '내용 성취 기준'의 순으로 제시하였다. 국어 자료의 예 역시 학년군별로 제시하였다. 문학 영역의 학년군별 영역 성취 기준을 도표로 제시하면 다음과 같다. (밑줄은 필자가 친 것이다.)

	문 학
1-2학년군	발상과 표현이 재미있는 작품을 다양하게 접하면서 문학이 주는 즐거움을 경험하고, 일상생활의 경험을 문학적으로 표현한다.
3-4학년군	문학의 구성 요소가 잘 드러나는 작품을 대상으로 하여 그 구성 요소에 초점을 맞추어 문학 작품을 자신의 말로 해석하고, 해석한 내용을 다양한 방식으로 표현한다.
5-6학년군	문학 작품에 대한 해석의 근거를 찾아 구체화하고, 작품의 일부나 전체를 재구성하는 활동을 통해 작품 수용과 표현의 수준을 높인다.
7-9학년군	문학의 다양한 특성에 대한 이해를 바탕으로, 다양한 관점과 방법으로 작품을 해석하고 평가하며 자신의 일상적인 삶을 작품으로 표현한다.

2011 교육과정 개정에서 학년군 개념 도입의 출발점은 국어 능력 발달에 대한 국어교육계의 요구보다는 '학습량 경감'이라는 '정책적 판단'이었음을 밝히지 않을 수 없다. 그러나 일단 학년군을 설정하였다면 학년군을 나누는 기준 다시 말해 '발달'과 '위계'에 대한 나름의 내적 논리를 가지고 있어야 한다. 동시에 성취 기준 진술에서도 문학 능력의 발달에 대한 고민 역시 심화되어야 하는 것이다. 이번 개정에서는 '체험적 구체성에서 개념적 추상성으로', '평면적 혹은 선조적 단순성에서 입체적 복잡성으로', '쉬운 것에서 어려운 것으로', '개인적인 것에서 사회적인 것으로', '흥미 유발에서 인식으로 인식에서 다시 조절로'라는 학습의 단계를 고려하여 이를 뒷받침하려 했다. 그

러나 일단 '학년군'을 도입한 이상 이러한 일반론 이상의 배려가 필요하다.

위 표에 제시된 학년군별 영역 성취 기준 진술에서 밑줄친 부분에 주목해 보았으면 한다. 그것은 '문학 학습 능력의 발달'을 표현하기 위한 구절들이기 때문이다. 다시 말해 '느끼고 즐기는 활동에서 자신의 느낌과 판단을 객관화하고 공유하는 활동으로'를 발달의 과정으로 삼아 내용 성취 기준을 단계적으로 배치하고자 시도한 것이다. 필자는 이를 1-2학년군은 '느끼고 즐기기'를 3-4학년군은 '알기'를, 이후 단계는 '자신의 느낌과 판단을 객관화하기'를 중시하는 것으로 해석하고자 한다. 교육부에 제출된 보고서에는 이와 관련하여 다음과 같은 진술이 등장한다.

> 주관적 참여에서 객관적 소통으로 : 느끼고 즐기는 활동에서 자신의 느낌과 판단을 객관화하고 공유하는 활동으로 나아갈 수 있도록 교육 내용을 단계적으로 배치하였다. 동시를 낭송하거나 작품을 읽고 그 내용을 상상하거나 다른 사람에게 자신의 체험을 들려주는 등의 주관적인 이해 활동에서 출발하지만, 공통 교육과정을 마치는 단계에 이르러서는 자신이 이해한 바를 근거를 갖춰 설명하는 한편 다양한 관점에서 작품을 해석하고 다양한 방법으로 표현하는 수준에 이르도록 하였다. 그리고 주관적 참여에서 객관적 소통으로 나아가는 전(全) 과정에서 학생들의 능동적이고 주체적인 반응 및 참여를 유도하고자 하였다.[2]

그러나 여기서 사용한 '주관적 참여에서 객관적 소통으로'라는 표현은 필자가 생각하는 '감성적 능력', '오성적 능력' 그리고 둘의 종합으로서의 '이성적 능력'이라는 문학 향유 능력의 발전 구도와 완전히 일치하는 것은 아니다. 필자가 말하는 이성은 '인지적 영역 대 정의적 영역'이라는 대당의 한 편에 속하는 것이 아니라, 둘의 종합 다시 말해 '이성에 의해 뒷받침되는 감성'

---

[2] 민현식 외, 『국어과 교육과정 개정을 위한 시안 개발 연구』, 교육과학기술부, 2011, 149면.

혹은 '감성의 매개를 거친 이성'을 뜻하기 때문이다.3) 그런 점에서 필자는 학년군을 어떻게 나눌 것인가의 고민과는 별도로 '느끼기', '알기', '비평적 판단하기'의 구도를 제안하고자 한다.4)

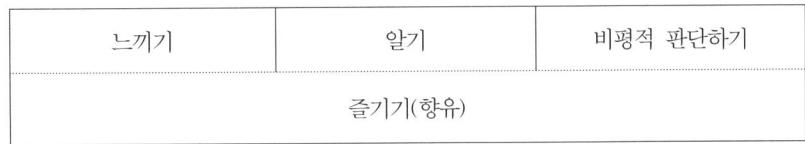

느끼기	알기	비평적 판단하기
즐기기(향유)		

여기서 즐기기를 문학 능력 발달의 모든 단계에 관련되는 것으로 설정한 이유는 문학에 대한 향유가 문학에 대한 '앎'을 통해서도 얼마든지 가능하기 때문이다. 작품에 대한 분석 역시 문학 작품을 '즐기는' 하나의 방식임을 자세히 설명할 필요는 없을 것이다.

위계화를 위해 필요한 또 다른 근거는 '장르 발달의 축'이다. 다른 영역과 마찬가지로 문학에서도 장르는 그저 따라야 하는 규칙이나 관습의 총합이 아니라, 대상에 대한 창조적 인식과 표현을 가능하게 하는 양식이자 자원의 역할을 수행한다. 예를 들어 동일한 서사 장르라 해도 동화와 소설은 세계를 바라보는 태도가 다르다. 비록 장르 3분법 혹은 4분법처럼 비교적 뚜렷한 경계선을 이론적으로 확정할 수 없지만 동화에서 소설에 이르는 연령별 장르 발달의 흐름이 존재한다는 것을 경험적으로는 확인할 수 있다. 환상성에 바탕을 둔 저학년 동화, 소년소설, 청소년 문학/소설 등이 그 하위 장르의 명칭이 될 수 있을 것이다. 동시와 시 역시 마찬가지이다. 2011 교육과정에서는 이러한 문제 의식을 〈언어 자료의 예〉와 내용 성취 기준의 진술에 포함시키려 했다. 1-2학년군은 동시나 동화, 옛이야기, 그림책 등 아동문학

---

3) '감성'과 '지성' 그리고 '이성'의 구별법은 주지하다시피 독일 고전철학의 사유 체계에서 비롯된 것이다. 비평에 대해서는 '전문적이지만' '전문주의'에 빠지지 않아야 한다는 요청이 늘고 있는데, 이런 어법 역시 필자의 '이성'에 대한 생각과 문제 의식을 함께 한다.
4) 특히 초등의 경우 지금처럼 기계적으로 2년을 기준으로 학년군을 나누는 일에 대해서는 별도의 검토가 필요하다.

장르를 중심으로 성취 기준을 기술하였으며 특히 환상성을 포함한 작품을 〈언어 자료의 예〉로 제시하였다. 이후 3-4학년군과 5-6학년군을 거치면서 보다 수준이 높은 아동문학 작품이나 성장의 고민을 다룬 청소년 문학 등을 경험할 수 있도록 하였으며, 7-9학년군에 이르러서는 본격적인 소설과 시, 한국의 대표적인 고전 문학 작품 등을 접할 수 있도록 교육 내용을 위계화하려 했다. 이를 표로 정리하면 다음과 같다.

		1-2학년군	3-4학년군	5-6학년군	중1-3학년군
장르	서정	동시, 노래	동시, 노래	시(동시), 노래	시(가)
	서사	옛이야기, 동화	옛이야기, 동화, 소설	소설 (동화, 옛이야기)	소설
	극	아동극	아동극	극(아동극)	극
	기타	애니메이션, 만화	애니메이션, 만화	여러 매체 자료	비평문, 여러 매체 자료

(2) 문학 향유 능력의 다면성에 대한 고려

2011 교육과정 개정에서 중요하게 고려한 문학교육 연구의 동향은 다음과 같다. (1) 주체적인 문학 향유 능력에 대한 요구, (2) 문학의 생활화의 실천, 문학의 수용과 생산에 대한 요구, (3) 문학 경험의 통합 및 실제화에 대한 요구, (4) 문학의 성찰적·윤리적 기능에 대한 요구, (5) 공동체의 발전과 관련된 요구, (6) 환경 변화에 능동적으로 대처하는 문학교육에 대한 요구. 필자는 그중에서도 주체적인 문학 능력, 문학의 성찰적·윤리적 기능 및 매체 환경의 변화에 따른 문학의 변화를 중심으로 문학 향유 능력의 다면성을 고려한 교육과정 개편의 방향과 내용을 살펴보고자 한다.

2011 교육과정에서는 작품에 실린 내용을 그저 해독하고 이해하기만 하면 되는 수동적 입장에서 벗어나 작가의 생각에 대해 비판하고 작품을 자신의 눈으로 평가하는 활동을 통해 독자의 주체적이고 능동적인 문학 해석을 강조하였다. 제6차 국어과 교육과정기로부터 현재에 이르기까지 단편적인 지

식 위주의 문학교육에 대한 반성을 바탕으로 학습자들에게 주체적이고 능동적인 문학 체험을 제공해 주어야 한다는 주장이 지속적으로 제기되어 왔다. 이러한 주장을 수용하여 이번 개정에서는 문학 작품을 이해하거나 생산하는 활동에 즐겁게, 그리고 능동적으로 참여한 경험을 통해 '주체적 문학 향유 능력'을 신장할 것을 강조하였다. 이러한 지향은 작품 수용에 관련된 성취 기준에서 강조되었는데, '자신이 좋아하는 문학 작품을 들고 그 이유를 말한다'(5·6학년군)와 '자신의 주체적인 관점에서 작품을 평가한다'(중학교 1·2·3학년군)가 그 대표적인 예이다. 이와 비교할 수 있는 2007 개정 교육과정의 유사 성취 기준은 8학년 문학의 '(2) 다양한 시각과 방법으로 문학 작품을 해석하고 평가한다'나 9학년 문학의 '(3) 문학 작품에 대한 다양한 해석을 비교한다'와 '(4) 문학 작품 해석의 근거에 유의하여 비평문을 읽는다'이다. 이는 모두 해석의 근거나 '비교'에 초점을 맞추고 있다. 이 과정에서 작품 향유의 출발점이자 도달점이라 할 수 있는 학습자의 작품에 대한 '실감'을 조금은 소홀하게 취급한 면이 있다. 이를 감안하여 이번 개정은 직전 교육과정에 비해 학습자의 '주체적인 시각'을 강조하였다. 한편 10학년의 '문학 작품에 대한 비평적 안목을 갖춘다'가 주체성을 강조한 것이라 할 수 있다. 그러나 이러한 성취 기준이 10학년에 이르러서야 나타난다는 점, 그리고 비평적 안목은 주체성을 바탕으로 한 종합적 안목을 강조한다는 점에서 2011 교육과정의 강조점과는 구별된다. 이는 세부 내용을 살펴보면 더 명확해지는데, 8학년의 경우 초점은 해석의 근거와 해석이 달라질 수 있다는 점이며, 9학년 역시 해석 간의 비교 및 해석의 근거와 타당성을 강조하고 있다. 물론 해석의 근거로서의 경험 혹은 가치관을 강조한다거나 해석에 관여하는 요소를 자각하게 하는 것은 학습자가 작품을 직접 자신의 눈으로 읽는 체험과 관련을 맺는다.

그런데 이번 개정에서는 운율, 비유, 상징이나 반어, 역설, 풍자와 같은 개념적 지식이 성취 기준에 제시되어 신비평을 바탕으로 한 분석적 주해 중심의 문학 교육으로 회귀하는 것은 아닌가 하는 의문이 제기될 수 있다. 분명이 개념들이 신비평 이론에 의해 정련된 것임에는 틀림이 없다. 그러나 성취 기준이나 교육 요소를 기술하기 위해 공준을 받은 이론이나 지식을 활용하는 것은 피할 수 없다. 더구나 지식을 활용한다고 해서 반드시 분석적 주해 위주의 교육으로 귀결된다고 보기도 어렵다. 지식은 문학 경험이나 활동에 유의미하게 활용되어 학습자의 '주체적 시각'을 심화 확장시키는 데 기여할 수 있기 때문이다. 동시에 운율, 비유, 상징이나 반어, 역설, 풍자 등을 활용하여 '표현'하는 행위를 성취 기준에서 강조한 점을 눈여겨보아야 할 것이다. 더구나 이러한 문학적 장치 혹은 기법은 좁은 의미의 문학 행위는 물론이거니와 광고나 연설 혹은 설득과 같은 일상 언어 생활에서도 널리 쓰인다. 그런 점에서 지식의 도입이 '주체적 시각'과 양립되기 어렵다고 볼 필요는 없다.

문학의 성찰적·윤리적 기능 역시 중요하게 고려한 사항이었다. 급변하는 사회 속에서 자신의 삶을 윤리적인 차원에서 성찰할 있도록 돕는 문학의 역할을 강조하여 문학교육이 인성교육에 기여하게 해야 한다는 논의가 여러 차례 제기되었다. 문학교육의 궁극적 지향은 '바르게 산다는 것은 무엇인가?'라는 물음을 성찰하는 차원으로 연결되기 때문이다. 특히 삶에 대한 총체적 체험을 중시하는 소설교육에서 윤리적 주체 형성의 문제는 다른 장르에 비해 한층 중요한 목표로 부각된다. 최근 도덕교육에서 서사를 활용한 접근법을 통해 주체의 감성과 상황을 흡수하고자 하는 논의가 부쩍 늘어난 이유도 소설을 비롯한 서사에 내재한 윤리적 물음의 가능성을 보았기 때문이다. 이를 위해 '태도' 변인을 활용하여 교육과정 실행자가 문학의 성찰적·윤리적 기능을 늘 염두에 두도록 하였다. 또한 5·6학년군의 '(7) 자신의 성장과 삶에 영향을 미치는 작품을 즐겨 읽는 태도를 지닌다'와 같은 성취 기준을 통해 문학작품이 개인이나 사회에 미치는 영향과 효과에 대해 성찰하도록 하였다. 〈언어 자료의 예〉에서도 학습자가 성장의 과정에서 맞닥뜨리게 되는 여러 고민을 다룬 작품을 포함시키려 했다.

그러나 문학의 성찰적·윤리적 기능에 대한 강조를, 정해진 윤리적 덕목을 학습자가 체득하고 수용하게 하는 결과 중심의 '도덕교육'으로 오해해서는 곤란하다. 윤리적 성찰은 현재 통용되고 있는 윤리적 덕목의 가장자리에서 질문을 던지는 방식을 취하기 때문이다. 푸코(Foucault)는 도덕이란 "가족, 교육 기관, 교회 등이 그렇듯이 다양한 규율 기구를 통해 개인이나 그룹들에 제시되는 행동 규칙과 가치들의 총체"이며, 이러한 규칙과 가치들은 "논리적인 교리나 명확한 교훈으로 정식화되기도 한다"고 말한 바 있다.5) 이러한 도덕에 대해서 개인은 수용할 수도 있지만 도덕과 불화를 일으키거나 그것을 거부할 수 있는 것이 '근대의 윤리적 주체'이다. 결국 '받아들이기'와 '거부하기'의 양자택일이 아닌, '이 사람이 저 상황에서 저런 행동을 하는 이유는 무엇인가?'라는 감정 이입의 질문과 '나라면 그 상황에서 어떻게 행동했을 것인가?'라는 역지사지의 물음이 문학교육에서 윤리를 문제 삼는 방식일 것이다.

2011 교육과정 역시 매체 발달에 따른 문학 향유 방식의 변화를 고려하려 했다. 미디어 문화는 이미지와 음향, 그리고 스펙터클을 통해 일상생활을 구조화하고 여가 시간을 지배하며, 나아가 미적 지각 방식의 변화를 유도하고 있다. 일상의 감각은 물론이요 문학을 포함한 여러 예술에 대한 미적 감각 또한 새롭게 재편하고 있다. 이러한 변화를 수용하는 방식으로 이번 교육과정 개편은 별도의 영역을 설정하는 방식이 아니라 내용체계의 상단에 '매체'를 둠으로써, 달라진 문학 수용 및 생산의 방식이나 미디어 시대에 새롭게 부각된 소통 장르 등을 포괄하고자 했다. 또한 〈언어 자료의 예〉에 매체 관련 양식이나 장르를 포함함으로써, 다양한 매체 텍스트를 비판적으로 이해하고 수용하며 다양한 매체를 활용하여 문학적으로 표현할 수 있는 능력을 길러주고자 하였다. '매체'를 독자적인 영역으로 설정함으로써 얻을 수 있는 것도 많겠지만, 언어 담화와 결합된 '복합 문식성'의 차원을 강조하기에는 기존 영역과 통합시키는 편이 더 효과적이다. 문학의 생산 및 수용 양식에 나타난 변화를 고려한다면 더욱 그러하다.

---

5) M. Foucault, *Histoire de la Sexualite* 2, 1984, 문경자·신은영 공역, 『성의 역사 2』, 나남출판, 1997, 39면.

3. 문학 영역 내용 체계 구성의 쟁점

(1) 태도와 문화

주지하다시피 2007년 개정 교육과정에서는 '맥락'의 역할이 강조되었다. 언어 기능은 언제나 특정한 상황이나 사회·문화적 맥락 속에서 실현된다는 전제를 내세워 '언어 활동이 갖는 사회성, 대화성, 관계성, 소통성'을 부각시킬 수 있는 토대를 마련하게 위해서였다. 언어 활동에서 맥락의 중요성을 부정하는 사람은 많지 않다. 그러나 '맥락'이 내용 체계에서 '태도'를 대체할 정도로 구체적인 내용을 갖춘 범주인가 하는 점에 대해서는 이견이 적지 않았다. 특히 학습자의 삶과 문학 수용 및 생산을 연결함에 있어 자원으로 활용할 수 있는 '학습자의 사회 문화적 맥락'이 무엇이며 이것을 어떻게 분절화해서 서술할 수 있는가라는 물음에 대해서는 충분한 검토가 이루어지지 않았다. 문학 영역에 국한시켜 보자면 무엇보다 맥락을 '수용·생산의 주체, 사회·문화적 맥락, 문학사적 맥락'으로 제시함으로써 문학의 중요한 맥락이라 할 수 있는 장르를 배제시킨 것을 비판할 수 있다. '문학적 담화의 양식이자 소통의 양식'이라 할 수 있는 장르는 끊임없이 새롭게 생산되는 문학 작품들의 연관 관계를 밝히는 데 도움을 줄 수 있다. 또한 언어 공동체 내에서 미래의 언어적 행위를 위한 특정한 장이나 패턴을 제공할 수 있다는 장점이 있다. 문학 영역에서 '맥락', 그중에서도 '사회·문화적 맥락'을 이야기할 때 장르를 빼놓을 수 없는 이유는 명백하다.6)

이런 이유로 2011 교육과정에서는 내용 체계에서 맥락을 지식의 하위 범주로 포함시키고 그 자리에 7차 교육과정 이후 잠시 사라졌던 '태도'를 재도입하였다. 교사들이 '태도'의 중요성을 어떤 방식으로든 강조해줄 것을 계속해서 요청해 왔다는 점을 고려한 결정이었다. 무엇보다 지식, 기능, 태도의 교육 목표 분류는 교과교육학은 물론이고 교육학 내에서도 뿌리 깊은

---

6) 이에 대한 자세한 논의는 이 책의 1부 2장을 참조할 것.

전통을 가진 3분법이라는 점도 태도 범주 재도입의 논리적 근거를 마련해 준다. 교육 목표 분류법 논의에서 여전히 중요하게 언급되는 블룸(Bloom)에 따르면 지식과 기능이 '인지적 영역'에 해당한다. 반면 정의적 영역은 감정적 색조나 정서, 수용 또는 거부의 태도 등이 강조되는 목표로서, 흥미, 태도, 감상, 가치, 정서적 반응 경향 등을 강조한다.[7] 여기서 '태도'가 정의적 영역의 목표를 포괄적으로 기술할 수 있는 용어로 선택되는 것이다.

그런데 태도를 구성하는 3요소로 인지적 요소, 감정적 요소, 행동적 요소를 설정하는 경향이 널리 받아들여지고 있는 것을 볼 때, 태도 변인에서 인지적 요소가 배제된다고 볼 수는 없다. 태도는 이 세 가지로 조직된 심리적 실체로서, 지식에 근거하여 어떤 판단을 내리고 그 판단에 의해 행동하고자 하는 의지를 가지게 되는 것이 태도의 영역이라는 것이다.[8] 그러나 엄밀히 말해 '인지적 요소'는 태도 형성에 관여하는 '조건'의 하나이다. 태도에 대한 다양한 정의를 검토하여 다음 다섯 가지 공통 사항을 이끌어낸 연구를 참조해 보자.[9]

(1) 태도는 본질적으로 경험적이다.
(2) 태도는 경험의 결과, 학습의 결과이다.
(3) 인간, 사태, 제도, 사상, 가치, 현상 등과 같은 심리적 대상에 대해 방향이 결정되는 감정적 색조이다.
(4) 어떤 대상에 대해 好-不好, 肯-否로 반응하려는 감정적 색조가 언제나 뒤따른다.
(5) 태도는 지속적이다.

---

[7] 자세한 사항은 B. S. Bloom, *Taxonomy of Educational Objectives:the Classification of Educational Goals, 2, Affective Domain*, 1964, 임의도 외 공역, 『교육목표분류학 Ⅱ. 정의적 영역』, 교육과학사, 1983의 2부를 참조할 것.
[8] 김은성, 「국어 문법 교육의 태도 교육 내용 연구」, 서울대학교 대학원 박사학위 논문, 2006, 25면.
[9] 황정규, 『학교학습과 교육평가』, 교육과학사, 1984, 659면.

이에 따르면 태도는 경험과 학습의 '결과'로서, 대상에 대한 모종의 방향을 결정짓는 지속성을 갖는 '감정'이다. 필자를 포함한 몇몇 연구자들이 태도 범주의 보편성과 명확성을 인정하면서도 '문화'를 선호했던 이유는 위와 같은 '태도'의 특징을 고려해서이다. 어디까지나 '태도'는 '과정'보다는 '결과'에 가까운 범주이며, 특히 '개인에게 내면화된' 감정의 요소를 뜻한다. 필자는 '태도'라는 용어가 정해진 '정서 차원의 목표'를 학습자 개인이 받아들여 '내면화'해야 한다는 식의 문제 설정을 벗어날 수 있는가에 대해 여전히 회의적이다. 사회·문화적 맥락을 고려할 것을 강조하는 구성주의 이후의 동향을 감당하기에 '태도'는 '前반성적인' 용어 다시 말해 학습자를 '주체'보다는 '객체'로 인식하는 편향을 담고 있는 개념이다. 7차 교육과정과는 달리 2011 교육과정에서는 태도 관련 성취 기준을 별도로 만들기보다는 하나의 성취 기준에 지식, 기능, 태도를 '화학적으로 결합시켜' 서술하려 했던 이유도 이러한 문제점을 최소화하기 위해서였다.

이에 비해 '문화'는 태도 범주에 들어갈 내용을 포괄하면서도 태도 습득에 관여하는 제도와 제반 과정을 강조할 수 있으며, 무엇보다도 단지 개인이 아닌 사회적 주체를 고려할 수 있다는 장점이 있다. 물론 '문화'는 '영어에서 가장 복잡한 단어 중의 하나'라는 말이 있을 정도로 의미의 영역이 넓다. Culture가 agri-culture와 연결되는 것에서 추론할 수 있는 것처럼, 원래 '문화'는 곡물을 기르는 농업이나 목축과 관련된 '자연적 성장의 과정'을 뜻하는 용어에서 출발하였다. 16세기에 들어오면서 이러한 '자연적 성장'에 유비하여 인간의 발달 과정을 뜻하는 용어로 사용된 것이 우리가 아는 문화 개념의 출발점이다. 이후 문화는 계몽주의 시대를 거치며 자연과 구별되지 않는 야만의 상태에서 '문명'으로의 발전이라는 진화론적 함의를 지니게 되었다가 다시 낭만주의 운동을 거치며 산업사회에 등장한 새로운 문명의 '기계적', '물질적' 특징에 대비되는 '정신적' 가치를 함의하게 된다. 문화는 '인간적' 발전을, 문명은 '물질적' 발전을 중시한다는 식이다.[10]

현재 국어교육 내에서 중요하게 받아들여지고 있는 문화의 개념은 영국의 문화론자들의 연구에 빚지고 있다. 문화는 예술이나 철학과 같은 '위대한 정신 문화'에 국한되는 것이 아니라, 우리가 보고 듣고 먹고 입는 행위 심지어 쇼핑이나 TV 시청, 그리고 영화 관람과 같은 일상적인 행위를 포괄하는 '삶의 방식'을 뜻한다. 여기서 문화란 인간의 행동에 담겨 있는 '의미의 생산과 소통' 즉 사회적 의미 작용에 다름 아니다. 이러한 문화 개념을 통해 국어교육의 '의사 소통 행위'와 '문화'가 만날 수 있는 근거가 마련된다.

'문학의 이데올로기' 그리고 '문학 정전' 논쟁 이후 문학적 글쓰기와 비문학적 글쓰기를 가르는 확고부동한 내적 기준이 존재한다는 믿음은 상당 부분 사라지게 되었다. 특정 시기의 상이한 담론 체계나 제도 속에서 자리잡음으로써 '글'은 문학이 된다는 것이다. 적어도 문학 영역에서 '태도'는 사회적 주체와 제도 및 담론이 어우러지며 발생시키는 '문학의 효과'를 담아내기에 적합한 틀이 아니다. '문화'를 택함으로써 '문학에 대한 태도'를 '좋은 작품을 수용한다'는 식의 '내면화'에 국한시키지 않고 사회 문화적 맥락이 중시되는 '의미론적 실천'의 과정에 '문학의 가치 문제'를 연결시킬 수 있다. 필자가 '문화'를 꼭지점으로 하는 '문화 - 지식 - 기능'의 삼각 구도를 생각해 본 이유도 그 때문이다. 그리고 '문화'에 해당하는 내용으로는 다음과 같은 것들을 상정해 볼 수 있다.

문화
- 장르
  - 시(시가), 소설(이야기), 극(연극, 영화, 드라마), 수필, 비평 등
  - 그 외 매체 텍스트
- 문학 현상 혹은 문학 제도
- 문학의 생활화

---

10) 문화 개념의 변천사에 대한 이하의 서술은 윌리엄스의 논의를 참조하여 정리한 것이다. R. Williams, *Keywords*, 1976, 김성기·유리 옮김, 『키워드』, 민음사, 2010, 123-131면.

(2) 수용과 생산의 하위 항목

2007 개정 교육과정의 내용 체계 구성은 '이해와 감상'이라는 문학 수용의 전통적 구도를 해체하는 전기를 마련했다. 전통적인 이해/감상 대당은 작품에서 누구나 읽어낼 수 있는 객관적 의미를 파악하는 인지적 영역의 활동인 이해와 작품에 대한 정서적 반응으로서 정의적 영역에 속하는 감상이라는 구도를 전제하고 있다. 특히 정서의 측면은 학생들의 개인적인 선택에 맡겨지고 그 결과 '감상'은 작품의 수용 과정에서 발생하는 심적인 변화나 '대리 체험'의 의미로 받아들여지곤 했다. 그러나 작품에 대한 해석과 평가 즉 비평이 가능하기 위해서는 인지적 요소를 포함해야 한다. '감상' 옆에 '비평'을 추가한 것에 지나지 않아 보이는 2007 개정 교육과정의 '감상과 비평' 항목은 인지적 영역과 정의적 영역이 통합되어 나타날 수밖에 없는 문학 수용과 생산의 특징을 고려했다는 점에서 그 의미가 크다.

작품의 수용과 생산의 실제	
- 시(시가) - 소설(이야기) - 극(연극, 영화, 드라마) - 수필 · 비평	
지 식	수용과 생산
○ 문학의 본질과 속성 ○ 문학의 양식과 갈래 ○ 한국 문학의 역사	○ 내용 이해 ○ 감상과 비평 ○ 작품의 창조적 재구성 ○ 작품 창작
맥 락	
○ 수용 · 생산의 주체 ○ 사회 · 문화적 맥락 ○ 문학사적 맥락	

위에 제시된 2007년 개정 교육과정의 내용 체계에서 '맥락'에 대한 문제 제기가 많았음은 앞에서 살펴본 바와 같다. 여기서는 '수용과 생산'에 초점을 맞추어 기존 체계의 문제점을 살펴볼 것이다.

첫째, 창조적 재구성이 별도의 항목으로 제시될 정도의 비중을 가지는가라는 문제를 제기할 수 있다. 고쳐 쓰기나 바꿔 쓰기 혹은 패러디 활동은 작품 수용 특히 '비평적 이해'를 돕기 위한 방법론이거나 창작의 기법 중의 하나이다. 이에 적극적인 의미 부여를 한다면 '수용과 생산'을 매개하는 역할을 부여할 수도 있다. 이 경우에도 '재구성'의 주된 내용은 '작품 창작' 항목에 해소시켜도 별다른 문제는 발생하지 않는다. 현대 예술의 경향 역시 창조적 재구성과 창작을 엄격하게 구별하기 힘들다. 이를 고려하여 '작품 창작'에 '작품의 창조적 재구성'을 포함시키고 별도의 항목은 제시하지 않기로 하였다.

둘째, '내용 이해'를 어디까지 잡을 것인가의 문제가 제기된다. 작품에 드러난 표면적 정보, 예를 들어 소설에서 줄거리 재구성이나 인물의 성격 파악은 분명 '내용 이해'에 해당하는 활동이다. 그러나 '분석'이나 '해석'에 해당하는 활동, 예를 들어 '작품에 사용된 시점과 그 사용 효과 파악'이나 '배경 묘사의 상징적 의미에 대한 파악'은 '내용 이해'나 '감상과 비평' 그 어느 편에 포함시켜도 여러 가지 문제가 발생한다. '작품 이해와 해석'을 설정한 것도 이를 해결하기 위해서였다. 여전히 '분석'과 '해석'의 변별점에 대한 의문은 남지만 '이해'에 너무 많은 것을 떠넘기는 일은 피할 수 있다는 장점이 있다.

셋째, '문학의 소통 방식' 다시 말해 기존의 문학 사회학의 탐구 영역에 대한 무관심을 지적할 수 있다. 작품이 생산되어 독자에 이르는 소통 과정 전반을 점검하는 활동의 중요성은 '문학의 매체성'이 강조되면서 갈수록 강조되어 왔다. 1990년대 중반의 '문학 권력' 논쟁이나 최근 '주례사 비평'을 둘러싼 논쟁 그리고 각종 블로그 서평이나 인터넷 서점 독자 평가단의 역할 증대 역시 이러한 '작품의 소통 방식'이 차지하는 비중을 말해준다. 동일한 작품이라도 인터넷 매체에서 개인의 취미 활동 방식으로 출현했던 귀여니의 작품과 이것이 출판되어 '영업의 대상'이 되거나 영화화된 이후의 작품은 수용의 양태가 달라질 수밖에 없다. 21세기의 독자는 입소문이나 '전문 비평가'의 추천을 바탕으로 '겸허히' 작품에 몰입하는 방식으로 책을 읽지 않는다. '베스트셀러의 사회학'이나 작품이 갖는 사회적 의미 부여의 체계에 대한 연구는 이러한 '작품 소통과 유통'의 경로에 주목하고 있다. 이를 '문화 외적인 것'으로 치부하기보다는 역시 문학교육의 중요한 내용으로 고려해야 한다.

이상의 문제 의식을 담아 2011 개정 교육과정의 내용 체계에서는 '수용과 생산'의 하위 항목으로 '작품 이해와 해석, 작품 감상, 작품 비평과 소통, 작품 창작'을 설정하였다.

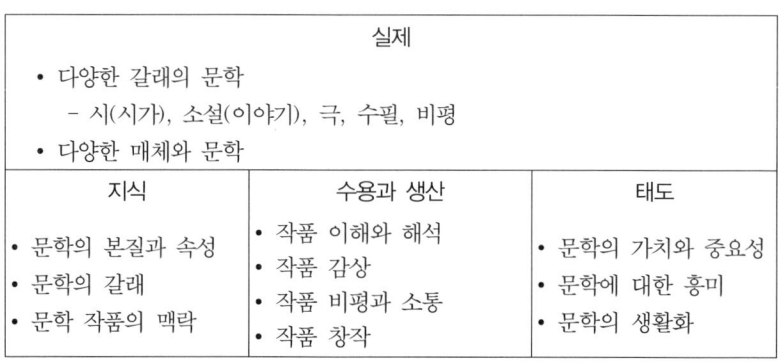

실제		
• 다양한 갈래의 문학 - 시(시가), 소설(이야기), 극, 수필, 비평 • 다양한 매체와 문학		
지식	수용과 생산	태도
• 문학의 본질과 속성 • 문학의 갈래 • 문학 작품의 맥락	• 작품 이해와 해석 • 작품 감상 • 작품 비평과 소통 • 작품 창작	• 문학의 가치와 중요성 • 문학에 대한 흥미 • 문학의 생활화

그러나 여전히 '비평'과 여타 요소의 관계에 대해서는 재론의 여지가 적지 않아 보인다. 비평은 자신의 해석이 보다 타당함을 주장할 수 있으며, 상대방의 관점을 수정하거나 보완할 수 있는 '설득(persuasion)'이 가능한 글쓰기이기도 하다. 비평적 판단은 "이건 이렇습니다. 그렇지 않을까요?"와 같은 동의를 요청할 수 있으며, 그에 대해 "그렇지요, 하지만……"과 같은 방식으로 의견을 협동적으로 교환하는 일이 가능하다. '작품 비평과 소통'을 함께 묶을 수 있는 근거를 여기서 발견할 수 있다.

흔히 생각하는 것처럼 문학과 같은 예술에 대한 가치판단이 그저 '주관적'이고 '자의적'인 것은 아니다. 칸트는 미적 판단이 단순한 '쾌 불쾌'의 감정과 달리 일정 부분 합의가 가능한 보편성을 획득하게 된다고 보았다. 그것은 '미적 가치 판단'이 당대의 '공통 감각'을 바탕으로 복수의 주관성 사이에 벌어지는 대화와 합의를 거쳐 이루어지기 때문이다. 물론 이 공통 감각 역시 역사적·맥락적인 것이며 비평적 판단 역시 다수의 주관에 의한 '잠정적 합의'에 지나지 않는다.[11] 그러나 맥락적이고 잠정적인 진리가 '약한 객관성'에 지나지 않는다고 실망할 이유도 없다. 한나 아렌트(H. Arendt)가 칸트의 취미 판단 논의, 다시 말해 토의에 의한 '비평적 합의'에 의해 얻어지는 '잠정적 진리'에서 민주 정치의 원리를 발견할 수 있다고 주장한 점도 참조할 만하다. 필자는 평소 비평이 '수용과 생산'의 하위 항목의 하나이지만 동시에 '문학 능력'의 궁극적 도달점을 내포한다고 생각하고 있다. 아렌트의 가정처럼 비평 능력이 단지 '문학' 영역에만 국한되는 것이 아니라 앞서 이야기한 문학 교육의 '윤리적 지평'으로 확장되어 '공화국의 시민'이 갖추어야 할 자질 또는 덕성과 연결될 수 있기 때문이다.

(3) 문학의 생활화와 창작 교육의 역할

문학의 '생활화'란 작품에 대한 수용을 넘어 문학적 표현을 자연스럽게 시도하는 것까지를 포괄하는 개념이다. 2011 교육과정에서는 문학의 생활화를 '태도에서 표나게 내세우고 있다. 주지하다시피 제7차 국어과 교육과정 이후 문학 영역에서 창작 개념을 도입한 것도 문학 생활화를 염두에 둔 것이라 볼 수 있다. 이때의 창작은 전문가들만이 할 수 있는 수준 높은 작품 생산을 의미하는 것은 아니다. 소박하지만 누구나 할 수 있는 문학적인 표현 나아가 문학에 관해서 자신의 의견을 표현하는 행위, 즉 문학 작품에 대한 2차 텍스트 생산도 포함하는 광의의 '창작'을 뜻하기 때문이다. 단적으로 말해 전문적인 시인이나 소설가가 되기 위해 시나 소설을 쓰는 것이 아니라 자신의 생각이나 느낌을 전달하기 위해 작품을 써 보는 경험을 중시하는 것이며, 이 경험이 다시 작품의 수용에 도움을 줄 수 있음을 강조하는 것이다. 미디어 교육에서 미디어에 대한 비판적 이해와 더불어 미디어의 제작 경험을 강조하는 이유도 이러한 수용과 생산의 긍정적 맞물림을 목표로 한다는 점도 참조 사항이다. 결국 '수용과 생산'의 하위 항목에 창작을 별도로 둔 이유는 창작 교육의 비중을 확대하

---

11) 이에 대해서는 H. Arendt, *Lectures on Kant's Political Philosophy*, 1982, 김선욱 옮김, 『칸트 정치철학 강의』, 푸른숲, 2002, 122-123면 및 가라타니 고진, 송태욱 옮김, 『윤리 21』, 사회평론, 2001, 86면을 참조할 것.

기 위한 것이 아니라, '문학의 생활화'로서의 '창작'을 강조하기 위해서이다.

인문학의 위기 담론 속에서 등장한 '표현 인문학' 논의는 고전에 대한 이해와 더불어 '적극적 자유로서의 자기표현 행위'를 강조하고 있다. 스콜즈(Scholes)의 '비평'에 대한 이해는 비평과 창작의 연관성에 대한 실마리를 제공하고 있다는 점에서 주목을 요한다. 그는 '읽기, 해석, 비평'을 다음과 같이 구별하고 있다.

> 읽어 나갈 때 우리는 텍스트 내부에서 텍스트를 생산하며, 해석할 때는 텍스트 위에서 텍스트를 만들며, 비평할 때는 텍스트에 대항하여 텍스트를 생산한다.12)

그는 '텍스트화의 세 가지 방식'으로 '그 속에서(within), 그에 기반해서(upon), 그것에 대항하여(against)'라는 용어를 사용하고 있다. 그는 문학과 비문학 텍스트를 포함한 모든 원텍스트에 담긴 의미를 독자의 주체적 시각으로 해석하고 나아가 원텍스트와 관련된 자신의 텍스트를 생산하는 읽기와 쓰기의 과정 전체를 비평으로 규정한다. 스콜즈가 '창작'에 대해서는 그다지 큰 관심을 가지지 않은 관계로 '창작과 비평'의 관계에 대해서는 더 자세한 논의를 찾아보기 어렵다. 하지만 그가 말하는 비평은 '작품의 수용'은 물론이고 '작품의 창작'에도 관련되는 '비판적 관점'에 해당하는 것이라 풀이할 수 있다. 동시에 이 논리는 이번 개정에서 사라진 것처럼 보이는 '작품의 창조적 재구성'을 포함한 적극적 표현 행위로서의 창작의 근거를 마련할 수 있는 것으로 보인다.

---

12) R. Scholes, *Textual Power*, 1985, 김상욱 역, 『문학이론과 문학교육—텍스트의 위력』, 하우, 1995, 32면.

4. 교육과정 개정에서 고려해야 할 사항

필자는 지금까지 경험에 대한 반추와 이후 해결해야 할 쟁점의 도출이라는 이중의 작업을 수행했다. 언제 다시 '도둑처럼 찾아'올지 모르는 교육과정 개편의 요구에 국어교육학계가 능동적으로 대처하기 위해서 이러한 '사후 결산' 작업이 중요함을 더 이상 부언할 필요는 없을 것이다. 이외에도 해결하고 논의해야 할 과제는 적지 않다. 이는 개인의 역량으로는 채 감당하기 어려운 '집합적 지성'을 요구하는 일이기에 앞에서 채 다루지 못한 과제 몇 가지를 제시하는 것으로 이 장을 마무리하려고 한다.

첫째, 체계의 일관성에 대한 요구를 재고해 보았으면 한다. 초등학교 저학년에서 읽기나 쓰기와 별도로 마련된 문학 영역이 과연 학생들의 문학 경험에 도움이 되는 것일까? 읽기나 쓰기 그리고 화법 영역의 많은 부분이 문학 관련 성취 기준으로 채워지는 것을 전제로 과감하게 초등 저학년의 경우 '문학' 영역을 다른 영역과 통합시킬 것을 검토해 보았으면 한다. 개인적으로는 1·2학년군의 경우 '화법, 읽기, 쓰기'에 문학의 내용을 녹이는 일이 그다지 어렵지 않으며 그것이 오히려 학습자들이 문학을 더 즐겁게 접할 수 있는 길을 제공한다고 생각하고 있다. 그러나 체계의 일관성에 대한 고려 때문인지 이런 의견은 주된 검토의 대상이 되지 못하였다. 초등 6년을 모두 3분법(화법, 읽기, 쓰기)으로 하거나 전체에 걸친 5분법(화법, 읽기, 쓰기, 문법, 문학)을 관철하는 것만이 선택 가능한 '답안'이었기 때문일 것이다. 1·2학년군 3분법, 그 이후는 5분법의 구도가 비록 '그림'은 나오지 않아도 학습자의 발달 특성을 고려하는 장점이 있다. 내용 체계의 구성에서도 '보기 좋은 그림'에 대한 집착을 줄이면 얼마든지 영역 친화적인 구도가 가능할 것이다. '태도인가 문화인가'라는 물음 역시 '화법, 읽기, 쓰기' 영역은 태도를, '문학'이나 '문법'은 '문화'를 선택한다면 쉽게 해결될 수 있을 것이다.

둘째, 문학 치료학이나 정신분석학 문학 연구로 대표되는 신효용론의 연구 성과를 받아들여 '치유'와 '위로'를 위한 문학교육이 되어야 할 것이다. 한국은 경제협력개발기구(OECD) 가입국 중 자살로 인한 사망률 1위의 자리를 차지하고 있다. 과거 '삶을 위한' 문학 연구와 문학교육이라는 문제의식에 더하여 '살림'의 과제가 포함되어야 할 시점이라 할 수 있다. 문학의 본질적 기능 중 하나는 문학을 활용한 자기 치유의 기능이다. 시학의 태동기에서부터 카타르시스의 문제가 제기되는 것을 통해 알 수 있듯이 인간은 문학의 소통 행위에 참여함으로써 자신의 내적 갈등을 치유할 수 있는 계기를 마련할 수 있다. 그런 점에서 학습자의 문학교육 연구와 문학교육의 현장에서 새로이 강조되고 있는 문학 치료론의 시각을 도입하거나 성장의 고민을 다룬 작품을 강조하여 학습자의 정서 함양에 기여하는 문학교육을 설계해야 할 것이다.

셋째, 문학 성취 기준 진술에서 '가치' 혹은 '주제'의 문제를 어떻게 수용할 것인가를 숙고해야 한다. 가치나 주제를 내용 체계의 별도 항목으로 제시하는 것에는 신중을 기해야 하겠지만, 성취 기준의 맥락화를 위해서라면 발달 단계에 걸맞는 '사유의 모티프'를 성취 기준에 통합하여 제시하는 방식을 고려해 보아야 한다. 예를 들어 7학년이라면 '문학 작품에 드러난 인물의 심리 상태와 갈등의 해결 과정을 파악한다'는 '성장의 과정에서 부닥치는 여러 갈등을 다룬 문학 작품을 읽고 갈등의 진행과 해결 과정을 이해한다' 식으로 재편할 수 있다. 이는 주제+지식+기능의 제시 방식이다. 국어 교과는 물론이고 전 교과에서 생태적 가치나 윤리적 성찰이 강조되어야 하는 '위험 사회'에 살고 있는 상황에서 '작품의 수준과 범위'에서 제한적으로 가치나 주제의 문제를 수용하는 방식으로는 사태의 심각성에 대처하는 문학교육이 되기 어려워 보인다. 과거 『우리말 우리글』의 전례도 있고, 현장 교사의 의견을 오랜 시간 청취하여 필요한 '주제'의 리스트를 뽑아보는 것도 시도해봄 직하다.

제5장

문학 교수 학습 방법론의 탐색

1. 보편 모델로서의 교수법 비판

국어교육과 전공 강의를 하면서 가장 난처함을 느낄 때는 국어과 교수 학습 방법론을 강의 주제로 하는 시간이 아닐까 싶다. 직접 교수법, 토의 토론식 학습법 혹은 가치 탐구 학습법으로 이어지는 설명 속에서 학생들은 '또 이거야?'하는 표정을 감추지 못하곤 한다. 사실 교육학 관련 강좌에서 이미 공부한 바 있는 교수 학습 방법론의 일반 이론이 '국어교육론' 시간에 반복된다는 것은 강의를 하는 사람이나 기대를 품고 전공 공부를 시작한 학생들에게 고통스러운 일이다. 직접 교수법이나 협동 학습법 혹은 토의 토론식 학습법이 국어과의 대표적인 교수 학습 모델로 제시되고 있다. 그런데 '국어과 교수 학습 방법론'이라는 이름에 정녕 걸맞는 모델은 무엇일까? 교육학 일반이나 다른 교과에서 나온 모형을 참조하여 국어과에 맞게 수정·보완한 것이라는 '부가 설명'이 국어과 교수 학습 방법과 반드시 함께 제시되어야 하는가?

물론 필자 역시 현재 제시되고 있는 교수 학습 방법론이 국어교육의 여러 목표와 내용을 고려하는 가운데 나온 것이며, 수업 기법에서 활동에 이르는 국어과 교수 학습에 나름의 좌표를 제시하고 있는 긍정적 역할을 하고 있다는 점을 충분히 인정하고 있다.[1] 그러나 모든 교과의 수업에 포괄적으로 적용될 수 있는 '만능 열쇠' 식의 모델을 넘어서, 교과 교육의 내용에 근거한 나름의 교수 학습 방법론을 제시하는 일은 국어교육학의 학문적 성숙도를 나타내는 지표가 될 수 있다. 그런 점에서 이 글은 문학 영역의 활동에 적합한 것으로 제시되고 있는 반응 중심 학습법을 비판적으로 검토하는 가운데, 문학 영역에서 활용될 수 있는 교수 학습 방법론을 보다 세분화하여 제시하는 것을 목표로 한다.

2. '반응 중심 교수 학습법'에 대한 재검토

국어과에서의 학습은 학습자의 활동을 바탕으로 지식과 원리에 도달하는 방향으로 이루어진다.[2] 그런 점에서 다음과 같은 절차를 제시함으로써 문학에 대한 학습자의 '반응'을 강조했던 반응 중심 교수 학습법의 전제는 지극히 정당한 것이다.

  1단계 : 텍스트와 학생의 거래 → 반응의 형성
    * 심미적 독서 자세의 격려
    * 텍스트와의 거래 촉진
  2단계 : 학생과 학생 사이의 거래 → 반응의 명료화
    * 반응의 기록
    * 반응에 대한 질문

---

1) 예를 들어 직접 교수법에 대한 탐구로는 이성영, 「직접 교수법에 대한 비판적 고찰」, 『한국초등국어교육』, V.12, No.1, 1996이 있다. 한편 교수 학습의 이론에서 장르별 적용까지 문학 영역의 교수 학습과 관련된 내용을 포괄적으로 살피고 있는 구인환 외, 『문학 교수·학습 방법론』, 삼지원, 1998도 참조할 수 있다.
2) 출발점이 활동과 경험인가, 아니면 지식이나 원리인가에 대해서는 이견이 있을 수 있지만, 국어교육에서 지식과 활동을 배타적인 것으로 보는 논의는 이제 찾아보기 힘들다. 이에 대해서는 졸저, 『문학교육론의 쟁점과 전망』, 삼지원, 2004, 192-193면을 참조할 수 있다.

　　　　* 반응에 대한 토의
　　　　* 반응의 반성적 쓰기
　　3단계 : 텍스트와 텍스트의 상호 관련 → 반응의 심화
　　　　* 두 작품의 연결
　　　　* 텍스트 상호성의 확대

　그러나 '반응의 형성—반응의 명료화—반응의 심화'의 세 단계에 걸쳐 지속적으로 나타나고 있는 '반응'이 무엇을 뜻하는지에 대해서는 보다 엄밀한 천착이 필요하다. 반응 중심 문학 이론에 대해 본격적인 논의를 처음으로 시작한 경규진 역시 반응 개념의 모호성을 다음과 같이 지적한 바 있다.

　　　반응의 스펙트럼은 다양성에서 압도적일 뿐만 아니라 가능한 조합도 무한하며, 학생들이 문학에 반응하는 방식에 영향을 미치는 다양한 변인 때문에 학생들의 반응에 대한 많은 문제들이 대답되지 않은 채로 남아 있다.[3]

　그렇다면 선행 이론가들은 이 문제를 어떻게 해결하려고 했는가? 반응 중심 교수 학습법의 설계에 이론적 영감을 제공한 로젠블라트(Rosenblatt)의 경우 '반응'과 '환기(evocation)'를 구별함으로써 반응 개념을 구체화하고자 한다.[4] 로젠블라트에 따르면, 환기는 텍스트와 심미적으로 교류하는 동안 독자가 자신의 언어적 문화적 삶의 과거 경험에서 끌어온 아이디어·감각·느낌·이미지를 선택하여, 작품에 담긴 새로운 경험과 종합하는 과정이다. 그는 환기를 '텍스트에 의해 구조화된 경험'으로 정의하고, 반응은 텍스트에 대한 반응이 아니라 환기에 반응하는 것이라고 명시한다. 이러한 구별을 통해

---

[3] 경규진, 「반응 중심 문학교육의 방법 연구」, 서울대학교 대학원 박사학위 논문, 1993, 20면.
[4] Rosenblatt, "The Literary Transaction: Evocation and Response", *Theory into Practice* 4, 1982, p. 268.

로젠블라트는 '반응'이 텍스트에 종속되는 것이 아니라 독자의 것임을 명확히 하려 했다.

쿠퍼(Cooper)는 일반적으로 사용되는 '문학 읽기'를 버리고 '문학에 대한 반응'이라는 새로운 용어를 채택해야 할 필요성을 다음과 같이 제시하고 있다. 첫째, 반응이라는 개념은 문자 해독에서부터 추론에 이르기까지 허구 문학이 요구하는 심미적이고 상황적인 독서 과정을 설명하기에 적절하다. 둘째, 독서 과정에서 텍스트의 역할을 빼앗지 않고, 그것을 독자의 역할, 문화, 독서 경험, 성향과 연결시켜 설명하기에 적합하다. 셋째, 독서 중에 일어나는 작품의 환기와 작품에 대한 평가뿐만 아니라, 독서가 끝난 뒤 반응을 표현하는 과정을 모두 포괄할 수 있다.[5] 과연 '읽기'보다 '반응'이 이런 의미를 더 전달하느냐에 대해서는 좀 더 생각을 해 보아야 할 것이다. 그렇지만 쿠퍼의 설명은 적어도 '반응'이라는 용어의 의미가 무엇이며 의미망이 어디까지 확장될 수 있는지를 알 수 있는 실마리를 제공하고 있다.

경규진은 로젠블라트와 쿠퍼의 논의를 참조하면서 '반응'의 개념을 다음과 같이 정의함으로써 반응 개념의 모호성을 일정 부분 극복하고 있다. 첫째, 반응은 환기에 대한 것으로 '텍스트에 의해 구조화된 경험'인 환기와 구별된다. 둘째, 반응은 텍스트의 중요성을 배제하지 않으면서 독자의 위치를 부상시킨다. 셋째, 반응은 독서 과정과 독서 후의 전 과정을 포함하는 용어이다. 넷째, 반응은 개인적이면서 동시에 사회적·문화적 행위이다. 다섯째, 반응은 감정과 동일한 것이 아니며, 심리적 감정에 제한되지 않고 페이지에 있는 단어를 이해하는 과정에서 요구되는 복잡한 인식 작용을 포함한다. 다음과 같은 발언은 '반응'이 실질적으로는 독자의 능동적인 해석과 감상 전반과 관련되는 것이며, '비평 활동'으로 발전될 수 있는 고차원적인 인지적·정서적 활동임을 알려준다.

---

5) C. R. Cooper(ed.), *Researching Response to Literature and the Teaching of Literature*, Norwood, 1985.

문학교실에서 학생들이 감정적 차원의 참여를 넘어서 비평적 사고로 옮겨가고, 문학이 어떻게 그들의 신념에 영향을 주는가를 응시하고, 자신의 반응을 인식하도록 하기 위해서는 학생들의 작품에 대한 감각적 그리고 감정적 효과뿐만 아니라 지적인 면도 고려해야 한다.[6]

그러나 이후 반응 중심 이론이 교수 학습 방법으로 일반화되는 과정에서 초기 논의의 장점은 아쉽게도 사라지고 만다. 처음에 제기된 '반응' 개념을 보다 정치하게 탐구하여 이를 발전시키기보다는, '반응의 형성-반응의 명료화-반응의 일반화'라는 도식의 제시에 만족하고 마는 것이다. '텍스트의 의미는 작자나 텍스트 자체에 있는 것이 아니라 독자 쪽에 있다는 관점'을 '반응'의 내용으로 삼고 '텍스트 해석에서 개별 독자의 입장을 강조한다'는 원론적으로 타당한 발언을 되풀이하고 있다고 말한다면 지나치게 가혹한 평가일지 모르겠다. 그러나 막연하게 학습자의 모든 '반응'을 총칭하는 것에 머무르는 것으로는 '반응 중심 교수 학습법'을 발전시킬 수 없다. 이후 논의의 진전을 위해서 '반응 중심 학습법'은 다음과 같은 사항을 해결해야 할 것이다. 첫째, '반응'이란 용어가 불러일으키기 쉬운 '수동성'을 극복해야 한다. 사실 독자의 능동적인 해석이나 문학적 소통 전반을 포괄하기에는 '반응'이라는 용어는 적합하지 않다. 굳이 '자극-반응'이라는 행동주의 심리학을 연상할 필요는 없지만, 텍스트가 주는 '자극'에 대한 독자의 '반응'이라는 일방 통행적 성격을 극복하지 않는 한, 독자의 '능동적' 반응은 한계를 갖는다.

둘째, 독자 '반응'의 폭을 심미적이고 정서적인 쪽에만 국한시켜서는 안 된다. 특히 '심미적 반응'을 문학적 반응으로 특권화할 경우, 독자 중심 문학 이론이나 반응 중심 문학 이론이 벗어나고자 했던 신비평식의 문학관은 그대로 유지된다. 예를 들어 인터넷 소설 「그놈은 멋있었다」를 읽고 평범한 여학생이 '사대 천왕'이라 불리는 학교의 '짱'과 순수하면서도 짜릿한 사랑에

---

[6] 경규진, 앞의 논문, 1993, 23면.

빠진다는 설정에서 '대리만족'을 느끼는 것도 하나의 반응이다. 정반대로 허황된 상황에 더하여 정형화된 인물 설정과 인물 묘사에 불쾌감을 표하는 것 역시 나름의 반응이라 할 수 있다. 한편 개인의 창작 사이트에서 시작되어 종이책으로 출판되고 영화로 제작되기까지 하는 '문화 산업'화 현상에 담긴 동시대 문학의 생산과 유통과정 전반을 문학사회학적으로 해명하려는 작업 역시 앞의 두 반응과 양상은 많이 다르지만 이 역시 '반응'이다.

셋째, 반응을 개인의 것으로 국한시킬 위험성을 극복해야 한다. 비록 반응은 개인적인 행위이자 동시에 사회적·문화적 행위라는 점을 역설하고 있지만, 개인의 감상에 초점을 맞추고, 그것을 서로 비교·일반화하는 활동을 '반응'의 전부로 생각할 경우 그러한 전제는 실종된다. 독자의 '개인적 반응' 역시 개인이 속한 사회 문화적 맥락 속에서 형성된 것이라는 점에서 반응을 고립된 개인에게 귀속시키는 경향은 반응 중심 교수 학습법이 경계해야 할 사항이다. '반응'이 작품에 대한 '심미적 인상'과 종종 동일시되는 이유도 이러한 함정에 빠지기 때문이다.

이러한 세 가지 문제점을 극복하면서 동시에 '반응 중심 교수 학습법'을 보다 구체적인 교수 학습의 모델로 발전시키기 위해서 무엇을 보완할 필요가 있을까? 필자는 폭넓은 스펙트럼을 가지고 있는 '독자 반응'을 보다 세분화할 것을 제안한다. 반응 중심 교수 학습법은 상호 연관되어 있지만, 나름의 목표와 절차를 가지고 있는 다음 세 가지 반응으로 해체되어 재구성될 수 있다. 그것은 '작품에 대한 인상 중심'의 반응과 '작품에 대한 설명 중심'의 반응 그리고 '작품에 나타난 사회·문화적 가치 탐구 중심'의 반응이다.

3. '반응 중심 교수 학습법'의 재구성

필자는 '반응 중심 교수 학습법'의 재구성을 위해 하버마스가 제시한 소통 행위 이론의 도움을 받았다. 인간의 이성적 행위를 세 가지 양상으로 나누어 설명하는 그의 시도는 무엇보다도 선험적 성격이 강하며, 문학 연구나 교육학의 논의라기보다는 사회철학을 배경으로 한다는 점에서 이 제안은 좀 더 많은 검토가 필요하다. 그러나 작품에 대한 독자의 반응 역시 소통 행위의 일종이다. 정보의 교환이나 중개와 관련된 모든 상호 행동을 '소통'이라고 정의하는데, 정보를 좁은 의미가 아니라 정서적·인식적 가치를 담고 있는 넓은 의미의 '메시지'로 이해한다면 문학 역시 소통의 특수한 한 양식으로 볼 수 있기 때문이다. 필자는 다양한 독자 '반응'의 스펙트럼에 '인상 중심, 설명 중심, 가치 탐구 중심'이라는 좌표를 세워 보았다. 이는 근대 이전의 사회를 지배하던 실체적 이성이 나름의 규칙을 가진 세 가지 영역으로 분화되는 논의를 바탕으로 한 것이다. 하버마스는 근대 문화의 세 가지 내재적 구조로 인식적-도구적, 윤리적-실천적, 심미적-표현적 합리성을 제시하였다. 이를 다시 담론의 지향성으로 구분하자면, 정보 지향성, 유희 지향성, 행위 지향성으로 구분할 수 있다. 정보 지향적 발화는, 독자가 새로운 내용을 받아들여 그것을 머리 속에 기억하는 것을 목적으로 한다. 유희 지향적 발화는 기억해야 할 내용을 전달하는 것이 아니라 자신에게 즐거움을 준 체험을 표현하는 것을 목표로 한다. 반면 행위 지향적 발화는 청자가 어떤 행동을 수행하게 될 경우 소통에 성공하는 발화이다.[7]

(1) 인상 중심 교수 학습법

모든 문학적 반응의 출발점은 감상 주체의 작품에 대한 인상이다. 비평을 쓸 때도 비평 주체의 주관적 인상에 기초하지 않는 비평은 이론의 독단적 적용에 멈추고 만다. 반응 중심 교수 학습법에 큰 영향을 끼친 독자 반응 비평 이론은 그 구체적인 방법론의 타당성 여부를 떠나 작품에 대한 독자 개개인의 '반응'을 비평 활동의 출발점으로 상정하고 있다는 점에서 그 문제

---

[7] M. L. Ryan, "Toward a Competence Theory of Genre", *Poetics* 8, North-Holland Publishing Company, 1979를 참조하였다.

의식을 높이 평가할 수 있다. 독자가 작품을 읽고 순간적으로 떠오르는 인상을 진술하는 활동은 반응 중심 학습법의 출발 단계에서 중요한 비중을 가지고 있었다. 작품을 읽고 떠오르는 인상은 더욱 심화된 감상과 다른 양상의 반응으로 나아가기 위한 출발점이기 때문이다.

블레이치(Bleich)는 작품 읽기의 1차적인 동기는 '자신을 이해하는 것'이라 주장한다. 텍스트에 대한 독자의 '자발적인 반응'과 독자가 텍스트에 부여하는 '의미'를 구분한 뒤, 특정 텍스트에 대한 해석과 비평은 주관적 동기를 가진 인상과 반응을 반영하고 있음을 강조하는 이유도 그 때문이다.[8] 이에 따라 인상 중심 교수 학습법은 작품을 읽는 중과 읽고 한 후 독자에게 떠오르는 다양한 인상에 주목하고 그 인상의 내용을 충실히 전달하고 그것을 명료화하는 것을 목표와 내용으로 한다. 작품에 대한 인상은 부정적인 느낌에서 긍정적인 느낌, 심지어는 무관심까지 다양한 방향으로 나타날 수 있다. 인상 중심 교수 학습법을 적용한 수업에서 학생은 자신이 읽고 느끼는 가운데 떠오르는 인상에 주목하고 그것을 다양한 방식으로 표현할 수 있는 활동을 주로 하게 된다.

여기서 인상과 작품에 대한 '공감'을 동일시할 수는 없다. 그렇지만 또 한편으로 '공감'이 대상에 대한 심미적 태도의 근간을 형성하고 있다는 점을 완전히 부정할 수는 없다. 대상을 심미적 태도로 바라본다는 것은 그 대상이 매력적이든, 감동적이든, 생생하든, 혹은 이 모두 다이든 간에, 대상의 개별적 특질을 음미하는 것을 목적으로 한다. 그리고 그 대상을 음미하기 위해서라면, 감상의 주체는 대상에 민감해져야만 하고 그 대상이 지각에 제공하는 것을 놓치지 않으려는 태도를 가져야 한다. 그런 이유로 대상에 대한 공감적 태도는 대상을 고립시키고 그것에만 집중하면서 읽는 방식으로 나타나기 쉽다. 심지어 대상에 대해 '공감적'이지 않고 우리를 대상과 분리시키거나 적대적으로 만드는 반응들은 의식적으로 억제되어야 할 정도이다.

---

8) D. Bleich, *Subjective Criticism*, The Johns Hopkins University Press, 1978, pp.227-237.

인상 중심 교수 학습법은 '공감'을 중시하는 읽기의 방법으로 실현되는 경향이 뚜렷하다. 작품에서 공감이 가는 요소를 찾아내어 그에 대한 자신의 인상을 표현하는 활동은 학생들의 개별적인 반응을 중시하면서도 작품 자체에 대한 집중력을 높이는 데 유의미하기 때문이다. 그러나 '공감의 읽기'는 자기 인상에 빠져 자신의 판단을 고집하면서 그것을 절대화하는 태도로 빠지기 쉽다. 이를 보완하기 위하여, 자신의 인상과 다른 사람의 인상을 비교하거나, 다른 사람의 반응에 대해 열린 태도의 중요성을 강조해야 한다. 인상 중심 교수 학습법에서 '인상의 표현'과 구별되는 '인상의 재구성' 단계를 설정하는 이유도 이 때문이다. 여기서는 작품에서 받은 인상을 단순히 기술하거나 표현하는 활동과 구별하여, 자신의 인상을 되돌아보면서 인상의 근거와 현실적 맥락을 살피는 '성찰'을 중시한다. 어떤 텍스트를 읽고 그 작품에서 얻은 인상에 그대로 머무는 것이 아니라, 자신이 어떤 이유로 그러한 인상을 받게 되었으며, 즐거움을 얻었다면 어떤 종류의 즐거움인가를 스스로 살피고 다른 사람의 경험과 비교하는 것이 '인상의 재구성'에서 해야 할 활동들이다. 사실 자신의 인상을 성찰할 수 있는 능력과 태도는 호·불호의 표시에서 머무르는 것이 아니라, 독자들의 능동적 감상으로 나아가기 위해 필수적으로 요구된다. 인상이 비록 정서적 변화에 가깝지만, 문학 작품을 읽고 일어나는 정서적 변화는 단순한 호오(好惡)의 감정이 아니라 인지적 행위를 동반한 비평적 판단이기 때문이다. 인상 중심 교수 학습법은 '인상의 재구성'을 통해 수동적인 반응 차원에 머무르고 있는 인상을 다시금 돌이켜보는 면을 강조할 수 있게 된다.

지금까지의 설명으로 보았을 때 인상의 형성 및 표현과 인상의 재구성을 주 내용으로 하는 인상 중심 교수 학습법은 좁은 의미의 기존의 '반응 중심 교수 학습법'과 유사한 면이 있다. 그러나 여기서 '인상'은 다양한 영역과 폭을 가지는 반응의 일부라는 점에서 기존의 설명과는 구별된다. 이를 단계화시켜 정리하면 다음과 같다.

(1) 인상의 형성 단계
  * 작품 읽고 자신의 인상을 정리하기
  * 인상에 주목하기
(2) 인상의 표현 단계
  * 다양한 형태로 자신의 인상을 표현하기
  * 다른 사람의 인상과 비교하기
(3) 인상의 재구성 단계
  * 자기 인상의 근거 밝히기
  * 인상에 대해 성찰하기

(2) 설명 중심 교수 학습법

작품에 대한 감상은 비록 작품에 대한 주관적 평가를 바탕으로 하지만, 자신의 가치 평가를 다른 사람들에게 소통시키고 평가에서 설득력을 얻는 과정에서 논리와 지적 도구의 사용을 배제하지 않는다. 물론 문학에 대한 지식의 습득이 개별 작품을 읽고 그것을 감상하는 일을 대체할 수 없다. 그러나 작품 감상에서 지식과 이론은 해석 약호의 한 부분으로서, 읽기 이론에서 말하는 '구조 스키마'의 역할을 수행한다. 또 한편으로 문학을 둘러싼 사회적이고 문화적인 소통의 구조를 분석하고 설명할 수 있는 학문적 메타언어를 통해 학생들은 자신의 '자생적인 읽기에 은밀하게 작용하고 있는 '이론'의 정체를 파악할 수도 있다.[9]

그런 점에서 독자들의 읽기 체험과 '과학적' 개념을 연결시키는 일은 중요하다. 그러한 작업을 통해 자신의 주관적 인상에 대한 성찰 역시 심화될 수 있기 때문이다. 학적 담론이 생산해낸 '개념' 중 핵심 요소를 소개하고, 이 개념을 자신의 문학적 경험과 교차시키게 하는 일의 중요성을 부정할 수 없

---

9) 이글턴에 의해 본격적으로 시작된, '자생적' 이해와 '과학적' 이해를 구별하려 한 논의가 도움이 된다. Eagleton, *Criticism and Ideology*, New Left Books, 1976.

다. 스피로(Spiro)가 문학 학습자의 역할 모델 중의 하나로 문학 연구자를 제시한 이유도 이 때문이다.[10] 사실 문학교육을 망쳐온 주범처럼 평가받는 '신비평'의 실상을 살펴보아도, 지식과 개념으로 작품에 대한 체험을 '대체'한 적은 없었다. 한 예로 브룩스(Brooks)와 워렌(Warren)이 제시한 소설 분석 활동은 단순한 '지식의 암기'와는 무관하다. 특히 실제 분석의 장에서 그러한 물음들은 각각의 텍스트에 맞게 보다 구체화되며, 모든 장은 이론적 설명—작품 제시—분석 활동의 구조로 구성되어 있다.

그런데 여기서 말하는 '설명'이 반드시 개별 텍스트에 내재된 보편적 규칙과 구조를 찾아내고 그것이 개별 작품에서 어떻게 변형되는가를 확인하는 것에 국한되는 것은 아니다. 보다 도구적이고 가치 중립적 성격이 강한 '기법'이 아니라, 현대 비평 이론이 제시하고 있는 다양한 개념들 역시 문학을 설명하는 수단이다. 예를 들어 '탈식민주의 이론'이 제시하고 있는 몇 가지 핵심 개념을 통해 '만세전'의 서술자에 내면화된 식민주의를 비판적으로 검토하는 독자 역시 설명적 반응을 이끌어내고 있는 것이다. 그라프(Graff)나 도정일의 경우 현대 비평의 범주, 이론적 이슈, 설명 방식, 독법에 개입하는 '이해관계의 갈등'을 학생들에게 드러내고 보여주는 것을 목표로 하는 '갈등교육'의 모델을 제시한다. 또한 개별 작품 내부에 머무는 비평 이론에 국한되는 것이 아니라, 문학이 생산되어 독자에 이르는 소통의 과정 전반을 점검하는 활동 역시 설명 중심 교수 학습법의 내용으로 포함될 수 있다. 예를 들어 대중문화 텍스트의 소통 과정에 대한 질문의 양상으로 다음과 항목을 설정할 수 있는데, 이는 문학 텍스트 전반으로 확장 가능할 수 있을 것이다.

(1) 누가, 왜 의사소통을 하고 있는가?
(2) 이 텍스트의 종류는 무엇인가?

---

[10] 스피로(Spiro)는 문학 학습자의 역할 모델로 문학 비평가, 작가, 감식력 있는 독자, 인문주의자, 능력 있는 언어 사용자 등을 들고 있다. 보다 자세한 내용은 김상욱, 『문학교육의 길 찾기』, 나라말, 2003, 41면을 참조할 것.

(3) 이 텍스트는 어떤 방식으로 생산되었는가?
(4) 텍스트의 의미를 우리는 어떻게 알 수 있는가?
(5) 텍스트를 수용하는 사람은 누구이고, 그들은 텍스트에서 어떤 의미를 만들어내고 있는가?
(6) 주제를 어떻게 재현하고 있는가?

이 경우 역시 읽기와 해석에 선행하여 작품에 과학적으로 접근할 수 있는 지적 도구인 '비평 어휘와 이론'의 습득을 강조하게 된다.[11] 그런 면에서 설명 중심 교수 학습법은 직접 교수법과 연결되는 면이 있다. 이를 단계화시켜 정리하면 다음과 같기 때문이다.

(1) 주요 개념 습득 단계
  * 비평 어휘, 기법의 설명
  * 분석의 실제 보기
(2) 주요 개념의 적용 단계
  * 작품 읽기
  * 기법 발견하기
  * 비평 이론의 적용 가능성 타진하기
  * 기법의 의미 · 효과 파악하기
(3) 개념의 조정 및 응용 단계
  * 다른 텍스트에 확장 · 응용하기
  * 이론을 활용한 텍스트 '다시 쓰기'

---

11) 다만 갈등 교육이 대학 학부 수준 이상의 문학 전공자를 대상으로 설계되었다는 점을 고려하여 중등학교 수준에 필수적인 비평 어휘 목록을 제시해야 할 것이다. 자세한 사항은 도정일, 『시인은 숲으로 가지 못한다』, 민음사, 1994, 328-330면을 참조할 것.

그런데 문학 작품에 대한 논리적 설명을 중시하는 설명 중심 교수 학습법에 대해 작품에 대한 '체험'보다는 '지식과 이론'이 앞서는 과거로 회귀하는 것 아니냐는 걱정이 나올 수 있다. 그러나 문학 작품 역시 인간의 지적 생산물이며 그런 점에서 논리적이고 객관적인 접근을 통해 해명해야 할 여지가 적지 않다. 자연은 인간에게 완전히 종속될 수 없는 경이로운 '타자'이지만, 동시에 자연은 설명하고 해명해야 할 대상이 될 수도 있는 것이다.

물론 앞에서 제시한 '인상 중심 교수 학습법'에서 인상의 재구성은 이러한 설명의 요소를 내포하고 있다. 그런 점에서 필자가 제시하고 있는 세 가지 교수 학습법은 분리된 것이라기보다는 문학 감상이라는 전체 틀에서 긴밀한 연관 관계를 형성한다. 필자가 '중심'이란 용어를 사용한 것도 이 때문이다. 그러나 서로 연관되어 있기 때문에 더 이상의 자세한 '분석'이 불가한 것은 아니다. 마찬가지로 '인상', '설명', '사회·역사적 가치 탐구'가 다 연결되는 것이 '문학 감상'의 실상이겠지만, 이를 근거로 각각의 측면에 더 집중하는 교수 학습 방법이나 학습 활동의 세분화가 불가능하다는 판단을 내릴 수는 없다.

(3) 사회·역사적 가치 탐구 중심의 교수 학습법

모든 교육의 궁극적 목표는 가치의 추구로 연결되는데, 그중에서도 특히 어떤 사실을 설명하는 것보다는 인간과 사회가 지향하는 바람직한 가치가 무엇인가와 관련된 물음이 중요하게 부각되는 교과가 있다.[12] 문학을 바탕으로 한 자국어 교육의 목표를 (1) 글의 내용 이해를 통한 간접 체험 (2) 인식적 기술 혹은 전략의 획득 (3) 미적 감수성 (4) 다른 문화에 대한 이해 (5) 윤리적 감수성 (6) 실존적 성숙 여섯 가지로 설정하는 논의에서도[13] 가치의

---

12) 자세한 사항은 E. W. Eisner, *The Educational Imagination*, 1994, 이해명 역, 『교육적 상상력』, 단국대학교출판부, 1991, 67면을 참조할 것.
13) Marshall Gregory, "The Many-headed Hydra of Theory VS. The Unifying Mission of Teaching", *College English* V.59, 1997, pp.54-58.

문제가 빠지지 않는 이유를 짐작할 수 있다.

이런 맥락에서 보았을 때, 노년기에 문학교육에서 윤리 문제의 중요성을 각별히 강조한 웨인 부스(W. Booth)가 제안한 다음과 같은 활동의 의미가 새삼스럽게 느껴진다.14)

(1) 윤리적 결점을 담고 있는 이야기를 제시한 뒤 그것을 찾게 한다.
(2) 대조적인 관점을 담고 있는 이야기를 비교하게 한다.
(3) 내포 작가가 매력적인 주인공이 지지하고 있는 가치를 거부하고 있는 이야기를 꼼꼼히 읽으면서 학생이 작가의 위치에서 주인공의 가치를 검토하게 한다.
(4) 내포 작가가 의도하지 않았던 견해의 불일치 혹은 자기 모순을 발견할 수 있게 한다.
(5) 폭넓게 읽으면서도 비판적으로 읽으려는 태도를 기를 수 있게 한다.
(6) 통찰력 있는 비평은 타인의 견해를 부정하는 것이 아니라 그것을 생산적으로 보완하는 것임을 깨닫고 그것을 실천하게 한다.

여기서 다섯 번째와 여섯 번째 항목을 부스가 각별히 강조한 이유는 거부나 수용 어느 한 쪽으로 귀결될 수 없는 가치 전유의 복합성을 파악했기 때문이다. 그러므로 작품을 생산하는 가운데 관련된 여러 가지 외부 조건과 작품을 연결하는 '맥락의 복원'이 선행되어야 한다. 맥락의 복원은 모든 것들이 사회 혹은 넓은 의미의 정치 속에서 서로 밀접하게 연관되어 있으며, 따라서 모든 대상은 그 자체로는 불완전하며 항상 전체와의 관련 속에서 논의되어야 한다는 '총체성의 읽기'를 전제로 한다. 여기서 총체성은 리얼리즘론의 전통에서 '전형'을 통해 작품이 사회의 실상과 사회의 나아갈 바를 보여주는 '목표

---

14) 자세한 사항은 Wayne C. Booth, "The Ethics of Teaching Literature", *College English* V.61, 1998, pp.50-53.

로서의 총체성'과는 구별된다. 총체성은 처음부터 작품에 주어진 것이라기보다는 작품을 해석하는 일종의 방법론에 가깝다는 점에서 총체성은 일종의 '읽기 방법론'이라 할 수 있다. 대상과 그것을 둘러싸고 있는 전체 세계 사이의 관계를 무시하고 대상을 고립시킨 채 파악된 '가치'는 작품 속에 살아 있는 가치가 아니라 한 줄로 요약가능한 '주제'와 구별되지 않을 것이다.

그런데 작품에 드러난 가치는 현재 사회에서 통용되고 있는 일반적인 가치와 많은 부분에서 배치되는 경우가 적지 않다. 대다수 근대 소설의 주인공이 일종의 '사회 부적응자'로 등장하는 이유도 그러한 주인공과 사회에 유지되고 있는 통념적 가치를 충돌시켜 후자를 점검하는 것을 목표로 하기 때문이다. 그런 의미에서 자신의 가치와 작품의 가치를 직접 대면시키는 단계 이전에 좀 더 거시적인 맥락에서 작품에 드러난 가치의 의미를 파악하는 것이 필요하다.

사회・역사적 가치 탐구 중심 중심의 교수 학습법을 작품에 드러난 세계관이나 주제를 일방적으로 수용하는 것과 동일시할 필요는 없다. 작품에 드러난 가치를 자신의 시각에서 비교・평가하면서 자신의 가치를 조정하는 활동이 정형화된 '독후감'에서 드러나곤 하는 '교훈 찾기'와는 구별되어야 할 것이다. 기존의 가치 탐구 학습 모형의 논의처럼 가치화의 내용을 '가치 수용, 가치 선호, 확신'으로 설정할 경우 작품에 나타난 가치를 일방적으로 따르거나 거부하는 양자 택일적 선택을 벗어나기 힘들다. 이러한 점을 고려하여 사회・역사적 가치 탐구 중심 교수 학습법의 단계를 정리하면 다음과 같다.

(1) 가치의 인식 단계
  * 작품 읽기
  * 작품을 둘러싼 맥락을 구성하기
  * 작품 속에 나타난 사회문화적・정치적 가치 발견하기
(2) 가치의 비교 단계
  * 사회에서 통용되고 있는 가치와 작품에서 발견한 가치를 비교하기

* 작품에 나타난 가치를 비판적으로 살피기
* 작품에서 의문시하는 사회적 가치의 타당성 생각하기
(3) 가치의 자기화 단계
* 작품에 나타난 가치에 대한 자신의 의견 밝히기
* 자신의 가치 체계와 비교하며 작품의 가치 평가하기
* 독자 자신의 가치와 비교하면서 자신의 가치를 조정하기

4. 남는 문제들

원론적으로 말했을 때, 교수 학습 모형은 교육 내용을 조직하고 제시하는 데 있어서 교사의 교수 행동을 이끌기 위한 방침으로서[15], 다양한 실제 학습 활동과는 구별되면서 이들 활동의 궁극적인 목표가 무엇인가를 점검할 수 있는 일종의 좌표 역할을 한다. 필자가 제시한 교수 학습 방법은 가르치고자 하는 목표 및 내용을 중심으로 설정한 교수 학습 모형이다. 그러므로 '도입—전개—정리'의 예처럼 학습의 절차를 중시하는 절차 모형이나 특정한 전략이나 활동을 강조하는 전략 모형과는 구별되는 보다 거시적인 목표를 강조한다. 교수 학습의 과정 또는 모형을 전혀 고려하지 않은 채 수업을 할 경우, 수업의 내용과 절차가 산만하게 이루어질 수 있다는 점을 고려할 때, '반응'을 다시금 세 가지 좌표로 나누어 재구성하자는 필자의 제안은 지나치게 넓거나 좁은 의미로 해석될 수 있는 '반응'을 보다 구체화하여 제시했다는 장점을 가진다.

교과교육학의 발전은 교과 교육의 고유한 내용을 기반으로 할 때 가능하며, 이를 바탕으로 서로 피드백이 가능할 때, 교육학과 교과교육학은 서로의 발전에 도움을 주는 '상생'의 관계를 형성할 수 있다. 이 논문은 비록 문

---

15) 이홍우, 『교육과정탐구』, 배영사, 1992, 266면.

학 교수 학습 방법론에 국한되어 있지만, 국어 교과의 내용에 근거한 보다 구체화된 교수 학습 방법론을 제시하기 위한 시도가 더 많이 나올 것을 기대해 본다.

제2부
소설교육의 눈으로 다시 읽는 한국 현대 소설

제1장　작품 읽기와 비평 이론의 관계 - 『고향』을 중심으로
제2장　진정성의 서사 윤리 - 「비 오는 길」을 중심으로
제3장　장편 소설 읽기에서 인물론의 역할 - 『광장』을 중심으로
제4장　메타소설과 창작 교육 - 『외딴 방』을 중심으로

제1장

작품 읽기와 비평 이론의 관계 - 『고향』을 중심으로

1. 『고향』에 대한 재평가의 필요성

리얼리즘에 대한 관심이 상대적으로 쇠퇴하면서 이기영의 『고향』에 대한 논의 역시 과거에 비해 대폭 줄어들었다. 문학사적으로 중요하게 취급되는 다른 작품들이 다양한 방식의 읽기를 통해 재조명되고 있음에 비해 이제 『고향』은 문학사에서나 언급되는 '유물'과 같은 느낌을 준다고 해도 과언이 아니다. 그러나 문학사는 그 자체로 의미 있는 것이 아니라 현재의 문학적 맥락과 연결되어 계속해서 재평가될 때 살아 있는 역사로 전환된다. 『고향』이 진정 문학사적으로 가치 있는 작품이라면 특정 이론의 부침과는 독립적으로 당대의 맥락 속에서 다시 읽히는 가운데 재조명될 필요가 있는 것이다.

현대소설론 강의 과정에서 이기영의 『고향』을 학생들에게 읽힐 때 나타나는 흥미로운 현상 중 하나를 이와 연결하여 검토해봄 직하다. 그것은 발표를 준비하기 위해 연구사와 여타 참고 문헌을 읽은 학생과 작품만을 읽은 뒤 토론에 참여하는 학생이 작품에서 주목하는 부분이 다르다는 점이다. 『고향』이 한국문학사에서 리얼리즘을 대표하는 작품이라는 사실 정도는 학생 대부분이 알고 있기 마련이고, 발표를 준비하는 학생도 리얼리즘의 구도 안에서 작품을 해석하고 평가하는 것이 상례이다. 비록 리얼리즘으로서의 완성도에 대한 평가는 조금씩 다르지만 문제적 인물이나 전형성 같은 개념이 발표자들에게는 작품 읽기의 중요한 준거점으로 활용된다. 그런데 소문으로만 듣던 『고향』을 처음으로 읽은 학생들 중에는, 이 작품이 리얼리즘의 걸작인지는 잘 모르겠지만 다른 카프 소설과는 다르게 통속성이 강한 작품인 것 같다는 반응을 보이곤 한다. 대개 토론의 과정에서 그 동안의 연구사와 리얼리즘에 대한 이론적 지식을 참조하는 등의 '공'을 많이 들인 발표자들이 이 소설의 문학사적 의의를 '설득'하는 것으로 논의가 정리된다. 어쨌든 리얼리즘의 구도로 이 소설을 읽어야 한다는 것이다. 일반론적인 차원에서 이런 판단이 잘못된 것은 아니다. 다시 말해 작품을 읽고 감상하거나 작품 비평에 임할 때 관련 이론을 효과적으로 활용함으로써 작품을 더 풍요롭게 읽을 수 있다는 전제는 타당하다.

그러나 특정 이론의 매개를 거친 해석이 작품의 내실에 더 가까이 다가가게 된다고 쉽게 일반화할 수 있는지를 검토해 보아야 한다. 무엇보다도 문학의 존재 근거가 전문가의 연구가 아니라, '아마추어의 즐거움'이라는 점을 외면하는 것은 아닌가 하는 의문이 제기된다. 문학 전공 대학원생 이상의 전문가가 아니라면 평범한 독자가 시나 소설을 읽을 때 가장 행복한 순간은 작품을 읽으며 '무언가 살아 있는 느낌'을 받을 때이다. 그것은 시·공간적으로 분리된 작품의 세계와 독자가 현재 속한 세계 사이에서 희미하게나마 교감과 소통의 선을 발견하는 순간의 느낌이라 할 수 있다. 사실 이것이야말로 한편의 작품을 읽는 근원적인 이유이다.

그런 점에서 이 글은 해석의 이론 '의존'에 대한 주장을 인정하면서도 이론의 '적용'을 강조할 경우 작품을 읽는 '아마추어의 즐거움'을 빼앗을 수도 있다는 걱정에서 출발한다. 이를 바탕으로 중등학교 문학교육을 배경으로 하는 소설 읽기에서는 '작품에 대한 실감'이 출발점이자 목표 지점으로 설정되어야 함을 역시 강조하려고 한다. 이 글이 『고향』이라고 하는 한 작품에 대한 재평가를 시도하되 다른 이론을 각별히 내세우려 하지 않는 이유도 연구와 비평을 포함한 모든 작품 읽기에서 가장 중요한 차원은 작품 자체의 읽기라는 주장을 구체적으로 보여주려 하기 때문이다.

2. 전형성 중심의 『고향』 읽기에 대한 비판적 검토

주지하다시피 『고향』의 창작 과정과 작품 평가에서 1930년대 창작방법 논쟁은 밀접한 연관을 맺고 있다. 이는 카프의 작품이 문예운동의 한 부분으로 자리매김되는 것을 고려하는 가운데 창작되었기 때문이다. 창작 방법에 대한 초기 논의에서는 당의 노선과 철학을 학습하는 것이 창작에 결정적인 역할을 한다는 식으로 '유물 변증법적 창작 방법'이 이해되면서 오히려 창작을 제약하는 역효과를 낳았다. 이후 킬포친의 '진실을 그려라'라는 명제가 리얼리즘의 이름으로 수용되면서 좀 더 자유로운 분위기에서 창작에 임할 수 있는 길을 열어주게 된다.

창작 방법을 둘러싼 많은 논의 가운데에서도 『고향』처럼 비평 담론의 전개와 밀접한 관련을 맺고 있는 작품도 많지 않다. 『고향』의 평가에서 중요한 이론적 틀을 형성하는 전형에 대한 논의는 임화에 의해 본격적으로 제시되었다. 임화는 「문학에 있어서의 형상의 성질 문제」(〈조선일보〉 1933. 11. 25.- 12. 2.)와 「집단과 개성의 문제 - 다시 형상의 성질에 관하여」(〈조선중앙일보〉 1934. 3. 13.-20.) 등의 글에서 프로 문학에서도 형상이 중요하며, 그것은 특히 전형의 문제임을 주장하고 있다.

> 프로문학은 개인적 존재의 일절의 복잡성 가운데에서 개인의 특성을 완전히 살리는 가운데에서 집단, 엄밀히 말하자면 계급을 그리고 계급 관계를 형상으로서 표현하는 것이다.[1]

---

1) 임화, 「문학에 있어서의 형상의 성질 문제」, 〈조선일보〉 1933. 12. 2.

널리 알려진 대로 이 글에서 임화는 엥겔스의 전형론을 참조하고 있다. 비록 원론 차원의 언급이지만 임화의 논의는 함대훈 등이 내세웠던 '집단 묘사론'을 비판하면서 '보편과 개별, 개인적인 것과 사회적인 것의 통일로서의 형상'인 전형이 리얼리즘 소설의 중요한 형식임을 본격적으로 주장했다는 점에서 의미가 있다. 여기서 두드러진 것은, '세부의 진실성'이나 '전형적 환경'에 대한 언급을 생략하고 시대의 일반성을 보여주고 있으면서도 한 인물의 고유한 개성을 유지하고 있는가를 묻는 '전형적 인물'에 초점을 맞추고 있다는 점이다. 그리고 임화가 리얼리즘의 '구체적 현실의 기초'를 탐색하기 위해 검토할 것을 요청하는 작품이 바로 『고향』이다.

그러나 임화는 『고향』에 대한 본격적인 분석을 남기지 않았다. 그의 요청을 실제로 수행한 것은 김남천인데, 『고향』 발표 직후 「지식계급 전형의 창조와 『고향』 주인공에 대한 감상」이라는 평문을 내놓은 바 있다. 여기서 김남천은 농민회에 매달리고 있던 김희준이 고민과 애욕에 휩싸이는 '달밤' 5회 부분에 주목하고 있다. 이전의 카프 소설에서 '일꾼' 혹은 '투사'로 등장하는 인간들이 하나같이 '나무로 깎아 놓은 목탁'과 같이 아무런 '개별적 성격과 특징'이 없었던 것에 비해, 주인공 김희준은 작가의 '의지적인 육체적인 열정'에 의해 전형으로 그려졌고 이것이 작품 전체의 성과를 낳게 된다는 것이다.[2]

이처럼 인물 한 명 한 명의 전형성을 살피는 방식의 분석은 80년대 이후 『고향』 연구의 큰 흐름으로 자리 잡게 된다. 김남천의 비평이 『고향』 연구의 중요한 방향을 설정했다고 보아도 무방하다. 그런데 그가 특히 김희준 같은 지식인에 주로 초점을 맞추고 있다는 점에 주목할 필요가 있다. 김남천은 '소시민의 계급적 속성인 우유부단성과 지식인으로서 상승하려는 의지 사이의 모순이나 갈등을 은폐 없이 드러내 보이는 자기 격파의 정열', 즉 자신의 소시민성을 무자비하게 고발하는 정신을 창작 방법론의 차원으로 끌어올리고 있다. 이것이야말로 소시민성을 극복하는 리얼리즘의 중요한 원칙이

---

2) 김남천, 「지식계급 전형의 창조와 『고향』 주인공에 대한 감상」, 〈조선중앙일보〉 1935. 6. 29.

라는 것이다.3) 여기에는 카프 해산 이후 '전향'의 물결이라는 역사적 맥락이 개입하고 있다. 문제는 이로 인해『고향』이 농민 소설이라는 점이 상대적으로 약화되는 점이다. 김남천의『고향』비평은 자신도 모르는 사이에 지식인 문학론의 면모를 띠게 된다.

『고향』이 당대 리얼리즘을 대표하는 작품으로 공인되고 특히 주인공 김희준이 '당대 지식 계급의 전형'으로 평가된 이후 이 소설은 전형성의 틀로 평가하는 것이 정석으로 인식되어 왔다.『고향』이 본격적으로 다시 연구되기 시작한 1980년대 이후의 평가에서도 이는 크게 달라지지 않는다. 김희준을 문제적 개인으로 파악하면서 그의 형상에 주목하거나4) 리얼리즘 이론을 깊이 있게 탐색하여 작품을 평가하는 이후의 논의가 그러하다.5) 최근의 연구로는 유물론적 후기식민론과 같은 새로운 방법론으로『고향』을 평가하고자 하는 시도가 있다. 이 역시 작품에 대한 평가나 평가의 방법 차원에서는 리얼리즘론의 그것과 크게 구별되지 않는다. 흥미로운 것은 평가의 중심이 김희준에서 안승학으로 옮겨가며 그를 식민지자본주의가 탄생시킨 도구적 합리성에 의해 움직이는 근대적-자본주의적 인간형으로 본다는 점이다.6)

지금까지 살펴본 것처럼『고향』을 비롯한 카프의 리얼리즘 작품에 대한 연구와 비평에서 리얼리즘 이론은 특권적인 지위를 갖는다. 카프의 작품이 '문예운동'을 배경으로 했을 때 특수한 의미가 더 잘 드러난다거나, 창작 방

---

3) 지식인 전형에 대한 관심은『고향』에 등장하는 또 다른 지식인 안갑숙의 형상화를 놓고 내린 다음과 같은 평에서도 발견된다. "그가 집을 나와서 출가하여 공장으로 들어가 혁혁한 일꾼이 되어 자기의 애정과 전 몸을 희생하여서까지 빈한한 농민과 공직을 위하여 일하겠다는 장면을 볼 때에 우리는 고무풍선을 타고 상승하는 마술단의 천사를 생각해 본다." 김남천, 앞의 글, 〈조선중앙일보〉 1935. 7. 2.
4) 김윤식,「이기영론」,『한국 현대 현실주의 소설 연구』, 문학과지성사, 1990와 정호웅,「이기영론」,『한국 근대 리얼리즘 작가 연구』, 문학과지성사, 1988 등이 대표적이라 할 수 있다.
5) 김성수,「이기영 소설 연구」, 성균관대 박사학위 논문, 1991 및 이상경,「이기영 소설의 변모 과정 연구」, 서울대 박사학위 논문, 1992 등에서 본격적으로 전망이나 전형성과 같은 리얼리즘 이론의 주요 개념을 본격적으로 원용하여『고향』을 비롯한 이기영의 소설을 분석하였다. 이외에도『고향』을 다룬 많은 연구가 있으나 지면 관계로 일일이 언급하지 못했다.
6) 하정일,『탈식민의 미학』, 소명, 2008, 232-237면.

법 논쟁 같은 메타비평이 작품 창작에 직접 영향을 끼쳤다는 점을 고려해야 하기 때문이다. 그러나 비평 특히 이론 비평의 논리와 실제 작품의 세계는 상호 독립적인 영역이라는 점도 부인할 수 없다. 이기영 자신이 창작 방법 논쟁을 회고하는 글에서 다음과 같은 발언을 남기고 있는 것도 이러한 맥락에서 눈여겨보아야 한다.

> 정직히 고백하면 창작방법에 있어 목적의식을 운운할 때부터 나의 창작 실천은 그것을 소화하지 못하였다고 말하고 싶다. 물론 그것은 나의 의식이 그때그때의 전환단계에 있어 그의 슬로건을 구체적으로 파악하지 못하고 그의 창작 이론을 잘 소화하지 못한 때문이라 하겠지만 하여간 나의 작품에 그것을 구상화하지 못한 것만은 사실이다. (중략) 지금 생각하면 나는 그만 이 슬로건들에게 가위를 눌리고 말았던 것 같다.[7]

추상도가 높은 이론의 성과를 곧장 작품 해석 및 평가의 기준으로 삼을 경우 작품의 실상을 왜곡하거나 풍부한 논의를 가로막는 역효과를 낳을 수도 있다. 주지하다시피 2000년대 이후 리얼리즘 이론이나 사회주의 문학 이론의 급격한 몰락과 함께 카프 관련 작품에 대한 연구도 빠른 속도로 줄어든다. 시대의 변화에 따라 주된 관심의 대상이 되는 작품이 변하는 것은 당연하지만 이 급격한 부침을 예사롭게 볼 수 없는 이유이다. 이론과 작품의 상호독립성을 고려하지 않고 이론에 경도된 가운데 작품을 이론의 틀 내에서 해석하려 한다면 해당 이론의 약화는 곧장 작품에 대한 관심의 쇠퇴로 이어지게 된다. 이론을 바탕으로 한 당대 비평 논의의 내적 완결성은 나름대로 인정하면서 동시에 작품의 실상에 근거한 작품 논의가 필요한 까닭이다.[8]

---

[7] 이기영, 「사회적 경험과 수완 - 창작의 태도와 실제」, 〈조선일보〉 1934. 1. 25.
[8] 프로 문학 연구에서 당대 비평의 동향이 작품 평가의 기준처럼 작용하는 경우가 일반적이었으며 전형성, 전망, 문제적 인물과 같은 분석틀이 작품을 외삽적으로 재단함으로써 더 이상의 풍부한 논의를 어렵게 만들지는 않았는가를 반성하자는 주장은 그런 점에서 주목

임화나 김남천이 제시한 문제 설정의 틀을 벗어나 생각해 보면 『고향』은 의외로 김기진이 내놓은 대중소설론/통속소설론의 구도에 더 가까이 있는 작품이다. 이기영은 이른바 카프의 '비전향축'에 해당하는 강경파였으며, 김기진은 여러 차례 카프 소장파의 격렬한 비판을 받았고 그 결과 30년대에 들어서 적어도 카프 비평 내에서는 그다지 큰 영향력을 행사하지 못했다. 그로 인해 『고향』과 김기진의 관계는 '대필이나 가필' 차원의 외적이고 부수적인 것으로 취급받아 왔다. 그러나 당대 전형 논의에 대한 배경 지식을 괄호 치고 『고향』을 읽을 경우 작품에 흐르는 통속성을 쉽게 발견할 수 있다. 그리고 『고향』의 성취는 이를 효과적으로 활용한 것에서 찾을 수 있다.

3. 『고향』의 서사 구성에서 통속성의 역할

(1) 대중소설론의 수용

앞서 살펴본 것처럼 이기영은 당대의 창작 방법 논쟁이 자신의 작품 창작에 실질적인 도움을 주지 못했음을 고백하였다. 그러나 적어도 '진실을 그려라'라는 구호를 도식성으로부터의 탈출구로 받아들였다는 점도 사실이다. 그가 "종래의 프로문학은 너무나 이데올로기에 치우친 감이 있다"라든가 "문학은 어디까지 문학이어야 한다"는 발언을 킬포친의 명제를 언급하면서 동시에 남기고 있다는 점이 이를 말해준다.[9] 그렇다면 문제는 과연 무엇이 '진실'이며 '진실'에 접근하기 위해서 어떤 경로를 택할 것인가이다.

이기영은 창작방법 논쟁의 당사자들에게 기피 인물에 가까웠던 김기진에 대해서 상세한 언급을 남기고 있다. 특히 김기진의 지론인 '대중소설론'이나

할 만하다. 이에 대해서는 박상준, 「프로문학연구의 새로운 방향과 의의」, 『한국어문학회/우리말글 학회 2008년 연합학술 대회 자료집』, 2008, 470면.
9) 이기영, 「창작 방법 문제에 관하여」, 〈동아일보〉 1934. 5. 31.

'통속소설론'에 대해 여러 차례 호의적인 평을 남겼다. 이기영만큼 팔봉의 문제의식을 긍정적으로 평가한 사람도 드물다.[10] 김기진은 일찌감치 신문예운동이 탄생시킨 '예술소설'이 소수 문학청년만을 포괄하는 상아탑의 문학이었음을 반성하며, 프롤레타리아 작가는 통속 소설을 쓰는 한이 있더라도 농민과 노동자 대중에게 읽힐 수 있는 소설을 써야 한다는 주장을 내세운 바 있다. 그는 당시로서는 파격적인 '처방'을 내리는 것도 주저하지 않는데[11], 이 주장은 카프 소장파들에 의해 격렬한 비판을 받은 바 있다. 반면 이기영은 팔봉의 비평에 대해 "작품 비평에 있어서 남다른 재분을 가지고 이 방면의 경지를 개척"하였다고 호평하며, 특히 "작품평에 대한 일종 창작적 천분과 그에 따르는 정당한 관찰력을 수반하는 독특한 창작적 평가"를 하고 있음을 긍정적으로 언급한다.[12] 그가 『고향』을 완성하기 전 수감되어 신문 연재를 마칠 수 없게 되었을 때 김기진에게 작품의 완성을 부탁한 것도 이유가 있는 것이다. 아래 글을 통해 이기영이 김기진의 문제의식에 얼마나 공감하고 있는지를 확인할 수 있다.

현재에 있어서 문학적 역할을 담당하고 있는 작가들은 대개 소시민적 인텔리들 출신이므로, 그들의 제작하는 작품이 필연적으로 인텔리적 취미를 띨 것은 물론이다. 그러나 그것이 부르문학이 아니고, 프롤레타리아 문학이

---

10) 이에 대해서는 김동환, 「『고향』론」, 『민족문학사연구』 1호, 1991, 218면.
11) ① 제재를 노동자와 농민의 일상 견문의 범위 내에서 취할 일 ② 물질 생활의 불공평과 제도의 불합리로 말미암아 생기는 비극을 주요소로 하고서 원인을 명백히 인식하게 할 일 ③ 미신과 노예적 정신, 숙명론적 사상을 가진 까닭으로 현실에서 참패하는 비극을 보이는 동시에 새로운 희망과 용기에 빛나는 씩씩한 인생의 기대를 보여줄 일 ④ 남녀, 고부, 부자 간의 신구 도덕과 내지 인생관의 충돌로 일어나는 가정적 풍파는 좋은 제목으로 되 반드시 신사상의 승리로 만들 일 ⑤ 빈과 부의 갈등으로 말미암아 일어나는 사회적 사건도 좋은 제목이로되 정의로서 최후에 문제를 해결할 일 ⑥ 남녀 간의 연애 관계도 물론 좋은 제목이나, 그러나 정사 장면의 빈번한 묘사는 피할 것이고 될 수 있는 대로 그 연애 관계는 배경이 되든지, 혹은 중심 골자가 되든지 하고서, 다른 사건을 보다 더 많이 취급하도록 만들어야 한다. 김기진, 「대중소설론」, 〈동아일보〉 1929. 4. 19.
12) 이기영, 「문예평론가와 창작비평가」, 〈조선일보〉 1934. 2. 4.

되는 이상, 모름지기 대중성을 가져야 할 것이 아닌가? 더구나 문화의 정도가 얕고 전 인구의 문맹이 다대수를 차지한 이 땅에서는 그럴수록 통속적이고 대중적이어야 할 것 아닌가?13)

문학의 통속성이나 대중성에 대한 이기영의 관심이 1930년대에 들어 갑자기 생겨난 것은 아니다. 습작 시절부터 이 문제가 그의 주된 관심사였음을 회고 글에서 확인할 수 있다. 먼저 이기영이 즐겨 읽었던 책의 목록에 주목하자. 그의 회고에 따르면, 10여세부터 '고대소설'에 빠졌으며 이후 『추월색』, 『목단화』, 『치악산』, 『두견성』에 감동을 받았으며 특히 『무정』을 통해 신문학에 접한 20세 전후로 신문학에 대한 동경이 절정에 달했다고 한다. 그리고 자신이 작가가 된 계기도 여기에서 찾을 수 있다고까지 하였다.14) 작품명이 언급되지 않아 그가 말한 '고대소설'이 무엇을 지칭하는지는 정확히 알 수 없지만, 적어도 언급된 신소설이나 『무정』은 모두 애정 갈등을 중심으로 한 통속성을 서사의 중심 원리로 삼고 있는 작품이다.15) 또한 그의 첫 번째 작품에서도 통속성에 대한 관심이 드러난다. 공식 데뷔작이라 할 수 있는 「오빠의 비밀 편지」이전에 그는 中西伊之助의 『赤士に芽ぐろもの』(붉은 땅에 싹트는 것)의 영향을 받아 첫 번째 장편 『死의 影에 飛하는 白鷺群』을 쓴 바 있다. 이 작품의 내용은 설희라는 여주인공을 내세워 동경 유학생과의 연애갈등을 취급하면서 신구 사상의 충돌과 동경 및 관동 대지진의 경험을 부가하는 것이다. 그는 이 작품을 쓴 뒤 동네 사랑에서 마실꾼을 앞에 놓고 밤을 새워 낭독했다는 회상을 남기고 있는데,16) 이를 통해 작품의 성격을 짐작할 수

---

13) 이기영, 「창작 방법 문제에 관하여」, 〈동아일보〉 1934. 6. 5.
14) 이기영, 「문학을 하게 된 동기」, 『문장』 13호, 1940년 2월.
15) 이들 작품군의 공통적인 특징으로 통속성을 언급하고 있는 대표적 논의로는 조동일, 『신소설의 문학사적 성격』, 서울대출판부, 1973와 최원식, 『민족문학의 논리』, 창작과비평사, 1986 등이 있다.
16) 이기영, 「실패한 처녀장편」, 『조광』 50호, 1939년 12월.

있다. 또한 이기영은 초기 작품 세계에서부터 여러 차례 조혼으로 인한 갈등이나 치정 사건 같은 애정 갈등의 모티프를 자주 사용했다. 공식적인 데뷔작「오빠의 비밀편지」역시 주인공 마리아가 여동생의 친구 둘을 농락하려는 남존여비 사상의 신봉자인 오빠에게 망신을 주는 내용이다. 이기영의 대표작「서화」역시 돌쇠와 이쁜이의 불륜을 사건의 중심에 놓고 피폐해가는 당대 농촌 현실을 그리는 수단으로 활용하고 있다.

작가 수업 시대에서부터 이기영은 언제나 애정 갈등을 활용하고 있다는 점에서 소설의 통속성에 깊은 관심을 보였다는 결론에 도달할 수 있다. 적어도 조직론이나 비평 담론이 아닌 소설의 세계에 있어서는 임화나 김남천보다는 김기진에 더 가까이 있었다는 판단도 가능한 것이다.

(2) 삼각관계 서사와 출생의 비밀 모티브

총 38장으로 이루어진 『고향』은 원터 마을을 배경으로 소작인, 마름, 귀향한 지식인, 노동자들의 관계를 총체적으로 형상화하고 있다. 지주와 소작인의 갈등을 중심축으로 하되 그것이 단선적으로 그려지지 않았다는 점이 『고향』의 장점이다. 귀향한 김희준의 농민 운동, 식민지 자본주의의 전개에 따라 갈수록 궁핍해지는 원터 마을 농민의 삶, 전보와 우체국을 활용하여 마름의 자리에 오른 안승학의 모습까지, 다양한 계급과 계층의 인물이 얽혀 벌이는 다양한 사건이 있기에 분명 『고향』은 다른 카프 소설과 구별될 수 있었다. 다양한 에피소드가 소작 쟁의와 파업이라는 절정을 향해 달려가는 중심 줄거리와 이어져 갈등을 하나하나 쌓아가는 역할을 한다는 점 역시 이 소설의 성취에서 빼놓을 수 없다.

그런데 전형론에 대한 검토에 앞서 대전제로 삼아야 할 것은 소설 분석과 사회과학적 분석이 다르다는 점이다. 다양한 계급과 계층을 배치하여 그들의 모습을 하나하나 형상화했다는 것만으로 리얼리즘 소설로서의 완성도를 갖추었다고 평가할 수 없다. 무엇보다도 그들 개개인의 삶과 고민을 묶어줄 수 있는 중심 줄거리가 필요한데, 이는 농민과 마름의 대결 구도 설정과는 다른 차원의 문제이다. 전형론을 통해 중심 줄거리의 문제를 검토한 다수의 논의는 『고향』에 등장하는 인물의 계급 대립 구도를 분석하면서 그들의 살아 있는 개성을 고평하고 있다. 그러나 이러한 방식은 작품을 이미 제시되어 있는 사회과학적 '진실'의 예증을 위한 텍스트로 환원시킬 수 위험성을 여전히 벗어나지 못하고 있다. 이 경우『고향』의 우수함이란 인물의 살아 있는 개성이나 에피소드의 풍부함, 다시 말해 '생생함'에 국한될 뿐이다. 앙상한 도식성에 갇힌 여타 카프 소설에 비해 더 살아 있는 도식을 제시한 것이 『고향』이라는 식이다. 그렇다면 볼셰비키론 시기에 등장한 조야한 농민소설과 『고향』의 거리는 그다지 멀지 않아 보인다. 이는 어쩌면 헤겔(Hegel)의 구도에서 나온 전형론의 내적 한계일지도 모른다. 항상 개별성과 보편성의 통일을 이야기하고 있으나, 헤겔이 말한 '이 사람'은 어디까지나 '유적 존재'로 '지양되기 위한 계기이다. 다시 말해 개별자의 특성이 언제나 일반자와의 관계 속에서만 의미를 갖는 것이라면, '여기에 있는 나'가 약화되고 '우리'가 보다 강조되는 것은 편향이라기보다는 필연적인 귀결에 가깝다.[17] 계급에 따른 인물 배치는 중심 줄거리를 만들어내기 위한 재료이지, 서사 자체는 아니다. 서사는 삶의 우여곡절 속에서, 다시 말해 인물들의 여러 가지 행위와 역경이 얽히고설키는 과정 속에서 인간의 운명을 그려내는 과정에서 탄생한다.[18] 『고향』에서 그러한 서사의 창출에 결정적인 역할을 하는 것이 바로 삼각관계에 따른 애정 갈등과 경호의 출생에 얽힌 비밀이다.

지금까지 『고향』의 통속성은 김기진의 가필에 의한 외적 첨가의 문제 다시 말해 작품의 부수적인 부분으로 취급받아 왔다. 그러나 고향의 통속성은 김기진의 문제의식을 이기영이 적극적으로 받아들인 결과로 나타난 작품의

---

[17] 헤겔이 '동일자의 논리학'이라 비판 받는 것에 비추어 전형론의 문제점도 다시 검토할 필요가 있다. 이에 대해서는 L. Althusser, *For Marx*, NLB, 1977, pp.90-94와 가라타니 고진, 송태욱 옮김, 『트랜스크리틱』, 한길사. 2005, 282-292면을 참조할 것.
[18] G. Lukács, *Writer & Critic and other Essays*, The Merlin Press, 1971, p.128.

본질적 부분이라고 보아야 한다. 『고향』의 실상은 현실 반영과 전형의 형상화라는 리얼리즘의 축과 더불어 예술대중화론의 성공적 구현이라는 점에서 접근할 때 잘 드러날 수 있다. 실제로 『고향』의 중심 줄거리에서 김기진이 제시한 대중소설론의 문제의식을 찾는 것은 어렵지 않다.

무엇보다도 『고향』의 줄거리에서 삼각관계는 전체 서사를 이끌어가는 동력이라는 표현을 써도 좋을 정도로 큰 비중을 차지한다. 특히 희준과 갑숙 그리고 경호 사이에 벌어지는 애정 갈등은 작품의 주제의식을 형상화함에 있어 결정적이다. 조혼으로 인해 갈등을 겪고 있는 희준의 심리는 김남천의 지적처럼 희준의 개별성을 형상화하기 위한 수단으로서의 의미만을 갖는 것이 아니다. 전체 줄거리 차원에서 더 중요한 것은 희준을 어릴 적부터 알고 지낸 갑숙이 어느 순간부터 미묘한 감정을 느끼게 되는 순간이다.

> 갑숙이가 희준이를 보기 전까지는 경호를 그렇게 생각하지 않았다. 자기보다 뛰어난 인물을 보지 못한 여자는 자기를 미인이라고 생각할 수 있는 것처럼 지금까지 접촉한 미혼 남자 중에서는 경호만한 사람도 별로 없다고 보았을 때 그는 은연중 경호를 사모하는 마음이 있었으나 그러나 한번 희준이를 만나본 뒤로부터는 차차 경호에게 부족을 느끼기 시작했다.(이기영, 『고향』, 풀빛, 1989, 192면. 이후 작품 인용은 이 책을 활용하되 면수만을 기록할 것이다.)

갑숙의 희준에 대한 감정은 사상적인 것과 결합되어 있다. 이야말로 팔봉이 이야기한 연애 문제를 소재로 하되 단순히 흥미위주로 빠지지 않게 할 것이라는 '지침'과 정확히 일치하는 대목이다.

한편 삼각관계를 중심으로 한 『고향』의 서사 구조에 영향을 준 것으로 당시의 '붉은 연애' 담론을 빼놓을 수 없다. 『별건곤』, 『삼천리』, 『신여성』 등의 잡지 목차를 보면 1931년을 전후하여 사회주의 연애론에 관한 논설이 부쩍 늘어나는 것을 확인할 수 있다. 그중에서도 대중의 관심을 끌었던 것은 마르크스주의 여성 해방론자인 콜론타이(Kollontai)의 연애론이었다. 그녀는 부르주아 계급의 성도덕이 위선적이며 여성의 진정한 해방을 위해서는 연애 감정에 얽매일 필요 없이 여성의 성적 본능을 만족시킬 필요가 있다는 주장을 폈다. 이는 1930년대 초반 여러 차례 잡지나 신문 등에 소개되면서 뜨거운 논쟁의 대상이 되었다. 그녀의 사상을 담은 소설 『붉은 연애』와 『삼대의 사랑』은 기존의 자유 연애론보다 한층 급진적인 '프리섹스론'으로 수용되었고 당연히 대중의 호기심을 자극했다. 또한 지식인 사이에서도 콜론타이의 견해를 둘러싸고 사회주의적 연애의 본질에 관한 논쟁이 벌어지는데, 남성 사회주의 진영 지식인들은 부인 해방 및 성욕의 해결을 강조한 콜론타이의 주장을 레닌의 권위에 기대어 '소부르주아 연애론'으로 비판했다.

> 一言으로 말하면 性愛問題의 정당한 해결을 위하야서는 몬저 물질적 조건의 철저한 해결을 先立條件으로 한다. 그것이 업시는 부인의 해방도 연애의 해결도 업는다는 것을 말함이라. 푸로레타리아는 원래부터 금욕주의자가 아니며 연애를 부정하는 것은 결코 아니다. 그러나 無産階級에는 특히 의식을 가지고 계급투쟁에 참가한 者는 중대한 계급적 사명이 잇스며 계급적 규율이 잇다. 이 계급 규율만이 오직 無産階級의 도덕이 된다.[19]

이 과정에서 사회주의적 연애란 개인성에 바탕을 둔 남녀 간의 연애와 성을 동지에 대한 사랑 및 계급적 연대로 연결시키는 것이라는 식으로 논의는 정리된다.

> 다음에 푸로레타리아에는 계급적으로 눈뜨게 된 극소수 분자의 연애생활이 잇다. 저들은 동지적 의식에 의한 同志戀愛라는 特種的 연애생활이 실현되고 잇는 것이다. 이것은 비개인주의적 의식인 것이다. 동지적 결합인

---

[19] 陳尙珠, 「푸로레타리아 戀愛의 高調, 戀愛에 對한 階級性」, 『삼천리』, 1931년 7월호, 75면.

그 점에서 彼等은 계급적으로 공통된 의식을 갓고 잇는 것이오 동일한 방향에로 생활을 위한 모-든 싸홈에 가티 걸어나아가는 것이다.[20]

『고향』의 결말부에 등장하여 경호 - 갑숙 - 희준의 삼각관계로 인한 갈등을 간단히 해소하는 '육체적 결합을 초월한 동지적 사랑'이라는 해결책은 바로 이러한 맥락에서 나온 것이라 할 수 있다. 이광수가 「혁명가의 아내」로 당대의 콜론타이즘을 조롱했을 때, 이기영은 1933년 「혁명가의 아내와 이광수」나 「변절자의 안해」로 응수하는데, 그가 사회주의 연애론을 둘러싼 논쟁의 추이를 모르고 있었다면 이런 대처가 쉽지 않았을 것이다.

물론 콜론타이의 붉은 연애론을 둘러싼 논쟁에 쏠린 관심은 그것의 사상적 내용에서만 촉발되었다고 보기는 어렵다. 사회주의적 연애는 신여성의 삶을 대표하는 유행에 가까운 것이었고 이는 당연히 대중의 호기심을 유발하는 소재이기도 했다. 다시 말해 임화와 이귀례, 안막과 최승희 등 당대 사회주의자 커플의 연애와 결혼 생활을 다룬 기사가 '연애결혼 비화'라는 제목으로 『신여성』 1933년 1월호에 실리는 이유가 꼭 '사상' 때문은 아니었던 것이다.

> 그의 말은 정열에 타고 힘있고 조리 있게 듣는 이의 가슴을 콕콕 찔렀다. 그는 누구보다도 정당한 이론을 가진 것 같다. 그는 다만 이론을 하기 위한 이론이 아니라 용감한 실천을 통하려는 이론 같았다. 갑숙이는 그에게서 투사의 면목이 약동하는 기상을 엿보고 은근히 놀라기를 마지않았다. (중략) 두 사내의 얼굴이 필름같이 돌아간다. 경호의 얼굴과 희준의 얼굴이. 그는 그만 울고 싶다. 지금 어둔 밤을 터벅터벅 걸어가는 것과 같이 자기의 앞길은 암흑에 둘러싸인 것 같다.(111면)

---

[20] 尹亨植, 「푸로레타리아 戀愛論」, 『삼천리』, 1932년 5월호.

위에 나타난 갑숙의 고민은 대중의 흥미를 끌면서 동시에 새로운 연애관을 담고 있다는 점에서 사회주의적 연애를 형상화하기에 적합한 소재이다. 이에 주목한다면 그 동안의 연구에서 『고향』의 한계로 지적되었던 갑숙의 인물 형상에 대해서도 다른 각도에서의 평가가 가능하다. 전형의 측면에서 검토하자면 갑숙의 급작스러운 의식 변화와 공장 행은 분명 설득력이 떨어진다. 그러나 서사의 초점을 삼각관계로 옮기고 이들의 변화를 당대의 '붉은 사랑론'을 배경으로 검토하면 갑숙의 존재 이전은 나름의 작품 내적 근거를 갖는다. 갑숙이 경호와 결혼하기로 마음먹은 것은 동지애에 기반한 것이며, 희준의 갑숙에 대한 감정도 '육체적 결합을 초월한 동지적 사랑'으로 전환되어야 하는 것이다. 이처럼 삼각관계의 연애 서사를 중심으로 작품을 볼 경우 갑숙의 역할은 서사의 중심축이라고 할 정도로 비중이 커진다. 공장에서 재회한 경호가 사랑을 고백할 때 보이는 갑숙의 태도나 소작 쟁의의 해결을 위해 자신과 경호의 관계를 이용할 것을 제안하는 갑숙에게서 '동지적 사랑'을 느끼는 희준의 모습을 통해 통속성과 주제의식을 결합시키려는 대중소설론의 시도가 효과적으로 구현될 수 있기 때문이다.

한편 방개와 인동 그리고 음전의 삼각관계 역시 『고향』의 통속성을 설명할 때 빼놓을 수 없는 요소이다. 경호 - 갑숙 - 희준의 삼각관계가 당대 지식인들의 애정 문제에 초점을 맞추고 있음에 비해 이들의 애정 관계는 농민의 애정 문제를 서사의 또 다른 한 축으로 구현하여 작품의 균형을 잡아주는 역할을 맡고 있다. 서로 다른 환경에서 자란 남녀 사이에 벌어지는 갈등과 갈등의 해소 과정을 활용하는 것은 「서화」에서부터 지속된 것이다. 이들의 갈등 역시 방개가 파업을 돕는 자금을 내놓는 방식으로 해소되는데, 이 역시 앞서 말한 사회주의적 연애론의 반향으로 보아야 할 것이다.

『고향』의 통속성을 이야기할 때 또 하나 빼놓을 수 없는 것이 출생의 비밀 모티프이다. 홉사 탐정 소설을 연상시키는 방식으로 경호의 실제 부친이 누구인가를 서서히 드러냄으로써 독자의 흥미를 자극하고 있다. 작품 중간에 신문 기사 형태로 경호의 일화를 드러내는 부분은 이 모티프가 독자를 끌어들이기 위한 계산에 의해 배치된 것임을 잘 알려준다.

십만장자의 귀한 독자가 실상인즉 머슴의 아들!
――이십 년 만에 부자가 처음 상면하는 극적 광경!
――기구한 전반생을 타고난 곽소년의 실화!

○○○도 ○○군 읍내 ○○번지에 거주하는 십만장자 권○○이라는 사람은 형세가 유여하나 사십이 넘도록 슬하에 일점 혈육이 없음을 슬퍼하던 차에 지금으로부터 이십일 년 전에 동군 일심사에 백일치성을 드리고 나서 일개 옥동자를 탄생하였다고 그때, 성대한 잔치까지 배설하고 일반이 신기하게 여기던 것은 지금도 오히려 기억에 새롭거니와 오늘날 이십 년 뒤에 천만 뜻밖에도 그 아들이 친아들 아닌 것이 판명되었다 한다.

현재 ○○제사공장 사무원으로 있는 권○호는 지금까지 철석같이 친부모로 믿고 살던 권씨의 부부가 실상인즉 수양부모에 불과한 사실을 알았다는데 그렇게 된 내막을 들어 보면 누구나 한 줄기 눈물을 뿌리지 않을 수 없으리라 한다.(434면)

경호의 생부 찾기가 단순히 흥미를 끌어들이기 위한 부수적 삽입물에 그치는 것은 아니다. 작품 초반부터 친구들 사이에서 농담처럼 제시된 경호의 출생 내력은 곽첨지가 들려주는 이야기와 맞물리며 그것이 복선이었음을 알려 준다.

곽첨지는 담뱃불을 뻐끔뻐끔 붙이고 나서,
"저, 한번은 밥 얻어먹으러 다니는 여인네가 왔겠지요. 젊은 여자인데 아주 똑똑하단 말야."
"헤―헤―"
"그래 참 지금같이 동네 사람들이 다리고 살락 하길래 몇 달 다리고 살었지라우. 한데 보소. 저 일심사 중 하나가 하루는 와서 제 계집이락고 그마 다리고 간단 말다. 헤—헤—헤— 내사 그마 기가 딱 차서…… 그 뒤로는 다시…….”

곽첨지는 한 손을 펴서 얼굴 앞으로 들고 쌀래쌀래 내젓는다.

"하하하! 그 동안 애도 안 뱄나?"

"뱄는지 안 뱄는지 내사 모르지, 그 후로는 상구 못 만났구마."

"그게 몇 해 전 일인데?"

"한 이십 년도 아마 더 됐을 게라오."(131면)

출생의 비밀은 경호의 부친에게서 사업 자금을 뜯어내려는 안승학의 협박과 음모로 발전한다. 그리고 이는 안승학이 갑숙과 경호의 관계에 오히려 발목이 잡혀 농민들의 요구를 들어주는 결말로 이어진다는 점에서 작품의 줄거리 형성에서 중요한 비중을 차지한다. 이기영은 과거 유진오의 「위자료 삼천 원야」에 대해서 다음과 같이 혹평한 바 있는데, 사실 이는 그의 작품 『고향』에 대해서도 그대로 적용될 수 있다.

> 노동자가 공장주와 더불어 결정적인 ××을 파는 마당에 그 탐욕한 공장주의 딸이 경관으로 가장을 하고 그 부친을 위협하여 기계에 부상한 노동자에게 위자료(치료비를 합하여) 삼천원을 주고 해고한 것을, 즉 삼천원을 받아주었다는 것이 이 작품의 내용이 아닌가? 이것은 일견 노동자측이 승리한 것 같지마는 사실에 있어서는 일종의 노자협조(勞資協助)를 강조하는-계급××을 하지 않고서도 그들의 살 길이 있다는 환상을 갖게 한 작품이다.[21]

작품 결말부의 문제점은 이미 당대의 카프 비평가들로부터 여러 차례 제기된 바 있다. 경호와 딸 갑숙의 관계가 드러날 것을 두려워한 안승학이 김

---

21) 이기영, 「현민 유진오론」, 〈조선일보〉 1933. 7. 9.

희준에게 소문을 퍼뜨리지 않는다는 조건으로 소작인의 요구를 들어주는 결말은 타협책으로 볼 수 있다. 2차 방향전환론 시기처럼 소작 쟁의를 통해 노농 연대를 공고히 하는 것으로 작품의 결말을 이끌어 갈 수도 없고, 그렇다고 소작 쟁의의 실패로 작품을 마무리하기도 곤란한 상황에서 택한 차선책인 것이다. 미래에 대한 낙관적 전망을 현실에서 찾을 수 없지만 최소의 희망을 보존하기 위해서는 개인적 기지에 의한 협박을 통해 문제를 해결하는 길 이외에는 다른 방법이 없다. 이처럼 출생의 비밀과 그것을 활용하여 소작 쟁의에서 승리하는 결말을 택한 것에서도 『고향』의 통속성을 확인할 수 있는 것이다.

4. 이론과 읽기의 상호작용

지금까지 이기영의 『고향』에 나타난 삼각관계와 그 해결책으로서의 '붉은 연애' 그리고 출생의 비밀 서사에 초점을 맞추어 작품의 통속성이 차지하는 비중을 살펴보았다. 이는 리얼리즘 소설론 특히 전형성을 중심으로 『고향』을 읽었을 때 시야에 들어오지 않거나 들어온다고 해도 부정적인 평가를 받기 쉬운 작품의 특징이라 할 수 있다.

그러나 『고향』의 통속성을 말한다고 해서 꼭 이 소설의 가치를 폄하하는 것으로 받아들여야 할 이유는 없다. 소설 특히 장편소설에서 통속성이란 장르의 부차적 특징이 아니라 내적 본질의 하나라고도 볼 수 있기 때문이다. 1930년대 중·후반 이 문제에 천착했던 임화의 논법을 따르면 '성격과 환경의 조화'를 특성으로 하는 본격 소설과 '통속적 방법으로 양자의 조화를 꾀하는' 통속 소설은 구별된다. 그러나 통속 소설에 대한 임화의 정의가 일종의 순환론적 논법에 의존하고 있다는 점에서도 드러나듯이 이 둘의 경계선은 그다지 선명하지 않다. 임화가 '예술소설의 비극이 실상은 통속 소설 대두와 발전의 현실적인 가능성을 만들어 낸 것'[22]이라고 부언했던 이유 역시 이 둘이 연속성을 가지며 결국 비교를 통해서만 차별화가 가능한 상호 의존적 개념임을 인정하고 있기 때문일 것이다. 그렇다면 여타의 카프 소설과 구별되는 『고향』의 성취 역시 본격 소설과 통속 소설의 경계에 아슬아슬하게 서 있음으로써 가능했다고 볼 수 있지 않을까?

필자가 삼각관계나 출생의 비밀에 주목한 이유는 종래의 리얼리즘 이론에 입각해 작품을 읽고 평가했을 때 포착하기 어려운 『고향』의 다른 측면을 볼 수 있기 때문이다.[23] 『고향』과 같은 작품은 리얼리즘 이론의 틀로 해석해야 한다는 전제는, 프로문학 연구는 프로문학 고유의 방법론과 철학을 바탕으로 해서만 이루어져야 한다는 또 다른 전제로 연결된다. 이러한 태도에 혹 일종의 '이론 강박증'이 개재되어 있는 것이 아닌지를 돌아볼 필요가 있다. 필자는 새로운 이론 혹은 방법론을 도입하는 것이 급선무라고 생각하지 않는다. 오히려 작품 읽기에서 근본적인 것은 이론의 매개에 선행하는 작품에 대한 '실감'임을 강조하고자 할 따름이다. 물론 필자의 『고향』 해석에도 소설 장르의 본질과 당대 문학 및 문화사에 대한 지식이 개입하고 있다. 분명 모든 읽기는 '자생적 이론'의 매개를 거친다. 다시 말해 작품을 읽고 그것을 해석하고 평가하는 작업에는, 명시적인 차원은 아니라 해도 해석 주체의 문학관이 항상 결합되어 있다. 그리고 그것이 명제적인 차원으로 진술될 수 있도록 체계화된 것이 '이론'이다. 리얼리즘이든 신비평이든 아니면 탈식민주의든, 이들 비평 이론은 문학과 문학을 낳은 사회적이고 역사적인 맥락에 대한 모종의 신념을 전제로 한다. 이 글의 서두에서 언급한 학생들 역시 소박하기는 하지만 이론을 바탕으로 작품을 읽었을 것이다. 모든 읽기에는 넓은 의미의 이론이 전제되어 있다는 발언이 가능한 이유이다.[24] 그런 점에서

---

22) 임화, 『문학의 논리』, 학예사, 1940, 392면.
23) 한편 2000년대 들어 일상적인 독자의 소설 읽기에 대한 감각이 이전에 비해 '흥미'를 중시하는 쪽으로 기울었다는 점도 『고향』에 대한 이러한 평가와도 연결될 수 있다. 물론 통속성은 근대 소설의 기원 자체에 내재한 특징이기도 한데, 통속적 즐거움을 교양이나 인간 탐구와 더불어 소설 읽기의 중요한 이유 중의 하나로 공공연하게 내세울 수 있게 된 문화 지형의 변화에 대해서는 별도의 글이 필요해 보인다.

작품을 제대로 읽기 위해서 '이론'에 의존해야 하며 그것 없이는 자신도 모르는 가운데 작품을 읽으며 이러저러한 편견의 재생산에 일조하게 된다는 '해체주의'의 견해는 분명 일리가 있다.

그러나 '해체주의'가 사람들이 손쉽게 책에 접할 수 있지만 모든 사람이 그 책을 정말로 '읽을' 수 있는 것은 아니라는 식으로 이해된다면, 모든 사람이 소설을 자유롭게 읽을 수 있지만 '해석'은 '이론'으로 중무장한 비평에 의해서나 가능하다는 주장으로 쉽게 연결될 수 있다. 그렇다면 문학은 다시 소수 엘리트의 소유물이 되고 마는 것이다. 시민이 고전적 예술을 쉽게 접할 수 있게 된 지금, 역설적으로 '이론'이 '고전'과 '작품'을 다시 시민의 손이 닿기 어려운 저 높은 곳으로 데려가게 되는 셈이다.[25] 작품 읽기가 이론의 적용으로 설명되기 어려운 독자적인 차원을 갖는다는 점을 강조하고 이를 중등학교 문학교육에서 특히 강조해야 하는 이유는 이 때문이다.[26]

영역이나 대상의 확장 그리고 정치한 교수 학습 방법에 대한 고민이 문학교육 연구에서 나름의 성과를 낳았기 때문에 작품 읽기의 기본에 대한 강조

---

24) 자세한 사항은 정재찬, 『문학교육의 사회학을 위하여』, 역락, 2003, 176-182면을 참조할 것.
25) C. Spellmeyer, *Arts of Living*, 2003, 정연희 옮김, 『인문학의 즐거움』, Human&Books, 2008, 282-284면에서도 이러한 문제의식을 확인할 수 있다.
26) 그런 점에서 2007 교육과정은 해석과 평가 및 비평의 항목에서 '실감'의 차원을 과거에 비해 오히려 소홀히 취급한 바 있다. 8학년 문학의 '(2) 다양한 시각과 방법으로 문학 작품을 해석하고 평가한다'나 9학년 문학의 '(3) 문학 작품에 대한 다양한 해석을 비교한다'와 '(4) 문학 작품 해석의 근거에 유의하여 비평문을 읽는다'는 모두 해석의 '비교'에 초점을 맞추고 있다. 이는 세부 내용을 살펴보면 더 명확해지는데, 8학년의 경우 초점은 '해석의 근거와 해석이 달라질 수 있다'는 점이며, 9학년 역시 해석 간의 비교 및 해석의 근거와 타당성을 강조하고 있다. 물론 해석의 근거로서의 경험 혹은 가치관을 강조한다거나 해석에 관여하는 요소를 자각하게 하는 것은 학습자가 작품을 직접 자신의 눈으로 읽는 체험과 관련을 맺는다. 그러나 '작품을 읽으며 떠오르는 생각과 느낌을 살려 작품을 읽는다'는 항목이 별도의 목표로 진술될 때 해석의 근거 묻기나 다른 해석과의 비교와 균형을 맞출 수 있다. '해석의 근거' 역시 세부 내용에서 여러 차례 반복되고 있을 뿐인데, 이를 좀 더 구체적으로 나누어 진술할 필요가 있다. 해석의 근거는 여러 층위에서 접근할 수 있기 때문이다. 크게 '작품 내적 근거'와 이론이나 문학사 혹은 작가론 차원의 지식과 같은 '작품 외적 근거'로 나누어 진술할 수 있다. 이를 통해 학습자의 작품에 대한 실제 읽기와 읽는 과정 및 결과에서 자신의 느낌을 강조할 수 있다.

가 필요한 시점이다. 중등학교 문학교육에서 일차적으로 강조되어야 할 것은 배경 지식이나 이론의 적용이 아닌 작품의 다층적인 차원에 대한 꼼꼼한 읽기를 통해 문학을 읽는 방식을 배우는 것이다. 작품을 실감 차원에서 충실히 읽는 일은 문학교육의 설계와 실천에서 지금보다 한층 더 중시되어야 한다. 특히 중등학교 문학교육의 설계와 실천에서 과도한 이론에의 지향은 연구에서 종종 나타나곤 하는 이론에 의한 작품의 재단보다 더 심각한 폐해를 낳을 수 있기 때문이다.

제2장

진정성의 서사 윤리 - 「비 오는 길」을 중심으로

1. 문학을 통한 윤리교육의 방향

　문학교육에서 윤리의 문제는 심미성이나 창의성과 더불어 문학교육의 목적을 논할 때 빼놓을 수 없는 본질적 내용의 일부로 상정되어 왔다. 예(禮), 다시 말해 윤리적·정치적인 것을 고려한 읽기, 그리고 예(藝), 다시 말해 심미적인 것에 관심을 기울이는 읽기는 문학의 소통을 가능하게 하는 출발점이라고 해도 지나친 말이 아니다. 문학교육은 문학과 관련한 지식과 능력의 습득을 목표로 하는 가운데 궁극적으로 '바르게 산다는 것은 무엇인가'라는 물음을 숙고하는 차원으로 확장된다. 특히 삶에 대한 총체적 체험을 중시하는 소설교육에서 윤리적 주체 형성의 문제는 다른 장르에 비해 한층 중요한 목표로 부각된다. 도덕교육에서 서사를 활용한 접근법을 통해 주체의 감성과 상황을 흡수하고자 하는 논의가 부쩍 늘어난 이유도 소설을 비롯한 서사에 내재한 윤리적 물음의 힘을 중시하기 때문인데, 이를 통해서 소설과 윤리의 내적 연계를 간접적으로도 확인할 수 있다.

　그러나 소설교육과 윤리의 연관성에 대한 자기 확신은 문학 교육과정의 각론 차원으로 들어가면 쉽게 답할 수 없는 복잡한 물음 앞에서 흔들리게 된다. 첫째, 주체의 변화를 평가할 수 있느냐는 공학적 차원의 문제 제기를 빼놓을 수 없다. 인간을 변화시키기 위한 의도를 갖춘 계획의 일부로 교육을 규정하려는 시각에서, 평가할 수 없는 내용은 가르칠 수 없는 것과 다를 바 없다. 주체의 윤리 감각 획득 여부란 가시적으로 확인하기 어려우며 확인할 수 있다고 해도 장기간의 시간을 필요로 한다. 그런 이유로 윤리적 주체 형성을 특정 교과의 목표로 기술하는 것은 가능성이 낮은 과도한 이상주의의 소산이라는 것이다. 둘째, 근대 문학은 심미성을 제도화한 예술계의 산물이기 때문에 문학에 대한 논의에 윤리나 도덕의 문제를 결부시키는 것은 문학의 자율성을 억압하고 결과적으로 문학에 대한 학습자의 흥미를 반감시키는 부작용을 낳을 뿐이라는 불만도 고려해야 한다. 정치, 경제, 종교, 예술 등 각각의 체계가 고유의 작동 방식과 내적 구조로 분화되는 근대적 합리화가 지배하는 상황에서 문학과 윤리를 연결시키는 시도는 시대착오적이며 문학의 심미성을 파괴한다는 것이다.

필자는 문학교육을 통한 윤리적 주체 형성의 가능성에 대한 각기 다른 차원에서 제출된 회의의 출발점이 윤리를 규범성의 지평에 가두어 놓는 것에서 비롯되며, 특히 소설교육에서 윤리적 주체 형성의 문제는 물음의 과정이자 주체의 진정성을 강조할 때 그 의의를 뚜렷이 드러낼 수 있다고 생각하고 있다. 소설교육이 열어놓는 윤리의 공간은 주체의 외부로부터 주어지는 명령의 형식이 아니라 자신이 참되다고 생각하는 이상을 실현하기 위한 주체의 내밀한 판단에 자리 잡고 있는 것이다. 필자가 소설교육의 한 가능성을 굳이 '도덕'이 아니라 '윤리'라는 용어로 표현하면서 논의를 시작하는 이유는 그 때문이다.

2. 소설의 윤리와 소설교육

(1) 도덕교육의 서사 수용과 소설의 윤리

한동안 방치되어 왔던 소설교육과 윤리적 주체 형성의 관계에 대한 탐구는 도덕교육의 서사 수용에 의해 촉발되었다. 콜버그(Kohlberg)로 대표되는 인지 중심적 도덕 판단 이론이 상황으로부터 독립적인 도덕적 추론을 중시한 반면, 도덕에 대한 내러티브 접근법은 인간의 경험이나 사회적 맥락이 개인의 도덕 경험에서 중요한 역할을 수행하고 있음을 강조한다.[1] 도덕적 딜레마를 불러일으키는 삶의 영역을 배제한 도덕교육은 실천의 문제를 제대로 해결할 수 없으며, 감정과 구체적 상황 및 도덕적 상상력이야말로 도덕 판단의 요체라는 것이다.

도덕교육에서 내러티브 접근법은, 실생활에서 나온 도덕 경험을 표현하기 위해서는 언제나 담론의 매개를 거쳐야 한다고 전제한 뒤 도덕성 발달의 한 요인으로서 서사를 활용할 것을 주장해 왔다. 이들은 도덕적 지향의 다원성과 차이를 인정하되, 특정한 도덕 관점에 기초하여 자신의 도덕 경험을 이야기하는 것을 중시한다. 개인이 특정 관점의 저자가 되어 도덕적 권위를 표현하고 형성해 봄으로써 주체는 자신의 사고, 감정, 행위에 책임감을 가지는 성찰의 기회를 얻는다는 것이다.[2] 인격 교육을 위한 프로그램으로 모방할만한 덕성을 갖춘 인물이 등장하는 이야기를 활용하거나 도덕적 딜레마를 담고 있는 이야기를 읽고 역할 추론을 해 보는 활동이나 자신의 도덕 경험을 담은 이야기를 표현해 보는 활동이 서사를 활용한 도덕 교육의 대표적인 접근법이라 할 수 있다. '서사 윤리학'이라 불리는 이 흐름은 도덕 경험을 개인의 삶에서 갈등이나 딜레마적 상황에 직면하여 모종의 도덕적 결정이나 행위가 요구되는 도덕적 삶의 이야기로 규정한다. 이 과정에서 문학 텍스트를 활용한 토의와 토론을 통해 도덕 판단에 개입하는 맥락과 감정의 문제를 되살리려 한다.[3]

---

1) 박진환 외, 「누스바움의 문학텍스트를 활용한 도덕 판단 교육」, 『윤리교육연구』 16집, 2008, 301-305면.
2) 이에 대해서는 도홍찬, 「도덕교육 방법으로서 내러티브 접근법에 관한 연구」, 서울대학교 석사학위 논문, 1999를 참조하였다.
3) 내러티브 윤리학을 대표하는 누스바움은 시카고 대학 법학전문대학원에서 문학이나 영화를 활용하여 윤리교육 강좌를 진행하고 있는데, 자신의 저서 *Love's Knowledge* 역시 소설에 대한 분석을 통해 구체적 삶에서 제기되는 도덕 판단의 문제를 숙고하고 있다. 누스

이러한 도덕교육의 흐름 이전에 소설 장르는 그 자체로 언제나 윤리의 문제를 자신의 내적 요소로 포함해 왔다. 다른 장르에서 윤리가 단순한 전제 조건에 불과함에 비해, 근대 소설에서 윤리적 의도는 작품을 구성하는 본질적 요소이고 그런 점에서 소설은 '반쪽 예술'일 수밖에 없다는 주장은 소설 장르론에서 윤리 문제가 차지하는 위상을 잘 보여준다.[4] 그러나 또 한편으로 소설을 논할 때, '도덕'이나 '윤리'에 집중하는 것이 늘 자연스럽게 받아들여지지는 않는다. 근대 소설의 주인공은 대부분 '편집증'이나 '우울증'에 시달리는 '배덕자'이다. 소설에서 윤리를 강조한 루카치가 다른 한편으로 소설은 '문제적 개인'의 자기 발견 여행임을 강조하는 이율배반적 태도를 보이는 것을 어떻게 해석해야 할 것인가?

결국 소설의 윤리 문제를 형상화 차원으로 끌어올려 검토하지 않고 '부정적 인물'에 대한 거리두기의 방식으로 도덕교육과 손쉽게 연결시키는 것은 서사 윤리학의 취지에도 부합하지 않는다. 누스바움(Nussbaum)의 다음과 같은 발언은, 소설을 도덕교육의 재료로 삼는 것을 넘어서 소설의 형식과 윤리 문제의 상관성에 대한 통찰로 나아가야 한다는 문제 의식을 담고 있다. 이 구절은 소설의 형상화 원리와 윤리 문제를 사고할 필요성을 제기하고 있기 때문에 일독할 가치가 충분하다.

실제 상황에 대한 정확한 인지를 위해서는 지적인 활동만큼이나 정서적 활동이 필요하다. 정서는 윤리적 삶 속에서 인식의 형태로서 매우 중요한 정보적 역할을 수행한다. 이러한 실천적 개념이 가장 적합하게 표현된 것은 복합적인 내러티브이다. 그런 내러티브는 독자의 도덕적 활동을 환기시키는 데 가장 적절하다. 만일 도덕 철학자들이 인간 삶의 이러한 개념에 충

바움의 논의에 대한 소개는 박진환 외, 앞의 논문과 정재찬, 「문학교육과 도덕적 상상력」, 『문학교육학』 14호, 2004를 참조하였다.
4) G. Lukács, *Die Theorie des Romans*, 1920, 김경식 역, 『소설의 이론』, 문예출판사, 2007, 82면.

실하고 정당하게 접근하려면 그에 적절한 형식을 갖춘 이야기 자료를 연구해야 한다. 만일 철학이란 것이 우리 자신에 대한 지혜를 탐색하는 것이라면, 철학은 문학으로 전환할 필요가 있다. 내러티브가 인간의 삶과 욕망의 형식을 구현한다고 주장함으로써, 그리고 특정한 형태의 인간 이해는 부득불 서사의 형식을 취한다고 함으로써 그것은 서사 형식과 삶의 형식 사이의 연관에 대해 연구하는 문학적 담론을 요청하게 된다.[5]

이러한 발언은 단지 내용 차원에서 윤리적 가치를 문제로 삼는 것이 아니라 소설이 윤리의 문제를 형상화하는 방식을 고려해야 함을 말하고 있다.[6] 그렇다면 이 '서사 형식과 삶의 형식 사이의 연관'은 소설에서 어떻게 나타나는가를 검토할 차례이다.

(2) 진정성의 윤리와 소설의 내적 형식

한 사회학자는 신실성(Sincerity)과 진정성(Aunthenticity)이라는 개념을 활용하여 전근대와 근대의 도덕적 가치 사이에 나타난 차이를 날카롭게 분석한 바 있다. 그의 논의에 따르면, 신실성은 자신에게 거짓되지 않은 동시에 타인에게도 진실하기를 원하는 태도로서, 이를 추구하는 자는 내면과 외면 사이의 분리나 모순을 느끼지 않으며, 사회가 그에게 요구하는 규범적 의무와 자신이 실제로 욕망하는 바 사이에 어떤 단절이나 간극을 느끼지 못한다. 반면 진정성은 개인주의적 가치를 내면화한 근대적 인간이 공동체로부터 주어지는 역할 모델과 자신의 '진정한' 욕망 사이에 괴리를 발견하고 이를 주체적으로

---

5) M. Nussbaum, *Love's Knowledge*, Oxford University Press, 1990. p.143.
6) 황혜진은 문학작품의 내용적 가치뿐만 아니라, 문학작품이 가치를 다루는 방식도 도덕적 가치가 될 수 있음을 이야기하고 있다. 황혜진, 「가치 경험을 위한 소설교육 내용 연구」, 서울대학교 박사학위 논문, 2006, 37면. 이를 적극적으로 해석하면 문학은 그 자체가 윤리적이고, 문학교육은 윤리적 실천행위라는 명제에 도달하게 된다. 이에 대해서는 우한용, 「문학교육과 도덕성 발달의 의미망」, 『문학교육학』 14호, 2004, 17면을 참조하였다.

극복하는 과정에서 등장하는 새로운 이상을 뜻한다. 진정성을 추구한다는 것은 더 이상 타인과 자신에게 모두 선하고 진실한 태도를 취하는 것이 아니며, 진정성은 자신의 참된 자아를 실현하고자 하는 열정을 가로막는 사회적 힘, 예를 들어 전통이나 규범 혹은 타인과의 대립을 마다하지 않는다.[7]

이러한 설명은 개인의 운명이 공동체의 운명과 밀접하게 연결되어 있고 삶과 형식의 대립이 표면화되지 않았던 전통 사회의 이야기 문학과 달리 소설은 주체와 객체, 나와 타자 사이의 균열을 전제로 한 근대 사회의 이야기 문학이라는 루카치(Lukács)의 규정과 문제 의식을 공유하고 있다. '신으로부터 버림받은 시대의 서사시'라는 소설에 대한 규정은 참되고 진정성 있는 가치를 오직 주체의 내면에서 발견하려는 소설 주인공의 태도를 강조한다. 그는 외부 세계의 규범에 쉽사리 적응하지 못하는 '문제적 개인'으로, 자신의 참된 내면을 세계에 실현하기 위해 분투하지만 그의 시도는 '제2의 자연'처럼 경직된 세상에서 좌절할 가능성이 높다. '자신의 영혼을 증명'하기 위해 분투하는 주인공의 모험은 필연적으로 규범적인 도덕과 충돌을 일으킬 수밖에 없다는 것이 소설의 본질적 형식을 구성한다. 누스바움은 도덕교육이 소설의 내용을 이용해서 도덕적 판단을 위한 구체적 상황을 마련하는 것에 머무르지 않고 문학적 딜레마라는 형식 원리를 활용하는 '서사 윤리학'에 도달해야 함을 말했다. 이를 위해서는 주인공의 참된 내면을 지키기 위한 고집과 자신을 사회적 주체로 자리매김하기 위해 따라야 할 규범 사이의 분열과 그것을 형상화하는 서사의 방식에 주목해야 하는 것이다.

여기서 진정성의 윤리 의식은 선한 존재를 목표로 하는 것이 아니며 진정한 삶을 추구하지만 외면적으로는 복잡하고 뒤틀린 부정의 정신성을 보여준다는 설명에 주목해 보자. 이는 근대 소설의 내적 형식인 아이러니와 밀접히 관련된다. 아래는 현실의 어둠을 꿰뚫고 이를 조롱하는 소설의 아이러니에 대한 설명의 일부이다.

---

[7] 김홍중, 『마음의 사회학』, 문학동네, 2010, 25-28면.

반어(아이러니:필자)는 이 싸움이 몹시 절망적이라는 것뿐만 아니라, 이 싸움을 포기하는 것은 더욱더 절망적이라는 것도 파악하고 있다. 즉 현실을 이겨내기 위해 영혼의 비현실적인 이상성을 포기하고 이상과는 거리가 먼 세계에 의도적으로 적응하는 것은 저열한 패배라는 것도 파악하고 있는 것이다. 그리고 반어는 현실을 승자로 형상화하는 과정에서, 패자 앞에서 그 승자는 아무런 가치도 없다는 것을 드러낼 뿐만 아니라 이 승리가 결코 궁극적인 승리일 수 없고 이념의 새로운 봉기에 의해 거듭 흔들리게 되리라는 것도 드러낸다.[8]

필자는 소설교육에서 윤리 문제는 '진정성의 윤리'와 '규범성의 도덕' 사이에 존재하는 균열을 다루는 것이라 생각하고 있다. 이는 단지 내용에 국한되지 않는다. 진정성의 윤리와 규범성의 도덕 사이에 존재할 수 있는 간극이야말로 근대 소설의 주인공이 가치 있는 삶을 추구하는 여정에서 맞닥뜨리게 되는 고민의 원천이기 때문이다. 또한 서사를 활용한 도덕교육이 중시하는 '문학적 딜레마'를 이보다 더 잘 표현할 수 있는 용어를 찾기란 쉽지 않아 보인다.

이 문제를 더 구체적으로 살펴보기 위해 최명익의 소설 「비 오는 길」을 다루려고 한다. 이 작품은 참된 내면을 지키기 위한 진정성의 추구가 사회적으로 인정받는 삶을 살기 위해 필요한 규범성과 어떻게 충돌하게 되는가를 잘 보여주고 있기 때문이다.

3. 진정성 윤리 형상화의 한 방식

최명익의 소설은 유항림을 필두로 한 '단층파'와 더불어 1930년대 중반 젊은 지식인의 내면 세계를 심리주의 소설 기법으로 형상화한 대표적인 모더

---

8) G. Lukács, 김경식 역, 앞의 책, 98면.

니즘 계열의 작품으로 인정받고 있다.[9] 그러나 그의 작품을 박태원이나 이상의 소설과 비교해 보면, 본격적인 모더니즘의 면모가 두드러진 편은 아니다. 특히 도시의 삶이 가져온 소비 문화나 새로운 인간 관계를 각별하게 다루면서 기존의 소설 문법을 파괴하는 새로운 형식을 실험하는 시도는 그의 소설에서 두드러진다고 보기는 어렵다. 그의 소설에서 주목해야 할 특징은 변화하는 현실에 쉽사리 적응하지 못하고 자신의 세계에 갇혀 있는 지식인의 무기력한 내면 풍경을 부각시키고 있다는 점이다. 그중에서 「비 오는 길」은 '노방의 타인'으로 표현되는 군중을 경멸하거나 그들에 대해 거리를 취하며 관찰하려는 주인공의 태도로 인해 앞서 논한 진정성의 윤리가 소설 속에서 구현되는 모습을 구체적으로 살피기에 적합한 작품이다.

(1) 군중을 경멸하는 주체

「비 오는 길」의 주인공 병일은 "사무실 마루를 쓸고, 훔치고, 손님에게 차와 점심 그릇을 나르고, 수십 장의 편지를 쓰고, 장부를 정리하는 등" 사환

---

[9] 최명익의 소설에서 일차적으로 시선을 끄는 것은 일상적 삶의 무게에 짓눌려 폐쇄된 내면의 세계로 침잠해 들어가는 지식인들이다. 조연현과 이재선으로 대표되는 초기의 연구는 이에 주목하여 "자기 분열을 완성한 최초의 작가", "의식과잉자로서의 지식인이 겪는 우울하고 답답한 삶의 절망"이라는 평을 내놓은 바 있다. 이에 대해서는 조연현, 「자의식의 비극」, 『문학과 사상』, 세계문학사, 1949와 이재선, 『한국현대소설사』, 홍성사, 1979를 참조할 수 있다. 이후 최명익에 대한 연구는 최명익 소설의 모더니즘 미학을 분석하는 연구가 주를 이루게 된다. 길 모티프, 승차를 통한 자유 연상이라는 새로운 기법이 사용된 심리 소설적 특징에 대한 연구, 프로문학과는 다른 방식으로 유토피아에 대한 동경을 지속시키는 미적 부정성에 대한 연구, 산책 모티프와 구별되는 승차 모티프의 미적 특징에 대한 연구가 그것이다. 이에 대해서는 최혜실, 『한국모더니즘소설연구』 민지사, 1992를 참조할 수 있다. 최명익 소설에 나타난 죽음의식과 병든 신체의 모티프를 활용한 몰락의 서사가 역동적 에너지가 사라져 버린 근대적 세계의 논리를 비판하고 있다는 연구도 주목에 값한다. 이에 대해서는 김예림, 「1930년대 후반 몰락/재생의 서사와 미의식 연구」, 연세대학교 박사학위 논문, 2003을 참조할 수 있다. 한편 해방 공간에서 '모더니즘에서 리얼리즘으로 이행'한 최명익의 문학적 변모를 해명하는 것 역시 최명익 연구의 또다른 방향을 형성한 바 있다. 이에 대해서는 채호석, 「리얼리즘에의 도정:최명익론」, 『한국문학의 리얼리즘과 모더니즘』, 민음사, 1989 및 김윤식, 『한국 현대 현실주의 소설 연구』, 문학과지성사, 1990를 참조할 수 있다.

겸 서사로 공장에서 일하고 있다. 취직한 지 이년이 지나도록 신원보증인을 구하지 못해 주인의 끊임없는 불신을 받으며 직장에 다니고 있는 것을 보았을 때, 병일의 직장 내 신분은 불안정하다. 이런 상황에서 그는 남들이 추구하는 일반적인 행복을 경멸하고 자신만의 고립된 세계에서 진정한 가치를 추구하는 모습을 보여준다. 그런 그가 평소 오가던 출퇴근 길에서 비를 피하기 위해 잠시 들어간 사진관에서 평범한 생활인 이칠성과 만나게 되는 일을 계기로 서로 다른 두 세계를 비교할 기회를 얻게 된다.

사진관 주인 이칠성은 생활과 일상을 대표하는 인물로서, "작으마하게나 자기 집에다 장사면 장사를 벌이고 앉아서 먹고 남는 것을 착착 모아가는 살림이 세상에 상 재미"라고 생각하는 인물이다.

> "아니 누구 같이라니! 자, 긴상 내 말 들어 보소. 자, 다른 말 할 것 있소. 셋집이나 아니구 자그마하게나마 자기 집에다 장사면 장사를 벌이구 앉아서 먹구 남는 것을 착착 모아 가는 살림이 세상에 상재미란 말이오." 하고 그는 목을 축이듯이 술을 마시고 병일이에게 잔을 건네며, "이제 두구 보시우. 내가 이대루 삼 년만 잘 하면 집 한 채를 마련할 자신이 꼭 있는데, 그 때쯤 되면 내 맏아들놈이 학교에 가게 된단 말이오. 살림집은 유축이라도 좋으니 학교가에다 벌이고 앉으면 보란 말이오. 그렇게만 되면 머어 창학이 누구누구 다 부러울 것이 없단 말이오." 하고 가장 쾌하게 웃었다.[10]

병일은 자신의 사진관을 가지고 안정된 직업에 종사하며 돈을 모으는 재미에 빠져 있는 이칠성의 삶을 경멸한다. 나름의 '생활 철학'을 설교하는 이칠성에 대해 처음에는 호기심을 가지고 몇 번의 만남을 지속하지만, 그는 병일의 혐오감을 불러일으킬 뿐이다. 심지어 병일의 시선에 포착된 이칠성의

---

10) 김윤식 외 편, 『한국소설문학 대계』 24권, 동아출판사, 1995, 33면. 이후 작품 인용은 이 책을 활용하되 면수만을 기록할 것이다.

모습은 '청개구리 뱃가죽 같은 놈'이란 말에서 잘 드러나듯이 동물에 가깝게 그려진다.[11] 사진사가 '설교'하는 '사회층에 관념화된 행복의 목표'의 실상은 자신이 오가는 답답한 골목길에 다닥다닥 붙어 있는 가옥이 보여주듯이 동물적 삶에 지나지 않기 때문이다.

> 청개구리의 뱃가죽 같은 놈! 하는 생각에 그는 자주 침을 뱉으며 좁은 골목에 들어섰다. 거기는 빗소리보다도 좌우편 집들의 처마에서 떨어지는 낙숫물 소리가 어지럽게 들리었다. 동편 집들의 뒷담은 무덤과 같이 답답하게 돌아앉아 있었다. 문을 열어 놓은 서편 집들의 어두운 방 안에서는 후끈한 김이 코를 스치고, 아이들의 울음 소리와 여인들의 잠꼬대 소리가 들리었다. 그리고 간혹 작은 칸델라를 켜놓은 방 안에는 마른 지렁이 같은 늙은이의 팔다리가 더러운 이불 밖에서 움직이며 가래 걸린 말소리와 코고는 소리가 들리기도 하였다. 병일이는 아침에나 초저녁에는 볼 수 없던 한층 더 침울한 이 골목에 들어서 좌우편 담에 우산을 부딪치며, '이것이 사람 사는 재미냐? 흥, 청개구리의 뱃가죽 같은 놈!' 이렇게 중얼거리며 다시 침을 뱉으며 걸었다.(25면)

그는 휘황한 전등으로 빛나고 있는 평양의 시가에 살고 있는 십만, 이십만의 사람을 놓고, "그들은 모다 자기네 일에 분망한 사람들이다"라고 탄식하며 자신과 그들을 차별화하기도 한다. "문어의 흡반같이 억센 생활이 기능으로서의 신경을 가진 사진사"를 경멸하는 것으로 자신의 이상의 이상을 대신하거나 심지어 자신을 믿지 못하는 공장주를 경멸하면서 '쾌감'을 느끼기

---

11) 비를 놓고 부채로 쇼윈도 안의 하루살이와 파리를 쫓아 내는 그의 혈색 좋은 커다란 얼굴은 직사되는 광선에 번질번질 빛나 보이었다. 그리고 그의 미간에 칼자국같이 깊이 잡힌 한 줄기의 주름살과, 구둣솔을 잘라 붙인 듯한 거친 눈썹, 인중에 먹물같이 흐른 커다란 코 그림자는 산 사람의 얼굴이라기보다, 얼굴의 윤곽을 도려 낸 백지판에 모필로 한 획씩 먹물을 칠한 것같이 보이었다.(17-18면)

도 한다.

테일러(Taylor)의 논의에 따르면, 진정성이란 외재적인 도덕 규범의 무게 중심이 자기 자신에게로 전환되면서 생겨난 것이다. 이러한 전환을 통해 주체는 자신의 삶을 도덕을 위한 수단으로 규정하는 것을 거부하고 자신의 내면의 목소리에 귀를 기울이는 것을 진정성 평가의 유일한 기준으로 인식하게 된다.12) 이 과정에서 진정성은 자신은 소유하고 있지만 타인에게는 부족한 것으로 표현되는 경향이 나타나게 된다.

병일의 행동에서 테일러가 설명한 가치의 전도 즉 경멸을 하나의 윤리로 전환시키는 태도를 확인할 수 있다. 단순히 속물의 삶을 거부한다는 부정의 태도가 어떻게 윤리로 승화될 수 있는가? 윤리에서 가장 중요한 것을 규범에 대한 복종이 아니라 진정성의 소유 여부이기 때문이다. 주체가 진정성을 중시한다는 것은 자신의 참된 자아를 전제하고 그것의 실현을 가로막는 전통이나 규범 혹은 타인과의 대립을 피하지 않는 태도를 뜻한다.

(2) 진정성 확보 수단으로서의 독서

그렇다면 자신의 불안정한 처지에도 불구하고 평양 시민 전체를 '그들'로 타자화하는 병일의 이 오만함을 가능하게 하는 힘은 어디에서 나오는 것인가? 일차적으로 자신은 '어떻게 살아야 후회없는 삶을 살 것인가'를 고민하고 있다는 자의식을 들 수 있다. 그러나 그러한 자의식만으로는 자신을 타인과 차별화하기에는 부족함이 있는데, 실질적 행위로서의 독서가 자의식을 지탱하는 힘을 제공한다. '활자와는 무관한 삶을 살고 있는' 공장 주인이나 사진관 주인 이칠성과 달리 병일은, 독서를 통해 자신만은 참된 삶의 방향성을 탐색하고 있다는 윤리 감각을 완성한다.

---

12) C. Taylor, *The Malaise of Modernity*, 2001, 송영배 옮김, 『불안한 현대 사회』, 이학사, 2001, 86-87면.

그렇다고 '돈을 아껴서 책까지 안 산다면 내 생활은 무엇이 됩니까? 지금 나에게는 도서관에 갈 시간도 없지 않소? 그러면 그렇게 책은 읽어서 무엇 하느냐고 묻겠지만 나 역시 무슨 목적이 있어서 보는 것은 아닙니다, 하고는 어떻게 살아야 후회 없는 일생을 살 수 있는가 하는 즉 사람에게는 사람이란 무엇인가? 하는 의문이 있다는 것을 알고 나도 그것을 알아보려고 한 적도 있었지만 지금은 고학도 할 수 없이 된 병약한 몸과 이 년래로 주인에게 모욕을 받고 있는 나의 인격의 울분한 반항이 — 말하자면 모두 자기네 일에 분망한 세상에서 나도 내 생활을 위하여 몰두하는 시간을 가져 보겠다는 것이 나의 독서요' 하고 이렇게 말한다면 말하는 자기의 음성이 떨릴 것이요, 그 말을 듣는 사진사는 반드시 하품을 할 것이라고 생각한 병일이는 하염없는 웃음을 웃고 나서, "그럼 나도 책 사는 돈으로 저금이나 할까? 책 대신에 매달 조금씩 늘어 가는 저금통장을 들여다보는 것으로 낙을 삼구……."(32면)

「비 오는 길」에는 병일의 공장 생활이나 일상에 대한 구체적 묘사는 거의 나타나지 않는다. 그저 부산한 하루 일과에 대한 간단한 서술과 2년에 걸쳐 '동일한 길'을 거쳐 집으로 되돌아오는 병일의 심리가 간략히 제시될 뿐이다. 그 자리를 대신하여 독서의 의미가 무엇인지에 대한 상념은 여러 차례 제시된다. 독서는 자신의 사적인 시간, '내 마음대로 할 수 있는 시간'이기 때문에 중요하다. '자기네 일에 분망한' 공적인 공간에서 보내는 시간이 자신의 시간을 박탈당하는 종류의 것이라면, 독서를 하며 보내는 시간은 타인과의 관계가 완전히 단절된 '자신만의' 시간 체험을 가능하게 만들어 준다. 여기서 독서는 사회적 행동이나 교양의 징표가 아닌, 자기 내면의 시간을 확보하고 있다는 상징적 만족을 얻기 위한 행위에 가깝다. 사진관 주인처럼 독서의 가치를 인정하지 못한다는 것은 타락한 세계에 속하는 범인, 속물임을 입증하는 것이며, 그들이 경원시하는 니체나 도스토프예스키의 책을 읽는 것이야말로 병일이 자신의 진정성을 지키는 내적 행동이 될 수 있는 것이다.

그러나 병일에게 '자신만의 시간'을 확보하고 있다는 믿음의 유지를 위해 필요한 독서의 실상은 퇴근 후 집에 돌아와 '자신만의 시간'을 가지는 여가와 크게 다를 바 없다.

> 어느 날 밤엔가 늦도록 『백치(白痴)』를 읽다가 잠이 들었을 때에 도스토예프스키가 속궁군 기침을 깃던 끝에 혈담을 뱉는 꿈을 꾸었다. 침과 혈담의 비말을 수염 끝에 묻힌 채 그는 혼몽해져서 의자에 기대고 눈을 감았다. 그의 검은 눈자위와 우므러진 뺨과 검은 정맥이 늘어선, 벗어진 이마 위에 솟은 땀방울을 보고 그의 기진한 숨소리를 들으며 눈을 떴었다. 그때에 방 안에는 네 시를 치려는 목종의 기름 마른 기계 소리만이 섞여 들릴 뿐이었다.(28면)

이 상황에서 독서는 아무런 목적도 희망도 없는, 공허하게 무목적적인 행위일 뿐이다. 이는 자신의 내적 분열을 가중시킬 뿐이다. 병일 자신도 이 점을 잘 알고 있는 듯하다. 그가 이칠성을 경멸하면서도 '어떤 유혹에 끌린 듯이' 사진관을 거듭 찾아가는 이율배반적인 행동을 보이는 까닭을 여기서 찾을 수 있다.

(3) 진정성 윤리에 대한 내재적 비판

자신에게 비를 피할 공간과 술을 제공하고 나아가 타인의 삶을 관찰하고 자신의 현재를 되돌아볼 기회를 주기도 하는 이칠성이 비록 속물에 가까운 인간임에 틀림이 없지만 병일이 그를 증오할 외적 근거는 뚜렷하지 않다. 경멸의 시선은 복잡하게 뒤틀린 부정의 정신에 사로잡혀 있는 병일의 내면에서 비롯된다. 헤겔(Hegel)은 이러한 '뒤틀린 부정의 정신'을 '비천한 의식'이라고 규정했는데, 이는 동경과 경멸 사이에서 방황하는 병일의 내적 심리의 일단을 설명하기에 적합해 보인다.

비천한 의식은 기존의 권력에 복종하지 않을 수 없게 되어 있지만 복종하는 순간에도 내면으로는 모반을 획책하고 있다. 그는 향유를 가능하게 하는 부를 추구한다. 그러나 무엇보다도 그는 부 안에서 그 자신의 본질과의 부등성, 즉 허망하기에 결코 만족을 줄 수 없는 것을 발견한다. 따라서 그는 부를 받아들이면서도 그 부를 베풀어준 자를 증오한다. 비천한 의식은 모반을 획책하는 의식 말하자면 본질적으로 언제나 분열된 의식이다.[13]

칠성에 대한 경멸과 증오는 삶에서 느끼는 평범한 행복에 빠져 자신의 생활을 되돌아볼 기회조차 갖지 못한 소시민의 삶과 자신을 구별하고자 하는 의지의 표현이다. 병일에게 사회의 평범한 행복에 맞서 내세울 만한 별다른 희망과 목표가 없는 것이 역설적으로 값진 삶의 의미를 획득하게 되는 것이다.

사진사의 설교가 아니라도 이러한 희망과 목표는 이러한 사회층(물론 병일이 자신도 운명적으로 예속된 사회층)에 관념화한 행복의 목표라는 것을 모르는 바가 아니었다. 이러한 사회층의 일평생의 노력은 이러한 행복을 잡기 위한 것임을 어느 때 어느 곳에서나 늘 보고 듣는 것이었다. 그렇다고 나의 희망과 목표는 무엇인가고 생각할 때에는 병일이의 내장은 얼어붙은 듯이 대답이 없었다. 이와 같이 별다른 희망과 목표를 찾을 수 없으면서도 자기가 처하여 있는 사회층의 누구나 희망하는 행복을 행복이라고 믿지 못하는 이유도 알 수 없는 것이었다. 희망과 목표를 향하여 분투하고 노력하는 사람의 물결 가운데서 오직 병일이 자기만이 지향없이 주저하는 고독감을 느낄 뿐이었다. 다만 일생의 목표를 그리 소홀하게 결정할 것이 아니라고 간신히 자기에게 귓속말을 하여 보는 것이었다.(34면)

그러나 다음 구절에서 병일은 이칠성을 경멸하면서도 그가 설파하는 '행

---

13) Hegel, 임석진 역, *Phanomenologie des Geistes*, 『헤겔 정신현상학 2』, 2005, 80-81면.

복 관념'을 또 한편으로 동경하고 있음을 확인할 수 있다.

> 희망과 목표를 향하여 분투하고 노력하는 사람의 물결 가운데서 오직 병일이 자기만이 지향없이 주저하는 고독감을 느낄 뿐이었다. 다만 일생의 목표를 그리 소홀하게 결정할 것이 아니라고 간신히 자기에게 귓속말을 하여 보는 것이었다. 이러한 귓속말에 비하여 사진사의 자신 있는 말은 얼마나 사진사 자신을 힘있게 격려할 것인가? 더욱이 누구나 자기의 희망과 포부를 말로나 글로나 자라나고 있을 때보다 훨씬 빈약해 보이는 것이요, 대개는 정열과 매력을 잃고 마는 것인데, 이 사진사는 그 반대로 자기 말에 더욱더욱 신념과 행복감을 갖는 것을 볼 때 그는 참으로 행복스러운 사람이라고 생각할밖에 없었다.(34면)

처음부터 병일 역시 독서를 통해 확보하는 '내성의 세계'가 자신이 경멸하는 생활인의 세계만큼이나 취약하다는 것을 알고 있다. 이칠성과의 몇 번 안 되는 만남에서 자신의 시간이 송두리째 흔들리는 위기감을 느끼는 이유도 독서를 통해 자신을 타인과 차별화하려는 시도가 현실적으로 무의미하다는 것을 스스로 깨닫고 있기 때문이다.

가족을 먹여 살리는 나이 어린 기생과 인력거꾼의 대화를 엿듣게 된 병일이 기생의 목소리에서 '의액이 풀잎같은 청기와 날카로움'을 느끼는 장면은 내성의 세계를 빠져나와 일상을 긍정하고 싶은 병일의 욕망을 본격적으로 드러내고 있다. 자신은 분망한 생활인과 다르다는 자의식이 얼마나 허망한 것인가를 인정하고 싶은 위기의식에 도달하는 것이다. 다음의 독백은 일상에 대한 병일의 혼란스러운 감정을 잘 드러내고 있다.

> 그는 천장을 쳐다보며 이 년 내로 매일 걸어다니는 자기의 변화 없는 생활의 코스인 '오늘 밤 비 오는' 길에서 보고 들은 생활면을 다시 한번 바라보았다. 그것은 새로운 것도 아니었다. 물론 진기한 것도 아니었다. 오히려

그 같은 것을 머릿속에 담아 두고서 생각하는 자기가 이상하리만큼 평범하고 속된 것이었다. 그러나 그같이 음산하게 벌어져 있는 현실은 산문적이면서도, 그 산문적 현실 속에는 일관하여 흐르고 있는 어떤 힘찬 리듬이 보이는 듯하였다. 그리고 그 리듬은 엄숙한 비관의 힘으로 변하여 병일이의 가슴을 답답하게 누르는 듯하였다.(27면)

이 장면에서는 일상을 그저 경멸하고 속된 것으로 규정하는 것에서 벗어나 일상 속에 내재하는 '힘찬 생명의 리듬'을 동경하는 병일의 심리가 잘 드러나고 있다. 그렇다고 병일이 일상을 전적으로 긍정하게 되는 것은 아니다. '힘찬 리듬'이 다시금 병일에게 '엄숙한 비관의 힘'으로 느껴지는 이유이기도 하다. 병일은 결국 독서를 통해 나의 시간에 몰두하는 행위가 결국은 필사적인 '자기 방어'에 지나지 않는다는 것을 깨달았지만, 그렇다고 일상이라는 외부세계를 전적으로 긍정하여 자신을 실현하려고 노력할 수도 없는 자아의 내적 모순을 체험하게 된다.

그러나 병일의 혼란과 위기의식은 하루하루 쌓여가는 자잘한 즐거움을 자랑하던 사진관 주인의 덧없는 죽음을 통해 급작스럽게 정리된다. "노방의 타인은 언제까지나 노방의 타인이기를 바랐다. 그리고 지금부터는 더욱 독서에 강행군을 하리라고 계획하고 그 길을 걸었다"는 구절은 병일이 다시금 자신과 세상을 단절시키고 있는 벽을 더욱 굳게 할 것임을 암시한다. 일상에 대한 양가적 태도 속에서 '생의 힘찬 리듬'을 긍정하려는 가능성은 사라지고 다시금 무용한 독서의 세계에 자신을 가두어 놓게 되는 것이다.

4. 자아의 기획과 윤리적 주체의 형성

지금까지 필자는 「비 오는 길」에 나타난 주체의 내면과 그 내면에서 비롯된 타인과의 만남의 방식을 살펴보았다. 평범한 생활인을 경멸하고 독서를 통해 참된 내면을 지키려는 병일의 모습은 진정성을 중시하는 태도를 보인다고 평가할 수 있다. 이 소설에서 확인할 수 있듯이 진정성 윤리는 현실을 지배하는 규범성을 비웃고 조롱하고 파괴하는 주인공의 태도를 중심으로 나타난다.14) 근면 성실이나 세속적인 성공 실패와 같은 외적인 가치 기준에 의하여 설정된 사회적 요구들이나 규범에 더 이상 맹목적으로 끌려 다니지 말고, 오직 자기 자신에게 진실하라는 이상이 진정성 윤리의 내용이며, 그 과정에서 무엇이 올바르게 행동하는 것인가를 자신에게 말해주는 내면의 목소리를 중시하게 된다.

소설의 주인공이 '문제적 개인'이며 그가 새로운 가치를 탐색해가는 여행이 소설의 내적 형식이라고 할 때, 근대 소설은 규범성과 내면성의 대립을 축으로 사건을 형상화한다. 필자는 이를 '진정성의 윤리'와 '규범성의 도덕'의 균열이라는 용어를 사용하여 제시해 보았다. 이처럼 도덕과 윤리를 대비시키는 설명 방식에 전례가 없는 것은 아닌데, 그것은 푸코(Foucault)의 도덕에 대한 아래와 같은 규정 속에서 나타난 바 있다.

> 도덕이란 말은 가족, 교육기관, 교회 등이 그렇듯이 다양한 규율 기구를 통해 개인이나 그룹들에 제시되는 행동 규칙과 가치들의 총체이다. 이러한 규칙과 가치들은 논리적인 교리나 명확한 교훈으로 정식화되기도 한다.15)

여기서 도덕은 공동체가 개체에게 외부로부터 부과하는 객관적 준칙이다. 그러나 근대에 들어와 주체는 객관적으로 존재하는 도덕에 대해서 개인은 다양한 태도를 취할 수 있게 되었다. 도덕을 수용할 수도 있지만 도덕과 불

---

14) 이는 소설에서의 아이러니가 차지하는 위상과 연결되는 문제이다. 이에 대해서는 문영진, 「아이러니와 아이러니 서사의 읽기 문제」, 『동시대의 삶과 서사교육』, 한국문화사, 2007을 참조할 수 있다.
15) M. Foucault, *Histoire de la Sexualite* 2, 1984, 문경자·신은영 공역, 『성의 역사 2』, 나남출판, 1997, 39면.

화를 일으키거나 그것을 거부할 수 있는 것이다. 그리고 이때 형성되는 개인의 내적 판단 영역이 '윤리의 공간'이다. 윤리는 자기 배려와 자기 이해를 기초로 하는 자기의 테크닉이며, 이 테크닉을 통한 자기 결정과 자기 형성 그리고 자유의 기획을 포함한다.16)

이러한 논법에 따르면 도덕과 윤리 사이에는 어쩔 수 없이 간극이 자리 잡게 되는데, 그 간극에서 개인의 진정성이라는 문제가 제기된다. 내면과 외면 사이의 분리나 모순을 느끼지 않으며, 사회가 그에게 요구하는 규범적 의무와 자신이 실제로 욕망하는 바 사이에 어떤 단절이나 간극을 느끼지 못하는 개인은 분명 도덕적으로 문제가 없다고 볼 수 있다. 그러나 그는 소설의 주인공과 거리가 멀며 소설에 간혹 등장한다고 해도 이를 독자가 모방하는 방식으로 윤리 문제에 접근할 수 없다. 진정성을 중시하는 소설의 윤리에서 중요한 것은 공동체가 부과하는 도덕률을 즉각적으로 수용하거나 기계적으로 거부하는 것이 아니다. 윤리적 주체는 도덕과 자신을 무반성적으로 일치시키지 않고 그에 대한 거리 두기를 통해 자신의 행위 원리를 자율적으로 선택하기 위해 고민한다. 소설교육에서 윤리의 문제가 언제나 답이 아닌 물음의 방식으로 제기될 수밖에 없음은 이 때문이다.

어떤 종류의 인간이 되어야 하는가, 또 그러한 인간이 되기 위해서 어떤 덕을 지녀야 하는가를 탐구해야 함을 강조하면서 문학 텍스트에 나타난 이상을 활용할 것을 주장하는 덕성 교육의 관점17)을 문학교육에서 쉽게 받아들이기 어려운 이유는 명백하다. 도덕과 윤리의 분열 가능성에 대한 고려 없이 진정성과 무관한 외부로부터의 명령을 중심으로 덕을 사고하기 때문이다. 인간의 덕목을 제공할 수 있는 '위대한 교재, 위대한 이상'이라는 문제 설정 자체

---

16) 가라타니 고진, 송태욱 역, 『윤리 21』, 사회평론, 2001, 8-9면.
17) 덕 윤리학은 도덕적 행동보다는 도덕적 추론을 강조한 결과 도덕적 사고와 행동 사이의 간극을 줄이는 데 실패했다는 반성을 바탕으로 본받을 만한 인간의 덕을 강조하고 있다. Carr, "Three Approaches to Moral Education", *Educational Philosophy and Theory*, V.15. No.2, 1983, pp. 39-51.

가 이미 소설의 장르적 속성과 거리가 멀다면, 모범적인 인간상에 대한 동화나 부정적인 인간에 대한 거리 두기의 방식으로 윤리 문제에 접근하는 것은 소설을 '활용'하는 것은 될 수 있을지언정 소설교육의 본령이라고는 보기 어렵다.[18] 진정한 의미의 내적 대화란 명령을 자발적으로 받아들이는 것을 뜻하는 것이 아니라, 이 답 없는 물음, 종결되지 않는 의문을 숙고하며 '자신이 진짜로 원하는 것은 무엇인가'를 집요하게 묻는 과정을 뜻한다.

가치 탐구 모형의 용어를 빌어 말하자면 소설교육에서 윤리의 문제는 가치의 습득이 아니라 가치 탐구의 과정 자체를 목표로 할 수밖에 없다. 소설교육에서 윤리 문제를 활성화하기 위해서는 주체의 진정성과 사회적 규범 사이에 충돌이 발생하는 지점을 파악하기 위해서는 다음과 같은 물음을 제기해야 할 것이다. 첫째, 주인공이 추구하는 내적 가치는 무엇인가? 둘째, 주인공이 생각하는 참된 가치와 사회적으로 인정받는 가치 사이에 괴리가 있다면 그 이유는 무엇인가? 그리고 이러한 대립의 상황에서 자신이라면 어떤 가치를 선택할 것인가?

물론 진정성의 태도만으로는 자기 자신과의 관계에 기초한 내성적이고 사적인 틀을 벗어날 수 없으며 자칫하면 윤리와 도덕을 원천적으로 화해 불가능한 것으로 설정하는 오류에 빠지기도 한다. 진정성 윤리가 피해야 할 함정은 자신의 욕구나 열망 너머에 있는 현실의 규정성에서 오는 요구들을 무조건 부당한 것으로 몰아붙이는 경향이다. 진정성이란 외적인 권위나 외부의 명령에 의해서가 아니라 오로지 양심에 의해서 '나의 갈 길'을 선택하는 태도로서의 윤리이기 때문에 도덕과 윤리의 긴장 관계는 피할 수 없는 것일지도 모른다. 소설교육을 통한 윤리적 주체 형성은 결국 이런 불편함과 무기력함을 끌어안고 계속 물음을 던지는 것에 의해서만 가능할 것이다.

---

[18] 교육적 의도가 비교적 강한 동화나 청소년 소설에서도 최근 안정된 결말을 통한 삶의 방향을 제시하는 것을 고집하지 않는 경향이 강하게 나타나고 있다. 이에 대해서는 졸고, 「청소년 소설의 현실 형상화 방식에 대한 연구」, 『우리말글』 45집, 2009, 247-265면을 참조할 수 있다.

제3장

장편 소설 읽기에서 인물론의 역할 - 『광장』을 중심으로

1. 문학 교과서에 나타난 『광장』에 대한 해석

최인훈의 『광장』은 1950년대 중반까지 문단을 감싸고 있던 이데올로기의 제약을 부분적으로 극복하고 본격적인 '분단 문학'의 시발점을 연 작품으로 평가 받고 있다. 전쟁이 남긴 폐허 위에서 나타난 '전후 문학'이 나름의 방식으로 전쟁 전후의 사회상을 소설화하려 시도했지만, 그것은 분리된 개별자로서의 개인을 옹호하는 가운데 막연한 이상을 표출하는 휴머니즘의 틀을 벗어나지 못하고 있었다. 그 속에서 전쟁은 형이상학적인 불안과 공포의 원형으로 인식되었고, 남한과 북한, 그리고 미국과 소련을 중심으로 한 한반도 주변 강대국이 일으킨 전쟁의 실체에 대해서는 제대로 접근조차 할 수 없었다고 해도 지나치지 않다.[1]

『광장』의 문학사적 위상을 확고히 했던 김윤식·김현의 논의는 최인훈을 '전후 최대의 작가'로 규정하면서 이후 논의의 방향을 제시하였다. 『광장』에 대한 지금까지의 연구는 작품에 담긴 주제 의식을 '이데올로기'와 '사랑'으로 나누어 고찰하는 경향을 보인다. 한편 『광장』에 담긴 이데올로

---

[1] 구인환 외, 『한국전후문학연구』, 삼지원, 1995, 87-129면.

기 비판에 주목하는 논의는 남과 북에서 공히 환멸을 느낀 주인공 이명준의 방황과 자살에 초점을 맞추고 있다.2) '광장'과 '밀실'이라는 비유어를 사용하여 두 사회의 특징을 포착하려는 시도의 한계에 대해서는 여러 차례 언급된 바 있다. 이 대립 개념은 남과 북의 현실을 엄밀하게 포착하기에는 지나치게 모호하며, 결과적으로 『광장』 전체에 가득한 관념적 담론과 결합되어 이데올로기 비판의 적실성을 퇴색시키게 된다는 것이다.3) 이상의 논의는 현재 고등학교 문학 교과서에 실려 있는 『광장』에 대한 해석의 뼈대를 이루고 있다.

한편 최인훈이 작품 서문에서 스스로 밝혀 놓은 '광장'과 '밀실'의 대립항에 갇히지 말고 여러 차례 개작되는 과정에서 변화된 작품의 의미에 주목해야 한다는 주장 역시 연구의 중요한 흐름을 형성하고 있다. 이 계열의 논의는 작품의 주제가 이데올로기 극복으로서의 사랑이며, 그런 점에서 이명준의 자살은 절망에 의한 것이 아니라 새로운 생명을 향한 지향임을 밝히는 데 주력하고 있다. 김현은 『광장』이 여러 차례의 개작 과정에서 사랑의 가능성을 탐색하는 방향으로 이동하였음을 자세히 논증하였다. 그에 따르면, 『광장』은 다섯 차례의 중요한 개작 과정에서 (1) 연대기나 인물 성격상의 애매모호함의 교정 (2) 한자어의 고유어로의 전환을 중심으로 한 문체의 변화 (3) 갈매기라는 상징적 장치의 의미 변화를 통해 작품의 의미를 상당 부분 변화시키고 있다. 김현은 이를 통해 최인훈이 개작 과정에서 이데올로기에서 사랑으로 작품의 초점을 옮기려 한 것임을 증명하고자 한다.4) 자기 중심적 주체였던 이명준이 윤애와 은혜와의 사랑을 통해 '타자를 수용할 수 있는 가능성'을 확보하게 된다고 본 정호웅의 논의 역시 이러한 경향과 맞물려 있다고 평가

---

2) 대표적인 것으로 염무웅, 「상황과 자아」, 『현대한국문학전집』 16권, 신구문화사, 1967와 김윤식·정호웅, 『한국소설사』, 예하, 1993를 들 수 있다.
3) 조남현, 「최인훈의 '광장'」, 『한국현대소설의 해부』, 문예출판사, 1993와 이동하, 「최인훈의 『광장』에 대한 재고찰」, 『우리 문학의 논리』, 정음사, 1988를 참조할 수 있다.
4) 김현, 「사랑의 재확인」, 『최인훈 전집』 1권, 문학과지성사, 1989.

할 수 있다.[5]

『광장』의 어떤 부분에 주목하든, "저 빛나는 사월이 가져온 새 공화국"[6] 이 가져온 새로운 분위기 속에서 탄생한 이 작품이 당시 남한과 북한을 지배하고 있던 두 개의 서로 다른 이데올로기를 탐구하고 있다는 점은 부인할 수 없어 보인다. 그런 점에서 『광장』은 '전후 문학'의 종언과 함께 새로운 문학의 출발점을 가져온 문제작이자, 창작 이후 40여 년의 시간이 지난 지금까지 현재와의 연속성을 잃지 않고 있는 동시대 작품이다. 『광장』이 문학 교과서에서 빠지지 않고 실려 있으며, 한국 소설사에서 '정전' 대접을 받는 이유도 바로 그러한 지금 이 시기 문학과의 연속성을 보이고 있기 때문이다.

그러나 작품이 갖는 묵직한 주제 의식으로 인해서인지, 『광장』에 대한 형식 미학적 차원의 논의는 많지 않은 편이다. 이데올로기 비판이나 이데올로기 극복으로서의 사랑에 주목하는 경향 모두 『광장』에 나타난 여러 담론을 곧장 작가의 세계관으로 환치하는 경향을 보인다. 앞에서 살펴본 두 연구 경향은 작품 내에서 주목하는 부분이 상이하다. 이데올로기 비판에 초점을 맞추는 연구는 이명준의 눈으로 바라본 남과 북의 사회 현실에 초점을 맞춤에 비해 상대적으로 이명준이 윤애나 은혜와 맺는 관계에 대해서는 큰 관심을 보이지 않는다. 반면 사랑에 주목하는 논의는 '광장'과 '밀실'에 대한 이명준의 담론에 대한 검토를 생략하는 경향을 보인다. 그러나 장편 소설에 대한 해석과 비평 역시 형상화의 문제를 외면할 수 없다. 더구나 장편 소설은 신비평이 내놓은 기법에 대한 이론화를 통해서는 충분히 조명되기 어려운 복합적인 담론이라는 점에서, 장편 소설의 어떤 형식을 통해 소설을 보다 풍요롭게 감상할 수 있는지에 대한 연구가 더욱 긴요하다. 그런 점에서 내용을 진정으로 내용답게 만드는 내적 형식에 대한 검토가 다시금 중요하게 부각된다.[7] 이 글에서는 장편 소설에서 인물을 그러한 형식의 하나로 규정

---

5) 정호웅, 「『광장』론 - 자기 처벌에 이르는 길」, 『시학과 언어학』 1호, 2001.
6) 최인훈, 『현대한국문학전집 16 - 최인훈』, 신구문화사, 1968, 11면.

한 뒤, 인물의 기능에 초점을 맞추어 이루어지는 장편 소설 교육의 한 방향을 탐색하고자 한다.

2. 장편 소설 읽기와 인물

(1) 이데올로기 비판 담론의 한계

『광장』을 이데올로기 비판의 텍스트로 간주하는 연구와 이데올로기 극복으로서의 사랑에 주목하는 논의 공히 텍스트의 의미를 사회의 물적 토대나 그 자체로는 문학이 아닌 여러 담론으로 환원하는 문학사회학의 한계를 크게 벗어나지 못하고 있다. 골드만(Goldmann)이 제시한 문학사회학을 비판적으로 극복하면서 텍스트사회학을 '사회 기호학'으로 발전시키고자 했던 지마(Zima)에 따르면, 문학 텍스트는 자연어에 새로운 의미를 부여하는 특별한 구조를 지닌 2차 모델링 체계이다. 그로 인해 문학 텍스트를 낳은 물적 토대로서의 사회학적 내용이나 이념과 문학 텍스트를 동일시할 수 없다.[8]

여기서 중요한 것은 문학 텍스트 속에서 재구조화되는 '의미론적 서술의 구조'이다. 어휘소, 의미론적 동위체 현상, 행위 구조를 중심으로 한 기호학적 분석이 중시되는 이유도 그 때문이다. 그러나 지마가 제시한 방식의 기호학적 분석이 과연 자연어에 새로운 의미를 부여하는 2차 모델링 체계의 구조를 온전히 파악할 수 있는가에 대해서는 이견의 여지가 많다. 그에 따르면, 주체가 딛고 서 있는 토대와 가치의 규준을 의미론적으로나 통사론적으로 결함이 없는 완전한 세계로 규정하고 이를 바탕으로 현실을 완전히 파악할 수 있다고 규정하는 '독백주의'가 대표적인 이데올로기의 담론이다. 그

---

7) 이에 대해서는 졸저, 『문학교육론의 쟁점과 전망』, 삼지원, 2004의 2부를 참조할 것.
8) P. Zima, *Ideologie und Theorie : Eine Diskurskritik*, 1989, 허창운·김태환 옮김, 『이데올로기와 이론』, 문학과지성사, 1996, 375면.

는 현대 소설의 특징으로 '모호성'과 '양가성'을 들고 있는데, 이것이야말로 독백의 이데올로기를 해체할 수 있는 비판적 도구라는 것이다.[9] 지마가 '작품과 사회의 구조적 상동성'을 전제로 한 소설 담론의 비문학 담론으로의 환원을 거부하고 있는 것에는 틀림이 없다. 그러나 그 역시 궁극적으로는 이데올로기 비판 자체를 소설 읽기의 중심에 놓고 있다는 점도 부인할 수 없다. 또한 양가성과 모호성은 형식 원리라기보다는 형식화에 진입하기를 기다리는 원리 차원의 철학적 개념에 가깝다. 지마의 논의는 소설의 형식에 대한 고려를 통해 보충되어야 한다. 철학적·학술적 담론과 구별되는 장편 소설의 '미적 원리'에 대한 고려로는 충분하지 않은 것이다. 필자는 지마의 문제 의식을 받아들이되, 장편 소설을 여타의 이념적 담론과 구별시키는 형식의 원리로 인물 형상화에 초점을 맞추고자 한다. 특히 개별 인물 하나하나의 특징을 밝히고 그 의미를 살피는 것이 아니라 인물이 전체 서사 구조에서 차지하는 기능을 살핌으로써 장편 소설에 대한 미적 읽기가 실현된다는 점을 강조할 것이다. 그리고 이를 통해 장편 소설에 담긴 내용과 형식을 고루 시야에 놓는 소설 감상이 가능하다는 점을 강조할 것이다.

(2) 형식으로서의 인물 논의의 방향

인물 즉 캐릭터는 장편 소설을 포함한 서사체에서 독자의 흥미를 유발하는 1차적인 요소로 이해되고 있다. 실제로 소설이나 영화를 보고 나서 오랜 시간이 흐른 뒤에도 독자들의 뇌리에 가장 오래 남는 것은 인물이다. 인물을 중심으로 한 소설 감상에 대한 논의가 여러 차례 이루어진 이유도 장편 소설에서 인물이 차지하는 비중이 그만큼 크기 때문이다. 작품에서 작가의 주제의식과 가장 가까운 인물을 찾게 한다거나, 인물이 제시하고 있는 긍정적 가치나 부정적 가치를 비판적으로 자기화하게 하거나, 인물의 전형성을

---

9) 자세한 사항은 P. Zima, *Roman und Ideologie*, 1986, 서영상·김창주 옮김, 『소설과 이데올로기』, 문예출판사, 1996, 21-45면을 참조할 것.

작가의 세계관과 연결시켜 감상하게 하는 활동이 이와 관련된다고 할 수 있다. 그러나 이러한 활동은 인물을 작품 전체와 분리시킨 채, 개개인이 담지하고 있는 가치나 세계관 혹은 시대상을 작품 감상의 중심에 놓는 모습을 공통적으로 보여주고 있다. 그런 점에서 인물을 소설의 전체 서사 구조와 밀접하게 연관되어 있는 형식으로 규정함으로써 내용과 형식을 매개하는 장편 소설 감상의 내용을 모색하려는 필자의 생각과는 구별된다.

한편 형식주의 서사 이론은 인물을 소설에서 분리할 수 있는 부속품처럼 취급하는 경향을 비판한다는 점에서 기존 관점과 구별되는 면모를 보여주고 있다. 먼저 형식주의의 시각에서 서사에 대한 논의를 정리하고 있는 채트먼(Chatman)의 논의를 살펴보도록 하자. 그는 인물을 소설 담론으로 형상화되기 이전의 스토리 차원에 속하는 것으로 파악함으로써, '등장 인물'을 배경과 더불어 '사물적 요소'로 규정한다. 이 경우 인물에 대한 정태적 파악을 벗어나기 힘들다. 그러나 채트먼은 다른 한편으로 '내용과 표현' 대 '질료와 형식'이라는 이중 구도를 설정하여 '인물'을 '형상화' 다시 말해 '형식'의 차원으로 파악할 가능성을 열어놓고 있다. 다시 말해 소설에 등장하는 '인물'은 '작가의 문화적 약호들에 의해서 수용되기 이전의 사람과 사물들'이라는 '질료' 차원과는 구별되며, 그런 점에서 '내용의 형식'이라는 것이다. 서술자를 중심으로 한 서사적 전이의 구조와 같은 '표현의 형식' 차원에는 속하지 않는다는 점에서 '본격 형식'이라 볼 수는 없지만, 이 구도에서 인물은 작품의 단순한 부속품 이상의 위상을 점유하게 됨을 알 수 있다.[10] 미케 발(Mieke Bal) 역시 인물을 여전히 스토리 차원에 위치시키고 있지만, 이를 소설 담론의 '성분'에 불과한 파뷸라(fabula) 차원의 '행위자'와는 구별시킴으로써 채트먼의 논의를 이어받고 있다.[11]

---

10) 자세한 사항은 S. Chatman, *Story and Discourse*, Cornell University Press, 1978, pp.25-27을 참조할 것.
11) M. Bal, *Narratology*, 1985, 한용환 역, 『서사란 무엇인가』, 문예출판사, 1999을 참조할 것.

이처럼 서사 이론의 인물 논의는 인물에 대한 도덕적 평가를 중심으로 인물을 나누는 문제 설정을 넘어서서 인물을 형식의 일환으로 다루려 하고 있다는 점에서 진일보한 면을 보여준다. 그러나 이들 논의는 분류학으로 귀결된다는 점에서 소설 감상에 유기적으로 결합될 수 있는 지식이 되기 어려운 한계를 지니고 있다. 그렇다면 인물을 작품과 유기적으로 결합된 형식으로 파악하려는 서사 이론의 문제 의식을 이어받되 분류학에 머무르는 한계를 극복하는 일이다. 필자는 인물이 전체 서사 구조에서 어떤 기능과 역할을 수행하는가를 파악하는 것이 인물론을 발전시키기 위한 출발점이라 생각하고 있다. 여기서 루카치가 월터 스코트(Scott)의 역사 소설을 분석하면서 사용한 '중도적 인물'이라는 개념에 주목해 보자. 루카치는 중대한 사회·역사적 문제를 놓고 벌이는 여러 인물들 간의 상이한 지향과 갈등을 전체 사건의 흐름에 연결하는 매개 기능을 담당하는 '중도적 인물'이 역사 소설에서 차지하는 비중이 큼을 주장한 바 있다. 그의 논의에 따르면 스코트 소설의 주인공은 역사적으로 대립하는 당파를 대표하는 영웅적 인물들이라기보다는 중용적이고 평균적인 인물들이다. 이러한 중도적 인물에서 중요한 것은 인물 개인의 성격이나 세계관이 아니다. 때로는 우유부단하고 때로는 어느 편에 서야 할지 확신하지 못하고 머뭇거리는 그의 성격으로 인해, 그는 한 진영에 배타적으로 가담하지 않고 상호 갈등하는 세력의 대표자들을 자연스럽게 연결시킬 수 있게 된다. 여기서 인물은 분리된 개인이 아니라 소설의 서사 구조를 형성하는 형식 원리 차원이 된다.

비록 『광장』이 역사 소설은 아니지만, 주인공 이명준이 중도적 인물과 유사한 기능을 수행하고 있다는 점에서 필자는 그를 '매개적 인물'로 규정할 수 있다고 생각한다. 이제 아래 논의에서는 『광장』에 나타난 이명준의 역할을 보다 구체적으로 살펴보려고 한다.

3. 『광장』의 서사 구조에서 매개적 인물의 기능

(1) 주인공 이명준의 성격화 양상

『광장』에서 이명준은 철학과 3학년 학생으로서 그는 "철학과 3학년 쯤 되면 세계와 삶에 대한 그 어떤 그럴싸한 「결론」이 얻어질 것으로 생각"했으나 실제로는 아무런 결론도 가지지 못한 학생으로 그려진다.

> 철학과 3학년이다. 철학과 3학년쯤 되면, 누리와 삶에 대한 그 어떤 그 럴싸한 맺음말이 얻어지려니 생각한다. 그러나 지금 곧 이어 겨울방학이 될 3학년 가을, 아무런 맺음말도 가진 것이 없다. 맺음? 맺음말이란 건 무얼 말하는 것일까? 누리와 삶에 대한 맺음말이란 무엇을 뜻하는 것일까? 그것만 잡히면 삶 같은건 아주 시시해지는 그런 무엇일까?[12]

철학과 3학년생으로 이명준이 설정되어 있다는 점을 통해 이 소설에 나타난 관념적 담론의 기원을 찾곤 한다. 이명중의 성격화에 작가 최인훈의 성격이 영향을 미쳤다는 점도 고려의 대상이다. 그러나 보다 중요한 것은 이러한 성격화를 통해 삶과 사회의 실상에 대해서는 잘 모르면서 동시에 현실의 이런저런 모습에 급진적으로 반응하는 성격을 만들어낼 수 있는 기반이 마련된다는 점이다.

> 정치? 오늘날 한국의 정치란 미군부대 식당에서 나오는 쓰레기를 받아서, 그중에서 깡통을 골라내어 양철을 만들구, 목재를 가려내서 소위 문화주택 마루를 깔구, 나머지 찌꺼기를 가지고 목축을 하자는 거나 뭐가 달라요? 그런 걸 가지고 산뜻한 지붕, 슈트라우스의 왈츠에 맞추어 구두 끝을 비비는 마루며, 덴마크가 무색한 목장을 가지자는 말인가요? 저 부로우커의 무리들,

---

[12] 최인훈, 『광장』, 문학과지성사, 1989, 30면. 이하 인용에서는 면수만 기록하기로 한다.

정치 시장에서 밀수입과 암거래에 깽들과 결탁한 어두운 보스들. 인간은 그 자신의 밀실에서만은 살 수 없어요. 그는 광장과 이어져 있어요.(49면)

이런 성격의 인물은 현실에서 의미를 발견하지 못하고, 간혹 의미를 발견하려고 노력한다고 해도 주로 실패할 수밖에 없는 성향을 가지고 있다. 그는 근본적으로 일상에서 어떤 의미를 찾을 수 없는 인물이기 때문이다.

아버지는 새 장가를 들고 있었다. '민주주의민족통일전선' 중앙 선전 책임자인 그의 부친은, 모란봉 극장에 가까운 적산집에, 새 아내와 살고 있었다. 평안도 사투리가 그대로 구수한 '조선의 딸'이었다. 예 그대로인 조선 여자의 본보기, 그저 여자였다. 머릿수건을 쓰고 아버지가 벗어놓은 양말을 헹구고 있는 그녀를 보았을 때, 명준은 끔찍한 꼴을 본 듯 얼굴을 돌렸다. 꽃나무가 가꾸어진 뜰안. 30촉 전등 아래 신문지로 덮어놓은 밥상을 지키고 앉은 명준이 그 속에서 도망해나온, 평범이란 이름의 진구렁. 그 풍경은 맥빠진 월급쟁이 집안의 저녁 한때일망정, 반일 투사이며, 이름있는 코뮤니스트였던 아버지의 터전일 수는 없었다.(102면)

여기서 이명준은 특별히 북한의 일상이 아니라 일상을 구성하는 모든 요소를 경멸하고 있다. 그는 월북하기 이전부터 자신의 생활 전체에서 아무런 의미를 찾지 못하고 있었다. 그는 월북한 아버지 문제로 인해 경찰서에 끌려가 고문을 당한 뒤 밀입북 배를 타고 북한으로 향한다. 이 결정의 과정은 대단히 충동적인 것으로 그려지고 있는데, 돌연한 선택의 이유 역시 '생활'의 시각에서는 그리 명확하지 않다. 그저 북한에 가면 자신이 추구할 수 있는 '의미 충만함'이 있을 것이라 생각했을 따름이다. 한마디로 이명준은 그 어느 곳에서도 만족할 수 없는 성격의 소유자이다. 그처럼 일상을 완전히 부정할 경우 현실과 동떨어져 겉도는 인물이 될 수밖에 없다.

그러나 이러한 성격의 한계가 직접 소설의 한계로 이어지는 것은 아니다.

장편 소설의 세계에서 때로 인물 개인의 한계는 작품 전체의 장점으로 전환되기도 한다. 예를 들어 『만세전』의 이인화가 아버지 말을 잘 듣고 정혼에 의해 결혼한 아내를 사랑하는 '도덕적' 인간이었다고 가정해 보자. 그 경우 3·1 만세 운동 직전 조선의 현실에 대한 묘사와 자신의 내적 욕망에 대한 집요한 성찰의 시간을 열어주었던 '지연되는 여행 서사'는 원천적으로 불가능했을 것이다. 이명준 역시 바로 그러한 이명준이었기 때문에 당시 사회의 주류 이데올로기에 일방적으로 끌려가는 것을 피하고 새로운 세계를 찾아 떠날 수 있는 서사 구조가 가능했다.

(2) 타자와의 소통 불가능성

『광장』에는 이명준을 제외하고도 윤애와 은혜 그리고 전쟁 중 다시 만나게 된 친구 태식을 비롯 다양한 인물이 등장한다. 그러나 『광장』의 또 다른 특징은 이들과 이명준의 의미 있는 관계가 지속되지 않는다는 점이다. 그것은 다른 작중 인물들의 위치가 이명준의 관념 전개를 단지 보조하는 수준에 머물고 있기 때문이다. 이명준이 남한과 북한의 각기 대립하는 이데올로기에 대해서는 비교적 충실한 교섭이 가능했음에 비해 다른 실제 인물들과의 실질적인 소통은 거의 이루어지지 않는다는 평가가 나오는 이유가 있는 것이다.

작품에 그려진 이명준의 대인관계를 보면, 그가 월북한 아버지 때문에 경찰서에서 형사에게 취조를 당하는 대목에서 대학을 다니면서도 별다른 친구 없이 살아온 것으로 제시된다.

"제일 친한 친구가 누구야?"
명준은 잠깐 생각했다.
"별로 없습니다."
"뭐? 한 사람이라두 대란 말야."

"글쎄요. 특별히 친하단 사람은 …… 변태식이 그중 …….."
"변태식이?"
"뭣하는 사람이야?"
"변선생 자제분입니다."
"아따 요새끼 노는 꼴 봐라."(75면)

별다른 친구도 없이 이명준은 자신의 관념, 다시 말해 '밀실' 속에 은거하며 살아 왔다. 남한에서건 북한에서건 이명준의 생활은 개인적인 관념세계를 벗어나지 못하고 있다. 이 과정에서 이명준의 모든 담론은 타자와의 소통을 차단하는 독백의 성격을 가지게 된다.

이게 무슨 인민의 공화국입니까? 이게 무슨 인민의 소비에트입니까? 이게 무슨 인민의 나라입니까? 제가 남조선을 탈출한 건, 이런 사회로 오려던 게 아닙니다. (중략) 저는 살고 싶었던 겁니다. 보람 있게 청춘을 불태우고 싶었습니다. 정말 삶다운 삶을 살고 싶었습니다. 남녘에 있을 땐, 아무리 둘러보아도, 제가 보람을 느끼면서 살 수 있는 광장은 아무데도 없었어요. 아니, 있긴 해도 그건 너무나 더럽고 처참한 광장이었습니다. 아버지, 아버지가 거기서 탈출하신 건 옳았습니다. 거기까지는 옳았습니다. 제가 월북해서 본 건 대체 뭡니까? 이 무거운 공기. 어디서 이 공기가 이토록 무겁게 짓눌려 나옵니까?(103면)

이명준이 북에서 재회하게 된 아버지에게 자신의 감정을 표출하는 대목에서 대화는 불가능하다. 이미 자기 확신으로 가득 차 상대가 자신과 동일한 대화와 판단의 규칙을 가지고 있다고 전제하고 있기 때문이다.

남한과 북한에서 각각 환멸에 빠진 그에게 출구를 제공한 것은 은애와 윤혜라는 두 명의 여성이다. 유토피아에 대한 충동이 현실에 부닥쳐 깨어진 상황에서 열정은 에로스에 대한 충동으로 전화되기 쉽다. 그러나 윤애와의 연애는 광장에 대한 추구가 좌절된 남한에서 밀실에서 자기 충족을 꾀하는 행위라는 점에서 자신이 비판했던 밀실의 논리에 빠져드는 것에 지나지 않는다. 당연히 윤애에 대한 마음은 지배욕으로 변화하게 되고, 그 과정에서 타자에 대한 인정을 바탕으로 한 소통의 관계는 이루어지지 않는다. 윤애는 자신의 욕망을 실현할 대상, 다시 말해 '승리'의 대상일 뿐이다.

> 잠자리 날개 모양 풀이 꼿꼿한 모시적삼을 입은 그녀의, 깔끔한 자태가, 자기 품에서 숨을 할딱이던 바로 그 몸이라는 일은 그에게 자랑스러움을 준다. 그렇게 튼튼하게만 보이던 돌담의 한 모서리가, 멋적을 만큼 쉽사리 허물어지는 일은 거짓말 같다. 연애가 희한한 '기술'로만 비치던 명준에게는, 빤히 자기 손으로 만져본 승리조차도, 그러므로 허깨비나 아니었던가 쉽게 믿어지지 않는다.(76면)

북한에서의 은혜와의 관계 역시 타자를 자신과 동등한 주체로 인정하지 않는 지배욕에서 출발한다. 이명준이 자기중심적 태도에 사로잡혀 있는 한, 은혜는 욕정의 대상으로 대상화될 뿐이다.

> 고즈너기 '네' 하는 이 짐승이 사랑스러웠다. 나는, 밖에서 졌기 때문에, 은혜에게 이처럼 매달리는 걸까. 이긴 시간에도 남자에게 이토록 사무치는 마음을 가질 수 있을까. 아마 없을 테지. 졌을 때만 돌아와서 기대는 곳. 기대서 우는 곳. (중략) 나에게 남은 진리는 은혜의 몸뚱아리뿐. 길을 가까운 데 있다? 명준은 거칠게 그녀를 껴안았다. 그의 품속에서 그녀는 눈을 감았다. 늘 그랬다. 이 여자가, 인민을 위한 '예술 일꾼'이며, 인류의 역사를 뜯어고치는 거창한 대열에 발맞춰나가는 '여성 투사'라? 좋다. 그러면서도 그녀는 은혜다. 내거다.(117면)

이명준의 이러한 심리 상태는 고진이 '독아론(獨我論)'이라 규정한 것과 유사하다.13) 『광장』이 무엇보다도 관념 소설의 특징을 가진다고 평가되는 이유도 일차적으로는 독아론에 가까운 이명준의 성격 때문이다. 이명준 개인의 성격을 통해서는 역사적 진실에 대한 조명을 제대로 수행하기 어려우며 또한 선택의 귀결점이라고 볼 수 있는 죽음 역시 주관적인 환멸로 전락하기 쉽다. 그러나 중요한 것은 이명준 개인의 성격 자체보다는 그의 성격으로 인해 어떤 이야기들이 펼쳐질 수 있는가이다.

(3) 이념적 방황을 통한 양가적 비판

앞에서 살펴본 것처럼 이명준은 자신이 속한 사회에 쉽사리 적응하지 못할 뿐만 아니라, 자신이 선택한 진영에 열정적으로 가담하지 못하고 끊임없이 자신의 선택에 대해 회의하는 인물이다. 다시 말해 남과 북 어느 쪽의 현실에도 만족하지 못하고 이상적인 유토피아를 추구하는 성격으로 인해, 그는 방황의 여행을 거듭하게 된다. 이러한 방황을 통해 대립하고 있던 남한과 북한의 이데올로기가 사건의 흐름 속에서 연결될 수 있게 된다. 당시로서는 남과 북 모두를 경험하는 여행의 서사 구조를 창출하기란 불가능에 가까웠다. 그러한 상황에서 이명준의 성격은 이 두 세계를 모두 서사 구조 속에 통합할 수 있는 기반을 마련하게 되는 것이다. 월북한 부친에 연루되어 고초를 받기 이전에도 그는 자신이 속한 남한 사회에 쉽사리 동화되지 못하고 그 사회를 광장이 없는 밀실의 사회로 판단한다. 여기서 광장은 남한에는 개인만이 있고 국민은 없는 공간, 철저하게 사적인 가치가 지배하는 공간을 의미한다. 그러나 월북한 아버지와 '광장'을 찾아 선택한 북한에서도 회의에 빠질 수밖에 없다. 이명준의 북한에 대한 거부는 한마디로 밀실의 부재, 다시 말해 개인의 부재에 대한 거부감에서 온 것이다.

---

13) 가라타니 고진, 송태욱 옮김, 『탐구 1』, 새물결, 1998, 13-14면.

명준이 북녘에서 만난 것은 잿빛 공화국이었다. 이 만주의 저녁 노을처럼 핏빛으로 타면서, 나라의 팔자를 고치는 들뜸 속에 살고 있는 공화국이 아니었다. 더욱 그를 놀라게 한 것은, 코뮤니스트들이 들뜨거나 격하기를 바라지 않는다는 일이었다. 그가 처음 이 고장 됨됨이를 똑똑히 느끼기는, 넘어와서 바로 북조선 굵직한 도시를, 당이 시켜서 당연 걸음을 했을 때였다. 학교, 공장, 시민회관, 그 자리를 채운 맥빠진 얼굴들. 그저 앉아 있었다. 그들의 얼굴에는 아무 울림도 없었다.(100면)

개인의 부재는 열정의 부재를 낳고, 북한의 인민들은 철저하게 당의 꼭두각시로 살아가고 있다는 점에서 남한에 비해 하등 나을 것이 없다. 눈앞에 일어나는 일의 표본을 '당사(黨史)' 속에서 찾아내고, 그에 대한 처방 역시 그 속에서 찾아낸다는 점에서 마르크스주의는 또 다른 지배 이데올로기가 되어 밀실의 부재를 더욱 심각한 양상으로 몰아간다. 이명준은 만주의 '조선인 콜호즈' 취재 기사로 인해 신문사 내부에서 자아 비판대에 오르게 되고 북한의 현실에 완전히 절망하게 된다. 이번의 절망은 남한에서의 절망보다 더욱 심각한 것인데, 그에게 더 이상 새롭게 선택할 조국이 남아 있지 않기 때문이다.

명준은 제가 가져야 할 몸가짐을 알았다. 빌자, 덮어놓고 잘못을 저질렀다고 하자. 그의 생각은 옳았다. 모임은 거기서 10분만에 끝났다. (중략) 지친 안도감과 승리의 빛으로 바뀌어가는 네 사람 선배 당원의 낯빛이 나타내는 움직임을 지켜보면서 명준은, 어떤 그럴 수 없이 값진 '요령'을 깨달은 것을 알았다. 슬픈 깨달음이었다. 알고 싶지 않았던 슬기였다. 그는 가슴에서 울리는 무너지는 소리를 들었다. 그 옛날 S서 뒷동산에서 통통 부어오른 입언저리를 혀바닥으로 핥으면서 이 소리를 들었다. 그의 마음의 방문이 부숴지는 소리였다. 이번 것은 더 큰 울림이었다.(114-115면)

이처럼 『광장』은 이명준의 성격을 바탕으로 남과 북 어느 한쪽도 긍정하지 않는 양가적(ambivalent) 비판의 전략을 활용하고 있다. 여기서 양가성이란 서로 결합될 수 없어 보이는 두 개의 의미론적, 이념적 가치를 서로 결합시키는 것을 뜻한다. 새로운 체계로의 종합을 낳지 않는다는 점에서, 양가성은 헤겔의 종합과는 구별되는 개념이다. 지마에 따르면, 무질(Musil)의 아이러니, 바흐친(Bakhtin)의 카니발이 양가성의 대표적 구현 사례이다.14) 양가성과 대립하는 이데올로기적 담화는 자신의 의미론적·서사적 활동에 대해 성찰하지 않고, 자기의 관념을 타인의 관념에 절대적으로 대립시키는 독백의 태도를 특징으로 한다. 사실 이명준 개인의 지향에만 초점을 맞출 경우『광장』이야말로 이명준의 이데올로기적 담화로 가득한 작품이다. 그러나『광장』은 이명준 개인의 방황이 아니라 이명준이 남과 북을 모두 오가며 겪는 이념적 방황의 기록이라는 점에서 작품 전체로서는 남한과 북한 어느 한쪽도 긍정하지 않으면서 양자의 한계를 모두 보여주고자 했다는 점에서 양가성을 기본 태도로 하고 있다. 양가성을 바탕으로 한 이데올로기 비판은 한국 전쟁에서 포로가 된 이명준이 중립국을 택하고 자살에 이르는 결말로 끝을 맺는다. 그의 죽음이 절망에서 나온 선택이냐 아니면 은혜에 대한 사랑을 깨닫는 가운데 남과 북의 이데올로기를 어느 정도 다 넘어서는 긍정의 선택이냐에 대해서는 얼마든지 이견이 가능하다. 그러나 중요한 것은 그의 죽음 역시 현재의 대립에서 어느 한쪽도 긍정하지 않는 선택의 유보를 담고 있다는 점이다. 물론 이명준의 행로는 현실보다는 관념을 중심으로 이루어지며, 그런 점에서 '이념적 여행'이라는 한계를 갖는다. 그러나 동시에 그의 방황은 '광장과 밀실'로 대표되는 남한과 북한의 이데올로기를 한 지점에 펼쳐 놓되 그 어느 한 편도 긍정하지 않는 양가성의 전략에 가장 적합한 서사 구조를 마련했다고 평할 수 있다.

---

14) P. Zima, *Textsoziologie*, 1986, 허창운 옮김,『텍스트사회학』, 민음사, 1991, 30-32면.

4. 인물 중심 장편 소설 교육의 방향

지금까지 살펴본 『광장』을 비롯하여 최인훈 소설에서 주인공은 대부분 지식인이다. 항상 이데올로기와 관념의 문제를 집요하게 형상화한 최인훈의 작품 세계를 고려할 경우 주인공은 작가의 '분신'으로 파악되기 쉽다. 『광장』의 한계를 비판하고 있는 논의 역시 이명준의 관념성에 주목하고 있다. 그러나 이명준의 세계관이 가지고 있는 모순에 대한 비판이 전체로서의 『광장』의 한계와 동일시될 수는 없다. 비록 최인훈 소설에서 주인공이 차지하는 비중이 대단히 크다고 하더라도, 항상 작품은 완결된 전체로서 현실을 인식하고 형상화한다. 그렇다면 주인공과 작품에 등장하는 여타 인물과의 관계 속에서 이루어지는 서사 구조에 대한 고려 없이 개개 인물의 지향을 고립시켜 장편 소설을 감상하는 것은 한계를 갖기 마련이다. 다시 말해서 이명준은 작가의 세계관을 전달하는 메가폰과 같은 의미의 '긍정적 인물'은 아니다. 긍정적이라 보기 어려운 주인공의 의의를 인물의 세계관에서 바로 찾는 방식의 소설 감상은 작품 내적 인물을 실제 현실의 인물과 연속선에 서 있다는 전제에서 출발했다는 점에서 '의도의 오류'를 벗어나기 어렵다. 소설에서 인물의 의미는 다른 인물 및 사건과의 관계와 독립된 채로 파악될 수 없다. 개별적 의도를 작품에서 독립시켜 추출한다거나 그러한 측면에 집중하여 작품의 의미를 판단할 경우 미적 특징을 완전히 외면하는 작품 감상으로 귀결되기 때문이다.

일반적으로 단편 소설과 장편 소설을 나누어 전자는 기법을 중심으로 교육 내용을 추출함에 비해, 후자는 현재뿐 아니라 과거, 미래의 생활방식을 탐구할 수 있으며, 자신과 다른 사람의 행동을 이해하여 윤리적 가치를 형성할 수 있도록 하며, 동일시의 기회를 제공하고, 인간 행위의 동기에 대한 이해를 주는 점에서 유용한 교재임을 강조하고 있다.[15] 그런 점에서 지금까지

---

15) R. Rodrigues, *A Guidebook for Teaching Literature*, 1978, 박인기 외 옮김, 『문학 작품을

장편 소설 감상은 낱낱의 등장 인물 개인의 성격이나 그가 보여주고 있는 세계관에 주목하여 그에 대한 반응을 이끌어내는 방향으로 이루어져 왔다. 그런데 소설 속의 인물은 실제 인물이 아니라, 전체 소설과 유기적으로 통합되어 있는 허구적 인물이다. 이를 간과할 경우, 장편 소설 감상은 독립된 문학 작품이 아니라 실제 현실을 복사한 기록물을 읽는 것과 동일한 차원이 된다. 비록 상상을 통해 소설 속의 인물과 의식·감정을 제휴한다고 해도, 이것은 반드시 상상 속에서 그 인물이 '되려고' 소망하는 것은 아니다. 능숙한 독자는 소설을 읽으며 단순히 누군가에 감정이입하지 않는다. 작품 속의 내포 작가는 여러 가지 형식적 장치를 사용하여 독자가 다른 인물과의 관계 속에서 주인공에 반응하는 것을 조정하는데, 능숙한 독자는 한 인물에 몰입했다가 때로는 거리감을 두면서 복합적인 정서적 반응을 보이게 된다.[16]

소설 감상에서 작품에 내재한 사회 문화적인 가치와 윤리적 의미가 중요한 한 축이 된다는 점을 부인할 수 없다.[17] 그러나 비록 장편 소설이 반(半) 예술이기는 해도 그것은 여타의 이념적 담론과 구별되는 나름의 미적 장치를 갖기 마련이다. 그러므로 장편 소설을 비롯한 문학의 장르에 관한 원리와 지식은 어떤 차원에서든 문학 영역의 교육 목표와 내용으로 수용되어야 한다. 장편 소설 역시 시나 단편 소설과 같은 다른 장르와 구별되는 나름의 장르적 특징을 가지고 있다. 그러므로 플롯, 서술자, 시점을 감상의 원리로 활용하는 것으로는 장편 소설 감상 교육을 제대로 실행하기 어렵다. 이는 단편 소설의 미적 특징에 초점을 맞추어 구성된 교육 내용이기 때문이다. 장편 소설 교육과 가장 밀접한 관계를 가지고 있는 '삶에 대한 총체적 체험'이라는 목표 역시 작품에서 주제 의식이나 세계관에 대한 검토를 통해서는

어떻게 가르칠 것인가』, 박이정, 2001의 3장과 4장을 참조할 것.
16) 감정이입을 중심으로 한 감상의 문제점에 대한 지적으로는 J. Gribble, *Literary Education: A Revaluation*, 1983, 나병철 역, 『문학교육론』, 문예출판사, 1987의 6장을 참조할 것.
17) 이에 대해서는 우한용, 「문학교육의 윤리적 연관성에 대한 연구」, 『사대논총』 제55집, 서울대학교사범대학, 1997을 참조할 것.

제대로 달성되기 어렵다. 그런 점에서 『광장』 감상에서 냉소적이고 현실에 실망하기 쉬운 이명준의 성격 자체를 문제로 삼아 평가하는 것은 적절하지 않다. 앞에서 살펴본 것처럼 그는 때로는 자신의 운명을 결정할 중대 결단을 내리지만, 궁극적으로는 결코 열정에 사로잡혀 모든 것을 포기하지 않는다. 그런 점에서 그는 어떤 일에 열광적으로 몰두하지도 않는다. 이명준을 포함한 이러한 성격의 주인공들은 작품 속에서 상호 투쟁하는 양극단을 서로 매개하는 역할을 수행하고 있다는 점에 주목했을 때, 작품 전체 속에서 그들의 의미가 잘 드러난다.18)

장편 소설에는 이러한 특징을 드러내는 인물이 자주 등장하는데, 이를 '매개적 인물'이라는 용어로 개념화할 수 있다. 지금까지 설명한 것처럼 매개적 인물의 의의는 한 개인의 세계관 자체에 있는 것은 아니다. 장편 소설 감상에서 이 개념을 활용함으로써 작가의 지향이 소설 속에서 한 개인을 통해 구체화되며, 작품 감상 역시 낱낱의 개인에 주목하고 그에 대해 반응하는 방식으로 이루어진다는 생각을 넘어서는 데 도움을 줄 수 있다. 형식으로서의 '인물'은 인물 자체가 아니라, 이 인물이 다른 인물과 어떤 관계를 형성하는가에 초점을 맞춘다. 다시 말해 대립하는 인물이나 이데올로기를 연결하고 동시에 다양한 갈등을 펼쳐놓게 할 수 있는 '매개적 인물'이 작품 전체에서 어떤 기능을 수행하고 있는가를 파악함으로써 미학적 측면을 강조하는 장편 소설 감상이 가능해질 것이다. 이를 통해 장편 소설의 총체성을 고려하면서 소설을 감상할 수 있는 한 방향을 확보할 수 있을 것으로 기대한다.

---

18) G. Lukács, *Der Historische Roman, 1965*, 이영욱 역, 『역사소설론』, 거름, 1987, 30-35면.

제4장

메타소설과 창작 교육 - 『외딴 방』을 중심으로

1. '이해와 감상'에서 '수용과 창작'으로

과거와 비교해 볼 때 문학교육에서 일어난 가장 큰 변화는 '이해와 감상'이라는 용어를 '수용과 창작'이라는 대당 개념으로 대체했다는 것이다. 이 새로운 용어의 도입으로 인해 '이해와 표현'이라는 언어 활동의 기본 틀과 연계시켜 문학교육의 구도를 잡을 수 있게 되었으며, 문학 작품을 학습자가 직접 써보는 일도 문학 현상에 능동적으로 참여하는 길임을 인식할 수 있게 되었다. 그런데 '수용과 창작'이라는 말에서 이 '과'는 단지 '나열'의 의미만을 가지는 것이었을까? 예를 들어 이런 의문을 제기할 수 있다. 수용과 창작을 산술적으로 결합시키면 문학 능력이 되는가? 아니면 나름의 독자성을 가지지만 어떤 국면에서는 화학식의 고리처럼 연결되어 문학 능력을 구성하는가? 필자는 수용과 창작이 밀접한 관련을 맺으며 소통할 때, 문학 능력이 발전할 수 있다는 전제가 '수용과 창작'이라는 용어의 도입에 내재하고 있다고 본다. 그러한 전제를 보다 명료하게 표현함으로써 새로운 교육과정에서도 지속적으로 도입되고 있는 '수용과 창작'이라는 용어에 담긴 잠재력을 극대화하는 것이 이 글의 궁극적인 목표이다. 필자는 수용과 창작의 내적 연관 관계를 바탕으로 한 둘의 선순환 구조로 이어질 때 문학 능력이라는 개념이

의미를 가지며, 이는 '문학의 창조적 재구성' 부분을 구체화하는 노력에 의해 가능하다는 점을 밝히고자 한다. 특히 메타소설의 특징을 바탕으로 제기한 '메타 소설화' 전략이 작품에 대한 비평과 창작을 결합시켜 문학의 창조적 재구성에 유의미한 내용을 제공할 수 있음을 논할 것이다.

2. 실천적 의미 구성 행위로서의 수용과 창작교육

(1) 해석 텍스트 쓰기의 실천성

모든 읽기와 마찬가지로 문학 읽기 역시 텍스트와의 대화를 통해 자신의 삶을 변화시키는 커다란 기획의 일부이다. '이해'를 설명이나 인식의 범주가 아니라, '실존 범주'로 규정한 하이데거의 논의는 읽기의 이러한 수행성을 철학적 차원에서 설명하고 있다. 그에 따르면, 어떤 텍스트를 이해한다는 것은 읽기 주체의 고정된 세계를 확장시키는 '탈자적인 기투'의 문제를 포함한다는 점에서 항상 좁은 의미의 '텍스트' 차원을 넘어서게 된다. '텍스트 바깥에는 아무 것도 없다'는 데리다의 발언은 역시 '텍스트 안에는 아무 것도 없다'로 바꿔 쓸 수 있는 여지를 내포하고 있다.[19] 읽기가 그 자체로 '쓰기'의 속성을 가지고 있다는 주장은 이러한 맥락에서 제기된 것이다. 바르뜨(Barthes)의 유명한 '읽는 텍스트'와 '쓰는 텍스트'의 구별은 텍스트의 유형학이 아닌 작품 읽기의 방법론과 결부된다. 다시 말해 이 개념은 분류를 목적으로 하기보다는 '읽는 텍스트'를 '쓰는 텍스트'로 변화시켜 문학 독서를 보다 즐거운 놀이로 전환시키기 위한 읽기 태도와 방법과 결부되어 있다. 예를 들어 『삼포 가는 길』이야말로 전형적인 '읽는 텍스트'라 할 수 있겠지만, 이런 식의 분류에 만족하는 것보다는 작품에서 여러 가지 해석을 이끌어내려는 시

---

[19] 이에 대한 상세한 논의는 M. Heidegger, *Wegmarken*, 1967, 신상희 역, 『이정표 1』, 한길사, 2005, 140면을 볼 것.

도가 바르뜨의 문제 의식에 더 가까울 것이다. 문학의 수용은 독자가 자신의 가치관이나 문학관으로 텍스트를 다시 '쓰는' 과정과 함께 텍스트가 제시하는 세계에 비추어 자신의 세계를 조정하는 과정이 복합적으로 나타나는 실천적 연관 관계의 총체이다.

7차 교육과정 이후 '이해와 감상'을 대체하여 '수용'이라는 용어를 도입한 이유 중의 하나도 독자를 수동적인 위치에 한정시키는 틀을 벗어나기 위해서였고 문제의식의 확산이라는 점에서 이는 분명 성공적인 변화였다. 그런데 어려움은 수용의 실천성이 언제나 현실화되지는 않는다는 점에 있다. 교실 상황에서 일정한 목표 의식 속에서 학습에 참여하는 학습 독자에게는 읽기의 '쓰기적 계기'를 실현할 수 있는 '실제 쓰기'의 과정이 필요하다. 읽기와 쓰기의 통합을 실현하기 위해 '읽고 쓰기'가 필요함을 제안하고 해석 텍스트 쓰기의 과정을 밝힌 논의는 이에 초점을 맞추고 있다.[20] 이는 외국의 작문 교육 및 문학교육의 동향과도 연결된다. 문학 읽기 수업과 쓰기 수업이 강좌 구성은 물론이고 교수법적으로도 이원화된 관행에는 읽기와 쓰기를 대립된 활동으로 간주하는 편견이 들어 있으며, 이를 극복하기 위해 문학 수업과 작문 수업을 통합하려는 노력이 효과를 거두고 있다는 의견이 그것이다.[21]

그런데 해석 텍스트 쓰기는 여러 가지 글쓰기 장르 나아가 다매체 장르를 통해서도 실현 가능하다. 다시 말해 해석 텍스트 쓰기를 꼭 감상문과 동일

---

20) 양정실은 해석 논리 구성 양성을 대상 규정의 명료화, 의미 탐구를 위한 맥락 도입, 정체성 형성을 위한 '나'의 표현의 셋으로 나누어 이를 한편의 해석 텍스트를 완성하는 과정과 연결시킴으로써 한편의 감상문을 쓰는 과정을 보다 구체화했다. 이에 비해 필자의 경우 비평 텍스트의 지배소를 직관의 표현, 기법의 탐구, 사회·역사적 가치 탐구로 규정함으로써 비평 텍스트의 완성보다는 무엇을 중심으로 작품을 읽을 것인가를 제시하는 일에 더 큰 관심을 가졌다. 그런 점에서 지배소의 추출은 비록 읽기와 쓰기의 통합을 이야기하지만 여전히 '읽기' 자체에 더 큰 비중을 두고 있다는 지적은 정곡을 찌른 것이라 하겠다. 자세한 사항은 양정실, 「해석 텍스트 쓰기의 서사교육 방법 연구」, 서울대학교 박사학위 논문, 2006을 참조할 것.

21) Elbow, "The Cultures of Literature and Composition", *College English* V.64, 2002, pp.533~546.

시할 필요는 없다. 만일 감상문 쓰기에 초점을 맞출 경우 감상문이라는 장르의 속성이 학습자에게 가하는 부담을 어떻게 극복할 것인가 하는 문제가 여전히 남는다. 왜냐하면 감상문은 작품/독자의 엄격한 경계가 유지되는 가운데 진행되는 대화의 산물이기 때문이다. 학습 독자의 문학 수용이라는 것을 감안하면 독자가 텍스트의 권위에 맞서기란 쉬운 일이 아니다. 감상문 쓰기에 임하는 독자 역시 해석 텍스트를 생산하고 있다는 점에서 분명 '저자' 이지만, 이 경우 '저자'란 어디까지나 거장성의 무게를 가진 저자의 그늘을 벗어나기 힘든 '약한 저자'의 자리에 서게 될 가능성이 높다. 감상문 쓰기가 쓰기의 결과물을 낳는 것이기는 해도 그 결과물을 생산하는 가운데 작가의 권위에 복종하는 '이야기 위주의 독자'로 시종할 가능성은 여전히 남게 된다. 데리다를 나름의 방식으로 수용한 소위 '해체주의' 비평이 '오독'의 범주를 실질적으로 폐기하고 '창조적 비평'의 이름으로 비평 자체의 심미성을 과하다 싶을 정도로 강조한 이유도 비평에 가하는 작가의 중력을 최소화하고 싶었기 때문이다.[22] 그렇지만 이런 식의 '창조적 비평'은 작품과 연관되어 있는 문학사적 맥락과 비평 이론을 종횡으로 꿰고 있는 전문 비평가에게나 가능해 보인다.

작가/텍스트/독자라는 경계선이 여전히 유지되고 그 경계선이 엄격하게 지켜지는 '감상문'과 같은 해석 텍스트 쓰기 장르는, 여러 장점을 가지지만 학습 독자의 '저자성'이 제한된다는 한계 역시 지니고 있다. 그렇다면 읽기에 내재하고 있는 '쓰기'의 계기를 현실화시킬 수 있는 다양한 방법, 그중에서도 독자를 보다 실질적인 '저자'의 자리로 이끌어갈 수 있는 전략의 모색은 해석 텍스트 쓰기의 내용을 보다 풍부히 하기 위해서 별도의 과제로 남아 있는 셈이다.

---

22) 자세한 사항은 P. Zima, *Dekonstruktion*, 1994, 김혜진 역, 『데리다와 예일 학파』, 문학 동네, 2001를 볼 것.

(2) 문학 능력과 창작 능력

문학교육의 대상이 '문학 현상'임을 주장한 논저는 문학의 세계를 이해하는 또 다른 길이 문학의 생산에 직접 참여해 보는 것임을 문학교육론 차원에서 본격적으로 제기했다. 이러한 주장은 7차 교육과정에서 '창작'을 문학교육의 내용으로 포함시키는 결과로 이어졌고 2007년 개정 교육과정 이후 '수용과 창작'의 틀은 전반적으로 유지된다. 학습자의 창작 체험은 결과물의 수준과 무관하게 자신의 삶 읽기와 기존의 독서 체험을 바탕으로 '작가적 독자'가 되는 길을 보장하는 장점이 있다. 문학교육에서 창작 교육에 대한 논의가 본격적으로 시작된 시점이 비판적이고 창의적인 수용과 해석을 강조한 시점과 맞물린다는 점도 우연의 일치만은 아니었을 것이다.

창작 교육에 대한 논의는 교실에서의 문학 창작을 시인이나 소설가와 같은 전문가 양성과 관련된 '수준'과 결부시키지 않는다는 점에 의견의 일치를 보이고 있다. 창작교육 불가론을 본격적으로 비판한 초기 논문에서도 창작교육과 관련된 편견으로 이상적인 작품을 쓸 수 있는 작가를 기르는 과정으로 창작교육을 바라보는 관점의 문제점을 집중적으로 지적하였다.[23] 한편 '문단 창작'과 대비되는 '교실 창작'이라는 용어를 사용한 김창원은 (1) 교육 목적과 국어과 목표, 학교 교육 계획, 인접 교과 활동, 발달 단계, 지역 절기와 같은 외적 요인들의 중요성 (2) 창작을 자극하고 안내하는 일정한 계획의 필요성 (3) 창작 과정에서 교사 - 학습자, 학습자 - 학습자의 상호작용 (4) 결과물에 대한 피드백의 직접성 (5) 창작 과정과 학습 과정의 동일성 다섯 가지를 '교실 창작'의 특징으로 제시하였다.[24] 이들은 모두 문학의 수용과 창작이 동전의 앞뒷면과 같은 관계를 맺고 있다는 점을 지적하면서 수용과 창작을 통합하는 문학교육의 필요성을 제안했다는 점에서 의미가 크다. 그러나 수용과 창작이 맺는 관계에 대해서는 더 깊이 파고들지 않고, 결과물의

---

[23] 대표적인 것으로 노진한, 「창작교육을 위한 소론」, 『선청어문』 25집, 1997을 들 수 있다.
[24] 김창원, 「술이부작에 관한 질문」, 『문학교육학』 2호, 1998, 268면.

수준보다는 과정과 체험을 중시하는 교실 창작 자체의 특징을 밝히는 데 주력하고 있다. 만일 창작을 강조하는 이유가 전체 문학 현상의 한 국면에 참여해본다는 체험 자체에 국한된다면, 결국 남는 것은 '결과물'이고, 본래의 문제의식에서 벗어나 결과물의 '수준'에 대한 고려를 부담으로 지게 된다. 필자가 창작의 체험을 작품 수용과 연결시킬 필요성을 제기한 이유도 '교실 창작'의 가능성을 보다 현실화하기 위해서이다.

서사의 생산이 서사물의 독서에서도 큰 의미를 갖고 있다고 전제하면서 '행위 지향 패러다임'을 강조하는 독일의 문학교육은 수용과 창작의 연관성을 보다 적극적으로 부각시키고 있다. 문학 텍스트의 생산 특성에 대한 개념적 이해나 문학 텍스트의 상호텍스트성을 체험하는 것과 더불어 문학 텍스트를 직접 써보는 것을 중요한 체험의 내용으로 삼는 이유도 생산과 수용의 내적 연관성에 대한 인식에서 나온 것이다.[25] 미디어 리터러시 신장을 목표로 하는 미디어 교육이 미디어에 대한 비판적 분석과 창조적 제작을 미디어 교육의 양대 축으로 설정하는 것도 눈여겨 볼 일이다. 미디어 교육은 주요 교수 학습 전략으로 텍스트 분석, 맥락 분석, 사례 연구, 변형, 시뮬레이션, 제작 활동을 들고 있다. 여기서 변형과 같은 제작 활동에 참여해 보는 일은 제작 자체로서의 의미도 갖지만 동시에 미디어 텍스트를 비판적으로 이해하는 데에도 큰 역할을 한다는 점을 강조하고 있다. 결국 분석과 제작은 각자의 영역을 점하고 있는 것이 아니라 내적으로 연관되어 두 능력을 향상시키는 데 도움을 주며 전체로서의 미디어 리터러시를 구성한다고 파악하는 것이다.[26]

문학교육에서도 문학에 대한 창작의 경험을 통해 문학에 대한 수용 능력을 발전시키고 역으로 문학 수용을 통해 창작 능력 역시 배가되는 연속적인

---

25) 권오현, 「독일 문학교육에서 〈행위지향〉 패러다임」, 『문학교육학』 1호, 1997, 211면.
26) D. Buckingham, *Media Education,* 2003, 기선정·김아미 옮김, 『미디어 교육』, 제이앤북, 2004의 5장을 볼 것.

국면을 부정할 이유는 없어 보인다. '이해와 감상'을 수용으로 바꾸고 여기에 창작이라는 새로운 요소를 추가한 것이 '수용과 창작'이라는 새로운 용어를 도입한 취지는 아닐 것이다. 창작을 강조하는 것은 창작에 참여한다는 의미를 넘어서 '수용과 창작'의 상호 연관성 속에서 두 능력의 상보적 발전을 지향하고자 하는 의미가 들어 있다. 창작과 수용은 산술적으로 결합된 별개의 능력이 아니라, 내적으로 상호 연계됨으로써 온전한 의미의 '문학 능력'의 상을 구체화할 수 있다는 관점은 문학교육의 실천을 재구조화하려 했던 본래의 문제의식에 더 가깝다.[27] 그리고 이는 '문학의 창조적 재구성'에 수용 능력과 창작 능력을 매개하는 역할을 부여함으로써 실현될 수 있다.

창조적 재구성은 작품에 대한 수용을 바탕으로 한 '변형'을 강조한다는 점에서 수용 능력과 창작 능력을 동시에 요구한다. 기존 텍스트에 대한 거리의식을 바탕으로 이를 비판적으로 뒤집어 보는 패러디 활동이 주목을 받았던 이유도 이러한 맥락에서이다. 패러디는 이미 그 속에 주어진 텍스트에 대한 충실한 읽기를 내포하고 있는 쓰기 활동이라는 점에서 전술한 수용과 창작을 매개하는 구체적인 전략으로서 큰 의미를 갖는다. 그러나 또 한편으로 패러디는 특정한 방향성을 지니는 변형의 전략이라는 점에서 '창조적 재구성'의 전면모를 포괄할 수 없다. 예를 들어 마틴(Martin)은 서사물을 비트는 여러 기법을 풍자, 패러디, 아이러니의 계열과 '메타소설' 계열로 대별한다. 전자는 작가가 지배적인 문학 관습 외부의 지점에 서서 그러한 관습의 근거와 타당성에 대해 의문을 제기하는 것을 목표로 삼는 반면 후자의 경우 작가가 서술 관습의 틀 밖으로 나가서 그러한 관습을 둘러싼 독자, 현실과 서사체를 이야기의 재료로 삼는 특징을 나타낸다. 모두 이야기 '관습'에 대해서 거리를 취한다는 점에서는 유사하지만, 하나는 타당성을 문제로 삼지만 하

---

[27] 우한용은 학습 작가와 학습 독자를 구분하여 창작이 글 읽는 과정과 전혀 다른 과정으로 인식하는 관행이 수정되어야 함을 주장하면서 수용–창작이 연계되어야 함을 본격적으로 논의한 바 있다. 우한용, 「창작교육의 이념과 지향」, 『문학교육학』, 2호, 1998, 238면.

나는 그것을 소재로 삼는다는 점에서 구별된다. 필자가 패러디에 대해 '특정한 방향성을 내포한다'고 판단한 이유는 이 때문이다.28) 주지하다시피 패러디는 조롱의 즐거움을 바탕으로 한 '부정의 정신'을 전제로 한다. 패러디 전략이 근대 문학의 엄숙주의에 내재한 이성 중심주의를 즐거운 감성으로 내파하는 효과를 가진다는 점은 인정해야겠지만, '감성'의 복권이 좁은 의미의 '웃음'과 동일시되어야 할 이유 역시 없다. 근대적 사유를 이성과 합리성을 바탕으로 '진실에 대한 재현'을 추구하는 진지함으로, 탈근대적 사유를 욕망에 근거한 즐거운 놀이로 이원화하는 가운데 패러디의 의미를 발견하는 것이 가장 대중적인 접근이라 할 수 있다. 그러나 근대 소설의 탄생에 대한 논의에서 빠지지 않고 언급되는 '돈키호테'가 기사도 문학에 대한 패러디의 산물이었다는 점, '숭고'의 미적 감정을 강조하는 탈근대 미학 역시 감성의 문제를 중시하고 있다는 점을 기억할 필요가 있다.

한편 창조적 변형을 패러디와 동일시하는 것은 텍스트와의 대화를 좁은 의미의 '비판'과 동일시하는 태도와 결부되어 있다. 의미의 긴장 관계를 극한까지 추구하는 갈등의 창출을 진정한 의미의 대화로 본 바흐친마저 '동의의 대화성'을 인정했다는 점이 이 대목에서 시사하는 바가 크다.

> 동의는 이견만큼이나 대화적이다. 동의는 무수한 다양성, 무한한 명암과 농담 그리고 엄청나게 복잡한 상호 작용을 지니고 있다.29)

독자가 텍스트와 대화하는 가운데 텍스트의 세계와 독서 주체가 가지고 있는 서로 다른 전망들이 사상(事象)에 관한 보다 깊은 이해의 방향으로 융합을 추구한다는 특징이야말로 바흐친이 이야기한 대화의 본질과도 일맥상통한다.

---

28) 자세한 사항은 W. Martin, *Recent Theories of Narrative*, Cornell University Press, 1986, p.179를 볼 것.
29) G. S. Morson & C. Emerson, *Mikhail Bakhtin : Creation of a Prosaics*, 1990, 오문석 외 역, 『바흐친의 산문학』, 책세상, 2006, 245면.

패러디를 창조적 재구성이나 '고쳐 쓰기'와 동일시하는 일이나, 대화하면 이견과 부정을 먼저 연상하는 것은 오른쪽으로 휘어진 막대를 바로 펴기 위해 왼쪽으로 힘을 가해야 한다는 점에서는 수긍할 수 있지만, 이것이 또 다른 사고의 관행으로 굳어지는 일도 피해야 한다. 허천(Hutcheon)은 메타소설을 리얼리즘 기법에 대한 회의의 전경화와 동일시할 필요가 없으며, 메타소설이 자의식적이고 자기반영적이라는 말을 자기도취적이고 나르시스적이라는 것으로 이해해서는 곤란하다는 점을 강조하였다.[30] 필자가 메타 소설에서 수용과 창작을 매개하는 창조적 재구성의 내용을 이끌어 낼 수 있다고 생각하는 이유도 '메타적 인식'이 특정한 방향성을 전제하지 않기 때문이다.

3. 자전적 글쓰기에 대한 성찰의 전경화

메타소설은 허구와 현실의 관계에 의문을 제기하기 위해 인공물로서의 자신의 위상을 의식적이고 체계적으로 드러내는 허구적인 글쓰기로서, 픽션을 창작함과 동시에 그 픽션의 창작 과정에 대한 진술을 하는 소설의 양식으로 정의할 수 있다. 메타소설은 일반적으로 허구적 환상의 구성과 그러한 환상의 드러내기라는 대립적 원칙 위에서 구성된다. 메타소설의 중요한 특징으로 첫째, 예술과 언어의 재현 능력에 대한 불신 둘째, 언어, 문학형식, 창작 행위에 대한 자의식 드러내기 셋째, 허구와 현실 사이의 긴밀한 지시 관계 회의 넷째, 패러디와 유희기법의 차용을 든다.[31] 그런 까닭에 메타소설은 언어가 일관성을 가진 의미 있는 '객관적인' 세계를 수동적으로 반영한다는 견해를 회의하면서, 언어는 스스로 '의미'를 생성하는 독립적이고 자족적인 체계라는 언어학의 견해를 받아들인다. 다양한 형태로 실현되는 메타소설의

---

30) L. Hutcheon, *Narcissistic Narrative*, Wilfrid Lauer University Press, 1980, p.36.
31) P. Waugh, *Metafiction*, Methuen, 1984, pp.2-4.

일반적인 특징은 픽션창작의 실제를 통해 픽션의 이론을 탐구한다는 것인데, 특히 리얼리즘 소설의 특정 관습을 낯설게 만들면서 서사 구성 과정을 보여주는 쪽에 주력한다.

이러한 메타소설의 특징에 비추어 볼 때 지금부터 살펴볼『외딴 방』은 전형적인 메타소설이라고 보기는 어렵다. 10대 후반 서울로 상경한 여성 주인공이 구로 공단 주변에서 보낸 과거와 그 과거의 한 부분이 현재 소설가로서의 자신에게 여전히 작용하고 있는 정신적 내상을 되돌아보고 있는 내용의 측면에 주목할 경우 이 작품은 분명 자전적 소설에 가깝다. 그러나 70년대 말에서 80년대 초 자신의 체험을 어떤 방식의 글쓰기로 재현할 것이며 그러한 재현이 과연 가능한가를 끊임없이 되묻고 있다는 점에서『외딴 방』은 메타소설의 면모 역시 가지고 있다. 사실 '메타'라는 용어는 허구의 세계와 허구 바깥 세계 사이의 관계를 탐색하려는 노력을 지칭한다. 메타소설은 특정 양식으로 국한시킬 수 없으며, 소설의 형식적 특징에 대한 자각적 성찰이 동반되어 있느냐가 더 중요한 것이다.[32] 이처럼 자전적 소설과 메타소설이 혼합되어 있는 특징은 자전적 체험이나 과거에 대한 회상을 주로 하는 다른 작품에 적용할 수 있는 메타소설화 전략을 이끌어내려는 시도에는 더 잘 어울릴 수 있다.

(1) 재현에 대한 자의식의 노출

『외딴 방』은 10대 후반 서울로 상경한 정읍 출신 주인공인 '나'가 70년대 말 구로 공단에서 일하며 '산업체특별학급'에 다니던 과거를 회상하는 내용이다. 이 작품의 두드러진 특징은 자신이 회상하고 있는 유신 말의 시대 상황이 '서술'에 의해 탄생한 언어적 구성물임을 독자에게 지속적으로 상기시킴으로써 독자가 가지고 있는 '허구적 서사'에 대한 기대 지평을 고의적으로

---

32) P. Waugh, op.cit., p.19.

파괴하고 있다는 점이다.

> …… 희재 언니의 방을 생각하면 그 방안의 사람보다 그 방에 고정적으로 놓여 있던 사물이 더 많이 떠오른다. 벽에 붙여놓았던 남동생의 사진이나, 핀이 담아져 있던 손바닥만한 플라스틱통 같은 그런 것들. 놀나 장판이나, 설탕스푼. 너무 새 것이어서일 것이다. 그 방의 사물 중에 유독 다리미가 선명하게 떠오른다. 교복 칼라를 다리려고 샀지, 그때의 그녀 목소리도 지금 곁에서 말하는 것같이 선명하다.
>
> …… 선명하다, 라고 쓰면서 나는 놀라고 있다. 선명이라는 말이 그녀를 표현하는 데 필요하게 되다니. 그녀는 늘 희미했었다. 모든 일상이 턱밑에, 귀밑에 숨어 있는 주근깨처럼 소리가 없었다. 활달했던 외사촌이 그녀를 부담스러워했던 건 그녀의 조용함 때문이었을 것이다. 그 조용함은 지나쳐서 순간순간 상대방을 긴장시키곤 했으니까.[33]

앞 단락은 과거 회상체 서술로 일반적인 자전적 소설과 큰 차이가 없다. 그러나 줄친 부분에 이르러서 서술자는 현재 진행되고 있는 회상의 흐름에서 떨어져 나와 글을 쓰는 순간의 자의식을 그대로 드러내고 있다. 서술자 자신의 존재를 가감 없이 드러내는 이러한 담론은 서술자의 일반적인 개입이나 논평과는 구별되는 종류의 것이다. 이러한 방식의 서술로 인해 독자 역시 서술자가 전달하는 이야기에 몰입하지 못하고 서술자가 재현하고자 하는 '희재 언니'가 글쓰기를 통해 탄생한 형상물임을 보다 명료하게 인식하게 된다. 이로써 작품을 현실로부터 차단하여 자족적인 세계로 구축하는 미적 가상은 유지될 수 없다. 작품을 통해 전달되는 모든 사건이 서술자의 체험을 담고 있지만 동시에 언어적 구성물임을 의식하지 않을 수 없기 때문이다.

---

[33] 신경숙, 『외딴 방 1권』, 문학동네, 1995, 234면. 이후 작품 인용은 이 판본에서 권수와 면수만을 기록할 것이다.

그러나 또 한편으로 『외딴 방』은 역사나 현실 자체의 텍스트성을 강조하면서 재현해야 하는 현실이나 실재란 없다는 믿음을 공공연하게 드러내는 포스트모던 경향의 메타소설과는 구별된다. 한마디로 재현의 포기나 재현의 불가능성에 대한 믿음이 아니라 '재현에 대한 자의식'이 강조된다. 서술자는 '문학 바깥에 대한 관심'을 자신의 내적 발화나 연재되는 동안 이 작품을 읽고 있던 주위 사람들의 말을 빌어 지속적으로 강조한다. 그것은 작가로 하여금 이 시절을 본격적으로 다룬 소설을 쓰는 일을 회피하게 만든 트라우마였던 '희재 언니'를 어떻게든 글쓰기로 복원해보겠다는 노력의 산물이 이 소설이기 때문이다.

> 언니가 뭐라고 해도 나는 언니를 쓰려고 해. 언니가 예전대로 고스란히 재생되어질지 어쩔지는 나도 모르겠어. (중략) 언니의 진실을, 언니에 대한 나의 진실을 제대로 따라가야 할텐데. 내가 진실해질 수 있는 때는 내 기억을 들여다보고 있는 때도 남은 사진들을 들여다보고 있을 때도 아니었다. 그런 것들은 공허했어. 이렇게 엎드려 뭐라고뭐라고 적어보고 있을 때만 나는 나를 알겠었어. 나는 글쓰기로 언니에게 도달해보려고 해. …… …… 뭐라구? …… 조금만 크게 말해봐? 뭐라는 게야? …… 응? …… 문학 바깥에 머무르라구? 날 보고 하는 소리야? ……(1권 248-249면)

그렇다고 이 작품을 '수필'로 볼 수도 없다. '나'는 이를 '픽션도 아닌 그 중간쯤의 글'이라 표현하고 있는데, 이 작품에는 영화 '금지된 장난'에 대한 회상 부분을 읽고 전화를 걸어 기억이 잘못되었음을 지적하는 일화가 등장한다.

> "잘 기억해봐. 너, 그때 본 영화가 정말로 금지된 장난이냐?"
> (중략)
> "부메랑이었어요."
> "그런데 왜 금지된 장난이라고 했어?"

"그건 소설이이에요!"

그건 소설이라는 완강한 내 말투에 그는 잠시 침묵을 지켰다. 그가 왜 모르겠는가. 소설을 이루는 문장으로는 아무리 해도 삶에서 발생했다 사라지는 섬광들을, 앞설 수가 없다는 걸 그가 왜 모르겠는가. 과장되게 폐쇄시키고 보편성 없이 드러낼 수밖에 없는 문장의 한계를. 내가 그때 큰오빠와 외사촌과 본 영화는 부메랑이었지만 나는 그 영화가 싫었다.(2권 42-43면)

'나'는 소설이기 때문에, 허구이기 때문에 영화를 '부메랑'에서 '금지된 장난'으로 바꿀 수 있다고 강변한다. 작가가 후기에서 어디까지나 이 작품은 '소설'임을 강조하고 있는 것과도 통하는 일화라고 할 수 있다. 그러나 또 한편으로 전화를 건 선배의 이야기를 소개하면서 실제로 본 영화가 '부메랑'이 었음을 노출시키는 이유가 무엇인지를 생각해볼 필요가 있다. 앞에서 설명한 현실 재현에 대한 자의식이 작용하고 있지 않다면, 그저 허구의 산물이라면, 굳이 이 통화 내용을 드러낼 필요는 없다. 전통적인 리얼리즘의 규약에 충실한 작품이 작가의 흔적을 작품에서 최대한 지우면서 작품에 자체적으로 완결된 '미적 가상'의 특징을 부여하려 함에 비해, 『외딴 방』의 서술자는 텍스트가 서술을 통해 구성된 허구의 산물임을 알리고 동시에 그러한 허구를 통해 대상을 재현할 수 있는가를 계속해서 되묻고 있다. 이 작품을 내용에 있어서는 자전적 소설이되 형식에 있어서는 메타소설로 볼 수 있는 이유가 여기에 있다.

(2) 회상된 과거와 회상하는 현재 시간의 혼합

일반적으로 과거를 회상하고 있는 서술자는 과거 시제를 사용하면서 '그때 열여섯이었던 나는' 같은 시간 간격의 표지를 드러낸다. 그런데 이 작품에서는 서술의 초점이 맞추어지고 있는 과거의 시간은 '눈 앞에서 펼쳐지듯이' 현재형 시제로 서술됨에 비해, 서술을 진행하고 있는 현재에 대해서는 과거형 시제를 사용한다는 특징이 나타난다.

> 지금 들으면, 지금 나로서는, 도저히 따라부를 수조차 없는 난 알아요,에 비하면, 고전적인 노래가 되어버렸지만 나 어떡해,를 라디오에서 처음 들었을 때 열여섯의 나는 그만 자지러질 듯 놀라 라디오를 꺼버린다. 지금까지 듣던 노래와는 너무나 달라서. 그러나 그때 열여섯이었던 나는, 바깥세상의 유신체제와 긴급조치 철폐를 요구하는 목소리들과는 전혀 다른 자리에 놓여 있던 나는, 종일 라디오를 듣는 일밖에 달리 할 일이 없었던 나는, 다시 라디오를 켠다. 나 어떡해,는 다시 흘러나온다. 아마도 도시는 나 어떡해,가 점령하고 있나보다.(1권 10-11면)

회상의 대상이 되고 있는 열여섯의 내가 보낸 시간은 '라디오를 꺼버린다'나 '다시 라디오를 켠다'와 같이 현재 시제를 사용하여 서술되고 있다. 이러한 시제 사용이 의식적으로 사용된 서술 전략이라는 점은 작품에 소개된 다음 구절을 보아 명백하다.

> 이제야 문체가 정해진다. 단문. 아주 단조롭게. 지나간 시간은 현재형으로, 지금의 시간은 과거형으로. 사진 찍듯. 선명하게. 외딴 방이 다시 갇히지 않게. 그때 땅바닥을 쳐다보며 훈련원 대문을 향해 걸어가던 큰오빠의 고독을 문체 속에 끌어올 것.(1권 47면)

그러나 라디오를 매개로 과거를 회상하고 있는 현재는 '되어버렸지만'과 같이 과거 시제를 통해 전달된다. 이러한 의식적인 시제 사용 전략으로 인해 과거와 현재가 뒤엉키는 효과가 나타난다. '선명하게. 외딴 방이 다시 갇히지 않게'라는 구절을 통해 짐작할 수 있듯이, 과거는 지나가버린 과거가 아니라 살아 있는 현재로, 그것을 되살리려 하는 현재는 과거와 연속선에 서게 됨으로써 과거와 현재는 동일한 공간 속에서 연결된다.

서술된 과거와 서술하고 있는 현재를 대비시키기 위해 의도적으로 시제를 혼용하는 것이 미시적인 문장 차원의 서술 전략이라면, 보다 거시적인 텍스트 차원의 서술 전략도 사용된다. 작품 속에서 재현하고자 하는 과거와 당시 시대 상황을 요약하고 있는 정보를 대비시키는 방식이 그것이다. 아래 예문은 다시금 서술자가 전면에 나서 기억에 의존한 자신의 서술의 진실성을 '검증'하기 위해 자료를 찾아보고 그 내용을 소개하는 대목이다.

외사촌과 나의 하루 일당은 칠백 얼마…… 3개월이 지나면 오백원이 올라 천이백 얼마가 된다고 작업반장은 말한다. 다시 3개월이 지나면 이백원이 오르고, 다시 3개월이 지나면……

분명 그렇게 받아왔지만, 지금 나는 그 사실이 믿어지지 않고 의심스럽기까지 하다. 생산직은 일당제이니 일요일은 빼고 토요일도 반나절은 빼고 해서 계산하면 어떻게 되자 1280 곱하기 25나 24를 하면. 중식비를 제하고서 나는 얼마를 받았던 것일까. 내가 잘못 기억하고 있는 건 아닐까. 그들은 그 돈을 받아서 자취도 하고 시골로도 부치고 동생을 데리고 살기도 했는데…… 나는 다시 믿기지가 않아서 78년도의 노동상황을 이러저리 알아본다…… 연소 여성노동자가 대부분인 견습공의 최저임금선을 노동청은 2만 4천원으로 규제하고 있었는데 실제로 중식비와 교통비를 제하면 하루 일당은 5, 6백원에 불과하여 월평균임금은 1만 9천 4백원에 불과한 것으로 나타났다,는 기록을 읽는다. 우리는 3공단에서 1공단으로 걸어다녀 교통비를 빼지 않아서, 우리는 12시간의 정상업무시간과 이외에도 잔업과 철야와 일요일 특근수당을 받아서, 그나마 1만 9천 4백원은 아니었던 것인가.(1권 76-77면)

여기서 회상된 과거는 회상의 틀을 벗어나 실제 현실의 일부인 '자료'의 법정으로 소환된다. 통상적인 한국어 문법의 규칙에 부합되지 않는 말줄임표와 쉼표는 회상과 기록의 경계선을 나타내기 위해 사용된다. 그런데 위의 예만 해도 자료에 대한 요약 진술을 바탕으로 하고 있다는 점에서 일단 서술자에 의해 중개되고 있다. 그러나 다음의 예는 서술된 과거에 당시의 기록물을 더욱 직접적으로 대비시키는 방식을 취하고 있다.(물론 이런 자료도 서술자에 의해 발견된 것이고, 텍스트에 편입된다는 것 자체도 서술 행위이라는 점에서 서술자의 역할이 없다고 할 수는 없다.)

　　최홍이 선생은 김삼옥과 같은 회사를 다니는 사람 손 들어보라고 한다. 손은 들지 않고 누군가 김삼옥네 회사 망했어요, 라고 말한다.
　　"어느 회사지?"
　　"YH요."
　　순간 교실은 조용하다. 최홍이 선생은 반장 미서를 부른다. (중략) 그냥 지나칠 만한 어느 부분은 너무 세밀하게 기억이 나는가 하면, 그냥 자연스럽게 떠올라야 할 어느 부분은 황폐한 거리처럼 텅 비어 있다. 이후 김삼옥은 어떻게 된 것인지? 아무리 애써 그 이후의 김삼옥을 찾아내려 해도 어디에도 그녀는 없다. 지금 나는 동아일보나 한국일보 조사실에 가서 이런 걸 찾아 읽을 수 있을 뿐이다.

　　…… 자동차 클랙슨 소리가 길게 3번 울렸다. 이것을 신호로 소위 101호 작전이 전개되었다. 소방차 6대가 불을 비추는 가운데 당사 건물 주변에 매트리스 등을 들고 여공들의 투신에 대비하는 한편 정문 출입구를 통해 경찰들이 밀고 들어왔고 당사 뒤쪽에는 고가 사다리차 2대를 타고 담을 넘어 들어와 4층 강당과 2층 총재실, 기자실 등 각 방으로 일제히 밀어닥쳤다. 경찰은 의자, 책상 등으로 바리케이드를 치고 방어하던 신민당 사무처 직원들과 충돌, 당사 안은 수라장으로 변했으며 경찰은 이어 최루탄을 던지며 2층으로 올라갔다.(1권 243면)

　　이처럼 『외딴 방』에서 과거는 서술자의 기억에만 의존하는 것이 아니라 자료와 맞세워지는 방식으로 전달된다. 서술자 자신이 기억하고 있는 바가 과연 정확한 것이었는지를 회상이 아닌 다른 방식 다시 말해 현실과의 직접적인 대조를 통해서까지 검토하고자 하는 이유는 물론 기억의 정확성 여부 때문만은 아니다. 평범한 재현에 동반되는 가상성이 역시 고의적으로 파괴되면서 허구적 현실과 역사적 현실 그리고 과거와 현재가 뒤섞인다는 것이 중요하다. 글쓰기를 통해 과거를 재현할 수 있는가에 대한 서술자의 자의식은 재현에 대한 손쉬운 포기로 귀결되지 않으며, 오히려 재현의 가능성에 대한 좀 더 엄밀한 탐색 과정과 연결되어 있기 때문이다. 이 역시 『외딴 방』이 보여주고 있는 독특한 메타소설의 특징이라고 할 수 있다.

(3) 서사의 안정된 종결 가능성에 대한 의문

모든 서사는 종결된다. 그런데 종결의 방식은 작품에 따라 다르다. 전통적 리얼리즘을 중심으로 한 근대 소설이 선호하는 안정된 플롯 구조는 이야기가 완결되었다는 인상을 독자에게 남긴다. 여기에는 그것이 신의 질서이든 자연계의 법칙이든 모종의 법칙을 내포하고 있는 질서정연한 우주에 대한 가정이 들어있다. 갈등이 해결되고 혼란스러운 상황이 정리되는 방식으로 종결되는 플롯은 그러한 믿음이 깨어지는 순간 지속될 수 없다. 팸 모리스(P. Morris)는 20세기의 역사적 경험이 합리적 진보, 질서정연한 우주, 신적 정의에 대한 확신을 붕괴시켰으며 결과적으로 비합리적 힘들의 존재를 인정할 수밖에 없게 되었다고 보고 이러한 세계관의 변화로 인해 안정된 종결의 플롯을 이데올로기로 보는 흐름이 탄생하게 된다고 설명한다.[34] 통속문학의 '해피엔딩'은 물론이고 비록 비극적 결말이라도 어떤 방식이든 이야기가 완결되었다는 느낌을 주는 방식의 종결은 그 자체가 이데올로기적 봉쇄 내지 '닫힘'의 방식이라는 주장이 제기될 수 있는 것이다.[35] 세상이 무정형의 혼

---

34) 자세한 사항은 P. Morris, *Literature and Feminism*, 1993, 강희원 옮김, 『문학과 페미니즘』, 문예출판사, 1997, 60~66면을 볼 것.

란에 가깝다면, 삶이 미리 설정된 목적이 없는 흐름이라면, '결말'은 진실을 담기에 적합하지 않은 그릇이다.

『외딴 방』역시 인과성을 내재한 처음-중간-끝으로 이루어지는 전통적인 플롯의 구조에 대한 의심의 시선을 공유하면서 소설의 관습에 대한 메타적 인식을 소설의 내용으로 삼고 있다. '기승전결의 형식' 또는 '연대순으로 줄맞춘 요점 정리'를 의식적으로 거부하며 이를 다음과 같이 명시적으로 드러내는 것이다.

> 내부의 진흙뻘 속에서 무엇이 힘겹게 고개를 들며 소리친다. 뭘 하려는 게야? 고만고만한 세부사항이나 찾아내서 뭘 어쩌겠다는 거지? 제발 연대순으로 줄맞춰 요점 정리하려고 들지 마. 그건 점점 더 부자연스러워질 뿐이라구. 설마 삶을 영화로 착각하고 있는 건 아니겠지? 삶이 직선으로 줄거리를 가질 수 있다고 생각하는 건 아니겠지?(1권 209면)

물론 서술자의 산업체 야간 고등학교 시절 자신의 가족과 주변 동료들의 모습을 전달하는 과정에서는 시간의 순서에 따른 서술이 나타나기도 한다. 그러나 회상의 핵심부라 할 수 있는 '희재 언니'의 자살 사건을 서술하기까지의 머뭇거림은 회상 내용 못지않게 강조된다.

> 내가 이 글을 쓰기 시작한 이후로 가늘과 겨울 봄이 지나갔고 이제 여름이다. 나는 이 여름에 이 글을 끝낼 것이다. 쓰기 시작했을 때부터 어서 끝났으면 싶었는데 지금은 이 글의 끝을 단 한 번도 생각해보지 않은 사람처럼 나는 허둥지둥이다. 수화기를 빼놓은 지도 열흘은 넘었다. 그러나 이제야 나는 겨우 책상에 앉았다. 수화기를 빼놓은 날날을 그저 밤낮으로 책상 주위에서 몸을 눕혔다가 일어섰다가만 했다.(2권 217면)

---

35) 백락청,『통일시대 한국문학의 보람』, 창작과비평사, 2006.

결국 서술자는 '그래 그날 아침 이야기를 하자, 해버리자'라는 결심 끝에 자살 전후의 이야기에 도달한다. 하지만 그것도 머뭇거림이 사건의 진행 속도를 거듭 늦추다 6년 전의 일기 한 구절을 현재 소개하는 방식을 취할 뿐이다. 결국 그들의 모습을 복원하려는 자신의 시도에는 마침표가 찍히지 않는다. 물론 이야기는 종결되고 서술자 역시 "이제 이렇게 책상에 앉았으니 이제 얼마 안 있으면 이 글은 끝날 것이다. 나는 이제 이 글을 완성시킬 것이다. 곧 더는 할 말이 없어질 것이다"(2권 220면)에서 이 점을 인식하고 있다. 이 작품의 목적이라고까지 할 수 있는 '희재 언니'와의 화해와 작별도 오랜 망설임 끝에 그녀의 죽음에 대한 서술이 끝난 뒤, 희재 언니와의 대화를 통해 이루어진다.

> 나를 가엾이 여기지 마. 네 가슴속에서 오래 살았잖아. 마음을 열고 살아 있는 사람들을 생각해. 지난 이야기의 열쇠는 내 손에 쥐어진 게 아니라 너의 손에 쥐어져 있어. 네가 만났던 사람들의 슬픔과 기쁨들을 살아 있는 사람들에게 퍼뜨리렴. 그 사람들의 진실이 너를 변화시킬 거야.(2권 254-255면)

여기서 희재 언니는 '나'의 분신과도 같으며 결국 희재 언니가 들려주는 말은 '나'가 이 작품을 통해 도달하고 싶었던 화해의 내용을 담고 있다. 그러나 다시금 "내게 글쓰기는 무엇인가?"라는 질문이 서두에 이어 결말에서 반복된다. 결말부에서 이 작품을 시작하던 장소 제주도로 돌아와 남긴 글쓰기에 대한 사색의 편린들을 제시함으로써 이야기는 종결되었으나 물음은 여전히 지속된다는 인상을 강화한다. 여기에 다음과 같은 상징적 이미지를 결말부에 제시함으로써 종결 없는 맺음의 효과는 강화된다.

> 자, 망설이지 말고 날아가라, 저 숲속으로. 눈앞을 가로막는 능선을 넘어서 가라. 아득한 밤하늘 아래 별을 향해 높고 아름다이 잠들어라. 연년세세 잊지 않을 것이니 언젠가 다시 새로운 문장이 되어 돌아오렴. 돌아와서 내

숨결이 닿지 않은 곳에서 발생했다 사라진 진실을 들려주렴. 이제 우리 작별인사를 하자. 그땐 우리 변변히 작별인사도 못했으니.(2권 261-262면)

『외딴 방』을 메타소설로 볼 수 있는 또 다른 이유는 이처럼 상징적이고 열린 방식의 종결의 구조를 취하면서 이를 기법 차원에서 두드러지게 강조하기 때문일 것이다.

4. 메타소설화 전략의 내용

지금까지 살펴본 것처럼 『외딴 방』에서 재현에 대한 자의식이나 과거와 현재를 병치시키는 서술 전략 그리고 서사의 종결 가능성에 대한 회의는 모두 회상의 내용과 더불어 글쓰기를 통한 회상의 가능성에 대한 물음을 전경화하는 방식으로 나타났다. 메타소설은 창작과 비평의 구분을 소멸시켜 이 둘을 '해석'과 '해체'라는 개념으로 혼합하는 경향을 보인다. 필자가 수용과 창작의 통합을 가능하게 하는 문학에 대한 '창조적 재구성'의 내용을 이끌어 낼 수 있다고 생각한 이유도 메타소설의 이러한 특징에 주목했기 때문이다.

그런데 '메타소설 쓰기'가 아닌 '메타소설화'인 이유는 무엇일까? 창작 방법론 차원이 아니라 수용과 창작을 매개하는 창조적 재구성의 일환이라는 점을 강조하기 위해서이다. 메타소설은 창작 주체의 체험과 그 주체의 체험에 대한 메타적 성찰을 바탕으로 함에 비해, 메타소설화는 수용 주체의 작품에 대한 감상과 그러한 감상의 내용을 자신이 읽은 작품과 통합시키는 텍스트 변환 작업이다. 자신이 쓰는 글에 대한 메타적 인식의 표현으로서의 소설 창작이 아니라, 이미 창작되어 제시된 작품을 읽는 가운데 떠오르는 독자의 생각을 통합시키는 행위가 중요한 것이다. 그렇다면 메타소설화는 보다 구체적으로 어떤 방식으로 실현될 수 있을까?

독자의 서술자로의 변형 활동을 메타소설화의 첫 번째 전략으로 상정할 수 있다. 메타소설은 글쓰기 주체와 그러한 글쓰기를 수행하는 주체의 인식을 성찰하는 또 다른 주체로의 이원화를 바탕으로 한다. 독자의 문학 수용도 이와 유사한 차원에서 이루어진다고 볼 수 있다. 서술자가 행한 서술의 내용과 형식을 관찰하고 이를 평가하는 것이 독자의 감상이기 때문이다. 작품을 읽는 독자는 순수한 의미의 읽기 주체로 머무는 것이 아니라 읽는 가운데 쓰기 주체의 특징을 어느 정도 지니고 있으며 때로는 실질적으로 무엇인가를 쓰고 있다. 소설을 읽으며 책 옆의 공란에 생각이나 느낌을 메모하는 행위는 어떤 면에서는 독자가 이미 소박하게 '서술'의 한 자리에 끼어들고 있음을 보여주는 예이다.

독자의 서술자로의 변형 활동은 이를 의식적으로 강조하여 독자의 작품 수용을 작품 자체에 대한 변형으로 실현하는 것을 강조한다. 감상문이 다른 장르를 통해 감상의 내용을 글로 쓰는 해석 텍스트 산출 행위임에 비해, 메타소설화는 독자가 작품 안으로 들어가 제2의 서술자가 되어 감상의 내용을 작품의 일부로 삼는 '읽고 쓰기' 전략이다. 예를 들어 1인칭 주인공이 등장하는 자전적 소설을 읽고 회상의 내용에 대해 독자가 서술자가 되어 평가한다거나, 왜 이러한 회상을 하고 있는지를 생각하는 글을 작품 부분 부분에 첨가하게 할 수 있다. 이는 개별 학습자가 텍스트를 읽으면서 떠오르는 생각을 텍스트에 즉각적으로 쓰게 하는 '사고 기술형 읽기 포트폴리오'나 떠오르는 생각을 최대한 가감 없이 표현하게 하는 '사고 구술' 활동과 맥을 같이한다.36) 감상문 쓰기와 달리 조금은 즉각적이고, 그런 점에서 별도의 글쓰기 장르로 한편의 글을 완성해야 한다는 부담을 덜 수 있다는 점에서 특히 그러하다. 메타소설화는 작품에 내재하는 서술 주체와 독자로서의 서술 주체를 대비시키면서 독자의 감상을 서술의 내용으로 삼음으로써 독자의 '저자성'을 강화할 수 있다는 장점이 있다. 물론 독자가 서술자의 자리에서 원 작

---

36) 이에 대해서는 심영택, 「사고기술형 읽기 포트폴리오 평가의 이론과 실제」, 『국어교육학연구』 9집, 289-299면을 참조하였다.

품의 내용과 형식에 대해 거리를 가지고 작품을 읽고 자신의 감상을 작품과 통합시켜야 한다는 점에서는 '사고 기술형 읽기 포트폴리오'와는 구별된다.

두 번째 활동 내용으로 허구 맥락과 현실 맥락의 대비를 들 수 있다. 『외딴 방』의 경우 서술자의 회상과 자료를 병치시켜 허구의 세계와 현실의 세계를 교직시키는 장면이 두드러졌다. 이처럼 시대적 배경이 두드러진 자전적 소설을 읽을 경우, 독자는 그 시대와 관련 있는 자료를 찾아 이를 원래 작품에 병치시키는 일종의 복합 서술 전략을 활용하여 창작과 비평을 매개시킬 수 있다. 물론 전형적인 복합 서술은 전지적 위치에 서 있는 3인칭 서술자가 자신의 목소리를 직접 드러내지 않고 여러 사람들의 일기나 편지, 자료 등을 모아 하나의 서사적 사건에 대한 여러 인물의 시각을 보여줄 경우 성립된다.(그런 점에서 『외딴 방』은 복합 서술의 전형적인 예로 보기는 어렵다.) 그러나 동일한 사건에 대한 다양한 해석 가능성을 열어놓는 것이 복합 서술의 주된 목표라고 할 때, 1인칭 서술자의 회상을 통해 전달되는 내용을 그대로 신뢰하지 않고 이를 다른 자료와 병치시키는 행위는 복합 서술의 정신과 통하는 것이다. 결국 서술자의 회상 내용을 회상의 대상이 되고 있는 시대의 자료와 대조하면서 그 진실성을 살펴보는 일은 그 자체로 비평을 내재한 창작 행위가 된다.

자료를 어떻게 배치할 것인가에 따라, 서술자가 된 독자가 자료를 요약적으로 제시하는 방식과 '이 시대를 신문은 다음과 같이 전달하고 있다'와 같은 문구와 더불어 있는 그대로 직접 제시하는 방식이 모두 가능하다. 하지만 어떤 방식을 취하든, 그 과정에서 독자는 둘을 비교하는 가운데 자신의 해석을 덧붙이게 된다. 허구 맥락과 현실 맥락을 대비시키는 방식의 서술은 소박하게는 소설에 각주를 다는 방식으로 실현될 수 있지만, 컴퓨터를 활용한 하이퍼텍스트로 발전시킬 수 있다. 이야기의 종결을 향해 달려가는 서사와 달리 성찰성을 강조하는 메타소설은 노드에서 노드로 끝없이 이어질 수 있는 하이퍼텍스트와 연결될 가능성이 크다. 매체 기술의 발전으로 웹이나 일반 문서의 형태로 쉽게 구현할 수 있다는 점에서 메타소설화의 구체적 형태로 하이퍼텍스트 소설을 상정할 수 있다.

지금까지 살펴본 것처럼 메타소설화는 문학에 대한 감상을 문학적 형상화의 방식으로 접근하는 방법이다. 신경숙의 『외딴 방』을 초점에 맞추어 이끌어낸 독자가 또 한명의 서술자가 되어 작품을 변형시키기나 허구 맥락과 현실 맥락 대비하기 같은 메타소설화 전략은 독자의 감상을 자신이 읽은 작품과 통합시켜 작품을 변형시키는 문학의 창조적 재구성의 일환으로 자리매김할 수 있다. 독자는 작품을 읽는 과정에서 텍스트 바깥에 존재하지만 텍스트와 통합되는 '주석적 서술자'로 변모한다. 이 과정에서 독자는 명목상의 '저자'에서 실질적인 저자로 변화되어 자신의 감상 내용을 보다 적극적으로 글쓰기를 통해 표현할 가능성을 높이게 된다. 이를 통해 독자는 별도의 감상문을 써야 한다는 부담을 덜면서 작품에 대한 수용 행위와 창작 행위를 하나로 통합시킬 수 있을 것이다.

제3부
비평 활동 중심의 소설교육

제1장   비평 활동이라는 문제 설정
제2장   직관의 표현으로서의 비평 활동
제3장   논리적 설명으로서의 비평 활동
제4장   이념적 실천으로서의 비평 활동
제5장   비평 활동의 목표 혹은 지혜

제1장

―

비평 활동이라는 문제 설정

1. 문학교육과 비평

　일반적으로 정보의 교환이나 중개와 관련된 모든 상호 행동을 '소통'이라고 정의한다. 여기서 정보를 좁은 의미가 아니라 정서적·인식적 가치를 포함한 넓은 의미의 '메시지'로 이해한다면, 문학 역시 소통의 특수한 한 양식으로 보아도 무방할 것이다. 단, 문학의 소통은 정확한 정보의 전달을 목표로 하지 않는다는 점에서 다른 소통 양식과 구별된다. 그리고 문학 소통에 있어서 중요한 것은 어떤 메시지의 투명한 전달이 아니라 그 메시지를 기초로 하여 수신자마다 다양한 방식으로 자신의 의미를 실현하는 일이다. 문학교육을 대화 문화의 일환으로 바라보는 시각[1]이 가능했던 것도, 문학을 고정된 구조물이나 불변의 실체가 아니라 특정한 사회적 맥락 속에 자리 잡고 있는 독자와 작가 사이의 소통 관계로 파악했기 때문이었다.
　문학 소통의 전 과정에서 문학교육의 출발점이라 할 수 있는 소통의 국면을 하나 고르라고 한다면, 독자가 텍스트의 세계와 대면하는 읽기와 읽기

---

[1] 구인환·우한용·박인기·최병우, 『문학교육론』(제5판), 삼지원, 2007, 3-6면. 이 책의 초판은 1988년에 나왔다.

이후의 과정을 선택해야 할 것이다. 학교의 문학교육뿐만 아니라 평범한 독자가 시나 소설과 접하게 되는 문학 소통의 상황에서도 독자가 텍스트를 읽는 과정과 그 이후의 국면이 중요함을 굳이 강조할 필요는 없다. 텍스트는 항상 독자에게 이미 완성된 채로 주어지고 특별한 상황을 제외하고는 독자가 작가의 창작 국면에 개입해서 텍스트를 수정하기란 쉽지 않다.[2] 인쇄되어 고정된 텍스트는 돌이킬 수 없기에 독자의 '자유'는 제한적이며 읽는 행위 역시 수동성의 굴레를 벗어나기 어려워 보이기도 한다. 초기의 문학교육 논의가 작품 속에 자리잡고 있는 의미를 파악하는 인지적 활동을 '이해'로, 정의적 영역에 속하는 내면화를 '감상'으로 규정하는 이분법을 전제로 하여, 작품의 '진리'와 '지혜'를 효율적으로 파악할 수 있는 읽기의 '방법'에 초점을 맞춘 이유도 이처럼 텍스트 읽기를 수동적인 활동으로 이해했기 때문이다.

그러나 텍스트가 일단 고정되어 자기 앞에 주어졌다고 해서 독자가 텍스트의 세계에 복종해야 한다는 것을 뜻하지는 않는다. 오히려 독자는 이런 '돌이킬 수 없음'으로 인해 실제 대화 상황에서라면 누리기 어려운 자유를 확보할 수 있게 된다. 항상 현재 진행형일 수밖에 없는 대화 상황에 구속되어 있는 청자와 달리, 이미 완결된 텍스트를 읽는 독자는 자신에게 주어진 자유를 활용함으로써 문학의 소통을 본격적으로 시작한다. 이저(Iser)에 따르면 모든 문학 작품은 읽히는 동안에 그 중심이 되는 구조와 수신자간의 상호 작용을 유발하며, 텍스트를 읽고 이해하고 그것을 실현하는 텍스트의 구체화를 통해서만 '작품'이 탄생하게 된다.[3] 그렇다면 문학 소통의 과정에서 텍스트 읽기는 문학 소통의 한 국면을 잠정적으로 완성하면서, 새로운 문학

---

[2] '디지털 스토리 텔링'이라면 문제가 달라지겠지만 여기서는 이 문제를 논의의 대상에서 제외하고자 한다. 이에 대한 자세한 논의는 최유찬, 『컴퓨터 게임의 이해』, 문화과학사, 2002이나 장노현, 『하이퍼텍스트 서사』, 예림기획, 2005를 참조할 수 있다.

[3] 이에 대해서는 Wolfgang Iser, *The Act of Reading: a Theory of Aesthetic Response*, Johns Hopkins University Press, 1978을 참조할 수 있다.

적 소통의 가능성을 열어 놓는 결정적인 단계라 할 수 있다. 고쳐 쓰기를 통한 새로운 텍스트의 생산 역시 읽기의 단계를 거치지 않고서는 불가능하다. 한편 문학 소통의 과정에서 읽기의 중요성을 강조해야 하는 또 다른 이유는 '읽힌다는 것'이 문학의 본질을 실현하는 가장 중요한 특징이기 때문이다.[4] '문학의 본질'은 '문학이란 무엇인가'라는 물음에 답하기 위한 사색보다는 독자가 자신의 눈앞에 놓인 작품을 읽는 행위를 통해서 더 잘 파악될 수 있다.

필자는 문학 텍스트에 형상화된 세계와 독자의 세계가 만남으로써 독자의 삶을 풍요롭게 만드는 텍스트 소통 행위의 본질을 비평에서 찾을 수 있다고 생각한다. 비록 현대의 문학 비평이 고도로 전문화되어 작품을 읽는 독자와의 소통이 갈수록 어려워지는 별종의 '문학 제도'로 변질되는 경향을 보이고 있지만, 비평은 전문적인 문학 연구와는 달리 일반적인 독자의 감상 행위와 연속성을 유지하고 있다. 그것은 비평이, 비평 주체의 문학에 대한 감식안을 바탕으로 개별 작품을 읽는 가운데 포착한 '실감'을 글로 표현하는 작업이기 때문이다. 따라서 이 책에서 말하는 비평 능력이란 '비평가'라는 직함을 가지고 있는 문학 전문가들의 특수한 능력이 아니라, 일상적 독자가 문학 작품을 읽고 즐길 수 있는 능력의 최대치를 의미한다.[5] 그리고 문학교육의 맥락에서 비평은 작품 수용에서 작품에 대한 반응의 생산에 이르는 모든 과정에 걸쳐 있는 활동을 지칭한다. 이를 강조하기 위해 필자는 '비평 활동'이라는 용어를 사용할 것이다.

---

[4] 인문학의 위기를 배경으로 문학교육의 가치를 인문학적 독서 문화와 연결시키고 있는 다음의 논의를 참조할 수 있다. 우한용, 「문학교육과 인문학적 독서문화」, 『문학교육과 문화론』, 서울대학교출판부, 1997.

[5] 생활인의 문학 읽기에 대한 강조로는 김대행 외, 『문학교육원론』, 서울대학교출판부, 2000을 참조할 것.

2. 비평에서 비평 활동으로

문학 비평 용어 사전에 따르면, 문학이란 무엇인가, 한 편의 문학 작품의 뜻은 무엇인가, 작가는 어떤 일을 하는가, 한 작가 또는 작품의 가치는 어떠한가 등을 논의하는 일을 문학 비평이라고 한다.[6] 이 정의에 따르면 비평은 문학에 관련된 일체의 논의를 포괄하는 광의의 개념으로, 이론 비평에서 실제 비평 그리고 기술 비평과 인상 비평을 두루 일컫는 용어이다. 반면 문학 연구와 문학 비평을 구별하면서 '해석과 평가'를 비평의 본령으로 규정하는 협의의 정의를 선호하기도 한다. 필자는 '작품의 수용에서 작품에 대한 반응의 생산에 이르는 활동의 전체'를 강조하기 위해서 '해석과 평가'를 중시하는 후자의 정의를 따르고자 한다. 그렇다면 비평은 문학 작품의 의미가 어떻게 형상화되어 있는가를 밝히면서 작품을 해석하고 평가하는 담화의 형식으로 정의될 수 있다. 특히 평가를 중시하는 비평의 특징에 주목하여 문학 연구와 비평이 구별되는 지점을, 비평가의 주관성이 개입하는 정도에서 찾을 수 있다. 일반적으로 문학 연구는 비평가의 해석과 평가를 넘어서서 문학적 진술의 규칙을 찾아내는 것을 지향하기 때문에 개별 작품에 대한 해석보다는 일반화될 수 있는 '법칙'에 더 큰 관심을 보이기 마련이다.[7]

비평이 문학교육에서 차지하는 위상을 규정하려 할 때, 가장 손쉬운 접근법은 비평을 독자적인 장르로 파악하는 것이다. 이는 비평이 비평가가 생산해낸 비평 텍스트라는 명확한 실체를 가지고 있기 때문이다. 비평의 주관성을 강조할 경우, 비평가의 주관성이 자유롭게 펼쳐질 수 있는 해석의 자유와 문체론적 실험이 비평을 문학 연구와 구별해 주는 결정적 요소가 된다.

---

6) 이상섭, 『문학비평 용어 사전(증보·개정판)』, 민음사, 2001, 132면.
7) 물론 비평은 주관적인 것이요 문학 연구는 객관적인 것이라는 식의 양분법을 그대로 받아들일 수는 없다. 연구자의 작품에 대한 '실감'과 비평적 안목이 결여된 문학 연구는 공허한 추상에 빠지기 쉽고 개별 작품의 해석에 머무르는 비평은 맹목적인 작품 찬양에 그치기 때문이다. 그런 점에서 비평과 문학 연구는 차라리 상보적인 관계에 있다고 보아야 할 것이다.

이로써 비평가의 주관성을 강조함으로써 시나 소설과 어깨를 견줄 수 있는 독자적인 장르로 비평을 규정하는 길이 열리게 된다. 특히 실증주의에 대한 비판은 비평이 독자적인 장르로서의 자의식을 획득하기 위한 첫걸음에 해당한다.

비평에 대한 김현의 논의는 이러한 경로를 잘 보여준다. 그는 비평의 여러 갈래 중에서 문학의 이해를 오히려 불가능하게 하고 문학을 다른 학문의 도구로 만들어 버리고 있는 경향으로 실증주의 비평과 교조주의 비평을 꼽고 있다. 그는 특히 실증주의 비평의 문제점을 부각시킨다. 김현의 논의에 따르면, 실증주의 비평가들은 어떤 작가의 최초작이나 특정 장르의 선구작을 찾는 데에 골몰한다. 이는 사람들이 문학을 읽는 근본적인 이유로부터 벗어나 있기 때문에 문제라는 것이다. 문학을 읽는 근본적인 이유는 어떤 작품이 왜 독자들에게 감명을 주는가, 왜 그것은 혐오의 대상이 되고 있는가 등에 관련되기 때문이다.

> 문학 작품은 그것이 최초의 작품이기 때문에 중요한 것이 아니라 그것이 읽는 자들의 삶에 대한 태도를 교정하고 바꿔줄 수 있기 때문에 정신사에서 중요한 의미를 띤다.[8]

이는 전문 연구자의 직업적 관심사로서 작품을 읽는 것과 구별되는 일상인의 문학 작품 읽기에서 중요한 것이 무엇인가를 비평의 주요 관심사로 설정하고 있다는 점에서 그 의의가 크다. 그런데 문학 연구와 구별되는 비평의 독자성에 대한 김현의 강조는 또 한편으로 비평의 예술화, 독자적인 장르로서의 비평에 대한 강조로 이어지는 길을 열어 놓는다.

한 사람이 이른바 비평가가 된다는 것이 어떤 대상(代償)을 지불한다는

---

8) 김현, 『사회와 윤리』, 일지사, 1974, 43면.

의미로 볼 수 있다면, 그 대상이 무엇이든 그것으로 말미암은 자의식에서 벗어날 수 없을 것으로 해석된다. 이 경우 자의식이란 비평 행위를 그 자신의 존재 문제로 의식함을 뜻하는 것이라면 이 시점에서 이른바 비평의 문학성이 비로소 문제점으로 드러날 수 있을 것이다.[9]

윗글은 비평을 쓴다는 것 혹은 비평가가 된다는 것의 일차적 요건으로 '비평가의 자의식'을 강조하고 있다. '아무리 정밀하고 정확한 지식의 적용'이라 할지라도 '어떤 자의식의 강렬성이 작용하지 않는다면' 다시 말해 비평가 자신의 존재 문제와 결부되지 않는다면 그것은 문학 연구에 가까운 것이 된다.[10] 여기서 자의식이나 비평가 자신의 존재 문제를 강조할 경우 자연스레 비평 자체가 예술로 변화하게 될 통로가 마련된다. 특히 비평가 개인의 문체와 결합함으로써 비평은 시나 소설과 같은 자리에 서는 문학의 한 장르로 발돋움할 수 있게 된다. 실제로 비평이 시나 소설 같은 예술가의 작업과 유사한 독자성을 확보하는 첫걸음은 항상 '창조적 비평'을 내세우는 것이다.

> 작품을 이해 · 비판하기 위해서는 비평가는 자신 속에 그 작품을 재현하지 않으면 안 될 것이고 그 순간, 미적 판단이 창조적 예술과 하나가 되는 것, 고쳐 말해서 창조적 본능과 비평적 본능이 한몸이 되는 것이며, 이것이 소위 창조적 비평인 것이다.[11]

비록 국내의 사례는 아니지만, 청년기의 루카치(Lukács)의 에세이론 역시 비평의 예술화 논리를 잘 보여주고 있기 때문에 검토의 가치가 충분하다. 그는 시나 소설 또는 극 장르와 구별되는 뚜렷한 내적 · 외적 특징을 가지고

---

9) 김윤식, 「비평이란 무엇인가」, 『세계의 문학』 1977년 봄호, 214면.
10) 김윤식, 앞의 글, 215면.
11) 김윤식, 「비평의 임무는 무엇인가」, 『현대문학』 1968년 12월호.

있지는 않지만 나름의 독자성을 인정받는 장르로 에세이를 상정한 바 있다. 여기서 그가 말하는 에세이란 궁극적으로 비평을 뜻한다. 비평은 일반적으로 형상과 책, 그리고 이념에 관해 이야기한다. 비평은 형상과 책, 그리고 보다 직접적으로는 이념을 매개로 '영혼과 운명'에 대해 이야기한다는 점에서 예술이다. 그러나 비평은 책의 매개를 필요로 한다는 점에서 다시 말해 '무엇인가 이미 형식화된 것이나 아니면 무엇인가 이미 존재했었던 것에 관해 이야기하고 있다'는 점에서 본격적인 예술과는 또 구별된다. 이미 생생하게 살아 있었던 것을 새롭게 다시 배열하고 정리하는 것이 비평의 본질이라는 것이다. 다시 말해 비평은 예술의 한 장르이지만, 아무 형식도 없는 것으로부터 어떤 새로운 것을 만드는 것이 아니라 과거에 생생히 살아 있었던 것을 단지 새롭게 배열하고 정리한다는 점에서 다른 예술과 구별된다.[12]

이처럼 비평 행위에 내재된 비평가의 자의식을 강조한 뒤 이를 매개로 예술로서의 비평으로 나아가는 논의는, 작품 읽기 역시 자기 반성의 구조를 가지고 있음을 강조하고 있다. 이처럼 문학 작품 읽기에 내재된 자의식을 강조함으로써 문학 읽기를 좁은 의미의 '이해' 영역에 가두지 않고 '삶'의 영역으로 확장할 수 있게 된다. 이는 문학교육에서 비평 활동을 설계함에 있어 고려해야 할 중요한 장점이다. 그러나 타인과 구별되는 비평가의 자의식을 지나치게 강조할 경우 비평은 예술가의 전문적 작업으로 이해되고, 그 결과 작품 읽기와는 무관한 '창작'의 영역에 이르는 것으로 이해되기도 한다.

> 대저 비평은 그것이 독립한 일개 장르의 문학 예술이니만치 비평대상인 작품과는 하등의 連帶性도 갖지 않는 것이다. 비평 그것만으로써 被評 作品은 읽지 않아도 그 비평이 옳은가까지도 쉽게 알 수 있는 것이다. 창작보다 더 속이지 못할 것이 비평이라고 감히 나는 믿고 싶다.[13]

---

12) G. Lukács, *Die Seele und die Formen*, 1910, 반성완·심희섭 역, 『영혼과 형식』, 심설당, 1988, 20면.

이처럼 비평을 하나의 독자적인 예술 장르로 파악할 경우 문학교육에서 비평의 위상은 시나 소설과 같은 하나의 '읽기 자료'가 되거나, 따라야 할 읽기와 쓰기의 모범이 된다. 읽기 자료로서의 비평문은 연구와 구별되는 독특한 문체와 개성을 강조하게 될 것이다. 결국 비평을 개별 장르로 파악할 경우, 한 편의 완결된 텍스트로서의 '실체'를 강조하게 된다. 그런데 비평은 실체이기도 하면서, 문학 작품의 의미가 어떻게 형상화되어 있는가를 밝히면서 작품을 해석하고 평가하는 '활동'이기도 하다.14)

문학 작품을 읽는다는 것이 작품에 고정된 의미를 독자가 수동적으로 발견하는 것이 아니라 의미를 능동적으로 재구성하는 활동이라는 점은 이제 문학 읽기 논의에서 일종의 공리가 되었다고 해도 지나친 말은 아니다. 그런데 여기서 한발 더 나아가 문학 읽기를 단순히 기호와 의미의 일차원적 연결이 아니라 자신의 안목과 판단을 통해 능동적으로 의미를 재구성하는 차원에서 본다면, 읽기는 그 자체로 '쓰기'의 속성을 가지고 있는 것으로 볼 수 있다. 그렇다면 비평은 주체가 작가의 텍스트를 그대로 받아들이는 것이 아니라 자신의 가치관이나 문학관으로 텍스트를 다시 '쓰는' 과정과 함께 텍스트가 제시하는 세계에 비추어 자신의 완결된 세계를 조정하는 과정이 복합적으로 나타나는 활동이다. 비평은 자신의 시각으로 텍스트를 다시 쓰는 활동이자 동시에 자신의 세계를 '다시 쓰는' 활동이다. 이처럼 장르로서의 비평과 구별되는 활동으로서의 비평을 강조함으로써 비평 장르를 가르칠 것인가 말 것인가를 둘러싼 대립을 피할 수 있음은 물론이요, 비문학 텍스트를 포괄한 읽기 교육과 기존의 비평 담론을 연결시킬 수 있는 연결 고리를 확보할 수 있게 된다.

문학교육의 맥락에서는 일반적인 독자가 작품을 읽는 것에서 작품에 대한

---

13) 김문집, 「批評藝術論」, 『批評文學』, 靑色紙社, 1938, 82면.
14) 문학에서 실체와 활동의 구별에 대해서는 김대행 외, 『문학교육원론』, 서울대학교출판부, 2000의 1장을 참조하였다.

반응을 글로 표현하는 모든 과정에 걸쳐 있는 활동으로 비평을 규정해야 한다. 비평 주체의 감식안과 지적, 이론적 관점을 바탕으로 개별 작품을 읽는 가운데 포착한 '실감'을 글로 표현하는 작업은 굳이 '비평가'라는 직함을 가지고 있는 문학 전문가들에게만 필요한 특별한 활동이 아니다. 비평 능력은 문학을 읽고 쓰면서 즐길 수 있는 문학 능력과 동일한 의미를 갖는다. 비평 활동은 모든 장르를 통틀어 문학 능력을 신장하기 위한 활동 전체로까지 확장될 수 있는 근거를 여기서 찾을 수 있다.

3. 비평 활동의 특징

(1) 정서에 바탕을 둔 인식

우리가 시나 소설을 읽는 가장 큰 이유는 그것을 즐길 수 있기 때문이다. 그렇지만 정의적 영역은 그에 대한 평가가 어렵고 정서의 변화에 작용하는 변인이 워낙 다양하다는 이유로 소홀한 대접을 받은 적도 있었다. 심지어 정의적 특성에 대한 평가는 다음과 같은 이유로 불가능하다는 주장이 제기될 정도였다. 첫째, 정의적 특성은 만질 수도 볼 수도 없으며 장기적인 것이다. 둘째, 정의적 특성은 공적인 것이라기보다는 사적인 것이다. 셋째, 정의적 정보 수집이 불가능하다.[15]

그러나 정서의 문제가 단순히 감정적 요인으로만 이루어진 것이 아니라 인식의 과정과 긴밀한 관련을 가지고 있으며 그런 이유로 인식과 정서는 통합적으로 교육되어야 한다는 생각은 많은 이들의 동의를 얻은지 오래다. 문학 작품을 읽고 일어나는 정서적 변화는 단순한 호오(好惡)의 감정이 아니라 일종의 판단이다. 소설에서 벌어지는 어떤 상황에 대한 판단이나 인물에 대

---

15) 자세한 사항은 L. W. Anderson, *Assessing Affective Characteristics in the Schools*, 1981, 변창진·문수백 공역, 『정의적 특성의 사정』, 교육과학사, 1987를 참조할 것.

한 평가에는 항상 사건과 인물의 특징에 대한 인식이 들어 있다. 또한 시나 소설의 어떤 측면에 정서적으로 반응하는 행위는 대개 시나 소설 전체에 대한 가치 판단으로 나아가기 마련인데, 가치 평가는 자신이 알고 있고 작품 속에서 알게 된 것에 기반해서 이루어진다. 그러므로 작품에 대한 학습자의 정서적 반응을 분석할 때, 그 학생이 작품을 어떻게 읽고 있는가를 파악하는 것이 중요하다. 각각의 작품을 다르게 느끼는 이유도 서로가 작품을 다르게 읽어내고 있기 때문이다. 어떤 독자가 신경숙 소설에 등장하는 어머니의 형상을 두고 '불쌍하다'거나 '안타깝다'고 느끼는 일은 자연스런 정서적 반응이라 할 수 있다. 사실 소설에 등장하는 여러 인물들의 행동과 고뇌가 독자에게 주는 '정서'의 측면이 우리가 소설을 읽는 근본적 이유임을 부인할 수는 없다. 그러나 그러한 느낌은 작품 속에 형상화된 개개인의 운명에 즉물적으로 반응한 결과 나타난 것이라기보다는, 전체로서의 작품 속에서 각 인물이 차지하고 있는 역할 속에서 그들을 평가하고 그들에 반응하고 그들의 고뇌를 느끼는 가운데 일어난다고 보아야 할 것이다. 그리고 후자가 바로 비평의 출발점이다. 그리블(Gribble)의 다음과 같은 발언은 비평 행위가 정서와 결합되어 있는 인식을 바탕으로 이루어짐을 잘 지적하고 있다.

> 예술 작품을 올바르게 지각하는 것, 심미적으로 몰두하는 것, 그리고 심미적인 교육을 받은 사실 사이에는 필연적인 연관성이 있다. 만일 예술 작품을 올바르게 지각하지 못한다면 감상자는 예술 작품에 올바르게 반응할 수 없다. 그것을 검사할 수 있는 유일한 방법은 감상자가 예술 작품에 대해 비평적으로 무엇을 말하고 있는가를 살펴보는 것이다.[16]

이에 대해 작품에 비평적으로 접근함으로써 지나치게 인지적인 영역을 강

---

16) J. Gribble, *Literary Education: A Revaluation*, 1983, 나병철 역, 『문학교육론』, 문예출판사, 1987, 76면.

조하게 되는 것은 아니냐는 반론이 나옴 직하다. '정서 교육'에 보다 적절한 접근법은 '비평'이 아니라 문학에 대한 '체험'이라는 것이 그러한 반론의 요체이다. 여기에는 인지와 정서 영역을 구분하면서 교과 영역을 체계적으로 분류하고자 했던 블룸(B. S. Bloom)의 견해가 자리잡고 있다.

블룸에 따르면 인지적 영역은 (1) 학습되었거나 생각되는 것의 기억 또는 재생을 강조하는 목표 (2) 학생이 문제의 본질을 파악하고 주어진 자료를 재배열하거나 이전에 배운 아이디어나 방법, 절차 등과 결합시켜야 하는 지적 과제의 해결을 포함하는 목표에 해당한다. 블룸은 인지적 영역의 교육 목표를 다시 지식, 지적 능력 및 기능, 적용력, 분석력, 종합력, 평가력으로 분류하여 체계화하고 있다.[17] 한편 정의적 영역은 감정적 색조나 정서, 수용 또는 거부의 태도 등이 강조되는 목표로서, 흥미, 태도, 감상, 가치, 정서적 반응 경향 등을 강조한다. 정의적 영역의 교육 목표 분류 체계에 따르면 정의적 영역은 감수(receiving), 반응(responding), 가치화(valuing), 조직화(organization), 인격화(characterization) 등으로 세분화된다.[18] 그런데 블룸은 특히 학습의 목표가 지식의 전달임을 강조하면서, 가치에 대한 개인의 선호나 태도는 개인의 자의적인 선택에 맡겨야 함을 주장한다. 그 결과 인지적 영역의 목표와 정의적 영역의 목표를 분리시키고 문학교육에서 정서를 개인의 선택에 맡기게 됨으로써 정서를 교육의 대상에서 제외하게 된다.

블룸의 이분법은 과거 문학교육에서 작품에 대한 '이해와 감상'을 강조하는 논의로 구체화된 바 있다. 여기서 이해는 작품에서 누구나 읽어낼 수 있는 객관적 의미를 파악하는 인지적 영역의 활동이다. 반면 감상은 그 객관적 요소에 대한 정서적 반응으로서 정의적 영역에 속하게 된다. 이런 식으

---

17) B. S. Bloom et al, *Taxonomy of Educational Objectives*, 1964, 임의도 외 공역, 『교육목표분류학 Ⅰ. 지적 영역』, 배영사, 1972의 2부를 참조할 것.
18) 자세한 사항은 B. S. Bloom et al, *Taxonomy of Educational Objectives:the Classification of Educational Goals. 2, Affective Domain*, 1964, 임의도 외 공역, 『교육목표분류학 Ⅱ. 정의적 영역』, 교육과학사, 1983의 2부를 참조할 것.

로 파악된 '이해와 감상'의 대당에서 정서의 측면은 전적으로 학생들의 개인적인 선택에 맡겨지게 된다. 이런 식의 이분법은, 이해는 작품에 대한 인지적 반응이요 감상은 정서적 반응으로서 전자가 후자에 선행한다는 식의 단계론을 덧붙일 경우 더욱 강화되기 마련이다. 여기서 '감상(鑑賞)'은 작품의 수용 과정에서 발생하는 심적인 충격에 국한되거나, 작가에 의해 주어진 상황 속에서 문제를 해결하는 과정을 지켜보거나 동참하면서 그가 겪게 되는 사건을 간접적으로 체험하는 '대리 체험'으로 국한되어 이해된다. 그 어느 것이든 모두 정서적 내면화를 문학 읽기의 최종 목표로 규정하게 된다. 그러나 전적으로 정의적 영역에 속하는 것으로 규정된 내면화는 개인들에게 맡겨진 심리적 과정이 아니다. 그것은 문학 텍스트에 대한 해석과 평가의 과정이라는 인지적 과정(블룸의 용어를 그대로 사용한다면)을 필수적인 요소로 포함한다.

이처럼 문학 읽기에서 인지적 영역과 분리된 '정서'나 '가치'의 문제를 강조하는 것에 상응해서 비문학적인 글을 중심으로 하는 '읽기 교육'에서는 인지를 배타적으로 강조하는 편향을 보이곤 한다. 여기서 읽기란 글과 독자가 만나는 과정에서 독자가 자신의 배경 지식과 경험을 바탕으로 새로운 의미를 구성하는 행위로서, 사고, 사회, 언어적인 면이 통합적으로 작용하는 인지적 행위이다. 이 경우 용어를 독서로 바꾸어도 사정은 크게 달라지지 않는 듯하다. 독서는 고도의 지적 능력을 필요로 하는 복잡한 정신 작용으로서, 독자는 독서의 과정에서 글에 제시되어 있는 정보와 자신이 이미 보유하고 있는 정보를 결합하여 글 전체의 의미를 구성해 간다는 것이다. 이러한 과정에서 독자는 글에 제시되어 있는 정보를 통합하고 조정하기 위해 여러 가지 정신 기능을 수행하게 된다. 결국 여기서 말하는 '고도의 정신 기능'의 성격은 본질적으로 인지적 성격을 크게 벗어나지 못한다.

그러나 필자는 '이해'를 텍스트에 드러난 의미의 파악이라는 인지적 과정에 국한시키는 관점에 대해 거리를 취하고 있다. 이해를 '생동적인 인간적 체험을 파악하기 위한 정신적 과정 전체'로 규정한 딜타이(Dilthey)의 견해는 비평을 인지와 정서 전체에 걸쳐 있는 것으로 규정하고자 하는 필자와 문제의식을 공유한다. 딜타이에게서 '이해'는 당연히 복잡한 정신 기능을 요구하지만, 동시에 단지 인지적 사고가 아니라 타자의 세계에 대한 체험의 전위를 통해 그것을 추체험하는 것을 포괄하는 보다 폭넓은 '삶'의 문제와 연결된다.

딜타이는 자연과학과 정신과학을 구별하고 자연과학의 규범과 사고 방식을 그대로 수용하여 정신과학에 적용하려는 시도를 비판하면서 자신의 입론을 전개했다. 자연과학은 인간과는 무관한 사실과 현상을 대상으로 하며, 여기서 개별자는 일반 법칙에 도달하기 위한 수단이다. 그에 비해 정신과학의 대상은 인간의 내적 체험과 관련되는 사실과 현상으로 개별자 자체에 대한 평가가 중요하다. 설명(Erklären)은 인과관계에 대한 엄밀한 실증적 설명을 수행하는 자연과학의 서술 방식이며, 이해(Verstehen)란 '감정이입'의 과정을 통해 인간의 내적 세계를 추체험하고 재구성하고자 하는 정신과학의 서술 방식이다.[19] 여기서 딜타이가 '이해'를 정신과학의 영역에만 귀속시키고 자연과학의 '설명'과 그것을 대립시킴으로써 발생하는 또 다른 문제를 더 자세히 논할 겨를은 없다. 중요한 것은 딜타이가 제시한 '이해' 개념의 타당성 여부가 아니다. 다만 딜타이의 문제의식을 통해 '이해'는 인지적 맥락을 넘어서 정의적 영역을 포괄하면서 더 나아가서는 인간의 삶 전체로 이어지는 포괄적인 '삶 읽기'의 의미를 갖는다는 점에 주목해야 한다. '이해'를 '삶 읽기'의 맥락에 위치시키는 일은 우리가 실제로 문학 작품을 포함한 여러 종류의 글을 읽을 때 실제로 벌어지는 일에 가깝다.

작품 읽기에서 인지적, 정서적 목적의 분리는 불합리하며, 정서 교육 혹은 감상을 인지적 발달과 독립적으로 다루거나 선후 관계로 보는 것 역시 적절

---

[19] 이런 식의 구별에 자연과학에 대한 낭만주의적 비판이 내재하고 있음을 굳이 지적할 필요는 없을 것이다. "우리는 자연을 설명한다. 그러나 인간은 이해해야 한다."는 명제는 딜타이의 문제의식을 선명하게 드러낸다. 딜타이가 제시한 이해 개념과 정신과학의 연관성에 대해서는 R. Palmer, *Hermeneutics*, 1969, 이한우 역, 『해석학이란 무엇인가』, 문예출판사, 1988, 148-172면을 참조하였다.

하지 않다. 모든 정서적, 감정적 상태는, 일종의 '판단'으로서, 상황에 대한 평가, 상황의 어떤 특징에 대한 지각으로서 인지를 포함하기 때문이다. 정서적 영역에서의 교육 목적의 성취는 반드시 감정적 반응의 인지적 중심축에 연관되며, 감정적 반응의 대상이 적절하게 지각되는 방법과 관계가 있다.

여기서 인지와 정의의 연결을 설명하려고 한 현대 미학의 논의 하나를 참조하여 이를 보다 자세히 설명해 보자. 예술 작품에서 진리는 감각적으로 나타나는데, 그것이 바로 논증적 인식과 다른 예술적 인식의 기원이다. 그러나 예술 작품에서는 진리가 감각적으로 나타난다는 바로 그 사실 때문에 미적 체험이 가져올 수 있는 진리는 다시금 은폐되고 만다. 예술 작품에 대한 미적 체험을 통해 얻을 수 있는 진리가 쉽사리 언어로 표현될 수 없다는 사실은 미적 체험의 한계를 나타낸다. 다시 말해 미적 체험의 순간에 잠시 나타나는 진리는 구체적이지만 그만큼 덧없는 것이며 불안정한 감각의 한계에 머무르고 있다. 미적 체험의 덧없는 순간성을 넘어서기 위해서라면, '해석하는 이성'을 통해 그러한 순간적 체험을 '예술 작품의 진리 내용의 구성'으로 변화시켜 나가야 한다는 것이다. 여기서 '해석하는 이성'은 비평 작업을 달리 표현한 용어라 볼 수 있다.[20]

이상의 논의를 고려할 때 인지와 정의는 명확한 경계선을 가지고 나누어지는 두 가지 영역이라기보다는 연관성을 갖는 정신 기능의 두 가지 특징 정도로 파악되어야 한다. 블룸과 같이 인지적 영역과 정의적 영역을 상호 분리된 두 개의 단계로 구분한다면, 이해와 감상의 내적 연관을 제대로 파악할 수 없게 된다.[21] 전통적인 이해/감상 대당은 작품에서 누구나 읽어낼 수 있는 객

---

20) A. Wellmer, *The Persistence of Modernity*, Polity Press, 1991, pp.4-7을 참조할 것.
21) 그런 점에서 이분법적인 블룸의 견해를 비판하면서, 인지 중심적 사고와 정의 중심적 사고라는 용어로 두 영역의 연관성을 강조하는 방향으로 이해와 감상을 재구성하자는 제안은 주목을 요한다. 필자의 문제 의식과 연결되는 이 논의의 중심 내용을 요약하면 다음과 같다. 첫째 인지 중심적 사고는 지각 대상을 기술하거나 문제를 해결하는 데 목표가 있는 반면에 정의 중심적 사고는 인간 삶의 질을 고양하거나 내면 세계의 심화에 목표가 있다. 전자가 합리적 과학적 지성이라고 할 수 있다면 후자는 정신적 존재적 지성이라고 부를 수

관적 의미를 파악하는 인지적 영역의 활동인 이해와 작품에 대한 정서적 반응으로서 정의적 영역에 속하는 감상이라는 구도를 전제하고 있다. 특히 정서의 측면은 학생들의 개인적인 선택에 맡겨지고 그 결과 '감상'은 작품의 수용 과정에서 발생하는 심적인 변화나 '대리 체험'의 의미로 받아들여지곤 했다. 그러나 작품에 대한 해석과 평가 즉 비평이 가능하기 위해서는 인지적 요소를 포함해야 한다. 결국 텍스트 읽기는 분리된 두 영역의 어느 한 편에 속하거나 순차적인 두 단계를 거치는 것이 아니라, 인지와 정의가 동시에 관여하는 활동이기 때문이다. 그런 점에서 비평 활동은 그러한 문제의식을 수용하면서 '이해와 감상'을 대체하기에 적절한 용어라 할 수 있다.

(2) 읽기를 바탕으로 한 쓰기

문학 텍스트를 소통시키는 활동의 일환으로 비평을 규정할 경우, 비평은 작가가 생산한 원텍스트에 담긴 의미를 독자 자신의 시각으로 해석하고 나아가 원텍스트에 필적하는 '자신의 텍스트'를 생산해내는 읽기와 쓰기의 과정 전체를 뜻한다. 영문학 교육을 논하는 자리에서 '문학의 교육'에서 '비평 교육'으로 시야를 변화시킬 것을 주장한 논의에 따르면[22], '문학의 교육'은 낱낱의 문학 작품에 담긴 모종의 '진리'와 '가르침'을 겸허한 마음으로 수용하는 '이해'와 '감상'의 과정을 중시한다. 이에 비해 비평 교육은 개별 작품을 교육의 자료로 삼되 작품에 갇히고 마는 '이해'와 '감상'의 틀을 벗어나, 텍스트 안에서 텍스트에 대항하여 텍스트를 넘어 독자 자신의 삶으로 나아가는 것을 강조한다. 다음과 같은 바르뜨(Barthes)의 발언은 이러한 문제의식을

있다. 둘째, 인지 중심적 사고의 결과로서의 산물은 진리, 지식이라고 부르는 것이며 정의 중심적 사고의 결과물은 통찰, 의미 등으로 부르는 경향이 있다. 셋째, 인지 중심적 사고가 개념과 같은 상징을 매개로 하는 추상적 논리적 과정이라면, 정의 중심적 사고는 상상의 체험을 통한 사고이다. 더 자세한 사항은 이삼형 외, 『국어교육학』, 소명출판사, 2001, 167-170면을 참조할 것.

22) R. Scholes, *Textual Power*, 1985, 김상욱 역, 『문학이론과 문학교육―텍스트의 위력』, 하우, 1995, 23면.

'쓸 수 있는'이라는 용어를 사용하여 표현하고 있다.

쓸 수 있는 것이 왜 가치가 있는가? 그것은 문학 작품의 목표가 바로 독자로 하여금 더 이상 텍스트의 소비자로서가 아니라 생산자로 만드는 것이기 때문이다. 우리 문학은 텍스트의 생산자와 사용자, 소유자와 소비자, 작가와 독자 사이에 문학제도가 유지하고 있는 무자비한 분리로 특징지워진다. 그로 인해 이러한 독자는 일종의 게으름에 빠지고 만다. - 그는 자동사적이다. 요컨대 그는 진지하다. 자신을 기능화하기보다, 의미화의 마술에 접근하기보다, 글쓰기의 즐거움에 대해, 그는 텍스트를 받아들이거나 거부하는 자유가 거의 없는 채로 남겨진다.[23]

대화 상황에서의 대면은 상황의 구애를 받을 수밖에 없지만, 글로 쓰여진 텍스트는 비록 잠재적이지만 읽을 수 있는 사람 모두를 독자층으로 삼을 수 있다. 문자는 쓰여진 사물을 담론의 대화적 조건에서 해방시킨다는 효과를 갖는다. 리꾀르(Ricoeur)는 텍스트가 저자의 유한한 지평을 벗어나 독자에게 무한한 의미 생산의 지평을 열어줄 수 있는 가능성을 다음과 같이 지적하고 있다.

문학 작품 또는 예술작품 일반에서 본질적인 것은, 작품은 그 작품이 산출하는 사회심리적 조건을 초월한다는 것이며 서로 다른 여러 사회 문화적 컨텍스트들 속에 위치해 있는 읽기 행위들에 제한 없이 열려 있다는 것이다. 간단하게 말하면, 텍스트는 심리학적 관점에서도 사회학적 관점에서도, 새로운 상황에서 반복적으로 문맥화될 수 있는 것과 마찬가지로 탈문맥화될 수 있어야 한다. 이것이 곧 읽는 행위가 만드는 것이다.[24]

---

23) R. Barthes(R. Miller trans.), *S/Z*, Hill and Wang, 1974, p.4.
24) P. Ricoeur, *Du Texte à l'Action*, 1972, 박병수・남기영 편역, 『텍스트에서 행동으로』, 아카넷, 2002, 126면.

앞에서 바르뜨가 굳이 '말할 수 있는'이라고 표현하지 않고 '쓸 수 있는' 텍스트라고 표현한 이유는 탈문맥화를 가능하게 하는 텍스트의 자율성을 고려했기 때문일 것이다. 그렇다면 '쓸 수' 있다는 것을 좁은 의미로 해석할 필요는 없다. 여기서 말하는 '쓰기'란 신체를 움직여 가시적인 생산물을 만들어내는 것에 국한되지 않는다. 그것은 작가가 생산한 의미 맥락을 충실히 따르는 것이 아니라 독자가 가지고 있는 삶의 맥락에서 텍스트를 '재문맥화'하는 행위를 포함하는 포괄적인 의미의 '쓰기'를 뜻한다. 그러므로 문학을 대하는 창조적 태도를, '의사 창작'을 한다거나 작품을 읽고 반드시 한 편의 글을 써서 모종의 '생산물'을 남기는 것과 동일시할 이유 역시 없다. 바르뜨 식으로 사고한다면, 작품에 자신의 관점을 적극적으로 투사하여 해석하고 그것을 평가하여 자리매김하는 읽기의 작업 역시 단순한 소비가 아니라 쓰기만큼이나 생산적인 작업이다. 그리고 읽기 행위 자체에 담겨 있는 이러한 '쓰기'의 특징을 파악했을 때, 문학 읽기 행위 자체에 담겨 있는 창조성과 생산성을 제대로 이해할 수 있다.

이를 고려할 때 '고쳐 쓰기'나 '다시 쓰기' 학습 활동으로 구체화되고 있는 읽기와 쓰기의 통합 시도는 작품에 대한 충실한 읽기가 가지고 있는 생산성을 바탕으로 하여 쓰기로 나아가는 단계적 통합의 형태를 취해야 할 것이다. 아래 글은 읽기의 생산성을 강조하고 있다는 점에서 일독의 가치가 있다.

> 문학교육은 문학 작품의 최종 소비자를 길러내는 것이 아니다. 거칠게 말해 국어 교육으로서의 문학교육은 창조적 언어 활동 능력의 신장을 지향하고 예술교육으로서의 문학교육은 독창적인 언어 세계의 구현 능력의 신장을 지향한다. 즉 소비자가 아니라 생산자로 길러내야 하는 것이다. 이 경우 생산자는 전문적인 작가만을 지칭하는 것이 아니다. 작품의 의미를 자기 나름대로 해석하거나 창조적으로 활용하는 것도 생산이다. 작품의 의미가 고정 불변하는 독자적 체계를 갖고 있다고 보고 문학교육은 이것을 온전히 습득하는 것이라고 한다면 궁극적으로 그 교육은 획일적인 것이다.

반면 학습자의 개성적이고 창의적인 반응이 그 자체로 소중하며, 나아가 이를 바탕으로 자기표현을 시도하도록 한다면 그것은 궁극적으로 다양성을 지향하는 것이다.[25]

동시에 이러한 '생산'은 작품에 빠져들면서 충실하게 읽는 행위 곧 '소비'와 별개의 것이라거나 대립되는 것이 아니라는 점 역시 인정해야 한다. 어쩌면 충실한 '소비'를 바탕으로 했을 때, 작품에 대한 자기 나름의 '읽기'를 멈추고 자신과 텍스트가 만나 형성한 새로운 세계를 타인과 나눌 수 있게 하는 소통의 공간에 들어갈 수 있다.

(3) 해석 약호의 매개

문학 읽기에서 이해/감상의 이분법을 명확히 극복하기 위해 거쳐야 할 또 하나의 과정은 대리 체험과 감정이입에 대한 검토이다. 불안·죄의식을 해소시키거나 소망을 충족시키는 대리 체험이 읽기의 목적이라면, 사실 무엇을 읽는가는 중요하지 않다. 또 그런 목적은 책 이외의 다른 수단을 통해서도 성취될 수 있는 것이기도 하다.[26] 상상을 통해 소설 속의 인물과 의식·감정을 제휴하지만, 이것은 반드시 상상 속에서 그 인물이 '되려고' 소망하는 것은 아니라는 점을 지적해야 한다. 사실 어떤 인물이 소설 속에서 겪게 되는 공포, 불행, 위기, 구원 등의 경험을 통해서 얻어지는 만족감은 단순한 '쾌·불쾌'의 감정으로, 이를 '미적 만족'과는 혼동해서는 안 된다.[27] 독자는 단순히 '누군가가 되기'를 소망하지 않는다. 작가는 화자의 목소리와 같은 형식적 장치를 사용하여 독자가 다른 인물과의 관계 속에서 주인공에 반응하

---

25) 김종철 외, 「문학 영역 평가의 이론과 실제 - 제7차 교육과정을 중심으로」, 『'98 국어교육연구소 학술발표회 자료집』, 서울대학교 교육종합연구원, 국어교육연구소, 3면.
26) J. Gribble, 앞의 책, 205면.
27) I. Kant, *Kritik der Urteilskraft*, 1790, 이석윤 역, 『판단력 비판』, 1974, 박영사, 60면.

는 것을 조정한다. 좋은 독자는 한 인물에 몰입했다가 때로는 거리감을 두면서 복합적인 정서적 반응을 보이게 되지 어떤 인물에 일방적으로 '동일시'하지 않는다. 이러한 종합적 조정 능력은 인지적 사고와 정의적 사고가 복합되는 가운데 발전한다. 감정이입에 대한 가장 흔한 오해 중의 하나는 이것을 단순한 태도의 문제로 보는 것이다. 그러나 우리가 어떤 인물에게 감정이입을 했다고 말할 수 있으려면, 그 사람이 주어진 상황에서 어떻게 느끼고 있는가를 '아는' 것보다 더 많은 것이 필요하게 된다. 다시 말해, 그 사람이 어떤 상황에서 그렇게 느끼는 '이유'를 알고 있어야 한다.

문학교육에서 지식과 활동을 이원적인 것으로 바라보는 태도는 극복되어야 한다. "활동의 형태를 반복적으로 학습하는 데서 얻어지는 효과보다는 그 기능을 수행하는 기본 원리를 앎으로써 활동의 수행을 교육하는 데 효과를 거둘 수 있다"[28]는 주장은 지나친 기능 중심의 사고가 가질 수 있는 한계를 잘 지적하고 있다. 그렇다면 문제는 지식을 가르치느냐 마느냐가 아니라, 가르쳐야 할 지식의 성격을 규명하고, 지식이 학습자의 삶과 경험에 의미 있는 변화를 일으킬 수 있는 실천의 방안을 마련하는 일이다. 더욱이 지식 교육을 단지 단편적인 지식의 암기에 국한시킬 필요는 없다. 다시 말해 작품 읽기나 작품을 읽고 난 뒤의 쓰기 활동과 무관하게 단편적으로 주어지는 지식을 암기하는 교육에 대한 비판이 지식 자체에 대한 비판으로 이어져서는 안 되는 것이다. 문학 지식은 작품 읽기와 쓰기를 풍요롭게 하기 위한 기본 전제의 역할을 한다. 동시에 역으로 작품 읽기를 통해 지식이 구체화되기도 한다. 그런 점에서 지식과 활동은 상호보완적 관계에 있는 것으로 파악되어야 할 것이다.

개별 작품의 제대로 된 이해에는 단순한 작가와 작품의 연쇄 이상인 '살아 있는' 실재로서의 영문학에 대한 통찰이 따라야 하는데, 이런 통찰은 또한 작

---

[28] 김대행, 「영국의 문학교육」, 『국어교육연구』 4집, 서울대학교 국어교육연구소, 1997, 46면.

품들의 이해를 통해서만 획득될 수 있다는 일종의 순환론적 문제를 가리킨다. 이는 개별 작품에 대한 지식의 축적으로 해소되는 것도 아니요, '문학사적' 지식으로 해결되는 것도 아니라, 핵심적인 작가의 작품을 읽고 다른 작품들과의 관계를 파악하는 가운데 '살아 있는 원리'를 획득함으로써 감당해나가야 하는 문제이다. 이 '원리'는 고정된 원칙을 적용하는 '방법'도 아니고, 그렇다고 무방법, 무원칙의 '정신'도 아니므로 '지혜'에 가까운 것이다.[29]

위에 제시한 인용은 바로 이러한 지식과 활동의 상호보완적 관계가 비평에서 어떻게 구현되는지를 잘 보여주고 있다. 즉 '규범', '기준', '근본적인 가정들'로 등장하는 비평의 지식 차원은 실제적인 작품 읽기와 별개의 추상적 성찰이 아니라 구체적인 작품에 대한 이해와 평가에서 도출되는 것이다. 동시에 충실한 '실제 비평'과 '이론적' 관심은 별개가 아니라, 이론 없이 충실한 읽기가 혹은 충실한 읽기 없이는 제대로 된 이론이 있을 수 없다는 것이다.

읽기 활동에 지식이 기여하는 바에 대한 연구는 폭넓게 이루어진 바 있다. 문학 작품을 읽을 경우에도 배경 지식이나 비평 이론과 같은 지식 그리고 통칭하여 '스키마'라 불리는 일체의 선행 경험이나 지식은 작품 읽기와 쓰기를 풍요롭게 하기 위한 기본 전제의 역할을 수행한다. 동시에 역으로 작품 읽기를 통해 지식이 구체화되기도 한다는 점에서 지식과 활동은 상호 보완적 관계에 있다. 이처럼 읽기가 '스키마'로 통칭될 수 있는 해석 약호를 활용해서 텍스트를 자신의 관점에서 '다시 쓰는' 행위라면 읽기의 과정에서는 지식과 원리가 활동과 결합된 모습으로 나타나기 마련이다. 특히 비평 텍스트를 생산하기 위해서는 무엇보다도 텍스트에 대한 읽기와 해석이 동반되어야 하며, 여기서 비평 주체가 의존하고 있는 해석 약호가 결정적인 역할을 하게 된다.

비평 텍스트 생산은 비평 주체가 이미 가지고 있는 이해의 선구조를 적용

---

29) 김영희, 『비평의 객관성과 실천적 지평』, 창작과비평사, 1993, 100면.

하는 과정으로서, 텍스트 읽기란 해석자가 의존하고 있는 특수한 해석 약호의 매개 하에 텍스트를 다시 쓰는 행위이며, 텍스트 이해 역시 항상 이미 텍스트를 적용하는 것이다. 필자는 지식의 차원에 더하여 사회와 문학을 바라보는 관점을 포괄하는 이해의 선구조를 '해석 약호'로 규정하였다. 하이데거(Heidegger)는 "무엇을 무엇으로서 해석하는 일에는 본질적으로 선취(Vorhabe), 선견(Vorsicht), 선파악(Vorgriff)이 들어 있으며", 의미는 "그러한 선취, 선견 그리고 선파악을 통하여 구조화된 기투에 의해 발생한다"는 명제를 통해 해석에 결부되는 '이해의 선구조'를 강조한 바 있다.30)

비평 주체의 해석 과정에서 수행하는 해석 약호의 역할은 일찍이 퍼스(Pierce)가 기호론에서 해석자(interpretant)의 해석 지평을 강조하면서 부각된 바 있다. 소쉬르(Saussure)의 기호 모델이 체계론적 입장에서 기표와 기의의 관계를 설정한 반면, 퍼스의 기호 모델은 인식론적 관점에서 출발하여 기호의 역할을 해석자의 인식 과정에서 파악한다.31) 퍼스의 논의에 따르면, 해석자는 자신의 해석 지평 하에서 표시체(representamen)와 대상(object)의 관계를 구체화하게 된다. 다시 말해 텍스트 읽기는 해석 코드의 개입에 의해 구체화되는 역동적이고 상황적인 관계의 형성이다. 한편 데리다(Derrida)는 'archi-écriture'라는 용어를 사용하여, 모든 언어가 그 자체 내에 간직하고 있고 그리하여 훗날의 모든 경험적인 문자 체계가 거기에 근거하여 발생하는 이러한 본질적 외재성 내지 그 자체와의 거리를 강조한다. 이는 텍스트 읽기에 개입하는 해석 코드의 역할을 강조한 퍼스의 이론을 인간의 언어 활동 전반으로 확장시킨 논리라 할 수 있다. 데리다의 논의는 한편으로는 텍스트와 그 의미 사이에는 항상 하나의 틈이 있으며 주석이나 해석은 텍스트 자체의 존재론적 결핍에서 생겨난다는 것을 의미한다. 그러나 그것은 또한 텍

---

30) 자세한 사항은 M. Heidegger, *Sein und Zeit,* 1927, 이기상 옮김, 『존재와 시간』, 까치, 1998, 206-211면을 참조할 것.
31) 퍼스의 기호론에 대해서는 김성도, 『현대 기호학 강의』, 민음사, 1998, 120-124면을 참조하였다.

스트가 어떤 궁극적 의미를 가질 수 없을 뿐 아니라, 해석 과정이란 기의의 연속적인 층들을 펼치는 과정임과 동시에 또 그 층들 하나 하나가 새로운 기표나 새로운 기표 체계로 변형되는 끝없는 과정이라는 것을 뜻한다. 즉 해석 코드의 개입에 의해 의미 생산이 풍부해진다는 점에서 해석은 적극적인 의미를 가지게 된다.[32]

제임슨(Jameson)은 데리다에 대한 이러한 설명을 바탕으로 해석이란 근본적으로 알레고리적 행위라는 논지를 폄으로써 해석 행위에서 약호(code)의 작용을 구체화한다. 그는, 기호 작용은 언어의 한 차원에서 다른 차원으로의, 한 언어에서 다른 언어에로의 이항에 불과하고, 의미는 이 같은 코드 전환의 가능성일 뿐이라는 그레마스의 입론을 수용하여, 텍스트 읽기란 해석자가 의존하고 있는 특수한 해석 약호의 매개 하에 텍스트를 다시 쓰는 행위임을 강조하고 있다. 물론 여기서 제임슨은 하나의 서사에 담긴 자료를 다른 서사의 패러다임에 따라 고쳐 씀으로써 그 자료를 근본적으로 빈곤하게 만드는 식의 환원적 다시 쓰기를 경계한다. 해석 코드의 도입은 의미를 풍부화하는 다시 쓰기로 연결되어야 한다는 것이다.[33]

이후 논의에서 살펴볼 1930년대 중반의 비평 텍스트 생산에는 주지주의·인상주의·리얼리즘이 그러한 해석 약호의 역할을 수행하고 있다. 주지주의의 경우 전(前) 시대의 낭만주의나 사회주의 문학에 나타나는 휴머니즘의 요소를 부정하고 당대의 문학을 해석하는 기준으로 삼은 것은 주관을 최대한으로 배제한 채 객관적 관찰에 치중하는 '눈'을 강조함으로써 해석 약호의

---

32) F. Jameson, *The Prison-House of Language*, Princeton University Press, 1972, p.175.
33) 제임슨은 성서 해석학의 예를 들어 이를 설명하고 있다. "'예수의 삶'이라는 관점에서 구약의 특정 구절들을 해석하는 것은 텍스트를 걸어 잠그고 우연적이거나 돌연변이적인 독법들과 의미들을 억압하는 기술이라기보다는(여기서 알튀세적인 의미를 받아들여서 개별 주체가 사회적 구조나 역사의 집단적 논리 등의 초개인적인 현실들과 자신 간의 경험된 관계를 인지 또는 상상할 수 있도록 해주는 재현적인 구조로서 이데올로기라는 용어를 사용한다면) 그러한 텍스트에 좀 더 이데올로기적인 특성을 부여할 수 있도록 준비시키는 장치로 나타난다." F. Jameson, *The Political Unconscious*, Cornell University Press, p.30.

기능을 수행했다. 주지주의는 특히 '카메라의 눈'이나 자기 풍자 같은 기법을 중심으로 당대 소설의 의미를 파악한다. 이에 비해 인상주의는 찬미심을 바탕으로 하여 작가와의 내면적 일치를 목표로 하면서, 인상의 재구성과 창작 과정을 다시 체험하는 읽기의 방법으로 제시한다. '인상'은 작품 외적인 것을 읽기에서 배제할 것을 제안하는 독법을 제시함으로써 해석의 전제를 형성한다. 한편 리얼리즘론은 전형 이론이나 '말하려는 것과 그리려는 것의 분열'과 같은 서사론을 바탕으로 개별 작품의 의미를 파악한 뒤, 이를 당시의 역사철학적 조건과 연결시키고 있다. 총체화 해석 약호로서의 리얼리즘론은 작품 읽기와 비평 주체의 사회적 실천을 매개하려는 것을 특징으로 한다. 이 세 가지 흐름은 비평 주체의 세계관, 문학관, 비평 이론이 복합적으로 작용하여 형성된 '해석 약호'의 매개에 의해 텍스트를 읽고 그것에 의미를 부여하는 공통적 특징을 보여주고 있다.

이러한 사례를 통해 비평 활동은 순수한 작품 체험만으로 이루어지는 것이 아니며, 독자가 이미 습득하고 있는 앎과 경험을 투사하는 것은 물론이요 경우에 따라서는 특정한 세계관과 문학관을 바탕으로 한 비평 이론을 동원하여 자신의 해석을 보다 풍부하게 하는 행위임을 파악할 수 있다. 그러므로 비평 활동은 해석 약호로 통칭할 수 있는 포괄적 의미의 '지식'을 활동에 적극적으로 투사함으로써 활동의 폭과 깊이가 확보될 수 있는 것이다.

4. 비평 활동의 구도

전문 비평가의 비평과 일상적 독자의 문학 감상이 본질적으로 다른 종류의 것은 아니다. 비록 전자가 후자에 비해 전문성을 갖추고 있으며 질적으로 우수하지만, 전문 비평가의 비평 역시 일상적인 독자의 감상 행위와 구조적 상동성을 갖는다. 이는 비평이 문학 연구와 달리 단순히 작품 자체를 전문적인 비평 이론을 통해 분석하는 것을 목표로 삼지 않는다는 점에서 그러하다. 비평은 전문적이면서도 '전문주의적'이지 않은, 달리 말해 비전문가적 지성을 기를 수 있는 훈련의 계기를 제공한다. 즉 비평은 문학 작품 자체에서 출발하면서도 작품에 대한 주관적인 해석과 평가를 통해서 비평가 자신에 대한 앎과 사회, 역사 전체에 대한 관심으로까지 사유를 확대해 나가는 논리를 가지고 있다. 그러므로 비평을 통해 도야될 수 있는 사유는 전문 연구자의 객관적이고 전문가적인 지성이 아니라, 자신과 자신을 타자와 연결해 주는 사회와 역사에 대한 총체적인 인식과 판단을 도와주는 일상인의 지성일 것이다. 비평을 통해 함양되는 삶에 대한 총체적인 관심과 가치의식은 그 자체로서 현대 문명의 추세와 대립되는 성격을 지닌다는 식의 발언이 나오는 것도 비평의 이러한 특징 때문일 것이다.[34]

일반적으로 학교 교육에서 활용되는 감상문 쓰기의 내용은 '독서의 동기 - 내용 소개 - 감상 - 교훈'로 정리할 수 있다. 감상문의 형식은 편지나 일기, 서평 형태 등 다양하지만 이 틀을 벗어나는 경우는 드물다. 문제는 이 네 가지 요소가 보다 세부적인 내용을 갖추지 못한 채 오히려 학생들의 풍부한 작품 읽기를 제약하는 굳어진 틀처럼 정형화되었다는 점이다. 특히 감상문의 마지막 단락을 읽어 보면 책이 감동적이었으며 큰 교훈을 얻게 되었다는 식의 상투적인 구절이 반복되기 마련이다. 물론 그중에는 자신의 감동이 책의 어디에서 왔고, 왜 자기가 감동을 받았을까를 진지하게 되돌아보는 사례도 있지만, 쓰기라는 과제에 짓눌려 뭔가 억지로 쓰여졌다는 인상을 지우기 어려울 정도로 정형화되어 있다.

이러한 문제를 해결할 수 있는 글쓰기 방식으로 일찍이 '비평적 에세이'의 활용이 제기된 바 있다.[35] 문학 작품에 대해 자신이 사고한 바를 일정한 형식이나 절차 없이 써 나가는 '비평적 에세이'는, 학습자가 전문적이거나 정형화된 패턴을 벗어나 자유롭게 자신이 하고자 하는 말을 할 수 있다는 점에

---

34) 김영희, 앞의 책, 1993, 68면.
35) 김동환, 「비평적 에세이 쓰기」, 『문학과 교육』 제7호, 한국교육미디어, 1999.

서 비평 활동의 구체적인 학습 활동으로 적극적으로 활용될 만하다. 그러나 글읽기와 글쓰기에 능숙한 수준을 갖춘 독자라면 몰라도 무엇을 내용으로 하여 쓸 것인가를 제시하지 않은 채, 아무 내용이나 자유롭게 자신의 생각을 쓰라고 할 경우 다시금 정형화된 감상문으로 되돌아가지 않는다는 보장은 없다. 그러므로 작품 읽기를 통해 문학에 대한 나름의 안목과 능력을 길러줄 수 있는 비평 활동이 되기 위해서는 비평 활동의 세부 내용을 보다 구체화해야 한다. 다시 말해, 작품에서 어떤 문제를 발견해야 하며, 그 문제를 해결하기 위하여 무엇에 주목하여 읽어야 하는가 등의 비평 활동의 내용을 구체적으로 제시할 수 있어야 한다.

필자는 전문적인 비평 활동의 지배적 속성에 대한 탐구를 통해 비평 활동 교육의 세부 내용을 마련할 수 있다고 생각한다. 그러한 가정이 성립할 수 있는 것은 전술한 바와 같이, 비평이 전문적인 문학 연구와는 달리 일반적인 독자의 감상 행위와의 연속성을 여전히 유지하고 있기 때문이다. 다시 말해 전문 비평가들의 비평 역시 비평 주체의 문학에 대한 감식안을 바탕으로 개별 작품을 읽는 가운데 포착한 '실감'을 글로 표현하는 작업으로서, 그러한 작업의 바탕이라 할 수 있는 비평 능력은 일상적 독자가 문학 작품을 읽고 즐길 수 있는 능력과 동일한 것이다. 특히 그러한 전문 비평가들이 생산한 다양한 비평 텍스트 중에서 1930년대 중·후반의 비평 텍스트를 자료로 선택하여, 비평 활동의 지배적 속성을 심미, 과학, 실천의 세 가지로 제시하려고 한다.[36]

일제의 탄압이라는 외적 조건에 의해 강제된 것이기는 해도, 이 시기 비평은 민족주의나 사회주의 혹은 섣부른 근대주의라는 추상적 이념의 좌절과

---

[36] 이 시기의 자료가 비평 활동의 지배적 속성을 파악하기에 적합한 자료를 제공하는 이유는 무엇보다도 이 시기에 상이한 지향을 갖는 비평 담론이 만개했기 때문이다. 사회주의나 민족주의 사상을 배경으로 정론성(政論性)을 과도하게 추구함으로써 획일성에 빠졌던 이전 시기의 비평과 달리 1930년대 중·후반의 비평은 근대적 이성의 규칙을 공유하면서 동시에 과학·심미·실천이라는 서로 다른 지향 속에서 개별 작품에 대한 비평 텍스트를 활발하게 생산한 바 있다.

더불어 독자적인 비평 의식을 정립해 나가기 시작한다.

> 오늘까지의 조선의 문예비평은 작가, 작품과 審美學的으로 관계하는 대신에 더 많이 사회학적 또는 政論的으로 교섭한 것입니다. 이것은 조선적 批評이 다른 諸外國의 文藝批評과 본질적으로 그 성질을 달리하는 주요점일 것입니다. 즉 政論的 성질을 다분히 가진 사회적 비평 그것입니다.[37]

임화의 위와 같은 발언을 통해 1920년대에서 1930년 초반에 이르는 시기 비평의 성격이 어떠했는지를 짐작할 수 있다. 이러한 비평의 미분화 현상은 1920년대 비평이 비평 주체를 추상적 이념에 초연하게 내맡김으로써 주체를 외부의 질서에 종속시켜 가는 방향을 취했기 때문에 벌어졌다. 1930년대 중반 비평계는 리얼리즘 계열과 모더니즘 계열, 그리고 또 하나의 독자적인 순문학 계열이 분립하고 있었던 것으로 지적된다.[38] 자신을 인도해 줄 초월적 이념의 상실과 본격적으로 확립되기 시작한 비평에 대한 자의식 속에서, 이 시기 비평은 주지적 비평, 인상 비평 그리고 리얼리즘의 재구성과 같은 본격적인 비평 지향의 정립(鼎立) 단계에 들어서게 된다. 특히 최재서, 김환태, 임화, 김남천 등의 비평 텍스트에서 그러한 세 가지 지향을 대표하는 자료를 발견할 수 있다. 1930년대의 중, 후반은 다른 글쓰기와 구별되는 '비평 의식'을 본격적으로 확립하면서 비평 활동에 임했고, 그 결과 다양성과 논의의 깊이에 있어서 다른 어떤 시기와도 구별되는 나름의 성과를 낳았다. 필자가 이 시기 비평을 비평 활동의 지배적 속성을 밝히기 위한 대상으로 선정한 이유도 여기에 있다.

그렇다면 비평 활동의 지배적 속성을 심미, 과학, 실천으로 제시한 근거는

---

37) 임화, 「조선적 비평의 정신」, 『문학의 논리』, 학예사, 1940, 687면.
38) 한형구는 이 시기 비평계가 최소한 이분법적 대립 구도가 아니라, 3분법 이상의 다극화 구도를 형성하고 있었음을 밝히고 있다. 한형구, 「일제말기 세대의 미의식에 관한 연구」, 서울대학교 박사학위 논문, 1992, 19면.

무엇인가? 베버(Weber)에 따르면 근대에 들어와 종교와 형이상학을 지배하고 있던 실체적 이성은 과학, 도덕, 예술이라는 세 가지의 자율적인 영역으로 분화된다. 문화 구조의 분화는 이미 칸트(Kant)의 철학 체계 구성에서도 간접적으로 나타난다. 칸트는 인식 판단, 도덕 판단, 취미 판단을 나누어 각각을 세 권의 저서에서 중점적으로 다루고 있다.[39] 하버마스(Habermas) 역시 문화의 세 가지 차원이 지니는 내재적 구조를 인식적-도구적, 윤리적-실천적, 심미적-표현적 합리성의 구조로 나누면서, 각각의 구조가 다른 사람들보다 더 논리적으로 이 특정한 분야를 다룰 수 있는 것으로 여겨지는 전문가들의 통제에 놓이게 되는 현상을 근대의 합리성이라 설명하고 있다.[40] 이를 다시 담론의 지향성으로 구분하자면, 정보 지향성, 유희 지향성, 행위 지향성으로 구분할 수 있다. 정보 지향은 인식적-도구적 합리성을 추구하는 순수 이성에, 유희 지향은 심미적-표현적 합리성을 추구하는 취미 판단에, 그리고 행위 지향은 윤리적-실천적 합리성을 추구하는 실천 이성에 해당한다. 정보 지향적 발화는, 독자가 새로운 내용을 받아들여 그것을 머릿속에 기억하는 것을 목적으로 한다. 정보 지향적 발화는 어떤 대상에 대한 청자의 지식을 증가시켜 주는 것이기 때문에, 적절한 평가 기준은 '내용의 진실성과 새로움'이 된다. 반면 유희 지향적 발화에서 내용의 진실성은 그다지 중요하지 않다. 유희 지향적 발화는 기억해야 할 내용을 전달하는 것이 아니라 자신에게 즐거움을 준 체험을 표현하는 것을 목표로 하기 때문이다. 한편 행위 지향적 발화는 청자가 어떤 행동을 수행하게 될 경우 소통에 성공하는 발화이다.[41]

누가 보더라도 타당한 해석, 그러나 독자 개개인에게 다양하게 실현되는

---

[39] 칸트의 철학 체계 구상에 대해서는 F. Kaulbach, Immanuel Kant, 1982, 백종현 역, 『칸트 : 비판철학의 형성과정과 체계』, 서광사, 1992의 2부와 3부를 참조할 것.
[40] J. Habermas, "Modernity: Incomplete Project", *Postmodern Culture*, Pluto, 1985.
[41] M. L. Ryan, "Toward a Competence Theory of Genre", *Poetics* 8, North-Holland Publishing Company, 1979를 참조하여 제시한 것이다.

해석을 보장하는 해석의 일반 모형 혹은 방법론에 대한 추구는 분명 유혹적이지만, 이는 독서의 본질로부터 멀어진 가정일 뿐이다. 그러한 보편적인 모델의 추구는 표면적인 것을 산출하는 배후의 인과적 연쇄를 발견하고 개별적인 해석을 필연적으로 산출하는 하나의 의미 연관을 발굴하려는 유혹에 빠지기 마련이다. 필자는 그러한 '최종적 해석'이 불가능하다고 본 해석학의 한 시각[42]을 고려하여, 비평이나 해석의 '궁극적 해결책'에 대한 유혹을 뿌리치고 비평 활동의 지배적 속성을 분석하여 제시하는 것에서 논의를 시작할 것이다. 그러한 분석에서 추출한 이론적 내용을 바탕으로 필자는 비평 활동의 수행을 인상 중심 활동, 학문적 설명 중심 활동, 사회·역사 가치 탐구 중심 활동으로 정리한 뒤, 이를 비평 활동의 교육 내용으로 제시할 것이다. 학교 교육을 전제로 하는 문학교육에서 추구하는 비평 능력 역시 전술한 근대적 이성의 자장 속에서 전개될 수밖에 없다는 점에서 이 시기 비평 텍스트를 대상으로 하여 추출한 비평 활동의 지배소들은 다른 속성에 비해 교육적으로도 유의미하다고 볼 수 있다. 물론 신화 비평이나 현상학적 비평처럼 탈이성적 사유를 중시하는 비평 역시 전체 비평에서 나름대로 중요한 지위를 차지하고 있다. 그러나 이들 비평은 교육적 목적을 중심으로 설계되고 시행되어야 하는 학생들의 비평 활동에 적용하기에 여러 가지 문제점을 노출하게 된다. 그런 이유로 필자는 근대적 이성의 자장 속에서 실천되었던 1930년대의 비평이 학생들의 비평 활동을 구성하는 데 이론적 근거를 제공하는 '지배소'를 제공할 수 있다고 본다. 이제부터 비평 활동의 지배적 속성을 직관의 표현, 학문적 설명, 이념적 실천에 대한 지향으로 정리하고 그 자세한 내용을 살펴봄으로써 비평 활동 교육의 내용을 마련할 수 있는 단초들을 하나하나 찾아보기로 하자.

---

[42] 김상환, 「새로운 해석학의 탄생」, 『니체가 뒤흔든 철학 100년』, 민음사, 2000.

제2장

직관의 표현으로서의 비평 활동

 작품을 읽는 도중이나 읽는 과정에서 드는 순간적인 인상은 비평 활동의 출발점이다. 학생들의 감상문에서 작품의 이러저러한 면이 '감동적이었다'는 표현이 반드시 등장하는 이유도 인상의 기술이 작품에 대한 체험에서 차지하는 비중이 그만큼 크기 때문이다. 그러므로 그러한 감동이 작품의 어떤 면에서 왔으며, 왜 자신에게 감동을 주었는가를 살피고 그것을 충실히 표현할 수 있는 능력은 비평 활동의 출발점이자 종착지가 된다고 해도 지나치지 않다. 지금부터 살피고자 하는 인상주의 비평은 작품을 읽는 가운데 떠오르는 직관을 표현하는 비평 활동과 맥을 같이한다.

 일반적으로 인상주의 비평은 작품을 읽는 과정에서 비평 주체 개인에게 떠오르는 인상을 최대한 투명하게 기술하는 것을 비평의 원리로 삼는 경향을 통칭한다. 여기서 비평 주체의 '인상'은 작품을 읽은 결과물 이상의 것을 의미하는데, 작품 외적인 것, 다시 말해 이론이나 비평 주체의 세계관을 최대한 배제하고 작품 읽기의 체험 자체에 집중할 것을 목표로 하는 작품 읽기의 방법론을 함의하고 있다. 그중에서 김환태는 한국의 근대 문예비평사에서 김문집과 함께 '인상주의' 혹은 '예술주의' 비평을 의식적으로 추구한 비평가로 평가되고 있다.[1] 김환태 비평의 핵심 가정을 요약하면 다음과 같다. 첫째, 작품을 이해하고 평가하는 과정에서 '몰이해적 관심'이 필요하다.

둘째, 비평이란 작품을 읽는 과정에서 얻게 된 비평가 개인의 인상을 재구성하는 체험이다.[2]

김환태가 주장한 인상 비평의 원리와 이를 바탕으로 한 실제 비평을 살펴봄으로써 '감동'의 기술에 국한되고 있는 감상문 쓰기의 내용을 구체적으로 제시할 수 있을 것이다. 이하의 논의에서는 특히 주관적 가치 판단을 절대적 기준으로 삼아 작품의 심미적 가치에 집중하고 여기서 한발 더 나아가 비평 텍스트를 심미화함으로써 비평 활동을 곧 예술적 표현으로 이끌어가려 하는 인상주의 비평의 내적 특징을 구체적으로 살펴보고 이를 '직관의 표현'이라는 비평의 지배소로 정리할 것이다.

1. 주관적 가치 판단의 절대화

인상주의 비평은 작품 읽기의 출발점으로 '몰이해적 관심(disinterestness)'을 제시한다. 학습 독자 역시 현실 세계의 논리를 일단 망각하고 작품이 제시하는 세계에 빠져들어야 작품을 지속적으로 읽어나갈 수 있음을 고려하면, '몰이해적 관심' 원칙이 꼭 인상주의 비평에만 국한되지는 않는다. 작품을 읽는 동안에는 작품 자체에 집중해야 하며, 작품 내 세계를 현실과 구별되는 독자적인 세계로 인정함으로써 작품을 원활하게 읽을 수 있음을 뜻하기 때문이다. 결국 '몰이해적 관심'은 작품과 대면하는 일반적인 태도로 보아도 무방하다.

매슈 아놀드(Matthew Arnold)의 '몰이해적 관심'에 대한 논의는 이와 관련

---

1) 김윤식, 『한국근대문예비평사연구』, 일지사, 1983, 281-298면.
   김영민, 『한국문학비평논쟁사』, 한길사, 1992, 511-527면.
2) 김환태에 대한 주요 연구로는 다음을 참조할 수 있다.
   김윤식, 「순수문학의 의미: 詩人 김환태 연구」, 『서울대학교교양학부 논문집 1』, 1969년 4월.
   김윤식, 「김환태 비평의 비평사적 의의」, 『문학사상』, 1986년 5월호.
   권성우, 『모더니티와 타자의 현상학』, 솔, 1999.

하여 주목을 요한다. '몰이해적 관심'이란 이해관계에 사로잡히지 않는 노력으로서 "지식의 모든 부분, 신학, 철학, 역사, 예술, 과학에 있어서 대상을 본질 그대로 본다"는 것을 목표로 하는 태도이다. 아놀드는 이러한 태도를 바탕으로 해서 이 세상에서 알려지고 생각된 최상의 것을 배운 뒤 그것을 다시 사람들에게 알려줄 수 있는 교양의 정신을 비평의 준거점으로 삼은 바 있다. 매슈 아놀드가 김환태에게 끼친 영향은 여러 논자에 의해 지적된 바 있다. 특히 '비평력은 창작력보다 저급한 단계에 속한다'는 아놀드의 명제는 김환태의 비평 의식 형성에 큰 영향을 미친 것으로 보인다. 김환태는 비평에 대한 예술 창작의 우위를 인정하는 것을 전제로 비평 활동을 펼치는데, 비평이 창작과 동일한 지위에 오를 수 있는 것은 아니지만, "창작력을 위하여 분위기를 준비하여 주고 관념의 계열을 공급"하는 역할을 다함으로써 창작에 기여하는 보조적 역할을 수행할 수 있다고 생각한다. 또한 문학이나 예술 작품의 창작 이외에도 창작력을 발휘할 수 있는 국면을 설정한 뒤, 비평이 그중의 한 자리를 차지할 수 있다고 봄으로써 소극적으로나마 비평과 예술의 연속성을 상정했다. 창작과 비평의 관계를 이런 식으로 설정하는 것은 모두 아놀드의 비평관과 관련이 있다.

그러나 아놀드의 비평은 다른 한편으로는 당대 영국 사회에 대한 총체적인 진단과 전망을 제시하려는 작업의 일환이었다. 아놀드는 정신의 자유로운 활동이라는 법칙을 가지면서 일체의 실제적인 고려와는 별개의 작용으로 비평을 파악하였다. 또 그는 비평의 직무로 '최상의 것'을 파악해서 그것을 사회에 알리는 역할을 중시했기 때문에 그의 실제 비평은 당시 영국 사회에 대한 '사회 비평' 성격이 강하다. 이를 고려하면 아놀드를 김환태와 함께 '인상주의' 비평으로 분류하는 것은 적절하지 않다.[3] 특히 김환태를 중심으로 한 한국의 인상주의 비평이 제시한 '몰이해적 관심'은 '있는 그대로 본다'는

---

[3] 매슈 아놀드에 대해서는 윤지관, 『근대 사회의 교양과 비평』, 창작과비평사, 1995를 참조하였다.

태도에 멈추지 않는다는 점에서 아놀드의 그것과는 어느 정도 차이를 보인다. 물론 '문예작품의 예술적 의의와 심미적 효과를 얻기 위하여 대상을 실제로 있는 그대로 보려는 인간 정신의 노력'이 비평임을 주장했다는 점에서, 김환태는 아놀드의 비평관을 수용하고 있다. 그러나 김환태가 '몰이해적 관심'에서 중시한 내용은 작품을 읽을 때 '실용적, 정치적 관심'을 버리고 작품 내적인 측면에 집중하여 읽는 태도였다.

문예비평가는 작품의 예술적 의의와 딴 성질과의 혼동에서 기인하는 모든 편견을 버리고 순수히 작품 그것에서 얻은 인상과 감동을 충실히 표출하여야 합니다. 즉 비평가는 언제나 실용적, 정치적 관심을 버리고 작품 그것에 돌아가서 작가가 작품을 사상(思想)한 것과 똑같은 견지에서 사상하고 음미하여야 하며 한 작품의 이해나 평가란 그 작품의 본질적 내용에 관련하여야만 진정한 이해나 평가가 된다는 것을 언제나 잊어서는 안되겠습니다.[4]

이처럼 작품을 둘러싼 다양한 맥락에 괄호를 치고자 하는 고립주의적 작품 읽기 방식은 문학을 인생에 대한 비평으로 상정하면서 작품의 존재를 넘어서서 윤리적·도덕적 가치의 세계로 나아가고자 했던 아놀드의 그것과는 구별된다. 물론 여기에 김환태가 비평의 세계에 입문하기 전, 비평계의 지배적 담론으로 자리잡고 있던 카프의 문학관과 비평관에 대한 강한 대타의식이 자리잡고 있음은 주지의 사실이다.

조선에 신문학 운동이 시작된 그때부터 우리 문단에도 전혀 비평이 존재하지 않지는 않았으나, 비평이 비평으로서 선명한 색채를 띠고 나타난 것은 프로문학 비평이었다고 할 수 있을 것이다. 이리하여 이 프로문학 비평이 우리 문단에 비평문학을 수립하는 데 많은 공헌이 있었다는 것을 우리

---

4) 김환태, 「문예비평가의 태도에 대하여」, 『김환태 전집』, 문학사상사, 1988, 17면.

는 잊어서는 안 된다. 그러나 또한 '비평무용론'의 제창까지 보게 한 우리 비평단의 혼란과 무질서도 또한 대부분 그때에 배태한 것이라는 것도 우리는 알아야겠다. 비평의 대상은 언제나 작품 그것이다. 그러므로 비평 그것은 작품의 뒤를 따르는 것이요, 결코 앞서지 못한다. 그럼에도 불구하고 프로비평가들은 언제나 작가의 입법자가 되고, 재판관이 되려 하였다.[5]

이를 고려한다면 인상주의 비평이 말하는 '몰이해적 관심'의 보다 정확한 표현은 '문학적 관심'이다. '문학적 관심'은 '딴 현실적 관심, 즉 정치적 관심이나, 윤리적 관심이나, 선전적 관심'[6]과는 구별되는 독자적인 관심, 다시 말해 오직 작품 속으로 들어가 그 작품만의 법칙을 좇아 다만 그 작품과 자기의 정신과의 관련을 추구하는 관심이다.

이는 쾌적함과 아름다움 그리고 선함을 엄격하게 구별하고자 했던 칸트(Kant)의 문제의식과 맥을 같이한다. 칸트에 따르면 쾌적함, 선, 아름다움은 표상과 쾌·불쾌의 감정이 맺는 세 가지 상이한 관계를 나타낸다. 여기서 쾌적함은 어떤 사람에게 감각적 쾌락을 주는 것을 말하며, 선은 인간이 어떤 객관적 가치를 부여하고 있는 순수한 실천적 만족에 관련되는 것을 말한다. 이에 비해 '아름다움'과 관련되어 있는 판단 즉 취미 판단은 대상의 현존재에 관해서는 무관심한 것은 물론이요 그것의 실질적인 유용성에 대해서도 무관심한 순수하게 관조적인 판단이다. 칸트는 이 세 가지 만족 중에서 미에 관련되어 있는 만족만이 무관심적인 자유로운 만족이라고 본다.[7]

김환태의 논의 역시 윤리적 관심이나 정치적 관심이 가치가 없다거나 불필요다는 것이 아니라, 문학에서 통용되는 관심은 어디까지나 '문학적 관심'이라는 식의 차별화를 지향할 뿐이다. 그리고 김환태와 칸트가 공유하고 있

---

5) 김환태, 「작가·평가·독자」, 앞의 책, 49면.
6) 김환태, 「문학적 현실과 사실」, 앞의 책, 123-124면.
7) I. Kant, 이석윤 역, 앞의 책, 60-61면.

는 이러한 발상은 베버가 말했던 문화 영역의 합리화와 직결되는 것이기도 하다. 베버에 따르면, 문화적 모더니티는 종교와 형이상학에서 나타난 실체적 이성이 과학, 도덕, 예술이라는 세 가지 자율적인 영역으로 분화되는 과정에서 성립하게 된다. 과학 담론, 도덕과 법률 이론, 예술 생산과 그에 대한 비평이 차례로 제도화되면서 인식적 - 도구적, 윤리적 - 실천적, 미적 - 표현적 합리성의 구조들이 나타나기 시작한다는 것이다.[8]

카프에 대한 대타의식에서 나타난 이러한 '독자성'과 '자율성'에 대한 지향은 문학에 있어서 문학 비평을 독자적인 영역으로 설정함으로써 비평사적으로 비평 영역의 근대적 합리화를 완성한다는 의미를 갖는다. 그리고 이는 문학을 포함한 예술 감상의 목적이 '쾌'를 추구한다는 근대적인 문학관의 형성과 밀접한 관련을 맺는다. 학생들이 문학 작품을 읽는 이유는 무엇인가? 즐거움, 미적 만족을 위해서이다. 그리고 그러한 '미적 만족'을 위해서는 현실의 논리는 잠시 망각해야 한다. 정치적 관심이나 윤리적 관심과 구별되는 '문학적 관심'으로서의 '몰이해적 관심'이, 순수한 미적 만족을 감각적 만족이나 윤리적 만족과 구별하고자 했던 칸트의 '무관심성' 논의와 유사한 구조를 가지고 있는 이유는 인상주의 비평이 '쾌'와 '미적 만족'을 특권화시킨 근대인의 문학에 대한 관점을 전형적으로 대변하고 있기 때문이다.

이제 '몰이해적 관심'이 실제 비평 활동에서 어떻게 구현되고 있는가를 확인함으로써 인상주의 비평의 지배적 특징을 구체적으로 살펴보도록 하겠다. 스스로 인상 비평가임을 자처한 김환태는 자신이 작품을 읽는 가운데 받은 주관적 인상을 세밀하게 서술하는 방식으로 비평에 임한다. 다음은 안회남의 「우울」을 읽고 남긴 비평의 일부로서, 인상주의 비평의 특징을 단적으로 드러내는 구절이다.

---

[8] 자세한 사항은 전성우, 「막스 베버의 근대사회론」, 유석춘 편, 『막스 베버와 동양 사회』, 나남출판사, 1992를 참조할 것.

이 작품을 읽고 나서는 나도 모르게 입으로 '돈돈'하며 '나'라는 주인공의 흉내를 내 보았다. 그리하여, 내가 스스로 내 귀에 다리 들렸을 때, 이 작품을 읽는 동안에 나의 머리를 점령하고 있던 불쾌의 감정이 엷은 우울로 변하면서, 그 불쾌한 세계에서 벗어나온 기쁨을 마음 속에 희미하게 느꼈다. 이 작품은 그 전체를 통해서 시종 일관 돈타령이다. '나'라는 주인공은 돈의 마력 밑에 이리 밀리고 저리 끌려 조그마한 자유도 없다. 그리하여 주인공은 우울하느니보다 늘 불쾌하다. 따라서 그를 보는 우리도 또한 돈의 마력과 그 앞에서 인간의 무력을 여실히 보는 데서 오는 불쾌를 이기지 못하여 한시 바삐 이 세계에서 벗어나고 싶었다.[9]

신문 월평 형식으로 쓰여진 글이라는 점을 감안해도 위에 제시된 글의 서술 방식은 평범한 독자의 '감상문'과 그다지 다를 바가 없다. 실제로 김환태는 비평에서 '비지도적 감상적 태도'의 명목 아래 감상과 비평의 동일성을 주장한 바 있다.

나는 감상과 비평은 전연 딴 종류의 것이 아니라, 비평이란 감상이 좀 더 세련된 것, 다시 말하면 비평이란 감상에 반성이 더하여 그보다 좀 더 객관성과 보편성을 且付하고 있는 것이라고 생각한다. 그러면, 감상이 어떻게 객관성과 보편성을 획득하여 비평이 될 수 있느냐? 그것은 주관에 철저함으로써이다. 감상하는 주관이 그 자신에 철저할진대, 그 감상은 객관성과 보편성을 획득하여 비평이 될 것이다. 그것은, 순수한 주관은 순수한 객관인 까닭이다.[10]

다음에 제시된 박노갑의 「초사흘」 역시 그러한 감상으로서의 비평에서 크

---

9) 김환태, 「비평 문학의 확립을 위하여」, 앞의 책, 1988, 84면.
10) 김환태, 「나의 비평의 태도」, 앞의 책, 1988, 28면.

게 벗어나지 않는 모습을 보여준다.

이렇다 할 사건의 전개는 없으나 정월 초사흘 날 새벽에 어떤 시골 술집에 그곳 주민들이 모여 해장을 하며 시시덕거리는 그 장면이 눈앞에 보는 것같이 여실히 그려져 있다. 그리하여 우리는 담화와 동작을 통하여 이곳에 나오는 인물의 성격과 용모를 넉넉히 추측할 수가 있으며, 그들 농민 생활의 움직임까지도 확실히 볼 수가 있다. 다시 말하면 아무 의미가 없는 듯한 그들의 담화와 동작이 다 그들 생활과 감정에 깊이 뿌리를 박고 있다. 아무런 외면적 사건의 전개도 없이 해장하는 장면의 묘사인데도 불구하고, 이 작품이 우리에게 깊은 암시를 주고, 그 뒤에 무엇이고 삶의 움직임을 느끼게 하는 것은 이에 연유하는 것이다. 또 이 작자는 전편을 통하여 초사흘의 분위기를, 농민생활의 괴로움에서 오는 희망과 절망과 체념이 뒤섞인 초사흘의 분위기를 잘 빚어내었다. 그리하여 이것이 또한 잘못하면 산만해질 이 작품으로 하여금 통일적 인상을 주는 데 큰 도움이 되었다.[11]

안회남의 「우울」에서 작품을 지배하고 있는 우울하고 불쾌한 분위기에 주목한다거나 박노갑의 「초사흘」에서 초사흘의 분위기를 느낀다는 식의 서술 방식은 더 이상의 설명이 불가능한 주관적인 인상의 표명 단계에 멈추어 있다. 김환태가 이미 말했듯이 비평은 감상과 본질적으로 구별되는 것은 아니다. 그러나 자신의 판단에 대해 타자의 동의를 구하거나 적어도 자신의 판단이 타자의 그것과 소통 가능하다는 전제를 받아들인다는 점에서, 비평은 전적으로 사적인 판단의 단계에 머무르고 있는 감상과 구별된다.

김환태의 인상 비평에는 그러한 소통의 가능성에 대한 고려가 보이지 않는다. 오로지 자신의 주관적 판단은 그 자체로 절대화되어 있을 뿐이다. 이는 물론 공적인 담론의 속성을 갖는 비평의 원리로 상정하기에는 커다란 결

---

11) 김환태, 위의 글, 86면.

점이 된다. 그러나 또 한편으로 비평 활동의 출발점이 다른 사람의 눈이 아닌 자신의 감식력을 바탕으로 한 인상이라는 점은 명백하다. 이를 고려할 경우 자신의 판단을 고집하면서 그것을 절대화하는 태도를 보완한다면, 자신의 느낌과 인상에 충실하기는 비평 활동의 일차적인 교육 내용이 될 수 있다. 아래에서는 인상을 있는 그대로 충실하게 기술하는 작업과 연관되어 있으면서 동시에 이를 변형시키고 있는 '인상의 재구성' 논의의 이론적 전제와 그 실제 모습을 살펴볼 것이다.

2. 인상의 재구성

칸트가 『판단력 비판』에서 감각적인 '쾌/불쾌'와 '미적 만족'을 범주적으로 구분한 이유는 취미 판단의 소통 가능성을 고려했기 때문이다. 실제로 칸트는 '장미의 향기'나 '포도주의 맛'처럼 대상이 주는 단순한 쾌감과 구별하여, 대상의 형식에 대한 반성과 관조를 통해 형식의 합목적성을 파악하는 과정에서 얻게 되는 미적 만족을 대비시킨 뒤에, 후자를 본격적인 '미적 판단'으로 규정하고 있다.[12] 두 가지 판단은 모두 개념적 판단이 아니라 주체 안에서 일어나는 쾌락의 감정과 관련되는 주관적 판단—칸트는 이를 '미감적 판단'이라 명했다—이라는 점에서는 공통성을 갖지만, 전자는 자신이 느끼는 쾌 또는 만족에 대해 다른 사람의 동의를 구할 수 있다는 점에서 후자와 구별된다. 사실 칸트가 "어떤 대상이 아름답다고 하는 나의 개인적인 판단이 다른 사람의 동의를 요구한다는 것을 나는 무슨 권리로 상정할 수 있는가?"라는 물음을 통해 분석하고자 했던 것도 취미 판단의 '절대적 보편성'이 아니라 "이것은 아름답다"라는 말의 의미 중 일부가 바로 다른 사람의 동의를 요청할 수 있다는 것이다. 여기에는 미적 판단의 소통 가능성에 관한 문제

---

12) I. Kant, 이석윤 역, 앞의 책, 74-75면.

의식이 자리잡고 있다.13) 그런 점에서 칸트가 말하는 취미 판단 역시 감성적이기는 해도 반성적 판단으로서, 대상이 개념과 결부되어 판정되는 것은 아니지만, 자신의 주관적 판단의 소통 가능성을 가정한다.14)

그러나 앞에서 살펴본 김환태의 인상 비평에서 비평 주체의 판단은 그 자체로 절대화되어 칸트 식의 용어로 말하자면, 작품이 주는 '쾌'에 갇혀 있을 뿐이다. 이러한 문제점을 나름대로 해결하면서 사적인 감상을 공적인 비평의 차원으로 끌어올리기 위해서는 '이상의 단순한 기술'에서 '인상의 재구성'으로 나아가야 한다.

> 나의 인상은 작품 속의 생활에서 오는 것이므로 나는 마치 작가가 현실 생활 속에서 얻은 인상을 정착시키기 위하여 그 인상을 낳아 준 그만큼의 현실의 생활을 기록하듯이 나의 작품에서 얻은 인상을 정착시키기 위하여 그 인상을 낳아준 작품 속에 그만큼의 생활을 기록한다. 그러므로 나의 비평이 창작과 다른 점은 창작이 현실 생활의 기록인데 대하여 나의 비평이 작품 속의 생활인데 있다.15)

여기서 비평을 단순히 인상의 기록이나 포착이 아니라 '인상의 재구성'으로 규정하고 있다는 점은 주목을 요한다. '비평은 작품에 의하여 부여된 정서와 인상을 암시된 방향에 따라 가장 유효하게 통일하고 종합하는 재구성적 체험'16)이라는 것이다. 미감적 판단(aesthetic judgement)은 감각적 취미 판단과 반성적 취미 판단으로 구별되는데, 전자가 단순히 사적인 쾌·불쾌에

---

13) 이에 대해서는 D. W. Crawford, *Kant's Aesthetic Theory*, 1974, 김문환 역, 『칸트 미학 이론』, 서광사, 1995를 참조하였다.
14) 칸트는 그러한 동의의 가능성을 경험 속에서 찾지 않고 취미 판단 능력의 기저에 존재하는 선험적인 원리에서 찾으려 한다.
15) 김환태, 「평단 전망」, 앞의 책, 295면.
16) 김환태, 「나의 비평의 태도」, 앞의 책, 13면.

머무르고 있음에 비해 후자는 취향에 대한 반성(reflection)을 통해 타자와의 소통이 가능한 '공적 성격'을 가질 수 있다. 사실 문학과 같은 예술에 대한 가치 판단이 그저 '주관적'이고 '자의적'인 것은 아니다. 칸트는 미적 판단이 단순한 '쾌 불쾌'의 감정과 달리 일정 부분 합의가 가능한 보편성을 획득하게 된다고 보았다. "우리는 동일한 기쁨을 다른 사람들과 공유하기를 희망"하기 때문에 아름다움에 대해서 논쟁하며 그런 점에서 취미는 타자 지향적이라는 것이다.17)

작품을 읽는 가운데 드는 인상은 우연적이어서, 오성의 개념 아래 포섭될 수 없는 것처럼 보인다. 그렇지만 인상을 재구성하는 가운데 인상은 오성의 개념 아래 들어갈 수 있는 것처럼 보이고, 어떤 법인지 말할 수는 없지만 자발적으로 어떤 법에 따르는 것처럼 나타난다. 미적 판단에 임할 때, 사물의 직접적 형식에 대한 우리의 직관과 분리시킬 수 없는 합법칙적 전체성에 도달한 듯한 묘한 느낌을 가지게 된다는 설명은 바로 이를 지적하고 있는 것이다.18)

여기서 '재구성'은 바로 감각적 차원에 머무르고 있는 인상에 대한 '반성'의 성격을 갖는다. 그리고 재구성의 과정을 거쳤기에 "비평가가 그의 주관에 철저하여 한 작품에서 얻은 인상을 충실히 표현하고 찬미할 때에, 그의 인상과 찬미에는 객관성이 있다"는 발언까지도 가능해진 것이다. 그것은 비록 철저하게 가상에 지나지 않는다고 해도 말이다. 여기서 인상의 재구성이 비평 이론이나 지식에 의존한 '논리적 판단'과는 거리가 멀다는 점이 중요하다. 그것은 '작품 그 속에 침잠'하는 것, 다시 말해 작가와 '내면적 일치'에 들어가 같이 느끼고 사색하는 것을 뜻한다. 그리고 독자에게 그런 일치는 무엇

---

17) 한나 아렌트는 칸트의 '취미'론에 내포된 자유로운 일치 가능성에 주목하여 이로부터 자유롭고 조화로운 정치공동체 형성을 기반을 이끌어내려 시도하고 있다. 이에 대해서는 H. Arendt, *Lectures on Kant's Political Philosophy*, 1982, 서유경 옮김, 『과거와 미래 사이』, 푸른숲, 2005, 296면을 참조하였다.
18) T. Eagleton, *The Ideology of the Aesthetics*, Blackwell, 1990, p.85.

보다도 작가의 창작 과정을 재구성하는 가운데 가능하다. 김환태가 남긴 다음과 같은 비평문은 비평 활동의 주체가 작가의 자리에 서서 창작 과정을 재구성하는 모습을 보여주고 있다.

해석(海石) 노인은 칠순이 다 되어서야 소실의 몸에서 아들을 하나 얻었다. 그러나 한동안 침침하던 눈까지 밝아지는 듯하게 하고, 음식에까지 새 맛을 느끼게 하던 이 희열은 여러 가지 어둠의 그늘을 가지고 와 이 노인에게 일종의 환멸을 느끼게 하였다. 아들 기용이를 얻게 된 후로는 본처는 앙칼질을 시작하고 소실은 대청이 울리게 가래를 돋우어 가풍이 어지러워졌을 뿐 아니라, 자기 죽은 후의 아들의 신세의 걱정이 하나 더 늘었다. 그러나 해석 노인을 괴롭히는 것은 이것들 뿐이 아니었다. 큰마누라보다도, 작은마누라보다도 더 가깝게 사귀어 나가야 할 죽음의 야수가 앞을 가로막고 있었다. 노인은 박압(迫壓)을 나기 위하여 불이, 한 점의 불티라도 불빛이 그리워 성냥갑을 찾는다. 나는 담뱃대를 뻑뻑 빨고 앉아 있는 해석 노인의 겨울의 평원과 같이 외롭고 쓸쓸한 주름살 잡힌 얼굴과, 심연과 같이 음울한 움펑 들어간 두 눈을 눈앞에 보는 듯하다.[19]

위에 제시된 이태준의 「어둠」에 대한 평은 독서 과정에서 얻게 된 인상을 산문의 형식으로 그대로 진술하는 것이라기보다는 비평가가 작가의 자리에 서서 창작의 과정을 현상학적으로 성찰하는 것에 가깝다. 김환태가 "비평가는 그가 비평하는 작품에서 얻는 효과, 즉 지적 정적 전 인상을 표현하기 위하여 어느 정도까지 창조적 예술가가 되지 않으면 안 된다"고 주장하는 이유도 인상의 재구성은 창작 과정의 추체험에 의해서 가능하다고 보았기 때문이다.

이처럼 인상의 재구성은 단순한 인상의 기술 단계와 구별되는 보다 고차적인 활동 단계의 내용으로 자리매김될 수 있다. 다시 말해 비평 주체가 작

---

[19] 김환태, 「나의 비평의 태도 - 문예시평」, 앞의 책, 33면.

가의 자리에 서서 작품 창작의 경로와 의미를 스스로 서술하게 하는 활동은 작품이 불러일으킨 '반응'의 차원에 머물러 있는 '인상 표현'과는 구별되는 활동인 것이다.

3. 비평의 심미화

앞에서 살펴본 것처럼 인상 비평은 비합리적 방법에 의존하여 주관적 인상과 판단을 절대화함으로써 공적 속성을 갖는 비평 활동의 틀을 벗어나는 딜레마에 빠질 위험이 있다. 이 경우 사적 감상에 머무르지 않기 위해서 선택할 수 있는 또 다른 길은 비평이 스스로 예술의 자리에 오르는 일이다. 비평이 예술의 한 장르라면 신비주의나 주관적 판단의 절대화가 어느 정도는 용인될 수 있다. 아래에서는 문학의 주권성에 대한 주장을 바탕으로 '심미적 가치'에 집중하면서 비평 담론 자체를 심미화하는 인상주의 비평의 특징을 살펴볼 것이다. 이 과정에서 '이성'의 영역에서 분리된 문학 작품 읽기가 궁극적으로 도달할 수 있는 지점이 무엇인지를 파악할 수 있게 될 것이다.

인상주의 비평이 전제하는 '이성의 소산인 사상 대 상상력의 산물인 시 혹은 문학'의 대립 구도는 일반적으로 통용되는 '예술의 자율성'을 뜻하는 것으로 이해되는 한에서는 그다지 새로울 것이 없어 보인다. 그런데 여기서의 대립이 '자기 이외의 여하한 법칙에도 복종하지 않는' 절대적 구별로 강조되고 있다는 점에 주목해야 한다. 김환태는 '자치적 실재의 세계로서의 예술'이라는 표현을 쓰고 있다.

> 우리는 일순간도 쉬지 않고 외계의 잡다한 경험군의 습래(襲來)를 받고 있다. 그리하여, 우리는 우리의 정신적 존재를 위하여 그 경험군을 파악하여 개념과 법칙 밑에 정리하고, 또는 질서있는 총체적 존재에까지 발전한다. 전자가 과학의 세계 즉 이성의 활동의 세계요, 후자가 예술의 세계 즉

상상력의 발동에 비롯하는 세계다. 그런데 상상력은 이성과 같이 분석하고 비판하는 것이 아니라 구성하고 종합하는 일종의 선택적 건설작용이므로, 예술가는 그의 작품 제작과정에 있어서 어느 특징을 과장하거나, 소재의 어느 부분을 폐기하거나, 또는 비실재성을 의식적으로 강조할 자유를 갖는다. 이리하여 예술의 세계는 독자의 의미를 가진 自治的 實在의 세계요, 따라서 예술은 예술 이외의 아무런 목적을 가지지 않으며 자기 이외의 여하한 법칙에도 복종하지 않는다.[20]

이처럼 문학이 '자치적 실재'임을 강조할 경우, 독자는 작품을 읽을 때 객관적 현실과 작품 속의 현실과의 '절대적 거리'를 의식하지 않을 수 없다. 독자가 문학적 감명을 받는 이유는 작품에 담긴 현실이 작품 속의 현실과 거리가 있기 때문이라는 식이다. 물론 '거리'에 대한 강조가 문학 읽기와 현실적 삶 사이에 존재하는 일체의 관계를 부정하는 방식의 독법으로 귀결되어야만 하는 것은 아니다. 1930년대에 이르러 '거리'에 대한 인식은 김환태와 가장 대척점에 서 있는 카프 비평가들에게도 받아들여진 바 있다. 문학의 '형상성'을 강조하고 있는 다음과 같은 구절은 그러한 '거리'에 대한 인식이 형성되는 대표적인 모습을 보여준다.

문학에는 고유한 구조와 자기의 법칙이 있는 독립한 세계다. 따라서 현실을 매개로 사상을 문학의 문자로 번역한다는 것은 일단 비유에 불과하다. 실제론 문학이란 사상(그것을 철학이라 가정하고)과 같이 독자의 방법으로 현실을 인식하는 한 관념 형태 즉 광의의 사상의 일 형태다. 이만하면 벌써 문학 가운데 한 개 예비된 선입견을 가지고 들어가는게 얼마나 부당한가를 알 수가 있다. 문학적 형상이란 것을 예로 든다 해도 그것이 황당한 주관의 피조물이 아니라 객관적으로 실재한 인간을 보편화하였을 때 비로

---

[20] 김환태, 「시와 사상」, 앞의 책, 66면.

소 독자가 공감하는 대상이 될 수 있지 않은가?[21]

그런데 김환태가 주장하는 '거리'는 이와는 사뭇 구별되는 의미를 담고 있다. 여기서의 '거리'란 ' 객관적 현실에 따르는 객관적 실재성에서의 이탈'을 의미하기 때문이다.

> 우리가 어떤 작품을 평할 때도 '이 작품 속의 현실은 객관적 현실과 같다'든가, '이 작품은 사실주의 작품이니 좋다'든가 할 것이 아니라 '이 작품은 문학 작품이다. 그러니 좋다' 하여야 할 것이다. 그리고 문학을 감상할 때에도 한 작품의 객관적 현실과의 인과관계나 상호 연락을 생각하든가, 문학적 관심 이외의 딴 현실적 관심, 즉 정치적 관심이나, 윤리적 관심이나, 선전적 관심이나를 가지고 작품에 임하지 말고, 그것들에 독립하여 오직 작품 속으로 들어가 그 작품만의 법칙을 좇아 다만 그 작품과 자기의 정신과의 관련을 맺지 않으면 안 된다.[22]

이처럼 현실 혹은 여타의 비(非)미적 담론과 구별되는 '자치적 실재'로서의 문학 작품에서는 내용과 형식의 구별이 불가능하거나 무의미해진다. 정지용의 시에 대한 다음과 같은 비평은 내용과 형식을 구별할 수 없는 경지를 시의 이상으로 격상시킬 정도이다.

> 이 얼마나 아슬아슬한 지성과 감각과 감정의 미묘한 한 하모니냐? <u>우리는 그 속에서 벌써 지성과 감각과 감정을 따로따로이 구별하지 못한다. 지성이 감각이요, 감각이 감정이요, 감정이 지성이다.</u> 이리하여 된 그의 시는 우리가 그의 시 속에서 단 한편의 태작도 발견할 수가 없이, 하나하나가 모

---

21) 임화, 「주체의 재건과 문학의 세계」, 『문학과 논리』, 1940, 58-59면.
22) 김환태, 「문학적 現實과 事實 - 현대비평의 享受的 태도」, 앞의 책, 123-124면.

두 수정알처럼 완전한 결정이다. 따라서 그의 시에는 우리가 소위 靈感派에서 보는 流露感은 없다. 육감과 체온이 희박하다. 윤곽이 몽롱하지 않고 명료하다. 그렇다고 그는 시를 만드는 사람은 아니다. 그는 '영감이 나무 끝에 오는 바람결같이 그의 마음 속에 불어' 오면 그것이 스스로 자라 胎盤을 떨어질 때까지 기다린다. 그리고 그것이 태반을 떨어질 때까지 그에게 자양을 공급하고 모양을 만들고 살을 붙이는 것이 곧 그의 감정이요 지성이요 감각이다.23)(밑줄은 필자가 친 것이다)

정지용의 「호수」를 '오리 모가지는/호수를 감는다.//오리 모가지는/작고 간지러워'처럼 산문으로 풀어 쓸 경우, "오리 모가지와 호수의 형상과 아무런 의미를 갖지 않는 그 음향을 따로따로 경험하거나 동시에 병렬해서 경험"할 수 없다는 것이다. 진정한 시적 경험에 있어서는 내용과 형식을 구별할 수 없으며, 시적 가치는 내용과 형식을 결합시키는 데에서 나오는 것이 아니라, 둘의 구별을 소멸시키는 것에서 발생한다고 주장한다. 자신을 형식주의자로 평가한 임화에 대해, 자신은 결코 '형식적 측면으로서 작품의 가치를 평가하려는 형식주의자'가 아님을 공언했던 이유도 '자치적 실재'의 세계에서는 내용과 형식의 구별이 소멸된다고 보았기 때문이다.

예술작품이란 요소의 집단이 아니라 유기적 통일체이므로, 산 우리의 육체와 생명을 구별할 수가 없는 것과 같이 우리는 예술 작품의 내용과 형식을 따로따로이 구별하여 생각할 수가 없다. 다시 말하면, 작품은 그것이 형식과 내용으로 분리되기 이전의 한 완전한 통일체요, 형식과 내용의 두 요소의 결합체는 아니다. 형식이란 내용 그것에 의하여 스스로 산출되는 것이요, 내용이란 스스로 산출한 형식에 의하여 결정되는 것이기 때문이다.24)

---

23) 김환태, 앞의 책, 112면.

이러한 발언에는 문학과 예술의 '자율성'에 대한 일반적인 관점과는 구별되는 독자적인 내용이 담겨 있다. '가상(Schein)'이라는 용어를 사용하여 예술의 자율성을 강조했던 고전주의 미학에서, '자율성'은 사회적 인간의 자율성을 위한 모델로 작용하거나, 혼란스러운 실재 현실의 배후에 흐르고 있는 본질과 법칙을 파악하기 위해 필수적인 역할을 수행하는 개념의 자리를 차지하고 있다. 그 어느 쪽이든 예술이 인간의 삶과 실천에 대해 연속성을 유지하고 있다는 점에는 변함이 없다. 예술은 '거짓'이라는 의미의 '가상'에 불과하다는 비난에 맞서 예술의 '가상성'이 진리에 대립하는 개념이 아님을 밝히면서 '가상'을 옹호하고 있는 다음과 같은 발언은 자율성 담론의 핵심을 명확하게 전달하고 있다.

> 그러나 가상 자체는 본질에 본질적이다. 만일 진리가 현현하고 현상하지 않는다면, 진리가 어떠한 것에 대해, 즉 자기 자신에 대해서나 정신 일반에 대해서 존재하지 않는다면 진리는 존재하지 않을 것이다. (중략) 그러나 이러한 경험적인 내적, 외적 세계의 전 영역이야말로 진실한 현실의 세계가 아니고 오히려 예술보다도 더 엄격한 의미에서 단순한 가상이고 더 견고한 허위로 불릴 수 있다. 진정한 현실은 감각 작용과 외적 대상의 직접성 너머에서 비로소 발견될 수 있다. 왜냐하면 진실로 현실적인 것은 즉자대자적인 존재, 자연과 정신의 실체성이다.[25]

다시 말해 예술은 '감각적인 것의 직접성과 상황, 사건, 인물 등등의 임의성'으로 가득찬 실재 현실에서 '무상한 세계의 가상과 허위를 제거하고 그 현상들에 더 높은, 정신에서 잉태된 현실성'을 부여할 수 있다. 이를 통해 통상적인 현실보다 더 고차적인 실재성, 더 진실한 현존재를 작품 속에 형상화할

---

24) 김환태, 「비평 태도에 대한 辯釋」, 앞의 책, 1988, 95면.
25) Hegel, *Vorlesungen über die Ästhetik*, Suhrkamp, 1969, S.21-22.

수 있다는 것이다. '자율성' 담론은 예술이 겉보기에는 삶과 단절된 것처럼 보이지만, 바로 그러한 단절을 통해 현실을 보다 정확히 파악할 수 있다고 가정함으로써 궁극적으로는 예술과 삶의 연속성을 확고한 것으로 파악한다. 다시 말해 어디까지나 그것은 '상대적 자율성'이다. 미적인 것의 자율성을 보다 사회학적으로 분석하는 하버마스 역시 미적 체험을 예술, 종교(윤리), 과학의 세 영역이라는 담론의 근대적 분화 속에서 자리매김하고 있다. 여기서 미적 경험의 본성과 대상은 비(非)미적인 경험과 표상의 대상을 부정하거나 긍정하는 어떠한 힘도 지니고 있지 않으며 여타의 담론들 위나 아래가 아니라 그것들과 나란히 자리잡고 있으며 상호 소통한다.26)

그런데 정치, 경제, 종교, 예술 등의 각각의 체계가 고유의 작동 방식과 내적 구조로 분화되는 근대성의 원리가 극한에 도달할 경우 각각의 영역은 상호 소통이 불가능해진 채 철저하게 자기 준거적으로 변화하기도 한다. 이러한 상황에서 출현하는 문학과 예술은 '자율성'을 넘어선 '절대적 주권성'을 주장하게 된다.27) '자치적 실재'라는 용어를 통해 지향하고자 하는 세계가 바로 그러한 '절대적 주권성'을 획득한 별도의 '문학 왕국'이다. 여기서는 더 이상 사회적 차원으로 '번역'될 수 없는 문학의 '절대적' 자율성을 선언하게 된다. 즉 문학은 사회에 대해 자율성을 지닌 영역이 아니라, 사회로부터 완전히 독립된 영역으로 취급된다. 미적인 것에 주권성을 부여하는 논리는 '자율성' 담론에서 강조했던 미적 경험의 특수성을 '예술 속에 절대자가 현존한다'는 식의 약속으로 재정식화한다. 이 관점에 따르면, 미적 경험은 이성의 분화된 구조 내에 자리하지 않고 오히려 그 경계를 초월한다는 점에서 '주권적'이다.

---

26) 미적인 것의 자율성 담론의 형성을 근대적인 합리성에 대한 이해의 시금석으로 파악하고 있는 대표적인 논자로 하버마스를 들 수 있다. J. Habermas, *The Philosophical Discourse of Modernity*, Polity, 1987.
27) 자율성과 주권성에 대한 논의는 C. Menke, *The Sovereignty of Art*, The MIT Press, 1998를 참조하였다.

일반적인 자율성 모델이 미적 경험에 상대적인 타당성을 부여하는 데 비해, 주권성 모델은 미적 경험에 절대적인 타당성을 부여한다. 이러한 주권성 논리는 예술의 '절대적 독립성'에 대한 주장으로 확장된다. 이를 문학과 예술의 '절대적 주권성'이라 부를 수 있을 것이다. 이 경우 예술은 포괄적인 '이성'의 일부인 '심미적 이성'의 영역에 자리잡을 필요가 없다. 문학을 포함한 예술은 이제 '자치적 실재의 세계'라는 이름으로 독립적 주권을 선포하게 되는 것이다. 문학에 대한 이러한 태도는 철저하게 '쾌'에 근거한 주관적인 인상의 기록만이 문학 읽기의 목표요, 이러한 인상을 서술하는 '심미 비평'이야말로 그러한 문학 읽기의 본질을 구현하고 있는 것으로 이해된다.

'절대적 주권성'을 전제로 할 경우 문학의 상상력은 사회적인 이성이나 윤리와는 무관한 것이며, 문학과 사회 사이에는 건널 수 없는 절대적인 경계선이 놓이게 된다. 이제 미적 경험으로부터 사물화된 이성에 대한 비판을 이끌어낼 수 있는 잠재력이 내재해 있다고 보는 관점은 궁극적으로 문학의 주권성을 거부하는 논리로 비판된다. 미적 경험에 진리에 대한 동경을 투사하는 것은 예술에 불필요한 과부하를 거는 행위로서, 아무런 외적 목적을 갖지 않는 미적 경험의 특징을 왜곡하게 된다는 것이다. 일찍이 니체(Nietzsche)는 진리 개념과 단절하여 어떤 이상이나 사회적 지시를 통해 정당화될 수 없는 심미적 구성물의 독특성으로 가상을 이해한 바 있다. 보러(Bohrer)는 니체의 논의를 적극적으로 되살려, 이성에 대한 비판을 이끌어낼 수 있는 잠재력이 미적 경험에 내재해 있다고 파악함으로써 예술과 여타의 사회적 이성 사이에 소통의 통로를 유지하려는 일체의 시도를 거부하면서 철저하게 고립된 문학적 심미성을 주장하고 있다. 보러 역시 헤겔의 뒤를 이어 가상 개념을 강조하지만, 그가 말하는 가상 개념은 헤겔과 달리 진리에 대한 어떠한 내포도 담고 있지 않다.[28]

---

[28] 자율성에 대한 비판을 통해 예술의 절대적 주권성을 수립하려는 논의 구조에 대해서는 K. H. Bohrer, *Das absolute Präsens*, 1994, 최문규 옮김, 『절대적 현존』, 문학동네, 1995의 4장과 5장을 참조하였다.

헤겔의 가상이 최종적으로는 진리의 현현에 종속됨에 비해, 니체의 논의는 가상과 진리 사이에 일체의 연관성을 차단하여 문학에서 '가상 이외에 어떤 존재도 더 이상 없는' 절대적 주권성을 부여한다. 여기서 작품 읽기는 철저하게 심미적인 체험이며 다음과 같이 비평 담론 자체가 심미적 경향을 띠게 된다.

> 나는 상징의 화원에 노는 한 마리 나비고자 한다. 아폴로의 아이들이 가까스로 가꾸어 형형색색으로 곱게 피워놓은 꽃송이를 찾아 그 미에 흠뻑 취하면 족하다. 그러나 그때의 꿈이 한껏 아름다웠을 때에는 사라지기 쉬운 그 꿈을 말의 실마리로 얽어놓으려는 안타까운 욕망을 가진다. 그리하여 이 욕망을 채우기 위하여 쓰여진 것이 소위 나의 비평이다.29)

이처럼 문학의 절대적 주권성 주장을 기반으로 할 경우, 문학을 읽는 동안에는 '이성적 주체'와 구별되는 '심미적 주체'가 형성된다고 가정하게 된다. 물론 이 양자의 차이는 절대적이다. 전자가 이성적 판단, 소통적 행위, 자기 보존 등을 중시한다면, 후자를 지배하고 있는 '심미적 태도'는 사유가 아닌 도취적인 상태, 행위와 거리가 먼 심미적 명상 등을 강조한다. 이로써 비평적 글쓰기가 곧장 독자적인 예술의 반열에 오르는 길이 열리게 된다. 실제로 김환태는 비평 담론의 심미화에서 한발 나아가 '예술로서의 비평'을 언급하기도 한다.

> 비평을 쓸 때에 나는 작가가 창작을 할 때에 느끼는 것과 비슷한 창작의 기쁨을 느낀다. 따라서 외람하나마 나는 나의 비평이 창작으로서 감상되기를 원하여 마지 않는다.30)

---

29) 김환태, 「평단 전망」, 앞의 책, 293면.
30) 김환태, 앞의 글, 295면.

이런 식의 비평은 문학과 문학을 둘러싼 세계의 연관성을 단절시킴으로써 문학 읽기를 철저하게 개인화하며 고립된 내적 감상으로 파악하는 태도를 형성하게 된다. 그리고 이는 미적 의식의 절대적 주권성 주장 하에 진행되는 '심미적 읽기'를 향한 길을 열어 놓게 된다. 이처럼 각기 다른 행위 양식과 내적 구조를 가진 자율적 영역으로 사회 제도가 분화되는 '합리성' 논리를 극한까지 추구할 경우, 이성적 주체와 심미적 주체가 완전히 분리되는 것은 조금도 이상하지 않다. 문학을 읽는 동안의 주체는 '실질적인' 일에 임하는 사회적 주체와 무관하며, 심지어 그러한 주체의 '절대적 타자'가 되어도 무방하다. 예를 들어 아우슈비츠에서 낮에는 유태인에 대한 '최종적인 해결책'에 전념하던 한 개인이, 밤이면 베토벤의 바이올린 협주곡이나 괴테의 시에 심취할 수 있었던 인류의 자기 모순은 이제 얼마든지 설명 가능하다. 그것은 '이성적 주체'와 분리된 '심미적 주체'의 영역이었던 것이다.

　물론 이는 극단적인 경우일 것이다. 그러나 비(非)미적 경험과 근본적으로 구별되는 미적 경험을 설정하는 일은, 미적 경험을 비(非)미적 담론들과 단절시킴으로써 궁극적으로 문학의 사물화를 완성하고 나아가 사물화된 사회 질서를 변호하게 된다는 설명[31]은 예술의 '주권성' 주장이 빠질 수 있는 위험을 제대로 지적하고 있다. 그런 점에서 인상주의 비평이 엿보이고 있는 예술의 주권성에 대한 동경은 학생들의 비평 활동에서는 걸러내어야 한다.

　그러나 작가의 창작 과정을 재구성하는 추체험이 원활하게 이루어지기 위해서라면, 비평 주체의 심미적 감수성이 어느 정도 동반되어야 한다. 또한 비평문 쓰기의 단계에서 보다 유능한 비평 주체라면 자신의 문체를 조정하는 단계에까지 이른다는 점을 고려할 경우 비평 활동에서 심미성을 완전히 배제하는 것도 적절하지 않다. 그러므로 학생들의 비평 활동에서 심미성은, 감정이입을 바탕으로 한 작가의 정신적 과정을 체험하고 그 인상을 표현하

---

[31] P. Bürger, *Theorie der Avantgarde*, 1974, 최성만 역, 『전위예술의 새로운 이해』, 심설당, 1986.

는 활동에서 작품에 대한 공감의 요소를 최대한 발견하려는 태도와 비평문 쓰기에서 문체에 대한 고려 차원으로 수용할 수 있을 것이다.

4. 비평 활동의 교육 내용 1 : 인상의 기술

모든 비평 활동의 출발점은 다른 사람의 눈이 아닌 비평 주체의 감식력을 바탕으로 한 인상이다. 비평의 과정은 (1) 텍스트에 대한 즉흥적 반응 표현하기와 (2) 반응을 논리적으로 재정리하기 단계로 구별된다. 일반적으로 후자는 나름의 객관성을 가진 해석으로 제시됨에 비해, 전자는 비평의 범주에 포괄되기 어려운 것으로 이해된다. 그런데 어디까지나 후자는 전자에서 파생된 것으로서, 비평 주체의 주관적 인상에 기초하지 않는 비평 활동은 비평 주체가 기대고 있는 이론의 독단적 적용에 멈추고 만다. 그런 점에서 독자가 작품을 읽고 순간적으로 떠오르는 인상을 정리되지 않은 상태로 진술하는 활동은 장려되어야 한다. 그러한 진술은 이후 이어질 해석적 판단의 토대이자 '동기'로 작용하기 때문이다.[32]

독자반응 이론은 그 구체적인 방법론의 타당성 여부를 떠나 작품에 대한 독자 개개인의 '반응'을 비평 활동의 출발점으로 상정하고 있다는 점에서 그 문제의식을 받아들일 수 있다. 비평에서 인상 기술의 중요성은 외국의 한 교육과정에서도 잘 드러난다. 여기서는 '독자 반응'이 비평 활동에서 제일 먼저 등장하는 점에서도 확인할 수 있다. 이를 통해 어떤 위치를 차지하고 있는지를 짐작할 수 있다.[33] 이제 인상 중심 활동의 보다 구체적인 내용을 공

---

[32] Bleich, David, *Subjective Criticism*, The Johns Hopkins University Press, 1978, pp.227-237.
[33] 캘리포니아주의 영어과 교육과정은 총 12 Grade로 나뉜다. 문학 비평 항목은 Grade 6에서 처음으로 등장하는데, 이후 단계가 높아짐에 따라, 독자 반응에 이어 기법의 설명, 작품에 대한 정치적·역사적 접근 등이 활동의 내용으로 추가된다. 자세한 사항은 California State board of Education, *English-Language Arts Content Standards for California Public Schools*, 1997을 참조할 것.

감의 표현과 창작 과정의 재구성으로 나누어 살펴보기로 하자.

(1) 공감의 표현 활동

작품에 대한 인상은 부정적인 느낌에서 긍정적인 느낌 심지어는 무관심까지 다양한 방향으로 나타날 수 있다. 그런데 인상 중심 비평 활동에서 '공감'을 표현하는 활동을 각별히 부각시키는 이유는 '공감'이 대상에 대한 미적 태도의 근간을 형성하고 있기 때문이다. 미적 태도의 특징은 그것이 어떤 대상이든 간에 인지의 대상 그 자체를 공감의 심정으로 주목하고 관조하는 것이다. 앞에서 살펴본 김환태의 인상주의 비평에 따르자면 이는 '찬미심'이라는 용어로 표현할 수 있다.

> 찬미심은 결코 단순히 수동적이 아닙니다. 찬미하려면 먼저 보고, 느끼고, 사상(思想)하여야 합니다. 그런데 보고, 느끼고, 사상하는 것은 작용입니다. 따라서 비평은 작품에 의하여 부여된 정서와 인상을 암시된 방향에 따라 가장 유효하게 통일하고 통합하는 재구성적 체험입니다.[34]

공감 혹은 찬미심을 가지고 대상을 바라본다는 것에는 이미 대상에 대한 단순한 태도의 차원을 넘어서 작품을 읽고 평하는 방법이 내포되어 있다. 대상을 미적으로 감지하는 것은 그 대상이 매력적이든, 감동적이든, 생생하든, 혹은 이 모두 다이든 간에, 대상의 개별적 특질을 음미하는 것을 목적으로 한다. 그리고 그 대상을 음미하기 위해서라면, 감상의 주체는 대상을 대상 자체의 조건에 의해 받아들여야만 한다. 다시 말해 대상에 민감해져야만 하고 그 대상이 지각에 제공하는 것이라면 모두 수용할 수 있는 태도를 가져야 한다.[35] 이처럼 대상에 대한 공감적 태도는 대상을 고립시키고 그것에

---

34) 김환태, 『김환태 전집』, 문학사상사, 1988, 19면.
35) 자세한 사항은 J. Stolnitz, *Aestetics and Philosophy of Art Criticism*, 오병남 역, 『미학과

만 집중하면서 읽는 방식에서만 가능해진다. 그리고 이를 위해서는 대상에 대해 '공감적'이지 않고 우리를 대상과 분리시키거나 적대적으로 만드는 반응들은 의식적으로 억제되어야 한다. 이 글에서 '공감'과 '찬미심'을 인상 중심 비평 활동의 중심에 둔 이유도 여기에 있다.

이런 점에서 인상주의 비평으로 대표되는 인상 중심 비평 활동이 구체적인 읽기의 방법을 제공할 수 없다는 통념은 적절하지 않아 보인다. '인상'은 작품을 둘러싼 맥락이나 응용할 수 있는 지식을 배제하는 가운데에서도 작품을 읽는 해석 약호 구실을 수행한다. 그런 점에서 인상 중심 비평 활동 역시 어떠한 해석의 전제 없이 주어진 대상을 파악하는 투명한 읽기가 아니다. 다만 '인상'에 충실할 뿐이라는 김환태의 비평 태도가 작품 외적인 모든 것을 읽기로부터 배제하는 '고립주의적 읽기'를 요청하고, 특히 작품에서 다음과 같이 공감할 만한 요소를 찾아내어 그것을 예찬하는 일을 주된 활동으로 삼고 있을 뿐이다.

> 긴밀한 구상과 달밤같이 맑고 향기로운 문장, 실로 주옥같은 단편이다. 희열과 그것을 따라다니는 환멸, 생의 애착과 죽음의 공포가 작자의 깊고 고요한 관조에서 오는 싸늘하고도 보드라운 분위기에 싸여 미묘한 조화를 이루어 전편을 고요히 용솟음치고 있다.[36]

여기서 보는 것처럼 작품에서 공감이 가는 요소를 찾아내어 그에 대한 자신의 인상을 표현하는 활동은 학생들의 개별적인 반응을 중시하면서도 작품 자체에 대한 집중력을 높이는 데 유의미하다. 다만 인상주의 비평에서 나타나곤 하는 자신의 판단을 고집하면서 그것을 절대화하는 태도를 보완하기 위하여, 자신의 인상과 다른 사람의 인상을 비교하고 다른 사람의 반응에 대

『비평철학』, 이론과실천사, 1993, 39면을 참조할 것.
36) 김환태, 앞의 책, 1988, 33면.

해 열린 태도를 견지할 수 있도록 교육해야 할 것이다.

'공감 표현하기'를 이효석의 소설 「메밀꽃 필 무렵」 적용해 볼 경우 다음과 같은 활동을 제시할 수 있을 것이다.

> 이효석의 「메밀꽃 필 무렵」은 토속적인 분위기를 전달하는 묘사로 호평을 받았다. 이 소설에서 특히 인상적인 묘사 부분을 찾아 옮겨 적고, 그 장면에 대한 자신의 느낌을 써 보자.

위의 활동은 「메밀꽃 필 무렵」의 독특한 서정적 분위기를 창출하는 묘사에 학습자가 주목하여 작품을 읽은 뒤, 그중에서 특히 학습자가 공감할 수 있는 부분을 찾게 하는 활동이다. 작품에서 독자의 공감을 이끌어낼 수 있는 요소는 다양할 수 있기 때문에, 이처럼 학습자가 주목해서 읽어야 할 요소를 명시해 주는 편이 좋다. 이상의 논의를 정리하여 성취 기준 방식으로 서술하면 '작품에서 공감할 수 있는 부분을 찾아 그에 대한 자신의 인상을 표현할 수 있다'가 된다.

(2) 창작 과정 추체험 활동

인상 중심 활동에서 '인상의 표현'과 구별되는 '인상의 재구성'을 설정할 수 있다. 이는 작품에서 받은 인상을 기술하는 행위와는 구별되는 활동으로서, '재구성'을 통해 수동적인 반응 차원에 머무르고 있는 인상을 다시금 돌이켜보는 면을 강조할 수 있게 된다. '인상의 재구성'은 비평 주체가 작가의 자리에 서서 작품 창작의 경로와 의미를 스스로 기술하는 활동으로 실현된다. 이는 여타의 관심과 구별되는 '문학적 관심'을 바탕으로 텍스트를 생산한 작가의 정신적 과정을 다시 체험하는 것이다. 앞에서 살펴본 공감 혹은 찬미심을 바탕으로 한 비평 활동 역시 궁극적으로는 작가와의 내면적 일치를 목표로 한다. 실제로 김환태의 인상주의 비평은 공감에 바탕을 둔 작품의 인상을 재구성하기 위해서 창작 과정을 다시 체험하는 일이 필요하다고 주장한 바 있다.

이는 감정이입을 바탕으로 한 '추체험(nachleben)'의 원리를 강조한 해석학의 한 흐름이 제시한 해석의 방법론과 맞닿아 있다는 점에서 주목을 요한다. 감정이입에 대해 자세한 논의를 펼친 딜타이(Dilthey)는 감정이입을 '타자의 내적인 체험 세계를 재구성하는 추체험'으로 정의하고 있다. 그는 인간에 있어서의 내면적인 사건과 과정들이 동물의 그것과 구별될 수 있는 가장 중요한 근거로 사람이 사람을 이해할 때 진정한 전위가 일어날 수 있다는 점을 들면서 감정이입의 중요성을 역설하고 있다.[37] 추체험을 해석의 중요한 방법론으로 상정했던 쉴라이에르마허(Shleiermacher)는, 추체험을 창작 과정의 역전 다시 말해 이미 고정되고 완결된 표현에서 시작하여 원래 그 표현이 생겨났던 정신적 삶으로 거슬러 올라가는 것으로 규정한다.

그런데 추체험 원리는 저자가 가지고 있는 개성의 완전한 재구성을 목표로 하고 있으며, 그것이 일종의 '신비적 방법'에 의해 가능하다고 파악하는 점에서 문제가 있다.[38] 이는 상대적으로 우월한 지위에 있는 작가의 정신적 과정을 독자가 고스란히 받아들이는 것으로 해석을 정식화하고 있다는 점에서 한계가 더욱 증폭된다. 더구나 그러한 정신의 재구성이 합리적으로 설명할 수 없는 '신비한 방법'에 의해 가능하다고 할 경우, 교육 불가능론으로 나아갈 수밖에 없다. 그러므로 '인상의 재구성'을 비평 활동의 교육 내용으로 받아들일 때, 이러한 비합리적 방법에 의존하는 활동을 피할 수 있도록 지도해야 할 것이다. 특히 일체의 인과적 분석을 폄하하는 시각은 인상주의 비평 이외의 여타 비평 활동의 속성을 거부함으로써 작품에 대한 폭넓은 전유를 가로막게 된다는 점에서 조정되어야 할 것이다.

이를 고려하여 비평 주체가 창작 주체와 최대한 내면적으로 일치해 들어가면서 그의 심정과 사색의 과정에 동참하여 그를 대변하는 글을 쓰는 활동

---

37) W. Dilthey, *Gesammelte Schriften* 7, 1979, 이한우 옮김, 『체험·표현·이해』, 책세상, 2002.
38) R. Palmer, 이한우 역, 앞의 책, 132-137면.

이 창작 과정을 추체험하는 구체적인 모습이 될 것이다.

「생의 가장 진실한 느껴움」만을 적으려는 시인 김상용은 모든 느껴움에 오로지 자기를 내어 맡긴다. 자기의 마음을 비워놓고 그 속에 생의 온갖 느껴움을 조금도 흘림없이 받아들이려고 한다. 그리하여 생의 느껴움을 과장하거나 수식하지 않으며, 그리함으로 통곡하거나 고함치거나 하지 않는다. 이에 그의 마음은 생의 느껴움에 대하여 언제나 공정하다. 공정하므로 그의 생의 느껴움은 결코 침통하고 격렬하지 않으며, 그의 시는 심각하거나 열렬하지 않다.39)

그러나 앞에서 말한 '동참'과 '내면적 일치'가 작자에게 질문을 하거나 의문을 제기하는 것을 배제하는 것은 아니다. 하지만 기본적으로는 창작 주체의 편에 서서 그를 옹호하거나 대변하는 것이 이 활동의 기본적인 태도가 될 것이다. 백신애의 소설 「적빈」을 평하는 김환태의 다음과 같은 평문은 그러한 '동참'의 폭이 어느 정도에 이를 수 있는가를 잘 보여준다.

작자는 너무나 이 노파에게 많은 짐을 지우지 않았는가? 너무나 그에게 참혹하지 않았는가? 그렇다고 나는 이 작자에게 값싼 인도주의나 눈물을 요구하는 것은 아니다. 다만 이 작품을 싸고도는 얼음같이 차고 음울한 공기를 유머와 여유로 좀 더 순화하였으면 하는 것이다. 유머는 대상을 어루만지는 마음이며, 여유는 대상에서 초연함을 의미한다. 그러므로 작자가 이 노파를 어루만지는 보드라운 마음과, 그것에서 초월하여 이를 관조하는 마음을 좀 더 가졌더라면 이 작품은 이렇게까지 참혹이 되지 않았을 것이다.40)

---

39) 김환태, 「시인 김상용론」, 앞의 책, 1988, 133-134면.
40) 김환태, 앞의 책, 1988, 35면.

그런데 작가의 창작 과정을 재구성하는 추체험이 원활하게 이루어지기 위해서라면, 비평 주체의 심미적 감수성 역시 어느 정도 전제되어야 한다. 그러므로 인상주의 비평에서 강조한 바 있는 심미성은 감정이입을 바탕으로 하여 어떤 작가의 정신적 과정을 재구성하고 그 인상을 표현하는 활동에서 작품에 대한 공감의 요소를 최대한 발견하려는 태도 정도로 수용될 수 있을 것이다. 이상의 논의를 정리하여 성취 기준 방식으로 서술하면 '작가의 입장에서 작품의 창작 과정에 나타난 생각을 대변하고 이를 글로 재구성할 수 있다'가 된다.

제3장

―

논리적 설명으로서의 비평 활동

　비평이 문학 연구와 구별된다고 해도 비평 역시 나름의 논리성을 추구한다. 주관적 인상에서 출발하되 그것을 논리화하는 비평의 속성은 실제 학생들의 비평문에서도 발견할 수 있다. 일반적으로 학생들의 비평문은 대상 텍스트를 소개하거나 요약하는 부분과 대상 텍스트에서 받은 느낌과 텍스트에 대한 평가를 주로 하는 부분으로 대별된다.[1] 비교적 자유로운 서술의 방식을 취하고 있는 후자와 달리 전자의 경우 자신의 가치를 최대한 드러내지 않으면서 논리적으로 설명하는 방식을 취한다. 필자는 이러한 면에서 학문적 설명을 추구하는 비평의 한 속성이 학생들의 비평문에서도 낮은 차원에서나마 관철되고 있다고 판단한다. 그렇다면 문제는 요약과 정리에 그치고 있는 논리적 설명의 내용을 보다 풍부하게 만드는 일일 것이다. 이론적이고 과학적인 관찰의 비평 태도를 강조한 1930년대 중반 비평의 흐름을 통칭하는 '주지주의' 경향을 살펴봄으로써 비평 활동에 나타나는 논리적 설명의 속성을 구체화할 수 있다. 그중에서도 이 시기 최재서의 비평은 논리적 설명

---

1) Mathison에 따르면 학생들이 제출한 비평문은 화제와 논평으로 구성되어 있다고 한다. Mathison, *Authoring the Critique*, Carnegie University Press, 1993, 박영민, 앞의 책, 9-10면에서 재인용.

중심의 비평 경향을 대표한다.[2]

　최재서는 1934년 8월 〈조선일보〉에 「현대주지주의 문학이론의 건설 - 영국 평론의 주조(主潮)」를 발표하면서 독서 대중을 상대로 한 비평가의 길을 걷게 된다. 이후 발표된 「비평과 과학」(〈조선일보〉 1934. 8. 31-9. 5.)을 통해 주지주의 문학 이론을 대표하는 비평가로 인정받게 된다. 그런 점에서 최재서의 초기 비평은 당시의 문단 현실에 근거한 실제 비평보다는 이론 비평에 속한다. 이후 그는 조선 문단에서 주지주의 문학 이론에 대한 소개는 자제하면서, 『인문평론』을 중심으로 현장 비평에 더 충실하게 된다. 반면 주지주의 문학 이론에 대한 보다 전문적인 논의는 일본을 무대로 펼치게 된다.[3] 이처럼 최재서는 1930년대 초반 경성제국대학 영문과에서 영국의 낭만주의 문학을 연구한 뒤 제국대학 강단에 섰던 전문 연구자의 경력으로 비평 활동을 시작하였다. 온갖 모순이 한꺼번에 분출되는 현대의 혼란을 타개할 수 있는 원리로서 과학을 중시하는 주지주의를 수용하고 이를 바탕으로 전개된 그의 실제 비평을 살펴봄으로써 문학을 대상으로 한 논리적 설명이라는 비평 활동의 한 속성을 구체화할 수 있을 것이다. 특히 기법을 중심으로 작품의 가치를 설명하고, 전통과 이념의 이름으로 작품과 작품 사이의 상호텍스트성을 구성하는 그의 비평 활동은, 작품에 대한 요약으로 일관하고 있는 설명 중심의 비평에 보다 적절한 내용을 마련하는 데 도움을 줄 수 있을 것이다.

---

2) 최재서의 비평에 대한 중요 연구로는 다음을 참조할 수 있다.
　　김흥규, 「최재서 연구」, 서울대학교 석사학위 논문, 1972.
　　김윤식, 『한국근대문학사상연구 1』, 일지사, 1984.
　　류보선, 「1930년대 후반기 문학비평 연구」, 서울대학교 박사학위 논문, 1996.
　　권성우, 『모더니티와 타자의 현상학』, 솔, 1999.
　　이양숙, 「최재서 문학 비평 연구」, 서울대학교 박사학위 논문, 2003.
3) 「T. E. 흄의 비평적 사상」(『思想』, 1934년 12월), 「영국평단의 동향」(『改造』, 1936년 3월), 「현대비평의 성격」(『英文學 硏究』, 1939년 4월) 등이 그것이다. 이 글들 중 일부는 1961년 출간된 『최재서 평론집』에 번역되어 실린 바 있다.

1. 과학적 태도의 도입

일반적으로 최재서의 비평 세계는 세 시기로 나뉘어진다. 그것은 주지주의론으로 등단한 1934년에서부터 1937년까지의 시기, 1938년에서 1940년 후반에 이르는 시기로 지성과 모랄에 주목하며 서구 장편 소설의 연구와 이에 기반한 소설 양식의 탐구를 통해 개인과 사회의 문제에 접근하는 시기, 마지막으로 1940년 말에서 1945년에 이르는 시기로, 본격적으로 친일 문학인의 활동에 접어드는 시기이다.4) 이 글에서는 1기와 2기에 해당하는 최재서의 비평 텍스트에 주목할 것이다. 그것은 1934년에서부터 1939년에 이르는 시기에 주지주의 이론을 바탕으로 실제 비평에 임했고, 여기서 비평과 지성의 관계를 집중적으로 다루고 있기 때문이다. 이 시기의 자료를 검토하여 '과학적' 태도를 가지고 문학에 접근함으로써 문학 읽기의 방법론을 어떻게 변화시킬 수 있는지를 드러낼 수 있을 것이다.

일단 최재서의 출발점이 학문 연구를 목표로 하는 대학이었다는 점, 그리고 그의 등단이 '실제 비평'이 아니라 당시의 영미 주지주의론의 소개를 통해 이루어졌다는 점에 주목할 필요가 있다. 당시 비평계에서 보기 드문 '강단 비평가'라는 자신의 위치에 대한 최재서의 자의식은, 비평의 세 가지 형태에 대한 설명 중에서 최재서가 '직업적 비평'에 가장 공을 들였다는 점에서도 뚜렷하게 드러난다. "우리 문학계에서 아마 학문적 소양을 바탕으로 비평 행위를 시작한 최초의 인물"5)이라는 평은 최재서가 어떤 태도로 비평 활동에 임했으며 비평의 목표가 무엇이었는지를 처음부터 짐작할 수 있게 해준다. 실제로 비평가로서의 최재서의 경력은 1934년부터 당대 영미 문단의 주류를 형성했던 비평가들의 이론을 소개하는 가운데 시작된다.6) 「윈담 루

---

4) 이양숙, 앞의 논문, 9면.
5) 유종호, 「영미 현대 비평이 한국 비평에 끼친 영향」, 한국 영어영문학회 편, 『영미 비평 연구』, 민음사, 1979, 283면.
6) 김윤식은 비평사에서 최재서의 기여를 일곱 가지로 들고 있는데, 특히 본격적으로 외국 문

이스론」(『경성제국대학 영문학회 회보』13, 1934. 3.)과 「T. E. 흄의 비평적 사상」(『思想』1934년 12월)의 경우 일본어로 발표된 글로 특히 학술 논문 성격이 강하다. 반면 「현대 주지주의 문학 이론의 건설 - 영국 평단의 주류」(〈조선일보〉1934. 8. 6.-12.)과 「비평과 과학」(〈조선일보〉1934. 8. 31.-9. 7.), 「문학발견시대 - 학생과 비평가의 대화」(〈조선일보〉1934. 11. 21.-29.)는 흄(T. E. Hulme), 엘리어트(T. S. Eliot), 리처즈(I. A. Richards), 리드(H. Read)의 사상을 요약·해설하고 있다. 이 글은 모두 대표적인 주지주의 이론가들을 당시 조선 문단에 소개·보급하고 있다는 점에서 나름의 비평사적 의미를 갖는다.

그런데 이들 네 사람의 공통점이 생각보다 많지 않다는 점은 기왕의 연구에서 여러 차례 지적된 바 있다.[7] 그렇다면 최재서가 흄, 리드, 리처즈, 엘리어트를 모두 '주지주의'로 묶어서 소개한 이유는 무엇일까? 그는 온갖 모순이 한꺼번에 분출되는 '분열'을 특징으로 하는 과도기로 현대를 인식하고 이를 타개할 수 있는 방향을 주지주의에서 찾았다.

> 현대는 말할 것도 없이 과도기이다. 전통을 그대로 수용할 수도 없고 또 그렇다고 실질적으로 거부할 수도 없는 곤란한 시대이다.[8]

그런데 여기서 말하는 과도기는 당시 조선의 구체적 현실을 지시하는 용어가 아니다. 다시 말해 최재서의 '과도기'는 프로 문학 퇴조 이후 프로 문학을 대체할 다양한 암중 모색이라든가 일제가 본격적으로 파시즘의 길로 나아가면서 처했던 조선 문학과 문화의 위기를 포함하는 '전형기'와는 구별된

학을 전공하여 비평의 기능, 목적을 명백히 하고, 비평의 아카데믹한 범주를 확립하였다는 점을 강조하고 있다. 김윤식, 「개성과 성격 - 최재서론」, 『한국근대문학사상연구 1』, 일지사, 1984.
7) 이은애, 「최재서 문학론 연구」, 서울대학교 박사학위 논문, 1995. 한편 일본에서 사용하던 '주지주의'라는 용어와 최재서의 그것을 검토해야 하는 비교문학의 과제도 중요한 연구 과제일 것이나 이 책의 연구 관심에서 벗어나는 이유로 자세한 검토는 생략하였다.
8) 최재서, 「풍자문학론」, 『최재서평론집』, 청운출판사, 1961, 190면.

다. 그것은 당시 전세계를 휩쓸고 있었던 '불안과 분열'에 대한 의식에서 나온 전 세계적 현상을 지칭하는 보다 폭넓고 근원적인 변화의 시기로서의 의미를 갖는다.

> 다만 우리가 현재에 당면하고 있는 과도기는 국부적이나 지리적 과도기가 아니라 세계 인류가 생활의 근저로부터 동요를 받고 있는 과도기라는 것을 부언하면 그만이다. 그로부터 생겨 낳는 혼미 의혹 분열 반항 질시 증오 파과― 우리는 지금 어김없이 생을 낭비하고 있다.[9]

최재서는 이러한 위기를 낳은 원인 중의 하나가 과학이지만, 결국 위기를 돌파할 현대 정신 역시 과학에서 구할 수밖에 없다는 의견을 내놓고 있다.

> 현대가 혼돈하다 함은 바꾸어 말하면 현대가 의거할 만한 전통과 신념을 잃었다는 말이다. 이 잃어진 전통과 신념에 대신될만한 전통과 신념을 탐구하고 모색하는 정신이 곧 불안과 초조를 특징으로 삼는 현대정신이다. 그리고 현대인은 이 엄청난 대용물을 과학 가운데에 구하려고 한다. 과연 과학이 다음 시대의 인류를 통제할 만한 인생관을 제공하겠느냐 함에 대하여 의혹이 없지 않다. 현대정신의 비극적 일면은 이곳에서 생겨난 것이라고 볼 수 있다. 그러나 여하튼 현대정신이 과학에 절대적 기대를 걸고 있는 것만은 사실이다. 따라서 우리가 현대의 비평이론 가운데서 많은 과학의 원용을 목도함은 당연한 일이라 할 것이다. 나는 그러한 주지적 경향을 선명하게 표시하는 비평가로서 리처즈와 리드 두 사람을 든다.[10]

---

9) 최재서, 「비평과 과학」, 『문학과 지성』, 인문사, 1938. 39면.
10) 최재서, 「비평과 과학」, 앞의 책, 1938, 19면.

결국 최재서가 강조하는 주지적 경향이란 일차적으로 과학의 원용을 뜻한다. 리드의 경우 정신분석을 원용하여 (1) 정신분석은 문학에 어떠한 일반적 기능을 주는가 (2) 정신분석은 시의 창작 과정을 어떻게 설명하는가 (3) 정신분석은 우리로 하여금 비평의 기능을 확장시키게 하여주는가라는 세 가지 질문에 답하려 했다. 리처즈 역시 19세기적 지성이 모순되는 것으로 파악했던 시와 과학의 관계를 밀접히 관련되는 개념으로 파악하여 시에 대한 열렬한 지식과 심리학적 분석이라는 냉정한 능력을 결합시키려 했다. 신비평의 효시로 인식되는 리처즈의 기본 입장은 결국 과학주의를 바탕으로 '시의 효용'을 설명하는 것이며, 이는 현대 사회의 실무적인 인간들을 대상으로 시의 효용을 역설하는 공리주의에 가깝다는 비판이 나오는 이유도 여기에서 찾을 수 있다.[11] 결국 최재서에게 주지주의란 문학에 대한 과학적 접근의 태도를 뜻한다. 특히 20세기 초에 본격적으로 성립하기 시작한 언어학과 심리학 혹은 정신분석학과 같은 배경 학문을 통해 문학에 대한 과학적 접근을 시도하는 것이다. 결국 현대 정신은 과학의 정신에 다름 아니다.

그런데 최재서가 중요하게 의존한 바 있는 또 다른 비평가·사상가인 흄과 엘리어트의 경우 '과학적 방법'으로 요약할 수 있는 리처즈와 리드와는 판이한 면모를 보인다. 「현대주지주의문학이론」에서 최재서가 소개하고 있는 흄의 사상은 '불연속적 실재관'을 바탕으로 한 반휴머니즘의 기하학적 예술론이다. 흄에 따르면, (1) 수학 및 물리학의 무기적 세계 (2) 생물학 심리학 및 역사학이 다루는 유기적 세계 (3) 윤리적, 종교적 가치를 문제시하는 절대적 세계를 연속적인 것으로 바라본 19세기 역사관의 '연속적 실재관'으로 인해 혼란이 왔다는 것이다. 그리고 연속적 실재관이 내세우는 '생명적 예술관'에 대립해서 흄은 '기하학적 예술관'을 내세우고 있다.

---

11) 리처즈에 대한 윌리엄즈의 자세한 평가는 Raymond Williams, *Culture and Society : 1780~1950*, Chatto and Windus, 1958의 3부 4장을 참조할 수 있다.

각종 예술의 배후에는 자연주의적 예술과 달라서 자연에 대한 쾌락감정이나 생명추구가 결여되었을 뿐만 아니라 적극적으로 생명 억압이 움직이고 있다. 자연주의 예술의 사실적 구체적 경향에 대하야 이 예술은 기계적 추상적 경향을 띤다. 인본적 자연주의 예술론이 가지고 있는 범신론적 우주관에 대하여 이 예술이 가지고 있는 추상적 경향은 인간과 자연과의 분리감을 (즉 단절감) 그 근저로 삼는다. (중략) 이같이 구현된 기하학적 형상은 안정하고 연구적이기 때문에 외계 자연의 유전과 불안정으로부터 외축(畏縮)하는 인류에 대하여 최후의 도피장이 된다.[12]

흄의 기하학적 예술관은 외계의 사물을 인간적인 형태로 해석하려는 감정이입적 태도에 대한 적극적인 비판으로 제출된 것인데, 이는 인간의 불완전성을 파악하지 못하고 개성을 평가의 척도로 고양시켰던 휴머니즘에 대한 비판으로 확장된다.

인간은 본질적으로 제한되고 불완전한 물건이다. 사람이 있다금식 완성에 가까운 물건을 맨드러낼 수 있다할지라도 인간자시는 영원히 불완전한 존재이다. 이것을 사회적으로 보면 인성(人性)은 본질적으로 악(惡)이여서 정치적으로나 윤리적으로나 훈련을 받지 않어서는 가치있는 아무일도 지어낼 수 없다. 이리하여 질서는 결코 소극적이 아니라 창조적이고 또 사람을 불완전과 죄악으로부터 유리(遊離)하여 주는 힘이 된다.[13]

엘리어트(Eliot) 역시 개성에 대한 적극적인 비판자이다. 흄이 반휴머니즘과 불연속적 세계관을 통해 개인에 대한 믿음을 부정했다면, 엘리어트는 전통을 중시하는 역사 의식이라는 개념을 통해 개성을 비판한다. 엘리어트에

---

12) 최재서, 「현대주지주의문학이론」, 앞의 책, 1938, 7-8면.
13) 최재서, 앞의 책, 1938, 5면.

따르면 전통은 우선 역사적 의식을 의미하며, 역사적 의식이란 과거에 지나간 것을 지각할 뿐만 아니라 과거가 지금도 존재하고 있다는 것을 지각함을 의미한다. 최재서는 위의 글에서 엘리어트의 유명한 논문「전통과 개인적 재능」의 다음 구절을 인용하면서 엘리어트가 개성 대신에 내세운 '전통적 의식'과 '역사적 의식'이라는 개념을 적극적으로 수용하고 있다.

> 우리는 예술가를 단독으로 평가할 수는 없다. 우리는 그를 죽은 예술가들과 대조하고 비교할 수밖에 없다. 나는 이것을 심미적 비평의 원칙으로서 말함이지, 단순히 역사적 비평의 원칙으로서 말함이 아니다. 예술가를 (전통에) 적응시키고 융합시키는 필연성은 결코 일방적이 아니다. 새로운 예술품이 창작될 때에 생겨나는 일은 기왕의 모든 작품들에도 똑같이 일어난다. 현존한 기념물 (즉 전통)은 그 자신 속에 한 이상적 질서를 이루고 있다. 그 질서는 예술의 새 작품이 기념물 가운데에 도입됨으로 말미암아 수정된다. 새 작품이 나타나기 전에 현존 질서는 완전하다. 그리고 새로운 물건이 들어온 뒤에도 여전히 질서가 유지되려면 현존 질서가 극히 근소한 정도일지라도 변화를 받지 않을 수 없다. 이리하여 예술작품의 전체에 대한 관계, 균형, 가치는 재수정된다.[14]

여기서 엘리어트가 말하는 '역사적 의식'이 현실 역사가 아니라 이상적 질서로서의 '전통'의 다른 명칭일 뿐이라는 점에 주목해야 한다. 그리고 엘리어트의 '전통'에 대한 강조는 그의 '몰개성론'을 근원으로 하고 있다. "완성하리라고 보이던 인간이 결국은 19세기말에 데카단아(兒)가 되고 선이라고 보이는 개성이 20세기 초두엔 결국 세계대전"을 일으켰는데, 이러한 비극의 근저에는 개성을 강조하는 개인주의가 있다는 결론을 내리는 이유도 엘리어트의 영향 때문이다.

---

14) 최재서, 앞의 책, 1938, 12-13면.

인간은 본질적으로 제한되고 불완전한 물건이다. 사람이 있다금식 완성에 가까운 물건을 맨드러낼 수 있다할지라도 인간 자신은 영원히 불완전한 존재이다. 이것을 사회적으로 보면 인성(人性)은 본질적으로 악(惡)이여서 정치적으로나 윤리적으로나 훈련을 받지 않어서는 가치있는 아무일도 지어낼 수 없다. 이리하여 질서는 결코 소극적이 아니라 창조적이고 또 사람을 불완전과 죄악으로부터 유리(遊離)하여 주는 힘이 된다.[15]

최재서는 사회적으로는 전(前) 시대의 개인주의와 자유주의가 양성하여 놓은 모든 폐해와 죄악을 숙정하고 억제하여, '우리가 발견할 수 있는 최(最) 타당한 통제 원리를 탐색'[16]할 것을 제안한다.

그렇다면 이들을 '주지주의'의 이름으로 묶어준 공통 분모는 무엇인가? 여기서 근대 과학의 특징이 '탈인간중심화'임을 지적했던 논의를 참조할 수 있다. 인간의 일상적인 활동은 이미 경직되어 있거나 모호한 일상적 사고 방식들, 예를 들어 습관이나 관습에 너무 깊이 연루되어 있을 뿐만 아니라 주위 세계를 인간이나 인격과 관련지어 받아들이려는 성향을 보인다. 루카치는 일상적인 반영 활동이 지닌 유추적이면서도 인격적 성향을 나타내기 위하여 '인간 중심화'라는 용어를 사용하고 있다. 일상적 반영의 연속선상에 서 있는 문학과 예술의 경우 '개성의 표상'이라는 형식으로 인해, 객관적 현실은 물론 인간의 주체적 존재를 담고 있기 때문에 항상 인간과 관계한다. 이에 비해 과학은 일상적인 활동이 지닌 주관적이고 직접적인 성격을 최대한 제거함으로써 객관적 세계의 법칙성을 파악하려는 활동이다. 루카치는 일상적 반영과 대비되는 과학의 특징을 인식의 주체 및 객체의 '탈인간중심화'라고 규정한다. 과학은 비록 과학자 개인의 이데올로기에 의해 착색되기는 해도 그 결과에서 의식적으로 주관적 요소를 제거하기 위해 노력한다는 점에서

---

15) 최재서, 「현재주지주의문학이론」, 앞의 책, 1938, 5면.
16) 최재서, 「시대적 통제와 예지」, 〈조선일보〉 1935. 8. 25.

탈인격적이다.

그렇다면 낭만주의가 대표하는 개성의 문학에 대한 엘리어트와 흄의 비판은 '탈인간중심화'를 특징으로 하는 과학적 방법의 수용자 리드와 리처즈와 크게 다른 맥락에 서 있지 않은 것이다. 아래에 인용된 가상 대담은 최재서의 이러한 사고 방식을 압축하여 드러내고 있다.

> 근세 문명은 자연과 인생을 동일시하는 범신론적 인생 태도를 철저로 한 자연주의적 문명이지. 그 태도를 가지고 볼 때 인간은 희랍인이 생각한 것과 같이 불완전하거나 혹은 기독교가 말하는 것과 같이 죄악의 기(器)가 아니라 무한한 완성의 가능성을 가지고 또 소위 쇠네 제레(즉 아름다운 혼)을 가진 개체이여. 그래서 사람이 할 일은 이 완성의 가능성을 철저히 발전시키고 이 아름다운 개성을 완전히 표현함이였었네. 이것이 군도 잘 알고 있는 개성의 문학이였었네. 그러나 우리는 이제 자연은 결코 인생의 벗이 아니라 흉악하고 잔인한 적임을, 인간은 무한한 발전은 고사하고 유한한 발달조차 위대한 노력을 요함을 또 인간성은 결국에 있어는 악이라함을 그 후 또다시 깨닫게 되었네. 완성하리라고 보이든 인간이 결국은 십구세기 말에 데카단아(兒)가 되고 선(善)이라고 보이든 개성이 이십세기 초두엔 결국 세계대전을 일으켰으니까. 낭만 시대에 대한 우리의 꿈이 아무리 달콤하고 애달프다 할지라도 우리는 그것을 던져버리지 않을 수 없네.[17]

개인의 창조력을 문학과 문화의 원천으로 간주하고 있는 낭만주의와 대척점에 서 있다는 점에서 이들은 모두 '주지주의'자이다. 최재서는 개성의 가치를 다음과 같이 폄하하면서 위대한 문학은 '무명적(無名的)'이라는 의견을 내놓을 정도이다.

---

[17] 최재서, 「문학발견시대」, 앞의 책, 1938, 47면.

인간은 누구나 남과 다른 개성을 가지고 있다. 그리고 이 개성에는 「찰스 랜」이라든가 「스티븐슨」이라든가 하는 이름이 붙어 있다. 이것은 말하자면 표면의 개성이다. 그런데 한 사람이 만일 위대한 인간이라면 그는 이 표면적 개성 밑에 더욱 깊은 개성을 가지고 있을 것임에 틀림없다. 그것은 어느 누구의 참여도 허락하는 바 보편적 개성으로서, 이와 같은 사람의 작품에서 우리는 자기 자신을 잊는 것은 물론 작가 자신도 잊을 수가 있다. 그러므로 위대한 문학은 아나니마스(無名的)하다.[18]

이처럼 문학에 대해 '과학적' 태도로 접근하는 것은, 작가 개인의 개성적인 표현이자 자유로운 상상력의 산물이라는 문학에 대한 근대적 상식에 배치되는 것처럼 보인다. 그러나 문학 역시 인간 행위의 산물로서, 과학적 관찰과 탐구의 시선에서 배제될 수 있는 특권을 갖지 않는다. 20세기 초·중반 신비평과 구조주의는 무엇보다도 문학이 천재적 개인의 표현이 아니라, 언어의 독특한 조직체이며, 그런 의미에서 '문학성' 역시 과학적으로 탐구될 수 있다는 전제를 공유하고 있다. 그러한 주장의 타당성 여부를 차치하고라도 인간의 정신 활동이 낳은 산물을 보다 논리적이고 과학적으로 설명하고자 하는 시도가 무의미하다고는 볼 수 없다. 학생들의 비평 활동에 작품에 대한 논리적 접근의 태도를 포함시켜야 하는 이유도 여기에서 찾을 수 있다.

2. 기법의 의미 규명

앞에서 살펴본 것처럼 주지주의는 휴머니즘의 전제와 정반대로 문학에서 인간의 자취를 지우고 객관적이고 과학적인 태도를 강조한다. 그렇다면 문제는 '과학적 태도'에 적합한 비평 활동의 '대상'을 발견하는 일, 다시 말해

---

18) 최재서, 「현대 비평에 있어서의 개성의 문제」, 앞의 책, 1961, 51면.

주지적인 비평 활동의 내용을 구성하는 일이다. 이제 작가의 '개성'을 드러내는 표현을 발견하거나 문학에서 특정한 사회적 현실의 등가물을 찾아내는 일은 과학을 강조하는 주지적 비평의 독자적인 내용이 될 수 없기 때문이다.

과학에 대한 유추를 통해 창작의 과정을 설명하는 엘리어트의 비유는 주지주의 비평의 방법론을 확립하는 데 실마리를 제공한다. 엘리어트에 따르면, 창작 과정에서 작가의 개성은 촉매(觸媒) 역할로서 화학 변화를 일으키는 데 필수적인 역할을 하지만 자기 자신은 아무런 변화도 겪지 않는 존재이다. 원숙한 시인의 정신이 미숙한 시인의 정신과 다른 것은 '개성'의 가치나 그 정신의 내용에 있는 것이 아니라, 특수한 여러 가지 감정을 자유자재로 결합하여 새로운 복합체를 만들 수 있게 하는 매개체의 역할에 있다는 것이다.

> 앞서 말한 두 개의 기체를 백금선이 있는 데서 혼합하면 그것은 아류산 가스를 형성한다. 이 화합은 오로지 백금이 있을 때에만 이루어진다. 그럼에도 불구하고 새로 형성된 아류산 가스는 전혀 백금의 흔적을 남기고 있지 않다. 그리고 백금 자체도 분명히 아무런 변화를 받지 않고 있다. 즉 백금은 고스란히 종전대로 중성으로 변함이 없이 남아 있다. 시인의 정신은 이 백금의 세편(細片)이다. 시인의 정신은 시인 자신의 경험에 부분적으로 혹은 전적으로 작용하게 되겠지만 완전한 예술가일수록 경험하는 인간과 창조하는 정신이 한층 더 완전히 자체 안에서 분리되며 그 정신은 그 소재인 열정을 더욱 완전히 소화하고 변경시킬 것이다.[19]

다시 말해 창작 과정에서 중요한 것은 '화합의 성분인 정서의 위대성이나 긴장력이 아니라, 이들 성분에 화합을 일으키게 한 압력 즉 기술적 수단의 긴장력'이다. 최재서는 '기술적 수단'을 강조한 엘리어트의 설명을 전적으로 받아들인다. 여기서 '기술적 수단'은 두말할 것 없이 '기법'을 뜻한다. 시의

---

19) T. S. 엘리어트, 최종수 역, 「전통과 개인의 재능」, 『문예비평론』, 박영사, 1974, 19-20면.

예를 들어 "시 내용의 풍부와 변화는 소재 그 물건에 있는 것이 아니라 소재의 결합양식에 있는 것"이며 시인에게 중요한 것 역시 그의 독특한 개성이 아니라, "보편 정서와 사상을 독자적으로 결합할 특별한 매개"임을 강조했던 것에서 '기법'이 주지주의 비평의 독자적인 내용임을 확인할 수 있다. 이로써 '기법'은 문학에 대한 과학적 접근을 비평의 내용으로 구체화하는 주지주의 비평의 키워드가 된다. 다시 말해 '기법'을 중심으로 문학 작품을 읽고 분류하고 설명하는 일이 주지주의 비평 활동인 것이다.

이제 '기법' 중심의 비평이 어떤 식으로 전개되는지를 '자기 풍자'와 '카메라의 눈' 기법 둘로 나누어 살펴보도록 하자. '풍자'는 최재서가 당시 문학을 설명함에 있어 중시했던 대표적인 '기법'의 하나이다. 최재서가 풍자에 주목했던 이유는 일차적으로 그가 일찍이 헉슬리(Huxley)의 소설에 관심을 가졌던 것에서 찾을 수 있다.[20] 최재서는 헉슬리의 가문, 사상적 영향 등 헉슬리에 대한 전반적인 소개를 하면서 특히 그가 영국 중산 계급의 위선을 고발하고 풍자하고 있는 작가라는 점을 강조하고 있다. 헉슬리는 현실을 외면하지 않되, 사회주의 문예가들처럼 민중을 비속화하거나 영웅화하지 않았으며, 낭만주의 작가들처럼 감상주의에 빠지지 않았다는 것이다. 최재서는 특히 헉슬리가 '현실 자체와 현실 속에서 위선과 타락에 빠져 있는 사람 양자를 모두 풍자적 시선에서 바라보고 있다'는 점에 주목한다.

> 헉슬리는 영리한 지력과 풍부한 교양을 가지고 있으면서도 하등의 이상 실현도 허락치 않는 현실 세계 주위 환경으로 말미암아 자기 분열을 지어내고 드디어는 그와 같은 세계에 분격하는 일 청년으로 비친다. 그는 자신의

---

[20] 최재서가 1935년에서 1939년에 걸쳐 발표한 헉슬리 관계 글로는 「오올다쓰 학스레 이론 - 현대 풍자 정신의 발로」(《조선일보》 1935. 1. 21.), 「풍자문학론 - 문단 위기의 타개책으로서」(《조선일보》 1935. 7. 14.-21.), 「인테리 작가 학스레이」(《동아일보》 1938. 2. 4.), 「현대소설 연구 - A. 헉스레이 '포인트 카운터 포인트'」(『인문평론』 7호, 1940년 4월) 등이 있다. 여기서 최재서가 헉슬리에 대해 쓴 첫 번째 글 「오올다쓰 학스레 이론 - 현대 풍자 정신의 발로」를 살펴보면 헉슬리에 대한 그의 관심이 어디서 왔는지를 알 수 있다.

환결의 복수를 위해 현대의 좌절과 타락과 절망을 대표하는 그와 동시대의 인물을 창조하여 이 사람들에게 가공없는 비판과 모멸을 퍼붓게 되었다.[21]

「풍자문학론 - 문단 위기의 타개책으로서」는 헉슬리에 대한 관심에서 비롯된 풍자 논의를 당시 조선 문단과 결합시켜 구체화한 본격적인 비평문이다. 이 글에서 최재서는 당시 통용되던 국민주의 문학과 사회주의 문학이라는 분류의 틀이 '중간적 존재'를 허용하지 않기 때문에 부적절함을 주장한다. 더구나 이러한 분류는 '내용과 사상'에 따른 것으로 문학에서 정치 사상의 지위를 과도하게 부각시키는 한계를 가지고 있다. 이처럼 문학에서 정치 사상을 과대 평가하는 분류로 인해 사회적 위기와 문학적 위기를 동일시하는 오류에 빠지게 되었다는 것이다. 사회적 위기가 문학적 위기가 되기 위해서는 "모든 신념의 상실이 의식화"되어야 하며, "창작 의사를 가지면서도 창작할 수 없는 모순 상태"에 도달해야 한다는 점에서 사회적 위기와 문학적 위기를 구별해야 한다는 것이다.

> 작가는 신념이 없이는 창작할 수 없다. 설혹 전세계가 그의 예술을 조소하고 비난한다 할지라도 작가가 그 자신의 예술에 대한 신념만 있다면 그는 창작할 수 있다(그리고 이 최후의 신념은 흔히 보편적 진리라는 형식을 취하여 존재하여 왔다.). 그러나 작가 자신이 아무런 신념도 갖지 못할 때엔 작가는 산란한 인상의 파편 속에 고민할 따름이고 그것들을 수집하고 통일하여 예술로 집대성할 방법도 용기도 갖지 못한다. 따라서 그의 열렬한 창작 의사는 창작 이전에 좌절되고 만다. 유산이라는 말이 더 적절할지도 모른다. 여하튼 작가가 충분한 창작 의사를 가지면서도 성실하게 창작할 수 없는 모순 상태—이것이 진정한 의미의 문학적 위기이다. 이 위기에 비한다면 일반적 사회적 위기의 한 변종에 지나지 못하는 문단적 위기—독

---

[21] 최재서, 「오올다쓰 학스레 이론 - 현대 풍자 정신의 발로」, 〈조선일보〉 1935. 1. 27.

자가 줄고 책이 팔리지 않고 작가가 빈궁하고 등등―는 오히려 용이한 문제라고 생각한다.[22]

이러한 발언에는 내용이나 작가의 사상이 문학을 분류하는 기준으로 적절하지 않다는 자신의 논지를 정당화하기 위한 의도가 숨겨져 있다. 여기서 최재서는 당시 '문학의 위기' 상태에 대처하기에 가장 적절한 태도로 '비평적 태도'를 제시한다. 작가가 외부 정세에 대해 어떤 태도를 취하느냐를 기준으로 수용적 태도, 거부적 태도, 비평적 태도를 구별할 수 있다.

> 외부 세계를 현재 있는 그대로의 상태에서 승인하고 접대하는 태도를 나는 수용적 태도라고 한다. 이것은 문학 창작엔 가장 적절한 태도이다. 그러나 대부분의 현대 작가는 위선 사회인으로서 이 같은 태도를 가질 수 없지 않을까 하고 생각한다. 둘째로 외부 세계를 전체적으로 부인하고 거절하려는 태도를 나는 거부적 태도라고 한다. 정확하게 말하자면 이 태도는 현재 세계에 관심하기보다는 혹종의 신세계를 선설함에 분망하다. 따라서 신사회의 콘트라스트(對照)로서 혹은 안티테제로서 그를 거부하는 외엔 현재 사회에 대하여 아무런 관심도 가지지 않는다. 따라서 기능적으로 볼 때에 이 태도는 건설적 태도라고 할 수 있다. 그러나 내가 후에 말하는 바와 같이 자기의 예술적 양심에 충실한 현대 작가로선 이 역시 용이하게 취할 수 없는 태도이다. 억지로라도 건설적 태도를 취하려면 실재성의 일부분을 왜곡 내지 묵살하여 인위적으로 태도를 작성할수 밖에 없이 될 것이다. 이렇게 되면 그것은 벌써 진정한 의미에 있어서의 예술적 태도가 아니다. 이러하여 우리는 최후의 희망을 비평적 태도에 걸게 된다.[23]

---

22) 최재서, 「풍자문학론」, 『최재서평론집』, 청운출판사, 1961, 188면.
23) 최재서, 위의 책, 1961, 189-190면.

이 중에서 '비평적 태도'는 문학 분류에 있어 정치 사상이나 내용에 중점을 두지 않고, '작가의 태도와 기술에 중점을 두는 방법'의 하나이다. '전통을 그대로 수용할 수도 없고 또 그렇다고 실질적으로 거부할 수도 없는' 현대와 같은 과도기에 '인간 예지(叡智)가 할 수 있는 최고의 일'은 비평적 태도를 견지하는 것이다. 이를 통해 "사회의 표면과 이면을 알고, 장래 사회를 그리기 보다 현실의 모든 결함과 악을 확대 적출 야유 매도"하는 '소극적 파괴'의 기능을 수행할 수 있다는 것이다. 특히 '흐리지 않는 눈으로 인생을 직시'하여 실재성을 파악하는 '이지적 작용'을 목표로 하는 비평적 태도가 작품 속에서 기법으로 구현된 것이 '자기 풍자'라는 것이다.

여기서 최재서가 헉슬리에 대한 관심을 통해 '풍자' 기법의 의미와 중요성을 파악한 뒤, 그것을 중심으로 당대의 소설을 비평하고 있다는 점에 주목할 필요가 있다. 다시 말해 헉슬리의 소설과 글은 배경 지식 혹은 비평 이론을 제공하고 있다. 그렇다면 이제 최재서가 습득한 '풍자론'을 통해 실제 비평에 임하는 구체적인 모습을 살펴보도록 하자. 최재서의 '자기 풍자' 논의가 구체적으로 펼쳐지고 있는 작품은 「날개」이다. 이 작품에는 "현대인의 심리를 짙게 물들이고 있는 공통적 특색"인 "인생에 대한 실망, 그리고 거기에서 생겨나는 허무감과 무가치감"이 형상화되고 있다. 최재서는 이러한 심리가 현대인의 보편적인 심리라고 파악하는데, 이것에 대응하는 두 가지 길로 '우울의 길'과 '풍자의 길'이 있다고 본다. '절망에서 우울로 통하는 길'인 전자는 감미로운 센티멘탈리즘을 약속하지만, '현대적 지성'의 소유자는 그것의 허망함과 굴욕을 파악하여 '실망을 해부하여 그 허무를 폭로하고 그 무가치를 냉소'하는 지성의 길을 택해야 한다.

시대의 비난과 조소를 받는 인테리의 개성 붕괴에 표현을 주었다는 것은 일개의 시대적 기록으로서 가치가 있을 뿐만 아니라 이 간난(艱難)한 시대에 있어서 지식인이 살아나갈 방도에 대하여 간접적이나마 암시와 교훈을 주는 바 또한 적지 않다고 생각합니다. 둘째로 자칫하면 상식과 저조(低潮)

에 빠지기 쉬운 우리 문단에 비록 어그러진 형식에 있어서나마 지적 관심을 환기하였다는 것은 그가 남기고 간 커다란 공적의 또 하나이라고 생각합니다. 그의 소설이 독자에게 구수한 흥미를 주지 못하는 것은 사실이지만 우리는 문학에서 흥미만을 요구하는 것은 아닙니다.[24]

최재서는 자신이 이상에 주목한 이유가 바로 '지적 관심'의 환기라는 점을 강조하고 있다. 비록 「날개」는 독자에게 구수한 흥미를 주는 작품은 아니지만, '육체와 정신, 생활과 의식, 상식과 예지(叡智)'가 분열된 지식인의 내면에 본격적인 문학적 표현을 가져왔다는 점에서 의미가 있다는 것이다.

「육신이 흐느적 흐느적 하도록 피로했을 때만 정신이 은화처럼 맑소.」 이것이 모두에서 작자 자신이 한 말이다. 여기서 우리는 육체와 정신, 생활과 의식, 상식과 예지(叡智), 다리와 날개가 상극하고 투쟁하는 현대인의 일 타입을 본다. 정신이 육체를 초화(焦火)하고 의식이 생활을 압도하고 예지가 상식을 극복하고 날개가 다리를 휩쓸고 나갈 때에 李箱의 예술은 탄생된다. 따라서 그의 소설은 보통 소설이 끝나는 곳―즉 생활과 행동이 어긋나는 곳에서부터 시작된다. 그의 예술의 세계는 생활과 행동 이후에 오는 자의식의 세계이다.[25]

현대의 자아는 일상적 자아와 일상적 자아를 관찰하는 또 다른 자아로의 분열을 특징으로 한다. 여기서 외부적 생존을 목적으로 하는 '일상적인 자아'를 다른 사람의 입장에서 냉정하게 관찰하는 자아가 '비자아'이며, 이를 바탕으로 해서 자아에 대한 비판적 관찰에 치중한 것이 '자기 풍자' 기법이다.

---

[24] 최재서, 『문학과 지성』, 인문사, 1938, 119면.
[25] 최재서, 앞의 책, 1938, 107면.

순전한 행동은 반성의 결무를 수반한다. 그래서 자아는 맹목적인 행동의 뭉치라고 할 수 있다. (중략) 그러나 자아는 맹목인이기 때문에 이것을 자각치 못한다. 그러나 만일 다른 사람들이 다른 입장에서 그것을 본다면 그는 노예이고 인생의 피에로이고 愚劣漢일 것이다. 여기에 풍자가 발생할 계기가 생겨난다. 그러나 현대인에 있어 이 같은 관찰자는 다른 사람에 구할 필요가 없다. 그는 그 자신 가운데에 이같은 관찰자를 가지고 있기 때문이다. 그것은 즉 非自我이다. 다시 말하면 비판적 자아이다. 현대인은 맹목적으로 행동하는 다음 순간 비자아로 하여금 이를 관찰하고 비판하고 조소케 한다.26)

자신의 내부에 집중하고 있는 자기 풍자 기법의 실현을「날개」이외에도 여러 작품에서 발견할 수 있는데, 그중에서도 유항림의「마권」에 대한 비평을 들 수 있다.

그것은 즉 행동 마니아(편집광)에 대한 (아마도 작자 자신은 뜻하지 않았을) 풍자이다. 동적이고 신속한 것은 無條件하고 가치가 있고 정적이고 완만한 것은 무조건하고 가치가 없다. 원래의 행동인이 분주하게 운동함은 물론 원래의 비행동인까지도 움직여 보려고 날뛴다. 이것은 단순한 행동 찬미가 아니라 행동 마니아라 하겠다. 현대인은 모두 다 행동의 유령에 흘리여 있다! 俞氏는 인테리의 비행동성을 풍자하려고 하였을 것이나 그 풍자는 兩忍的이었기 때문에 그의 행동추구까지도 찌르는 결과를 나타내였다.27)

「마권」의 가치를 '부르주아 인텔리의 무위와 허위와 비행동성'에 대한 풍자이자 맹목적인 행동주의자에 대한 풍자를 동시에 실현했다는 점에서 찾는

---

26) 최재서, 앞의 책, 1971, 195면.
27) 최재서,「현대적 지성에 관하야」, 앞의 책, 1938, 135면.

다. 풍자 중에서 자기 풍자는 인생에서 얻은 허무주의를 해부하여 그 허무를 폭로하고 아울러 그 무가치를 냉소할 지성을 바탕으로 한 비(非)자아의 관찰을 실현한 기법이라는 것이다. 이러한 비평 활동은 '풍자'라는 기법에 대한 이론적 파악을 바탕으로 했기에 가능했다고 볼 수 있다.

최재서가 강조한 당대의 또 다른 문학의 기법은 '카메라의 눈'이다. 박태원의 「천변풍경」과 이상의 「날개」를 각각 리얼리즘의 확대와 심화로 본 「리아리즘의 확대와 심화」는 이를 키워드로 하여 전개된다. 최재서는 일반적으로 대립되는 경향, 다시 말해 '도회의 一角에 움직이고 있는 세태인정'을 그린 세태 소설 「천변풍경」과 '고도로 지식화한 소피스트의 주관세계'를 그린 심리 소설 「날개」의 공통점에 주목한다.

> 관찰의 태도와 및 묘사의 수법에 있어서 이 두 작품은 공통되는 특색을 가지고 있다. 즉 그들은 될 수 있는대로 주관을 떠나서 대상을 보려고 하였다. 그 결과는 박씨는 객관적 태도로써 객관을 보았고 이씨는 객관적 태도로써 주관을 보았다.[28]

이러한 태도를 리얼리즘의 확대와 심화로 파악하면서 이것을 현대 세계 문학의 양대 경향으로 규정한다. 이처럼 양자를 모두 리얼리즘으로 볼 수 있었던 이유는 예술의 리얼리티를 외부세계 혹은 내부세계와 같은 재료의 문제가 아니라, 재료를 객관적 태도로서 관찰하는 눈에서 찾았기 때문이다. 결국 최재서에게 주관적 세계든 객관적 세계든 객관적 태도로 보는 것이 중요한데, 그러한 객관적 태도는 '카메라의 눈' 기법을 통해 실현될 수 있다.

> 그의 카메라 우에 주관의 막이 가리워저서는 아무 가치도 없다. 예술 재료로서 엄한 태도를 가지고 자기자신의 생활감정을 다룰 줄 모른다면 그는

---

[28] 최재서, 「천변풍경」과 「날개」에 관하야 - 리아리즘의 확대와 심화」, 앞의 책, 1938, 98면.

차라리 그 재료를 버림이 가할 것이다.29)

여기서 작가의 눈은 카메라 렌즈라는 '기계'에 비유된다. 이러한 비유가 뜻하는 바가 무엇인지는 비교적 자명하다. 작가의 주관성은 렌즈를 가리는 '주관의 막 같은 것으로서 최대한 배제해야 하는 것이다. 특히 작가의 주관 외부에 있는 객관적 세계를 객관적 태도로 그려내는 것보다, 내면 세계를 엄정한 객관적 태도로 그려내기가 쉽지 않다는 점에서 이상의 「날개」는 보다 중요한 의미를 갖는다.

> 이리하야 외부 세계를 묘사하는 데에 카메라적 정신을 가지는 것은 비교적 용이하나 자기의 내면세계를 그리는 데에 그 정신을 가진다는 것은 곤란할 뿐만 아니라 경우에 따라서는 잔인한 일일 것이다. 자기 자신 내부에 관찰하는 예술가와 관찰당하는 인간(생활자로서의)을 어느 정도까지 구별하여 자기 내부의 인간을 예술가의 입장으로부터 관찰하고 분석한다는 것은 병적일런지 모르나 인간 예지가 아직까지 도달한 최고봉이라 할 것이다. 의식의 분열이 현대인의 스테이타스 쿠(현상)이라면 성실한 예술가로서 할 일은 그 분열상태를 정직하게 표현하는 일이다.30)

이에 대해 과연 작가의 주관성을 완전히 배제하는 것이 가능하냐는 의문이 제기될 수 있다. 임화는 최재서가 작가의 눈을 카메라 렌즈에 비유한 논의를 다음과 같이 비판한다. 작가의 눈은 주관성이 완전히 배제된 카메라의 눈과는 다르며, "작가는 작품 가운데 하나의 세계상을 보여주나 그 세계상은 작가의 독특한 혈색으로 항상 농후하게 착색"되어 있다. 중요한 것은 이러한 작가의 혈색 가운데 "어느 때는 현실세계를 일층 선명하고 다채하게 자기의

---

29) 최재서, 앞의 책, 1938, 102면.
30) 최재서, 앞의 책, 1938, 102면.

세계관 가운데 재구성하는 수도 있으며, 때로는 이와 반대로 혼탁한 혈청으로 현실세계의 위관(偉觀)과 내용을 더럽혀 버리는 수도 있다"는 것이다.[31]

이에 비해 '객관적 관찰'을 중시한 주지주의는 '정서의 냉각을 핵심으로 하면서, '흐리지 않는 눈으로 인생을 직시'[32]할 것을 주장한다. 이것이 최재서가 말하는 '리얼리즘'으로서 굳이 수식어를 달자면 '주지적 리얼리즘'이 될 것이다. 최재서는 당시 프로문학가들이 진정한 리얼리즘이라 내세웠던 사회주의 리얼리즘이 '센티멘탈리즘'에 빠지면서 냉정한 관찰의 태도를 잃고 리얼리즘에서 일탈하게 되었다고 비판한다.

> 사회주의적 리얼리즘이 리얼리즘으로서 일정한 한계를 가지고 있다는 점과 현실 정세는 그 열광 시대를 지나서 적어도 비판적 정신을 가지고 본다는 사실을 무시하고 백사만물에 사회주의적 리얼리즘을 들추어내는 태도는 센티멘탈리스트의 그것이라고 밖에 볼 수 없다. 더욱이 역사적 필연성을 파악하여 가지고 현재를 비평하고 미래를 전망한다는 본래의 사명을 떠나 단순한 증오감으로부터 혹은 사회적 제스츄어로서 그것을 이용하려고 할 때 식자의 눈엔 그것이 센티멘탈하게 보인다. 또 리얼리스트가 건강한 정신을 상실하고 다만 재래의 관습대로 사회주의적 리얼리즘의 공식에 의거할 때 그것은 역시 일종의 도피이다.[33]

반면 '주지적 리얼리즘'은 냉정한 관찰의 태도를 잃지 않는다. 특히 「날개」와 「천변풍경」에는 모두 주관을 떠나서 대상을 관찰하는 객관적 태도가 나타나는데, 이처럼 작가의 주관을 최대한 배제할 수 있었던 이유는 바로 '카메라의 눈' 기법 때문이다.

---

31) 임화, 『문학의 논리』, 학예사, 1940, 282-283면.
32) 최재서, 앞의 책, 1961, 190면.
33) 최재서, 「센티멘탈론」, 앞의 책, 1938, 221면.

풍자 기법에 주목했던 배후에 헉슬리에 대한 관심이 있었던 것과 마찬가지로 리얼리즘을 '냉정한 관찰'으로 재규정하면서 '카메라의 눈' 기법에 주목할 수 있었던 계기는 스펜더(Spender)의 논의였다. 최재서는 이를 활용하여 리얼리즘의 자장이 완전히 사라지지 않았던 1936년 이상과 박태원을 리얼리즘의 범주로 함께 묶을 수 있었다. 스펜더는 사실을 그대로 묘사하기만 하는 19세기 리얼리즘과 노동자 계급의 당파성을 강조한 사회주의 리얼리즘을 함께 비판하면서 헨리 제임스(Henry James)와 D. H. 로렌스(Lawrence)를 리얼리즘의 명칭 아래 검토한 바 있다. 여기에 당시 영화에 대한 다양한 논의가, 리얼리즘이 실현된 기법으로 '카메라의 눈'에 주목할 수 있게 한 배경 텍스트 역할을 했음을 짐작하기란 어렵지 않다. 구인회의 영화에 대한 관심은 멤버 중 한 명인 김유영이었다는 것에서도 간접적으로 확인할 수 있다.[34] 이처럼 최재서가 '리얼리즘'의 이름으로 자신의 논의를 진행하지만, 그것의 의미가 당대의 일반적인 리얼리즘에 대한 이해와 거리가 있다.

> 그러나 리아리즘의 수호자로 자처하고 있는 몇몇 사람의 하는 일을 보면 끗끗내 리아리즘을 민중의 손에 내주지 않으려는 눈치가 보인다. 리아리즘을 말하는 그들에게 왜 그리 제스츄어와 악센트가 많은가? 그것은 리아리즘이 무엇보다도 존엄한 문학이기 때문이다. 리아리즘을 말할 때 그들은 목사와 같은 존엄한 표정과 순교자와 같은 열렬한 어조를 띄운다. 그들에 있어서 리아리즘은 일종의 '타부'이다. (중략) 리아리즘은 실재를 그리는 문학이라고 드럿다. 그러나 그들은 결코 실재주의라곤 한번도 부리지 않았다. 그것은 너무도 실재적하게 들리니까.[35]

---

34) 이상과 박태원의 소설에 나타나는 영화적 기법의 사용에 대한 지적으로는 최혜실, 『한국모더니즘소설연구』, 민지사, 1992, 242-262면을 참조할 것.
35) 최재서, 앞의 책, 1938, 295면.

위의 인용에서처럼 최재서는 리얼리즘을 '실재주의'로 번역할 것을 제안하기도 한다. 결국 최재서가 '리얼리즘'의 명칭을 쓰고 있지만, 그의 논의는 '주지주의'에서 크게 벗어난 것이 아니다.

결국 주지주의 비평은 헉슬리나 스펜더 같은 선행 이론가의 이론을 바탕으로 '풍자'나 '카메라의 눈'을 의미 있는 기법으로 규정하고 이를 작품에서 발견하고 그 의미를 밝히는 것을 주된 내용으로 하여 전개된다. 다시 말해 문학에 대한 과학적 접근은 '기법'을 중심으로 작품을 읽고 그것의 의미를 논하는 과정으로 구체화되는 것이다. 비평 활동의 이러한 속성에 주목할 경우, 비평 활동에서 읽기와 해석에 선행하여 '비평 어휘와 이론'의 습득을 강조해야 할 것이다. 이는 특히 기법을 중심으로 한 논리적 설명에 치중하는 비평 활동에 적용될 경우 타당성을 확보할 수 있어 보인다.[36] 학생들은 이론이나 개념을 파악한 뒤, 그것을 적용해 보는 활동을 중심으로 비평에 임하게 된다.

3. 법칙의 구성

근대 학문에서 연구는 언제나 일정한 전제를 바탕으로 이루어진다. 제일 먼저 주체가 해야 할 일은 다양한 존재자들을 일정한 전제 아래로 제한시키는 일, 즉 앞으로 연구자가 다루게 될 '대상 구역'을 확보하는 일이다. 예를 들어 근대 물리학은 '수'라는 선험적 인식을 바탕으로 이루어지는데, 다양한 존재자들은 '수'로서, 그리고 '수'를 통하여 이루어진다. 그러므로 근대 물리학은 '선험적 인식'인 수를 기반으로 하는 '수량화'의 논리를 전제하지 않고서는 성립이 불가능하다.[37]

앞에서 살펴본 '기법' 역시 처음부터 자연스레 주어진 것이라기보다는 주

---

[36] 도정일, 『시인은 숲으로 가지 못한다』, 민음사, 1994, 328-330면.
[37] 하이데거는 이를 선행적 진입(Vorgehen)과 기투(Entwurf)라 부르고 있다. 자세한 사항은 M. Heidegger, 최상욱 옮김, 『세계상의 시대』, 서광사, 1995, 15-20면을 참조할 것.

지적 비평이 전제하고 있는 과학적 태도에 의해 발견된 대상이다. 최재서가 주된 관심을 보였던 '풍자'의 경우 판소리와 사설 시조를 비롯한 전통 문학 세계에서 중요한 자리를 차지하고 있었다. 그리고 멀리 거슬러 올라가지 않더라도 채만식의 소설 담론에서 풍자의 중요성 역시 익히 알려진 바와 같다. 다시 말해 '풍자'는 최재서가 문제 삼기 전에도 우리 산문 문학의 전통 속에서 중요한 자리를 차지하면서 독자 혹은 청자들에게 삶의 지혜와 통찰을 전달하는 중요한 기능을 수행하고 있었다. 그러나 최재서의 시선에 의해 '풍자'는 작품 전체와 분리되어 설명되어야 할 하나의 '기법'으로서 설정된다. 최재서가 「날개」에 주목하는 이유 역시 마찬가지이다. 「날개」는 지식인의 분열, 다시 말해 "패배를 당하고 난 현실에 대한 분노"에 "풍자, 윗트, 야유, 기소(譏笑), 고장, 패러독스, 자조"와 같은 지적 수단을 가지고 접근하고 있다는 점에서 이지(理智)의 작용으로서의 자기 풍자를 완벽하게 밀고 나간 작품인 것이다. 지금부터는 '기법'의 발견과 더불어 과학적 태도를 바탕으로 한 비평 활동의 주요한 내용으로 설정하고 있는 '법칙의 구성'을 살펴보도록 하자.

자연과학의 본질적 특성은 대상의 개별적 의미가 아니라 대상에 관철되고 있는 '법칙성'을 추구한다는 점이다. 하이데거는 정신과학을 포함한 근대 과학의 본질적 특징이 '법칙성의 추구'라고 주장한다.

> 사실들을 멈추어 세우는 것, 그리고 이 사실들의 변동 그 자체의 지속성이 규칙이다. 변화에 있어서 그 과정의 필연성 안에 있는 지속적인 것이 법칙이다. 규칙과 법칙의 시계 안에서 비로소 사실들은 사실들 그 자체로 명백해진다. 자연 영역 안에서 행해지는 사실 연구는 본래 규칙과 법칙을 제출하고 확증하는 일이다.[38]

일반적으로 이해되는 것처럼 '자연과학'의 본질적 특징은 실험과 관찰이

---

38) M. Heidegger, 앞의 책, 1995, 23면.

아니다. 다시 말해, 자연과학은 실험에 의해 비로소 연구로서 성립되는 것이 아니며, 오히려 거꾸로 자연에 대한 인식이 연구로 뒤바뀌어진 바로 그곳에서 비로소 그리고 오직 그곳에서만 실험이 가능해진다. 하이데거는 근대 물리학은 그것이 본질적으로 수학적 물리학이기 때문에 실험적일 수 있었다고 주장한다. 그렇다면 자연과학의 본질적 특징은 구체적 현상을 일반적인 규칙의 사례로 파악하려 한다는 점일 것이다.

「비평의 형태와 기능」은 '직업적 비평'에 대한 설명을 통해 '법칙의 구성'이 뜻하는 바를 원론적인 차원에서 설명하고 있다. 이 글에서 최재서는 비평을 '자연 발생적 비평', '직업적 비평', '대가의 비평' 셋으로 나누어 각각의 특징을 살피고 있다. 그중에서 직업적 비평이란 "책을 읽고 그 책에서 얻은 이념으로써 일종의 질서를 구성함으로써 직업을 삼는 사람 즉 학자가 과거의 정신으로써 과거의 작품을 상대로 하는 비평"이다. 직업적 비평의 주요 기능은 분류, 판단, 설명 셋으로 제시된다. 전통의 이념을 바탕으로 하여 분류 작업을 하는 것이 비평의 출발점이다. 여기에 비평가가 재판관으로서 가치를 판단하는 판단 기능이 첨가된다. 최재서는 설명 기능을 '대학교수가 문학에 대해 설명하는 것'이라 규정하는데, 판단, 분류에 비해 자세한 언급을 하지 않고 있다. 이를 통해 둘에 비해 상대적으로 '설명' 항목의 비중이 떨어짐을 알 수 있다.

여기서 주지적 비평 활동의 구상과 연관시켜 주목해야 할 것은 고전적 전통 세계를 바탕으로 비평가가 추출한 '공통적 이념'을 적용한 분류와 판단의 작업이다.

> 고전적 전통세계는 현실 세계가 자연발생적 비평가에 부여되는 것처럼, 미리 부여되는 것은 아니다. 그것은 비평가가 고전으로부터 제 각기 창조치 않아서는 파악할 수 없는 이념의 세계이다. 따라서 직업적 비평가의 우선 할 일은 무수한 고전으로부터 공통적 이념을 추출하는 것일 것이다.[39]

그런데 '공통적 이념'은 '기법'처럼 명시적으로 분리 가능한 '수단'으로 보기는 어렵다. '공통적 이념'은 개별 작품에 대한 비평을 넘어서, 여러 작품이 맺고 있는 공시적이고 통시적인 관계를 구성하는 작업을 요청하기 때문이다. 최재서가 말하는 '공통적 이념'으로서의 전통은 자연과학의 법칙성과는 구별되는 '이념형'의 자리를 차지하고 있다.

이러한 발언은 얼핏 보아서는 '기술적 수단'으로서의 '기법'을 추상화하는 '주지적' 태도와 대립되는 것처럼 보인다. 그러나 최재서는 일관되게 '직업적 비평'에 있어 비평은 일종의 과학'임을 강조하고 있다. 비록 '고전적 정신'을 추출하는 과정은 일종의 해석학적 작업을 요구하겠지만, 일단 이것이 구성된 뒤에는 고전적 정신은 일종의 '법칙'으로 화한다. 그리고 이것은 분류와 판단의 기준이 될 수 있다. '법칙으로서의 고전적 정신'을 손에 넣은 '직업적 비평가'가 행하는 분류, 판단의 작업은, '정신과학'과 대립하는 '자연과학'의 목표인 '설명'의 작업과 크게 다르지 않다.

그러나 최재서는 모랄이나 교양을 이야기할 뿐 우리 문학의 전통이나 이념을 더 구체적으로 논의하지 않는다. 이는 그가 외국문학 전공자로서 우리 문학의 실제 전개 양상에 무지했기 때문이다. 사실 그가 말하는 '전통'은 우리의 것이라기보다는 서구적인 의미의 '교양'에 가까운 것이기도 하다.

> 전통이란 고전들의 모방과 비판과 종합이 모든 관계를 통하여 파악할 수 있는 통일적 정신이다. 이같이 한 문학을 지배하고 있는 통일적 정신을 점차로 체득하여 가는 과정이 즉 교양이고 또 취미의 양성이다. (중략) 그의 독서가 깊어 가면 갈수록 그의 체험이 넓어 가면 갈수록 그의 전통 섭취는 풍부하여 질 것이고 또 질서는 견밀하여 질 것이다. 하물며 일지 역 일 사회의 전통만을 생각지 않고 다른 지역과 다른 사회의 전통이란 것을 생각할 때 실로 교양과 취미의 길은 무궁하다 할 것이다.[40]

---

39) 최재서, 앞의 책, 1938, 63면.

최재서가 원론적인 차원에서 이야기한 '법칙의 구성'의 실제 모습은 조윤제의 고전 문학 연구를 통해 보다 잘 드러난다. 물론 최재서와 조윤제는 같은 경성제국대학 출신이지만 각별한 인간 관계를 가졌던 것은 아니다. 그러나 조윤제가 "국문학의 이념적 연구는 국문학의 최중요한 일이다. 어찌 말하면 국문학 연구의 목적은 실로 이 이념을 밝게 구명하는 데 있다"고 주장하고 있는 대목에서 최재서가 말한 '직업적 비평'의 그림자를 찾기란 어렵지 않다.

> 국문학의 이념은 국문학 작품의 구석구석에 스며들어 있어 일언일구가 왼통 그를 표현하지 안함이 없어, 작가가 문학에 있어 기뻐하고 성내고 슬퍼하고 즐거워하는 그러한 언어상에 나타나는 감정은 말할 것도 없고 기타 작품상에 추출하여 있는 모든 정신생활은 모두가 그 이념의 노출이 아닌 것이 없다. 이념적 연구라는 것은 요컨대 국문학 중에 포함하여 있는 그러한 이념을 析出하여 낸다는 것인데 이것은 현재의 우리 국문학 연구의 정도로는 난중의 난사라 할 것이다. 왜 그러냐 하면 보통 이러한 연구는 미리 준비되어 있는 몇 가지 형식이 있어 그 형식에 비추어 어떠한 새로운 결과가 나오는가를 연구하면 그만인데, 우리 국문학 연구는 아직 그 방면이 황무지라고도 할 만큼 아무 정리된 문학이념이라는 것이 뚜렷이 나타나 있지 않기 때문이다.[41]

여기서 조윤제가 말하는 국문학의 이념은 정신과학의 방법에 의해 재구성된 보편 법칙과도 같은 의미를 갖는다. 시작(詩作)의 이념을 보편타당성의 위치에 놓았던 딜타이의 생철학이 당시 대학 인문·사회 계열의 보편적인 원리로 통용되고 있었으며, 조윤제 역시 영향을 받았던 것으로 추정된다. 법

---

40) 최재서, 「취미론」, 앞의 책, 1938, 230면.
41) 조윤제, 『국문학 개설』, 동국문화사, 1955, 533-534면.

칙에 대한 조윤제의 인식은 연구의 과정에서 "학문은 체계를 존중한다. 체계 없는 학문은 학문이랄 수 없다."는 것을 깨닫게 되었다는 발언에서 잘 드러난다.42)

조윤제의 초기 문학 연구는 자료를 대상으로 한 실증적 법칙의 탐구에 머무르고 있었다. 이는 '반절성 이론'의 다음과 같은 논리 전개 방식에서 확인할 수 있다.

> 나는 앞에서 향가 형식으로 4구체가 8구체가 10구체가 삼종으로 인증하고 8구체가는 4구체에서 발달한 것이라고까지 말하여 두었으나, 4구체가 8구체가로 성립하여 가는데는 단번에 된 것이 아니고, 4구만으로는 만족을 얻지 못할 때에 그 넘치는 감정을 무슨 형식으로라도 그 끝에 첨가하였으리라고 상상된다. 이 첨가된 부분은 발생의 처음에는 단순한 감정의 호소였을지도 모르나, 차차 그 내용을 양조(釀造)하였을 때는, 조선 시가가 일반의 통일된 의미를 표현하자면 최단 2구의 형식을 취하는 것으로 보아, 아마 2구인 듯한데 …… 이것이 만일 공상이 아니라면 마치 10구체가에 前 8구가 전절이 되고, 後 2구가 후절이 되는 것과 같이, 舊 4구는 전절이 되고 후 2구는 그에 대한 후절의 형식을 취하지 않았는가 한다. 그리하여 전 양절이 합한 6구체가가, 4구체가와 8구체가 도중에 존재하여 얼마간 4구만의 불만족을 보충하여 왔다. 그러나 이것은 역시 복잡한 내용을 후답하지 못할 시기가 도래하였을 때, 드디어 전술한 半折性을 발휘하여 후절 2구에 다시 2구가 붙어 8구가로 진입하였을 것이다.43)

이러한 추론 방식을 두고 등차 수열과 다를 바 없다는 지적이 나오는 것

---

42) 조윤제의 국문학 연구 방법론과 생철학의 연관 관계에 대해서는 김명호, 「도남 조윤제의 국문학 연구 방법론」, 서울대학교 석사학위 논문, 1977을 참조하였다.
43) 조윤제, 「시가의 원시형」, 『도남 조윤제 전집』 4권, 태학사, 1988, 43면.

도 무리는 아니다.[44] 그런데 조윤제는 문학 연구를 민족사의 일부인 이념의 차원으로 끌어올리게 된다. 그 자세한 내용을 여기서 서술할 수는 없지만, 예를 들어 시조 연구는 '조선적인 것'을 탐구하는 것이며, 민족 생활사를 재구성하는 전체 국문학사의 일부가 된다.

> 그러나 우리는 좀 더 나아가 일견 혼돈하고 불정돈하며 보이는 시조에서 정확한 그 자수는 얻기 어렵다 하더라도 시조 자신이 가지고 있는 운율상 방불한 이념(Idea)이라고도 할 만한 자수를 파악할 수 없을까. 만약 그렇게 할 수 있다면 그는 시조형식론상 빼지 못할 한 시험일 줄 생각한다. 나는 이러한 적은 욕망으로 여기 「時調字數考」라는 제목 하에서 나의 조그만 의견을 앞으로 적어 보고자 한다.[45]

여기서 조윤제가 구상하고 있는 국문학사의 보편 법칙에 대한 탐구는 논리적이고 지적인 설명을 목표로 한 비평이 본격적인 연구로 이어지는 사례를 보여준다. 물론 학생들의 활동에서 이런 정도의 수준을 기대하기란 무리일 것이다. 그러나 비평 활동 역시 개별 작품에 대한 감상을 넘어서 작품과 작품의 연관 관계를 발견한 뒤 그것을 논리적으로 설명할 수 있는 능력을 포함한다. 문학 연구가 목표로 하는 문학의 '법칙'과 '이념'을 보다 넓은 의미를 갖는 상호텍스트성으로 이해한다면, 학생들이 다양한 국면의 상호텍스트성을 구성하고 발견하는 활동 역시 '법칙과 이념의 구성'과 무관하지 않다.

이념과 법칙에 대한 열망이 학생들의 비평 활동과 이어질 수 있다면, 그것은 여러 작품에서 연관성을 발견하여 이를 논리적으로 설명하려는 노력이 비평의 중요한 속성이기 때문이다. 비평이 비록 작품에 대한 주관적 평가를 주로 하지만, 가치 평가의 과정에서 논리와 지적 도구의 사용을 원천적으로

---

44) 류준필, 「형성기 국문학연구의 전개양상과 특성」, 서울대학교 박사학위 논문, 1998.
45) 조윤제, 「時調字數考」, 앞의 책, 1988, 135면.

배제하지 않는다. 문학에 대한 체계적인 지식의 습득이 개별 작품을 읽고 그것을 감상하는 일을 대체할 수 없는 것과 마찬가지로, 기법을 비롯한 지식을 구체적 분석과 결합시켜 일반화하는 것은 비평 활동을 구성하는 지배적 속성의 하나이다.

4. 비평 활동의 교육 내용 2 : 논리적 설명

비평 텍스트는 진술이 사실과 일치하는지를 체계적으로 분석하여 밝혀내는 일을 목표로 하는 '논증(demonstration)' 양식을 대표한다고 보기는 어렵다. 그러나 또 한편으로 비평은 자신의 해석이 보다 타당함을 주장할 수 있으며, 상대방의 관점을 수정하거나 보완할 수 있는 '설득(persuasion)'이 가능한 글쓰기이기도 하다.46) 이는 비평 활동 역시 논리의 전개로부터 완전히 자유로울 수 없음을 말해준다. 비평이 문학 연구와 구별된다고 해도 비평 역시 나름의 논리성을 추구한다. 비평이 비록 작품에 대한 주관적 평가를 주로 하지만, 가치 평가의 과정에서 논리와 지적 도구의 사용을 원천적으로 배제하지 않는다. 문학에 대한 체계적인 지식의 습득이 개별 작품을 읽고 그것을 감상하는 일을 대체할 수 없는 것과 마찬가지로, 기법이나 문학사를 비롯한 지식을 구체적 분석과 결합시켜 일반화하는 것은 비평 활동을 구성하는 지배적 속성의 하나이기 때문이다.

설명 중심 활동은 텍스트의 부분들과 전체, 한 텍스트와 다른 텍스트, 텍스트 상호간의 관련 양상을 논리적으로 설명하는 데 초점을 맞추게 된다. 이 과정에서 서사 장르라면 플롯, 성격, 서술자 등이, 서정 장르라면 비유, 심상, 운율 등의 전통적으로 중시된 문학에 대한 지식 항목이 중요한

---

46) 비평에서 demonstration과 persuasion의 기능과 역할에 대해서는 S. Fish, *Is There a Text in This Class?*, Harvard Universuty Press, 1980, pp.359-360을 참조할 것.

역할을 한다. 이를 통해 개별 텍스트에 내재된 보편적 규칙과 구조를 찾아내고 그것이 개별 작품에서 어떻게 변형되는가를 확인할 수 있는 능력을 기르는 것을 강조하게 될 것이다.[47] 아래에서는 이와 같은 설명 중심 비평 활동의 세부 내용을 기법의 분석과 상호텍스트성의 발견 둘로 나누어 살펴볼 것이다.

(1) 기법의 분석

문학에 대한 과학적 접근은 '기법'을 중심으로 작품을 읽고 그것의 의미를 논하는 과정으로 구체화될 수 있다. 앞에서 살펴보았던 것처럼 '자기 풍자'나 '카메라의 눈'과 같은 지적 도구를 사용하여 문학을 설명하고 분류하는 작업을 비평 활동의 주된 내용으로 설정했던 최재서의 경우 선행 텍스트를 통해 획득한 '기법'에 대한 지식과 이론이 없었다면 그러한 작업은 실질적으로 불가능했을 것이다. 각 장르의 원칙과 특징을 설명하는 이론과 지식에 의존하여 작품을 설명하는 비평 활동은, 신비평이 문학교육에 제시한 읽기의 태도이자 방법인 '꼼꼼히 읽기'(close reading)로 실현된 바 있다.[48] 꼼꼼히 읽기가 어떤 활동으로 실현되는지를 확인하기 위해 브룩스(Brooks)와 워렌(Warren)이 공저 Understanding Fiction에서 제시한 소설 분석과 활동에 주목해 보자. 브룩스와 워렌은 소설을 구성하고 있는 세 가지 중심 요소로 '플롯', '인물', '주제'를 설정한다. 그리고 장별로 각각의 요소를 더욱 세분화한 설명을 제시한 뒤 이에 입각해서 소설을 분석하는 활동을 제시하고 있다. 소설을 분석하기 위해서 스스로 제기해야 할 질문의 목록을 정리하면 다음과 같다.[49]

---

47) 우한용 외, 『문학교육과정론』, 삼지원, 1997, 138-139면.
48) 꼼꼼히 읽기의 공과에 대한 자세한 지적은 여러 차례 이루어진 바 있다. 대표적인 논의로는 우한용, 「문학교육론과 신비평」, 『문학교육과 문화론』, 서울대학교출판부, 1997를 들 수 있다.
49) C. Brooks · R. Warren, *The Scope of Fiction*, 1960, 안동림 역, 『소설의 분석』, 현암사, 1985, 8-9면. 이 책은 저자들 스스로가 밝히고 있듯이 Understanding Fiction의 축약본이다.

(1) 등장 인물은 어떠한 사람들인가?
(2) 등장 인물은 실제 인물일 수 있는가?
(3) 그들이 바라는 것은 무엇인가?
(4) 그들이 지금 하고 있는 일을 해야 하는 이유는 무엇인가?
(5) 그들의 행위는 그들의 본성과 논리적으로 일치하는가?
(6) 그들의 행위가 그들의 성격에 대해서 말해 주는 것은 무엇인가?
(7) 각각의 행위 혹은 특수한 사건들은 서로 어떤 관계를 맺고 있는가?
(8) 등장인물들의 상호관계는 어떠한가? 그들간의 갈등을 일으키는 요소는 과연 무엇인가? 어떤 요소가 더 중요하고 어떤 요소가 덜 중요한가?
(9) 요점, 즉 주제는 무엇인가?
(10) 인물과 사건은 주제와 어떠한 관계를 맺고 있는가?

여기서 (1)에서 (6)의 항목이 인물, (7)과 (8)은 플롯, (9)와 (10)은 주제에 해당하는 중심 질문들이다. 실제 분석의 장에서 그러한 물음들은 각각의 텍스트에 맞게 보다 구체화되며, 모든 장은 이론적 설명 - 작품 제시 - 분석 활동의 구조로 구성되어 있다. 예를 들어 모파상의 소설 『목걸이』를 대상으로 플롯 분석 능력을 길러주기 위한 장에서는 이론적 설명을 제시한 뒤, 작품을 읽고 다음과 같은 사항을 설명할 것을 요구하고 있다.

1. 모파상은 그 보석이 모조품에 불과했다는 사실을 작품을 전개시키기 위한 출발점으로 삼았던 것인가? 아니면 충격적인 대단원을 끌어내기 위해서 하나의 트릭으로 삼은 것인가? 다시 말하자면, 보석이 모조품에 불과했다는 근본적인 사실과 여주인공이 마지막에 이르러서 그 보석이 모조품이었음을 알게 되는 사실과의 사이에 중대한 차이점이 있는가? (중략)

3. 마지막으로 이 작품은 모조품이었든, 진품이었든 아무튼 잃어버린 목걸이에서 그 근본적인 의미를 찾고자 하는가? 다시 말하자면, 이 작품 속의 여주인공은 비록 목걸이 사건이 아니었더라도 어떤 식으로든 자신의 허영

심 때문에 일생을 낭비했을 그런 부류의 여자가 아니었겠는가?[50]

이처럼 기법이나 이론에 대한 설명 자료를 제시한 뒤, 이를 바탕으로 실제 문학 작품에 나타난 기법의 실체를 찾거나 그 효과를 분석하는 활동은 '신비평 이후'에도 여전히 의미를 가질 수 있다. 소설의 경우라면, 플롯, 성격, 모티프, 상황과 환경, 서술자 등이 그러한 기법의 대표적인 목록이 될 수 있을 것이다.[51]

이를 고려할 때, 신비평이 제시한 꼼꼼히 읽기의 방법론에 대해서 '단편적 지식 암기'라는 식의 비판은 부적절해 보인다. 꼼꼼히 읽기를 바탕으로 한 설명은 부르너(Bruner)가 제시했던 '탐구 학습'의 전제와 방법론을 공유하고 있다고 볼 때, 이를 정당하게 평가할 수 있다. 탐구 학습은 교사가 학생들에게 사실을 일러주는 것이 아니라, 학생으로 하여금 스스로 그 사실의 의미를 보도록 하는 방법이다. 탐구 학습은, 학생들이 어떤 대상을 설명하고 그것에 대해 이해하려고 시도하는 활동을 할 때 그들의 작업이 물리학자나 비평가와 같은 전문가들의 작업과 본질적으로 다를 바가 없다고 가정한다. 비평가가 시를 읽으면서 문학 비평에 임하는 것과 평범한 독자가 나름대로 비평 활동에 임하는 것은 모두 시를 이해하려는 활동이라는 점에서 본질적으로 같다는 것이다. 다만 이 둘 사이에는 지적 활동의 수준에서 차이가 있을 수 있다. 결국 비평 활동에 임하는 학생이 바로 비평가이며, 비평 활동을 통해 문학을 학습하는 데 있어 가장 효과적인 길은 전문적인 비평가들이나 문학 연구자들이 하는 작업을 동일하게 반복하는 것이다.[52]

이처럼 '학문 중심 교육과정'의 대표적 논자인 브루너 역시 신비평가들과

---

50) C. Brooks・R. Warren, 위의 책, 148-149면.
51) 예를 들어 캘리포니아주의 영어 교육과정에서는, 문학에 대한 반응과 분석에서 단계별로 학습해야 항목을 정리하고 있다. 대표적인 서사 기법의 항목은 grade 4의 경우 플롯, grade 6은 서술자, grade 7은 시점, grade 9/10은 아이러니・풍자, grade 11/12은 문체와 원형 등이다.
52) 자세한 사항은 J. Bruner, 이홍우 역, 『브루너 교육의 과정』, 배영사, 1973, 68면을 참조할 것.

마찬가지로 지식을 암기하는 일과 지식을 생산하는 일을 구별하면서 후자의 중요성을 강조한다. 그렇다면 가공된 지식을 섭렵하는 것으로 '문학 작품을 탐구'하는 일을 대신해야만 했던 한국 교육의 특수한 사정을 뒤로 한 채, 모든 죄를 '꼼꼼히 읽기'에 전가하면서 그러한 접근법의 시효 만료를 선언하는 것은 부당하다. 사실 '꼼꼼한 읽기'의 본질적 한계는 신비평이 전제하고 있는 문학에 대한 특정한 관점에서 나온다. 신비평이 제시하는 '꼼꼼한 읽기'는 시 텍스트를 '잘 짜여진 예술적 전체'로 본다는 전제에서 출발하여 여러 지적 수단을 사용하여 이 전제에 충실한 읽기를 유도하고 그것을 증명하는 것을 목표로 한다. 그러한 전제는 문학을 일상적인 독자로부터 분리시켜 전문 지식인의 연구 대상으로 국한시키는 '기술 공학적' 태도로 귀결된다.53) 이로써 문학의 '윤리적 가치'나 '간접 체험'처럼 일상적 독자들에게 친숙했던 요소는 문학에 '외재적'인 것으로 취급되어 문학 읽기에서 배제되거나 주변부로 밀려남으로써 궁극적으로는 문학을 사물화한다. 이러한 문제점을 보완하기 위해 '기법'의 폭을 넓혀 이를 문학을 설명하는 다양한 비평 이론으로 대체하는 것도 생각해 볼 수 있다.

결국 기법을 중심으로 하든 비평 이론과 어휘를 중심으로 하든, 학생들은 모두 문학 작품에 대한 '설명'을 중심으로 한 비평 활동에 임하게 된다. 이론이나 기법에 대한 이해를 바탕으로 이를 작품에서 스스로 찾아본 뒤 그 효과를 논리적으로 설명하는 과정을 밟게 되기 때문이다. 이러한 활동은 문학 작품 역시 인간의 지적 생산물이며 그런 점에서 논리적이고 객관적인 접근을 통해 해명될 수 있다는 전제를 바탕으로 한다.

'기법 분석하기'를 활동으로 구현하기 위해서는 먼저 '기법'이나 '비평 이론'을 설명하고 있는 '자료 텍스트'를 제시하여 학생들이 기법에 대한 지식을 습득한 뒤, 활동에 임할 수 있도록 해야 한다. 이를 감안하여 채만식의 「치

---

53) James R. Bennett, "The New Criticism and the Corporate State", *The CEA Critic* V.56 Number 3, 1994.

숙」을 대상으로 '기법 분석하기' 활동을 제시하면 다음과 같다.

〈자료〉

풍자는 대상의 부정적인 면에 대한 비판정신의 소산이다. 정면에서의 비판이 아니라 대상의 부정적인 면을 에돌아 들추어냄으로써 충격 효과를 노리는 방법이다. 기지·조롱·아이러니·비꼼·조소·냉소 등이 이를 위해 동원되는데 채만식은 이 모두에 두루 능했다. 그 중에서도 채만식 문학의 기조를 이루는 것은 아이러니이다. 그의 아이러니는 작품을 이루는 문장 하나 하나와 그 문장 사이의 행간 구석구석에 침투해 있다. 채만식 소설의 아이러니는 그가 언제나 부정적 인물을 소설의 전면에 내세우고 긍정적 인물을 후면에 내세우거나 희화화하는 데서 얻어진다. 부정적인 인물들은 긍정적 인물보다도 더 각별한 주목을 받고 있으며, 긍정적인 인물들은 언제나 부정적 인물들의 조롱 대상이 된다. 부정적 인물들은 작자 자신은 완전히 수락하고 용인하는 입장에서 묘사하고 있기 때문에 채만식 소설에서의 아이러니는 더욱 깊어진다. 작가 자신은 엄격한 관찰자의 입장에 선 척하면서, 부정적 인간을 전면에 내세우기에 능청스럽고 의뭉스럽다.

※ 위의 설명을 참조하여「치숙」을 읽고 다음과 같은 활동을 해 보자.
(가) 작가는 「치숙」에서 무엇을 풍자하고 있으며, 그리고 그것이 얼마나 효과적으로 이루어지고 있는지 생각해 보자.
(나)「치숙」을 보다 잘 설명하기 위해서라면 위에 제시한 '풍자'에 대한 글에 보충되어야 할 점이 무엇인지를 밝히는 글을 쓰라.

이상의 논의를 정리하여 성취 기준 방식으로 서술하면 다음 둘을 제시할 수 있다. 첫째, 작품을 구성하고 있는 기법에 대한 이해를 바탕으로 텍스트를 읽고 예를 들어 그 효과를 설명할 수 있다. 둘째, 비평 이론을 적용하여 주어진 작품을 분석할 수 있다.

(2) 상호텍스트성의 발견

비평 활동은 개별 작품에 대한 충실한 읽기에 머무르지 않는다. 작품과 작품의 연관 관계, 나아가 한 시대의 주된 관심사가 일군의 작품에서 반복되어 나타나는 유형을 발견하여 그것을 논리적으로 설명하는 능력 역시 비평 활동의 중요한 교육 내용이다. 최재서의 비평이나 조윤제의 연구에서 발견할 수 있는 이념과 법칙에 대한 열망은, 여러 작품에서 연관성을 발견하여 이것을 논리적으로 설명하는 학생들의 노력과 연결될 수 있다. 문학의 '법칙'과 '이념'을 보다 넓은 의미를 갖는 상호텍스트성으로 이해한다면, 학생들이 다양한 국면의 상호텍스트성을 구성하고 발견하는 활동 역시 '법칙과 이념의 구성'과 전혀 동떨어진 활동은 아니다.

상호텍스트성은 텍스트가 자족적이거나 자율적인 실체가 아니라 다른 텍스트들로부터 산출되는 것을 가리키는 개념이다. 독자가 하나의 텍스트에서 제시하는 해석은 주어진 텍스트와 다른 텍스트의 관계에서 비롯된다고 할 때, 여러 텍스트에 걸쳐 반복되는 패턴의 발견이나 관계 설정 역시 상호텍스트성의 발견과 관련이 있다. 텍스트를 바탕으로 다른 텍스트로 나아가는 작업 역시 넓은 의미의 상호텍스트성의 발견이라 할 수 있다. 작품은 문화적 생산물을 형성하고 예술가와 문화 생산자들이 반드시 사용해야만 하는 일련의 규칙들과 관습들을 구체화해서 나타낸 것이고, 작가의 세계관이나 사상은 스타일, 장르, 문체와 같은 문학의 관습에 의해 매개되기 때문이다.[54] 비평 주체가 개별 작품의 의미에 머무르지 않고 일련의 작품을 관통하고 있는 관습이나 장르의 규칙을 파악하고 나아가 문학적인 전통을 파악할 때, 그는 상호텍스트성을 구성하고 있다고 볼 수 있다.

여기서 주어진 작품을 비교하고 대조하는 활동이 상호텍스트성 구성의 초보적인 형태가 될 것이다. 최재서의 비평에서 이러한 예를 찾아 보면, 그는

---

[54] J. Wolff, *Social Production of Art*, 1981, 이성훈·이현석 옮김, 『예술의 사회적 생산』, 한마당, 1986, 89-90면.

"특이성과 수미 일관성을 지니면서도 굳은 신념과 행동에 대한 기민하고도 굳센 힘을 가지고 있는 성격"이라는 기준을 가지고 김남천의 단편「이리」와 유진오의「가을」을 비교한다. 그러한 성격의 창조가 더 이상 불가능해진 시대에 강한 성격에 대한 동경으로 가득 차 있는 작품이 김남천의「이리」이며, 반면 그러한 성격을 동경하고 그것이 가능했던 과거를 회고하는 가운데 애수에 잠기는 것이 유진오의「가을」이라는 결론을 내린다.

> 성격 구성이 실재적으로 곤란 내지 불가능할 때, 작가의 성격에 대한 의욕은 일종의 강박 관념이 되고 심지어 악몽으로 변한다. 그들은 구체적으로 또는 적극적으로 성격창조를 못하는 대신 논문체로 또는 소극적으로 성격에 대한 의욕을 표명한다. (중략) 성격에 대한 의욕이라기보다도 성격에 대한 동경과 애욕이다. 하나는 그저 굳세인 성격을 잡아 보았으면 하는 공경과 희망이고 또 하나는 용해된 성격의 물우에 떠서 혹은 부서진 성격의 폐허에서 性格缺無感을 부디안고 비탄하는 회고와 애수다.[55]

이처럼 비슷한 시기, 비슷한 소재를 공유하고 있는 가운데 미세한 차이를 보이는 작품을 비교하면서 연관성을 파악하는 활동은 비평 주체로 하여금 개별 작품에 대한 이해와 감상을 넘어서 작품들 사이의 관계를 형성하면서 자신의 독서를 조절하는 능력을 길러줄 수 있다는 점에서 의미가 있다. 실제로 구조주의자의 경우 작품의 내용에 대해서는 괄호를 치고, 서로 나란히 대구를 이루는 요소들, 되풀이되어 나타나는 표현이나 주제들, 서로 비슷한 인물들, 반복되는 패턴들, 서로 극명한 대조를 이루는 대립쌍들을 발견하는 일에 관심을 기울이고 있다. 이처럼 되풀이되어 나타나는 표현 혹은 반복되어 나타나는 인물의 유형이나 모티프를 찾는 일 역시 상호텍스트성을 구성하는 작업이라 볼 수 있다.

---

55) 최재서,「성격에의 의욕」,『인문평론』제 1호, 1939년 10월, 27면.

여기서 텍스트의 폭을 조금 넓힌다면, '주어진 작품이 전통 혹은 문학적 관습과 어떤 관계를 맺고 있는지를 파악한다'나 '다양한 문화에 등장하는 유사한 이야기를 비교·대조한다'는 활동 역시 상호텍스트성을 구성하는 활동의 세부 내용으로 설정할 수 있을 것이다. 이를 채만식의 「레디 메이드 인생」에 적용할 경우 다음과 같은 활동을 구안할 수 있다.

> 「레디 메이드 인생」에서 서술자가 지식인에 대해 어떤 태도를 취하고 있는지 생각해 보자. 그리고 이 시기 지식인이 주인공으로 등장하는 다른 소설과 이 소설을 비교해 보자. 이 시기에 지식인을 다룬 소설이 자주 등장하는 이유가 무엇인지 생각해 보자.

이는 특정 시기를 대상으로 유사한 소재와 주제를 가진 작품을 비교하면서 나름의 연관성을 발견하도록 하는 활동이다. 여기서 시대와 대상의 폭을 확장시킬 경우 문학사 교육과 연관된 활동으로 발전할 수 있을 것이다.

이상의 논의를 정리하여 성취 기준 방식으로 서술하면 다음 둘을 제시할 수 있다. 첫째, 작품을 읽고 그 작품의 특징을 다른 작품과 비교하면서 연관성을 파악할 수 있다. 둘째, 한국 문학의 전통이 주어진 작품 속에서 어떻게 지속·변형되고 있는지를 파악할 수 있다.

제4장

이념적 실천으로서의 비평 활동

　문학교육은 국어교육을 포함한 모든 교육과 마찬가지 차원에서 지식과 능력의 습득을 목표로 한다. 그러나 또 한편으로 지식과 능력의 차원을 넘어선 인간상과 이념의 문제와 결부되어 있는 것이 문학교육의 본질적 특징이기도 하다. 삶에 대한 총체적 체험이 문학교육을 논하는 자리에서 빠지지 않고 논의되는 이유도 주체의 이념 획득과 조정이 문학을 읽는 중요한 이유이기 때문이다. 사실 모든 교육은 항상 집단의 가치와 그러한 가치의 실현을 목표로 한 이념과 연관되어 있는 것이기도 하다. 이처럼 교육 일반, 특히 문학교육에서 이념과 사상의 문제가 차지하는 비중이 적지 않기 때문에 이념적 실천을 두드러지게 지향하는 일군의 비평을 검토하고 이를 바탕으로 비평 활동의 속성을 추출하는 작업이 필요하다.

　그런데 학생들의 독후감 쓰기에서 가치와 이념의 문제는 획득한 교훈이 무엇인가를 밝히는 것으로 축소되어 나타나고 있다. 그러나 문학 작품 속에 드러난 내용과 사상을 습득하고 그것을 평가하는 일이 교훈의 습득과 동일시될 수 없다. 작품이 제시하는 세계를 일방적으로 추종하거나 그것을 맹목적으로 비판하는 태도를 넘어서서 작품과 독자, 이 두 세계를 상호 소통시키는 일이 이념적 실천에 보다 가깝기 때문이다.

1. 작품에 대한 정치적 읽기

문학이 가지고 있는 이데올로기적 성격을 활용하여 문학을 선전과 선동의 매체로 삼는 모습을 흔히 목격할 수 있다. 1920년대 방향 전환 이후 카프가 낳은 시, 소설은 특정 정치 집단의 슬로건을 말 그대로 '형상화'하는 것을 목표로 했으며, 1980년대 문학에서도 사회주의 사상의 형상화를 리얼리즘으로 이해한 정치 문학이 만개하기도 하였다.

그런데 이처럼 문학의 정치성을 협소하게 이해하지 않으면서도 사회에 대한 발언을 중시할 경우, 정치성과 나름의 예술성을 동시에 추구하기도 한다. 예를 들어『객지』는 건설 현장을 배경으로 회사의 사주를 받은 용역 집단의 폭력에 대항하는 비정규직 건설 노동자들의 파업을 소재로 하고 있다. 이 소설에서 작가가 지방의 건설 현장을 무대로 취했다는 점, 문제적 개인을 중심으로 소설의 플롯을 구축하면서 그의 비장한 독백으로 소설을 마감하고 있다는 점은 1970년대 사회 현실을 작가가 어떤 시각으로 바라보고 있으며 그런 비정상적 사회 현실을 변화시키기 위해 필요한 실천은 무엇인가를 전제하고 있다. 『객지』의 그러한 배경 설정과 결말 구조가 이미 현실을 배제한 심미 체험을 불가능하게 만든다. 이처럼 리얼리즘 소설의 경우 작품 속에 묘사된 현실을 복원하고 작가의 현실 인식과 주제 의식을 중심으로 소설을 읽는 것이 작품의 본질에 접근하는 독법이다. 아래에서는 김남천과 임화가 벌인 '「물」논쟁'을 대상으로 하여 비평을 현실 정치에 대한 직접적 발언으로 이해하는 정치적 읽기의 논리를 살펴볼 것이다.

카프의 비평 전반이 정치적 실천의 등가물이었음은 다수의 카프 연구가 전제하고 있는 바이다. 특히 두 차례에 걸친 방향 전환을 거쳐 시와 소설 역시 정치적 행위의 일부로 인식되었다. 이러한 카프의 정치성은 두 차례에 걸친 검거와 해산을 거쳐 표면적으로는 약화되는 모습을 보인다. 그렇지만 김남천이나 임화 같은 카프의 중심 이론가들은 여전히 정치적 실천과 비평을 연결시키려는 노력을 포기하지 않는다. 카프 1차 검거에서 유일하게 실형을 선고받았던 김남천은 병보석으로 출감 후 소설 「물」(『대중』 1933. 6)을 발표한다. 이 소설은 폭염의 감옥 속에서 물 부족으로 고통스러워하는 죄수의 모습과 물을 획득하기 위한 투쟁을 전달하고 있다.

소설 「물」을 놓고 일어났던 논쟁의 발단은 이 작품에 대한 임화의 창작평이다. 이 논평에서 임화가 지적한 바는 '정치와 당파적 입장의 문제'인데, 「물」에는 그것이 전혀 드러나 있지 않다는 것이다. 임화는 「물」이 단지 "계급적 인간 대신에 '산 인간', '구체적 인간'—그 실 조금도 구체적이 아닌—이 대치되어 있고 옥내의 정치범들의 정치적 ××적 행동 대신에 '생생한' 물에 대한 '산 인간'의 열화와 같은 욕망이 약동"하고 있을 뿐이라고 비판한다. 그런데 여기서 임화의 비판은 단지 김남천 개인을 겨냥하고 있는 것은 아니다.[1] 여기서 임화는 백철, 신유인 등에 의한 유물변증법적 창작 방법의 소개 이후 급격히 확산되고 있는 정치성 배제의 창작 경향을 지적하고 있다. 주지하다시피 카프는 두 차례의 검거 사건을 맞으며 1935년 5월 해산된다. 볼셰비키론이 카프의 실천을 장악하고 있을 무렵인 1931년 8월 일명 '조선공산당협의회' 사건의 배후 조직으로 지목되면서 시작된 제1차 검거는 김남천을 제외한 전원의 석방으로 카프의 조직 자체에 대해서는 큰 영향을 주지 못했다. 그러나 1934년 6월부터 1935년 6월까지 계속된 제2차 검거에서 카프의 맹원 거의 대부분이 치안유지법 위반으로 기소되어 카프의 활동은 실질적으로 마비된다. 결국 카프의 지속 여부에 관한 의견이 분분한 가운데 마침내 김기진, 임화, 김남천이 경기도 경찰부에 해산계를 제출함으로써 공식적으로 해산하게 된다.

이러한 객관적 정세의 악화를 계기로 전향의 논리가 만개하게 되는데 아

---

1) "이것은 공식적 계급투쟁으로부터 산 인간을…… ××적 투쟁 대신에 철학연구를! 이라는 슬로건이 되어 우리들의 진영의 몇사람의 시인 작가를 사로잡았다. (중략) 이 문제는 타일 이러한 창작상의 편향을 낳은 일련의 창작이론과 함께 체계적으로 비판받아야 하고 끊임없는 투쟁의 포화가 이곳에도 집중되어야 한다." 임화, 「6월 중의 창작」, 〈조선일보〉 1933. 7. 18.

이러니컬하게도 이들이 전향의 근거로 삼았던 것은 사회주의 리얼리즘론이었다. 박영희의 경우 사회주의 리얼리즘론을 일종의 창작 옹호론으로 파악하여 자신의 전향을 합리화한다.2) 백철 또한 인간탐구론을 거쳐 「비애의 성사」(《동아일보》 1934. 12. 22-27.)에 도달함으로써 전향을 공개적으로 표명한다.3) 그런 점에서 임화의 지적은 김남천의 소설 「물」에 대한 비판이자 동료 비평가들에 대한 비판이었던 것이다.

김남천은 「임화적 창작평과 자기비판」(《조선일보》 1933. 8. 1.)을 통해 임화의 비판에 응답한다. 김남천은 일단 임화의 자신에 대한 비판이 기본적으로 정당함을 인정하면서 논의를 전개한다. 그런데 이 글에서 주목해야 할 구절은 바로 다음과 같은 김남천의 자기 비판이다.

> 김남천의 우익적 경향에 대한 원인의 해명은 김남천이 장구한 시일간의 옥중생활에 의하여 실제적인 실천과 창작생활로부터 유리되어 있다는 사실과 및 김남천의 과거의 단시일간의 조직적 훈련 때문에 그의 세계관이 불확고하다는 사실과 또한 출옥 후에도 노력대중과 하등의 관련없는 생활을 영위하고 있다는 등등의 실천상의 일체를 묻지 않고는 불완전한 성과에 도달할 것이다. 작품을 결정하는 것은 작가이며 작가를 결정하는 것은 어떤 혹자의 이론보다도 그 당자의 실천이다. 그러므로 작품을 논평하는 것은 그의 실천에 두어야 하는 것이다.4)

표면적으로 보아서는 단순히 자신의 오류를 지적하는 듯하지만, 이 속에

---

2) 박영희, 「최근 문예이론의 신전개와 그 경향」, 《동아일보》 1934. 1. 6.
3) 그는 계속해서 일련의 휴머니즘론을 발표하는데「현대문학의 과제인 인간 탐구와 고뇌의 정신」(《조선일보》 1936. 1. 12.-21.)에서 일체의 정치성을 부정하고 인간탐구의 대상으로 지식 계급을 설정한다. 이후 「리얼리즘의 재고」, 「지식계급의 변호」 등 계속되는 그의 휴머니즘론은 '주체적이고 개성적인 인물'이라는 막연한 규정에 기대어 문학으로부터 일체의 정치성을 제거할 것을 주장하고 있다.
4) 김남천, 「임화적 창작평과 자기비판」, 《조선일보》 1933. 8. 1.

는 김남천의 묘한 심리가 내재되어 있다. 〈무산자〉 그룹의 일원으로, 조선 공산당 재건 운동의 실질적인 책임자였던 고경흠의 영향력 아래 있었기에 카프 맹원 중 김두용이나 이북만 정도를 제외하고 이론의 측면에서 그를 앞설 사람이 없음을 누구보다도 잘 알고 있는 그가, 평양 고무공장 파업에 직접 뛰어들었으며 나아가 카프 맹원 중 유일하게 실형을 선고받고 진짜 감옥살이를 경험한 그가, '이론 및 세계관의 불확고와 실천으로부터의 유리'를 지적하고 있는 이 광경을 과연 어떻게 해석해야 할까? 여기서 카프 내에서 사회주의 운동을 하다가 진짜 감옥살이를 한 사람은 나밖에 없다는 기묘한 자신감의 표현을 읽어낼 수 있다. 그러므로 그는 "소극적이나 이것을 발표하여서 독자에게 일깨워 주는 것이 이로우리라고 생각하면서 썼다. 실로 그것이 임화에게 호평을 받는다든가 악평을 받지 않는다든가를 목표로 하여 쓴 것은 아니었다"라는 감정적인 응답을 할 수 있었던 것이다.

그러나 "작품을 결정하는 것은 작가이며 작가를 결정하는 것은 어떤 혹자의 이론보다도 그 당자의 실천이다. 그러므로 작품을 논평하는 것은 그의 실천에 두어야 하는 것이다"라는 문장에 드러난 그의 실천관은 논리적으로 허점이 많다. 개인적 경험의 차원에 국한된 정치적 실천이 아무런 중간 과정 없이 예술적 실천을 직접 결정하는 것처럼 파악하여 예술적 실천의 특수성을 무시하고 있기 때문이다.

반면 임화는 「비평에 있어 작가와 그 실천의 문제―N에게 주는 편지를 대신하여―」(〈동아일보〉 1933. 12. 19.-21.)를 통해 '실천'의 의미를 보다 세부적으로 탐색하고 있다. 임화는 자신의 평문이 결코 '작품과 작가적 실천을 분리'하고 있지 않다고 지적하면서 "이론과 실천의 관계 일반으로서 예술가의 실천과 작품의 창조 과정을 직선적으로 척도"[5]하고 있는 김남천의 오류를 지적한다. 임화 역시 김남천이 내세우고 있는 '실천'이 무엇을 뜻하고 있

---

5) 임화, 「비평에 있어 작가와 그 실천의 문제―N에게 주는 편지를 대신하여―」, 〈동아일보〉 1933. 12. 20.

는지를 읽었던 듯하다. 문학이 표현하는 것은 "경험주의적 의미의 개인의 실천이 아니라 그 시대의 사회계급의 객관적 실천"이라는 지적이 그것을 말해준다. 그러므로 김남천 개인의 이력과 투쟁 경험은 중요하지 않다. 비평에서 중요한 것은 "작가 일개인의 사적 경험, 경력"이 아니다. "항상 개인 그것까지를 포함하는 사회적, 계급 생활의 실천에다 그 기준을 두고 문학운동의 창조적 조직적 실천의 이해와의 관련 밑에서 작품을 비평"해야 하는 것이다.

지금까지 살펴본 김남천과 임화가 벌인 '「물」 논쟁'에서 두드러진 것은 작품보다는 작품을 매개로 한 정치적 지향이다. 특히 김남천의 경우 작품 쓰기와 읽기는 모두 사회적 실천의 등가물로서 정치적 행위로 나아가기 위한 준비 작업일 뿐이다. 임화의 경우 김남천과 달리 정치적 실천과 문학적 실천을 구별하면서도 양자를 매개하려는 변증법적인 사고가 나타나지만, 읽는 주체와 쓰는 주체의 정치적 실천을 여전히 강조하고 있다.

이러한 태도는 문학을 읽고 그에 대해 논하는 행위를 삶의 도구로 규정한다는 점에서는 의미가 있으나 '정치적 실천'이라는 좁은 맥락에 문학 읽기를 한정시키고 있다. 포괄적인 의미의 삶의 '도구'가 되기에는 그 목적이 너무나 협소하게 규정된 것이다. 이처럼 비평 행위에서 '정치적 읽기'를 협소하게 설정할 경우, 작품은 일종의 알레고리로 변화하면서 그 속에 담고 있는 풍부한 내적 의미를 축소시키게 된다. 그러므로 이념적 실천을 중심으로 하는 비평이 일상적 독자에게 유의미할 수 있기 위해서는 '정치성'을 넓은 의미의 '윤리'로 치환시켜야 할 것이다. 현실 정치에 대한 관심을 포괄하면서 작품을 읽는 가운데 자신의 삶을 조정, 기획할 수 있는 이념적 능력은 사회적 자아로서 학생들이 성장하기 위해 갖추어야 할 능력이기 때문이다.

2. 이념적 주체의 재구성

카프 해산 이후 사상적 혼란의 와중에서 비평 작업을 통해 이념적 주체를 재건하기 위한 노력이 계속된다. 그중에서도 임화와 김남천은 카프의 다른 비평가들과 구별되는 독자적인 문제의식을 발전시키는 가운데 의미 있는 비평적 성과를 남긴 바 있다. 카프의 해산이 지니는 의미가 어느 누구보다도 상대적으로 클 수밖에 없었던 두 사람은 속출하는 전향에 맞서고 변화된 정세에 대응할 수 있는 주체를 확립할 것을 목표로 비평에 임한다.

프로 문학에 대한 전면적 부정이 유행처럼 번져가던 상황에서 김남천의 고민은 주체의 소시민성을 극복할 수 있는 방안을 모색하는 것이었다. 이미 카프의 해산으로 조직 활동이 불가능해진 상황에서 과거와 같은 조직 활동에 의한 소시민성의 강제적 억압은 불가능하다. 또한 그것을 소시민성의 진정한 극복이라고 보기도 어렵다는 것이다. 김남천이 내놓은 대안은 주체에 대한 철저한 자기 비판의 길이었다. 이는 1935년에 발표된 『고향』에 대한 평론에서부터 구체화된 모습으로 드러난다. 이기영의 작품에 대한 김남천의 관심은 단지 카프를 대표할 선배 작가라는 이유에서 촉발된 것은 아니었다. 공식주의의 틀을 시원하게 벗어던지지 못하고 있던 창작방법론의 활로를 모색하기 위해서, "조선의 20년 신문학의 역사와 조선의 현실생활"에서 출발하고자 했던 것이다. 김남천이 항상 의식하고 있던 동료이자 적수 임화 역시 유사한 주장을 내세운다. 그러나 임화가 문학사 탐구의 길을 택했음에 비해 김남천은 '우리가 가지고 있는 작품적 재산'을 '문학애호자로서의 식견'으로 살펴보는 길을 강조하면서, 『고향』과 「서화」에 대한 비평에 임한다.

「지식계급 전형의 창조와 『고향』 주인공에 대한 감상」은 비록 '감상'이라는 제목을 달고 있지만 단순한 감상문이 아니다. 이 글을 쓰기 전에 '원고지 백 매를 훨씬 초과'하여 썼지만 결국 발표하지 못했다는 「서화」론의 제목이 「비평 기준의 새로운 설정과 작품 「서화」의 재평가 - 이기영작 『고향』 비평의 서설」이었음이 이를 방증한다. 김남천의 '고향론'에는 "작가 자신의 내면적 가면까지를 잡아 찢음에 주저치 않는 육체적 열정"[6]을 강조했던 이전의

---

6) 김남천, 「지식계급 전형의 창조와 『고향』 주인공에 대한 감상 - 이기영 『고향』의 일면적 비평」, 〈조선일보〉 1935. 5. 22.

문제의식을 발전시켜 소설 비평의 기준을 확립하겠다는 야심찬 계획이 담겨 있다. 『고향』을 읽는 과정에서 김남천이 주목했던 장면은 낙향해서 농민회에 매달리고 있던 김희준이 고민과 애욕에 휩싸이는 '달밤 5회' 부분이다. 김남천은 여기서 그 동안 카프 소설을 괴롭히던 '주인공의 이상화' 경향에서 문학을 구원하는 길을 발견한다. 카프의 구성원 대다수가 지식인이었으며 그들이 내놓은 소설에도 '매개적 인물'로서 지식인이 다수 등장함은 널리 알려진 사실이다. 김남천은 특히 주인공 김희준의 전형성을 언급하며 김희준이라는 전형적 인물을 창출한 작가의 '의지적인 육체적인 열정'이 작품 전체의 성과를 낳고 있다고 판단한다.

> 실로 작자는 주인공과 함께 자기 자신까지를 연소하고 벌거숭이를 만들고자 한 것, 현실생활과 격투시켜 보겠다는 청년다운 정열에 불타고 있는 것이다. 김희준이가 울 때 자기가 웃고 김희준이가 추태를 연출할 때에 그것을 자기 자신의 추태로 반성하고 김희준이가 가슴을 잡아뜨리며 땅을 치고 울 때에 자기가 웃고 김희준이가 가슴을 잡아뜨리며 땅을 치고 울 때에 작자 자신도 같이 울자는 의지적인 육체적인 열정을 우리는 찾을 수 있다. 김희준에 대하여 가진 작가의 이 의지적인 열정이 안승학과 같은 가장 저열하고 증오에 당하는 인물을 창조케 하였고 원칠이 부부와 같은 가장 선량하고 건실한 농민의 전형, 그리고 소작농의, 자작농의, 중농의, 상인의 여러가지 타입을 만들게 하였다고 나는 생각한다.[7]

작가의 김희준에 대한 '의지적인 육체적 열정'을 지식 계급 자신에 대한 '가면 박탈'로 정식화되며, 이는 리얼리즘을 달성하기 위한 관건으로까지 파악된다. 지식인의 허위 의식과 약점을 가차없이 파헤치는 '나파륜의 칼'이 필

---

[7] 김남천, 「지식계급 전형의 창조와 『고향』 주인공에 대한 감상」, 〈조선중앙일보〉 1935. 6. 29.

요하며, 이것에 의해 본격적인 리얼리즘이 가능하다는 것이다.

> 가면박탈 그렇다. 조금도 용서없는 가면박탈의 칼만이 가히 나파륜의 칼이 될 수 있으며 이것만이 지식층의 출신작가로 하여금 소극적인 인텔리겐트 주인공을 정당히 ××하게 할 수 있으며 주인공에게 부여되는 일체의 생활감정도 편애의 긍정에서가 아니라 가장 치열한 비판적 태도에서 그려나갈 수 있을 것이다.[8]

여기서 주목할 사항은 김남천의 논의가 김희준이라는 지식 계급 인물을 대상으로 하고 있다는 점이다. 즉 그는 구심적인 것—소시민의 계급적 속성인 우유부단성—과 원심적인 것—지식인으로서 상승하려는 의지—사이의 모순, 갈등을 은폐함이 없이 드러내 보이는 자기 격파의 정열, 자기 자신이 지니는 소시민성을 끝까지 추구하여 무자비하게 고발하는 정신을 일종의 창작 방법론의 차원으로 끌어올려 현금의 소시민성을 극복하는 리얼리즘의 중요한 원칙으로 설정하고 있는 것이다.

그런데 어떤 인간을 살아 있는 모습으로 만들어 주는 '개별적인 성격과 특징'을 개인의 단점이나 허위 의식에 국한시킬 필요는 없다. 여기서 김남천은 김희준의 '전형성'보다는 지식인 출신 김희준의 한계와 인간적 약점을 폭로하는 데 더 관심을 기울이고 있다. 그는 심지어 지식인의 긍정적인 모습을 보여주는 것 자체에 대해서까지 회의하고 있는 듯하다. 『고향』에 등장하는 또 다른 지식인 안갑숙의 형상화를 놓고 내린 다음과 같은 혹평이 이를 말해준다.

> 그(안갑숙:필자)가 집을 나와서 출가하여 공장으로 들어가 혁혁한 일꾼이 되어 자기의 애정과 전 몸을 희생하여서까지 빈한한 농민과 직공을 위

---

[8] 김남천, 앞의 글, 〈조선중앙일보〉 1935. 6. 30.

하여 일하겠다는 장면을 볼 때에 우리는 고무풍선을 타고 상승하는 마술단의 천사를 생각해 본다.9)

이런 상황에서 '가면 박탈론'은 작품의 질을 결정하는 척도로 자리잡게 된다. "가면박탈의 칼의 도합의 여하에 의하여 예컨대 그 칼이 무디고 그 칼을 쓰는 태도가 연약하면 할수록 창조하는 인물은 실패의 길로 떨어진다는 것을, 그러므로 리얼리즘의 승리 및 리얼리스트 정신의 우월은 다분히 그의 강렬한 '가면 박탈'의 성격에 의하여 성립"한다는 것이다.

이처럼 『고향』평에서 맹아를 보인 자기 비판으로서의 고발 문학론은 「유다적인 것과 문학—소시민 출신 작가의 최초 모랄」(〈조선일보〉 1937. 12. 14.-18.)에서 '자기 고발'이라는 이름 아래 보다 구체화된다. 김남천은 일찍이 자신을 격파하려는 정신을 리얼리스트 작가의 역사적 숙명으로 규정한 바 있다. 그는 특히 '유다적인 것'이라는 용어를 사용함으로써 작가의 분열된 내면 심리에 주목하고 있다.

> 작가는 일반적으로 추상적으로 이해될 것이 아니라 구체적으로 심각하게 토구되어야 할 이유가 이곳에 있다. 우선 제일로 일어나는 것이 작가 자신의 속에 있는 유다적인 것으로 발현된다는 것은 사색이 조그만 땅위에 발을 붙이는 것으로 능히 이해할 수 있을 것이다.10)

여기서 '유다적인 것'은 카프 해산 이후 본격적으로 분출되기 시작한 카프 작가들의 소시민성을 의미한다. 그러므로 주체 재건이란 "작가 자신의 철저한 자성, 그러므로 작가가 자신의 속에서 유다적인 것을 발견하려고 하고 이것과의 타협 없는 싸움을 통과하는 가운데서 창조적 실천의 최초 문제를 해

---

9) 김남천, 앞의 글, 〈조선중앙일보〉 1935. 7. 2.
10) 김남천, 「유다적인 것과 문학—소시민 출신 작가의 최초 모랄」, 〈조선일보〉 1937. 12. 16.

결해 보려고 하는 것이 현대작가의 모랄"의 문제와 동일한 것이다. 그러므로 주체 재건은 작가의 내면에 숨어 있는 소시민성을 낱낱이 파헤치는 자기 고발의 정신에 의해 가능하다.

결국 김남천은 『고향』을 읽는 과정에서 획득한 자신의 문제의식을 끝까지 밀고 나가 비평과 소설 창작의 기준으로 발전시켰다. 다른 평문에서 최정희의 「흉가」를 논하면서 "자기 폭로를 주저하고 가면박탈을 기피하여 자기 자신 위에 아름다운 미덕의 베일을 씌우려는 여학생 기질"을 발견하고 작가에게 다음과 같은 충고를 남겼던 이유도 '가면 박탈'을 비평의 기준으로 설정했기 때문이다.

> 장구한 시일 동안의 계급 사회와 그리고 재산의 사유가 남성의 예속물로서의 여성에게 가슴 깊이 선물하고 간 '미덕'을 온상으로 하고 자라난 고유의 허영심"이라는 난관과 피투성이가 되어 결투하지 않으면 안된다.[11]

이처럼 그의 비평은, 작품 읽기를 통해 '가면 박탈론'과 같은 비평의 기준을 구체화하고, 다시금 비평을 통해 카프 출신 지식인의 전향에 대처하면서 주체를 재건하려는 실천적 구도 속에서 이루어지고 있다. 이는 문학사 연구나 리얼리즘 이론에 대한 탐색을 바탕으로 주체 재건론을 전개했던 임화의 논의 구조와 비교할 때 더욱 두드러진다. 김남천이 언제나 강조하는 바는 이론보다는 구체적인 작품 체험이며, 이를 바탕으로 했을 때 주체의 재구성이라는 실천적 목표도 달성 가능하다. 임화의 주체 재건론을 김남천이 비판하는 이유도 일찍이 그가 '「물」논쟁'에서 작가의 정치적 체험을 각별히 강조했던 것을 떠올린다면 자연스러운 것이기도 하다.

임화씨는 주체의 재건을 기도하는 마당에서 작가의 문제를 작가 일반의

---

11) 김남천, 「4월 창작평」, 〈조선일보〉 1937. 4. 8.

문제로 추상하여 그것을 그대로 들고 문학의 세계로 직행한다. 작가 일반이 추상화된 개념으로 파악되어버릴 때 문제의 해결은 지극히 용이할는지 모르나 주체의 재건과 완성은 해명의 뒤에서 전혀 방기되어버릴 것이다. 이 문제는 결코 기정된 리얼리스트 작가 일반의 개념으로서 ××될만큼 통일되어 있다느니 보다는 실상은 더 혼란하게 자기 분열되어 있기 때문이다.12)

이제 김남천과는 약간 다른 각도에서 '주체 재건'을 추구했던 임화의 비평을 살펴볼 차례이다. 그에 대한 논의를 생략하고서는 리얼리즘 비평의 특징을 온전하게 드러낼 수 없다고 해도 지나치지 않다. 그것은 어떤 종류의 '체험'이든 체험을 강조했던 김남천과 달리 임화가 이론가이자 문학사 연구자의 자리에서 이념적 주체의 재구성을 추구하고 있기 때문이다. 임화는 "기정의 격언을 가지고서가 아니라 맨 몸으로 노동의 생활과 생산과정에 임하여 그것을 꿰뚫고 흐르는 법칙을 고발"할 것을 주창하는 김남천의 리얼리즘론에 내재한 위험을 일찌감치 지적한 바 있다. 임화는 김남천의 리얼리즘 이해가 '관조주의적 과오'에 떨어져 있으며, "창작과정 중에 주관이 가담하는" 역할을 무시하고 그 모든 것을 아이디얼리즘이라 배격하여 문학에서 세계관의 의의를 제대로 평가하지 못하고 있다고 비판한다.

임화는 "현재 우리 문학을 毒하고 있는 두 경향(관조주의와 주관주의)은 붕괴한 주체의 직접 소산이었다"13)는 파악 아래 주체성 재건 방법을 모색하고 있다. 그에 따르면 주체의 재건은 어떤 세계관을 다시 한번 이론적으로 재인식하는 정도로 이루어지는 것이 아니다. 어떤 악천후에도 위협되지 않는 주체란 "이론이란 것이 대뇌의 일부에만 아니라 나의 육체 나의 모세관의 세부까지를 충만시킬 한 사람의 순화된 사상인으로서의 자기를 갈망하"는 것에서만 가능하기 때문이다. 그러므로 바로 이 세계관을 대뇌의 일부에만 아

---

12) 김남천, 앞의 글, 〈조선일보〉 1937. 12. 16.
13) 임화, 『문학의 논리』, 학예사, 1940, 60면.

니라 육체, 모세관의 세부까지 충만시켜 혈육화되기까지 고양하는 것이 바로 진정한 주체 재건의 길이 된다. 이러한 진단은 사실 김남천의 그것과 크게 다르지 않아 보인다. 1930년대 후반기에 접어들면서 "우리는 비상하고 질주할 힘만이 아니라 실로 직립할 기력조차 상실하고 있"으며, "현재 우리 작가들이 생활적 실천을 통하여 자기 주체를 재건한다는 사업이 불가능에 가까우리만치 절망적"[14]이라는 진단 속에서도, 임화는 문학이 정치와는 다른 가치 체계를 지니기 때문에 주체 재건의 길을 찾아 나서는 것이 반드시 필요하며 그것이 가능하다고 보고 있기 때문이다.

전향의 논리로 악용되고 있던 '비속한 리얼리즘'에 대한 대안을 모색하기 위해, 김남천은 소설 『고향』에 대한 검토와 자신의 창작 경험에서 출발한 바 있다. 하지만 임화는 누구나 논하고 있던 '리얼리즘'이 정확히 무엇을 의미하는가라는 보다 추상화된 이론적 논의에서 출발하고 있다는 점에서, 김남천과 다른 경로를 취한다.

> 리얼리즘은 생활적 실천을 작가에게 매개하는 예술적 실천의 하나임에 그치는 것이 아니라, 적극적으로 작가를 좋은 생활 실천으로 인도하는데 높은 사상적 의의가 있다. 리얼리즘은 와해된 주체를 객관적 현실의 양양한 파악으로 끌어가고, 확립된 세계관은 생활적, 예술적 실천에로 작가를 인도하여, 작가는 실천을 통하여 자기의 세계관을 혈육으로 주체화시키는 것이다.[15]

여기서 임화가 파악한 리얼리즘은 하나의 '예술 방법' 이상의 의미를 갖는다. 그것은 현실 속에서 실천을 통해 세계관과 현실을 결합시켜 현실의 본질을 반영하는 '예술 방법'이자, '예술적 실천'을 통해 와해된 주체를 재건한

---

14) 임화, 「주체의 재건과 문학의 세계」, 앞의 책, 1940, 50-52면.
15) 임화, 앞의 책, 1940, 66면.

다는 점에서 예술적 실천 이상의 의미를 갖는 '사상적 의의'를 갖는다.

> 리얼리즘의 승리! 그것은 사상에 대한 예술의 승리에 그치는 것이 아니라 그릇된 사상에 대한 옳은 사상의 승리다. 리얼리즘은 그릇된 생활실천에 의하여 주체화된 작가의 사상을 현실의 객관적 파악에 의한 과학적 사상을 가지고 擊衝한 것이다. (중략) (리얼리즘의 승리는—인용자) 단순히 발작, 톨스토이 같은 역사상의 대작가를 이해할 진실한 관건을 줄 뿐 아니라, 와해된 주체가 문학적으로 재건되는 실천적 노선을 지시함으로써 또한 리얼리즘은 과학에 의하여 확인되는 것이다. 즉 리얼리즘은 생활적 실천을 작가에 매개하는 예술적 실천의 하나임에 그치는 것이 아니라 적극적으로 작가를 좋은 생활실천으로 인도하는 데 높은 사상적 의의가 있다.16)

일반적으로 '리얼리즘의 승리'를 '세계관에 대한 예술 방법'의 승리로 이해하거나, 여기서 한 발 더 나아가 '사상'에 대한 '예술 일반'의 승리로 규정하고 있는 박영희식의 리얼리즘 이해와 달리 임화는 리얼리즘의 '사상성'과 '실천성'을 강조한다. 이를 통해 임화는 관조주의에 맞서기 위해 제시했던 낭만주의론이 그 문제 의식의 정당성에도 불구하고17), 다음과 같은 문제점을 지니고 있다는 점을 파악할 수 있었다. 자신의 낭만주의론은 "주관적 추상, 예술적 상상력 등이 연하는 명백한 역할에 대하여 명확한 이해를 가지지" 못했으며, "시적 리얼리티를 현실적 구조 그곳에서 찾는 대신 정신을 가지고 현실을 규정하려는" 방법이었다는 점이 그러한 반성의 내용이다.

리얼리즘의 실천적 의미를 탐구하는 가운데 리얼리즘 자체의 '사상성'을

---

16) 임화, 앞의 책, 1940, 56면.
17) "나는 결코 리얼리즘 대신에 로맨티시즘을 주장한 것이 아니다. 관조주의로부터 고차적 리얼리즘으로 발전하기 위한 한 계기로서 그것을 제안한 것이다. 그러나 과오는 의연히 과오로서 문학에 있어 주체성의 문제를 낭만주의적으로 밖에 이해하지 못한 곳에 병인이 있다. 즉 경향성 자신이 철저한 리얼리즘 그것의 고유한 것이 아니라, 작가에 의하여 부가되는 어떤 것으로 생각했던 것이다." 임화, 「사실주의의 재인식」, 앞의 책, 1940, 87-88면.

강조하는 관점은 임화가 소설론을 구체화하는 가운데에서도 계속해서 이어진다. 그러나 여기서 임화가 말하는 '사상성'을 카프 해산 이전에 카프가 가지고 있던 고정된 '세계관'으로서의 사회주의로 이해할 필요는 없을 듯하다. 임화는 과거 카프의 사상으로 돌아갈 것을 주장하지 않는다. 임화가 과거 카프 문학의 한계를 다음과 같이 지적하고 있다는 점에서 그러한 판단이 가능하다.

> 그러나 근대적으로 이해된 사회성의 정열 없이는 근대적인 개성의 형성도 불가능한 것이다. 그러므로 신문학의 후예들 속엔 사회성에서 분열된 형해로서의 개성의 환영이 남게 되고 경향문학에는 산 개성의 풍요성에서 떨어진 둔중한 사회성의 실천만이 드러난 것이다. 순서상으로 보자면 후자의 사회성이 당연 신문학이 달성치 못할 개성의 확립을 자각하고 그들이 말해오든 사회성적 개성적인 이중의 과제를 수행하게 될 것이나, 그들의 자신의 무력 또는 현실의 조건 모든 것이 이롭지 않게 되었다. 이렇게 근대적인 전통의 결여가 조선의 소설발전, 내지 완성에 치명적 결함으로 나타날 때 문학은 점점 더 괴로운 생활을 인내하지 아니할 수 없게 되었다.[18]

이처럼 임화는 '사상성의 감퇴'를 카프 작가의 세계관에 국한시키고 있는 것이 아니라, 당시 소설가 전반의 정신적 혼란에 관련된 문제로 확장하고 있다. 「현대 문학의 정신적 기축」에서 주체의 붕괴가 경향 문학만의 문제가 아니라, "현대의 문학 정신이 빠져 있는 함정"이라고 명시적으로 선언한다. 이제 '본격 소설'과 관련된 논의에서 문제는 '프롤레타리아 문학'이 아니라 '근대 문학' 일반이다.

> 다시 말하면 일개의 작가적 현실에서가 아니라 넓은 문학적 현실, 그것

---

18) 임화, 앞의 책, 1940, 376-377면.

에 대한 하나의 시대적 역사적 반성으로서 주체의 성질이 물어지는 것이다. (중략) 요컨대 대외적 활동으로부터 대내적 성찰에의 귀환! 따라서 우리가 주체의 본성을 묻는 근거는 단순히 경향문학의 존립이 위기 하에 있다는 간단한 곳에 있는 것이 아니라 현대의 문학정신이 빠져 있는 함정 가운데 있는 것이다.[19]

여기서 '주체'는 경향 문학의 주체가 아니라 근대 문학의 주체 일반을 뜻한다. 「주체의 재건과 문학의 세계」와 「사실주의의 재인식」에서 리얼리즘은 카프의 해산이 가져온 정신적 혼란에서 벗어나 경향 문학의 주체를 재건하는 예술적 실천 차원에서 논의된 바 있다. 그런데 리얼리즘 논의를 소설 장르 속에서 구체화한 '본격 소설' 논의에서는 본격 소설의 생산을 갈수록 어렵게 만드는 '근대적 주체'의 위기로 관심이 이동한다.

현실을 있는 대로 그리면 작품 가운데 선 작자가 인생에 대하여 품고 있는 희망이 함께 살지 못할 뿐만 아니라, 오히려 암담한 절망을 얻게 되는 것이다. 그러므로 자연 작자의 생각을 살리려면 작품의 사실성을 죽이고 작품의 사실성을 살리려면 작가의 생각을 버리지 아니할 수 없는 딜레마에 빠지는 것이다. 이것은 작가에게 있어선 창작심리의 분열이고, 작품에 있어선 예술적 조화의 상실이다.[20]

성격과 환경의 조화가 본격 소설의 특징이지만 작가들이 이상을 현실로, 현실을 이상으로 전화시켜 형상화할 수 있는 능력이 없는 결과, 소설가들은 내성 혹은 세태 묘사의 길을 택하게 된다는 것이다. 김말봉으로 대표되는 당시 통속 소설의 융성 역시 말하려는 것과 그리려는 것 혹은 사상과 현실

---

[19] 임화, 앞의 책, 1940, 97-98면.
[20] 임화, 「세태소설론」, 앞의 책, 1940, 347면.

묘사를 통일시킬 수 있는 본격 소설의 부재가 가져온 현상으로 파악하고 있다는 점 역시 앞에서 설명한 바와 같다.

그런데 임화는 본격 소설의 위기가 "우리가 사는 시대의 이상과 현실이 벌어진 현실 자체의 분열상의 반영"에서 비롯하였음을 알고 있지만, 다른 한편으로 그러한 위기를 극복할 방법이 주어져 있다고 보는 듯하다. 다시 말해 위기는 분명 근대 문화의 위기라는 객관적 상황의 반영이지만, 소설가의 주관적 무능력으로 인해 이러한 위기가 더욱 심화되고 있다는 것이다.

> 이런 현상은 말할 것도 없이 우리가 사는 시대의 이상과 현실이 너무나 큰 거리로 떨어져 있는 현실 자체의 분열상의 반영일 것이다. 그러나 중요한 것은 우리 소설가들이 이 분열 가운데서 고통하고 발버둥치는 이외에 아무런 능력도 없다는 것이다. 다시 말하면 시대의 이상과 현실을 연결시키는 결대(結帶)는 그 시대인이며 양자의 거리를 축소시키고 나중엔 이상을 현실로, 현실을 이상으로 전화시키는 오묘한 능력까지가 우리들에게 부여되어 있음에도 불구하고 우리들 자신은 현재 영점하(零點下)를 상하(上下)하고 있는 것이다.[21]

여기서 임화가 말하는 '이상을 현실로, 현실을 이상으로 전화시키는 오묘한 능력'이 정확히 무엇을 지시하는지를 파악하기에는 정보가 부족하다. 다만 기왕의 논의와 연결시켜 추론해 볼 경우 주어져 있는 '오묘한 능력'은 리얼리즘을 뜻하는 것으로 보인다. 그러나 임화는 더 이상 그러한 리얼리즘의 모습을 현실 속에서 구체화할 수 없었다. 임화에게는 다만 '세계관을 혈육화'하며 나아가 세계관 상의 모순까지 바로잡아줄 수 있는 리얼리즘의 힘에 대한 믿음만이 자리잡고 있을 뿐이다.

---

21) 임화, 앞의 책, 1940, 348면.

나는 최근의 소설이 세태소설과 내성소설로 분열되고 있음을 분석하면서 그 통일을 위하여 구체적으로 무엇을 작가들에게 제시해야 할지 실로 막막하지 않을 수 없었다. 물론 나는 그것을 소위 '본격소설'의 길을 개척함에 있다고 결론하였으나 유감인 것은 그 논리가 작가들로 하여금 창작하는 붓대에 흘러내리는 산 혈액이 될 만한 것이 아니라는 것을 아무래도 부정할 수가 없다.[22]

그리고 그러한 믿음마저 사라진 자리에 들어서는 것은 예의 '사실'에 대한 강조이다. 이제 임화는 리얼리즘의 배후에 놓인 '19세기의 지성'이 '20세기의 사실' 앞에서 무력할 뿐이라는 고백에 이른다.[23]

리얼리즘에 입각한 주체 재건론에서 본격 소설론에 이르는 임화의 논의에서 리얼리즘과 근대 소설의 본질에 대한 근원적인 반성은 한 번도 행해진 적이 없다고 해도 지나치지 않다. 임화의 말처럼 "19세기적 지성과 20세기적 사실과의 구할 수 없는 모순을 인정할 뿐더러 20세기적 지성이 20세기적 사실에 격퇴당한 또 한 개의 사실"이 반성되어야 한다면, 변화된 20세기의 사실을 배경으로 하는 '20세기의 지성'으로서의 리얼리즘을 처음부터 모색했어야 한다. 그러나 임화가 19세기 발자크의 소설에 기반한 엥겔스의 리얼리즘론을 절대적인 기준으로 삼았음은 주지의 사실이다. 리얼리즘 자체가 이미 19세기 소설의 특정 양식인 교양 소설을 일반화하고 있다면,[24] 리얼리즘을 주어진 것으로 파악하고 이를 통해 변화된 상황에 적응하지 못하고 붕괴된 주체를 재건한다는 구도는 적절하지 않다. 발자크, 톨스토이의 시대를 배경으로 한 소설의 특징을 이론화한 '본격 소설' 역시 마찬가지이다. 리얼리즘을

---

22) 임화, 「사실의 재인식」, 앞의 책, 1940, 121면.
23) "일체의 지적인 것의 원천이 사실에 있는 것 또 문화는 새로운 사실의 논리의 발견으로 수정되고 회복된다는 것을 현재 우리는 반성의 포인트로 삼지 않을 수 없다." 임화, 앞의 책, 1940, 129면.
24) F. Moretti, *Modern Epic*, 1996, 조형준 역, 『근대의 서사시』, 새물결, 2001, 297-303면.

유지하던 시기에서부터 리얼리즘을 포기한 1939년에 이르기까지 임화는 언제나 리얼리즘을 19세기의 지성과 동일시해 왔다. 홍명희의 소설 『임꺽정』을 평하는 가운데 보이는 다음과 같은 구절은 임화가 얼마나 19세기의 기준에 철저한 비평가였는지를 잘 보여준다.

> 소설 『임꺽정』은 주인공 임꺽정의 운명을 중심으로 구성된 작품은 아니다. 어째서 임꺽정은 반역아가 될지 아니할 수 없었으며, 어째서 그는 또한 반도(叛徒)의 적명(賊名)을 쓰고 헛되이 일생을 끝막지 아니할 수 없었는가? 가혹한 운명의 철의 필연성! 이것의 표현 없이 소설의 인물은 주인공일 수 없는 것이다. 또한 이른바 주인공과 환경과의 유기적 일관이란 것도 성립되지 아니한다. 소설 『임꺽정』을 읽으며 느끼는, 연락(連絡)을 이해하기 어려운 무수한 에피소드의 출몰도 전혀 이런 곳에 원인한다. 주인공의 운명적 발전의 동력도 아니되고, 장애도 아니되는 듯한 에피소드는 당연히 독자의 눈에 기이하게 느껴지는 것이다.25)

여기서 임화는 『임꺽정』에 주인공과 일관된 구성이 부재함으로써 '본격 소설'에 도달하지 못했음을 비판하고 있다. 그러나 여기서 임화가 주장하는 구성의 틀은 특정 소설의 양식을 일반화한 것, 보다 정확히 말하자면 '교양 소설'의 그것을 발전시킨 것이다. 다시 말해 『임꺽정』에는 구성이 없는 것이 아니라 '본격 소설'과는 다른 구성이 나타나고 있는 것이다. 『임꺽정』은 '교양 소설'을 모범으로 하는 '소설'(Novel)보다는 '단순한 첨가의 원칙'을 따르고 있는 '근대의 서사시'에 가까운 서사 문학이다.26) 결국 리얼리즘론을 유지하고 있던 시기 임화의 논의는 결코 '리얼리즘론의 갱신'이라는 근원적인 반성에 이르지 못했다고 평가할 수 있다. 임화는 리얼리즘을 포기함으로써만 20

---

25) 임화, 「현대 소설의 주인공」, 앞의 책, 1940, 414-415면.
26) F. Moretti, 앞의 책, 155-159면.

세기의 사실을 시야에 넣을 수 있었던 것이다. 입론의 출발점으로 삼고 있는 이론에 대한 근원적인 성찰이 부재한 상태에서 그것을 바탕으로 비평 행위에 임했다는 점에서 이러한 한계는 처음부터 노정되어 있었다고 해도 지나치지 않다.

지금까지 살펴본 임화의 입론이 주체의 재건이라는 실천적 목표를 일관되게 지향하고 있으며 이를 통해 1930년대 후반의 일제 파시즘에 맞서면서 근대적 주체를 보존하는 정치적 효과를 가지고 있음을 부인할 수는 없다. 앞서 살펴본 김남천의 비평 역시 마찬가지이다. 그들의 비평은 문학 읽기를 문학 혹은 예술이라는 자립화된 영역에 국한시키지 않고 '사회'라는 전체 맥락에 투사함으로써 근대 문학의 성립과 더불어 상실되어 온 문학과 삶의 근원적 연관성을 복원하고자 한 시도이다. 특히 이들이 특정 비평 이론을 무분별하게 추종하지 않고, 이를 '자신의 눈'으로 소화시키려 노력하던 시기에 다른 비평가들과 구별되는 생산적인 성과를 내놓았다는 점이 주목을 요한다. 김남천에게 '자신의 눈'이란 작품에 대한 꼼꼼한 읽기와 창작 경험에 대한 반성이었고, 임화에게 그것은 문학사에 대한 반성이자 이론 자체에 대한 엄밀한 추구였던 것이다.

비록 이들의 비평이 때로는 이념적 실천의 좁은 지평에 갇힘으로써 문학이 삶에 대해 갖는 보다 넓은 의미의 '도구'로서의 성격을 상실하기도 했지만, 앞에서 살펴본 과도한 '과학적, 지성적 태도'나 '심미적 태도'가 문학을 삶으로부터 단절시킴으로써 놓치고 있는 문학의 '세속적' 기능을 일정 부분 유지하고 있음에 주목할 필요가 있다. 문학을 읽음으로써 얻게 된 앎과 삶의 지혜를 삶에 적극적으로 투사하는 문학 읽기의 본래 모습으로 되돌아갈 때 문학 연구에 의해 소외된 문학의 '세속적 기능'을 되살림으로써 문학교육의 유의미성을 인정받을 수 있을 것이다. 이처럼 리얼리즘의 정신에 입각한 비평은 문학에 대한 논의의 차원을 넘어서 항상 이념적 실천과 연결되며, 특히 비평에 임하는 주체와 세계와의 교섭을 중시한다. 비평은 세상을 보다 올바른 방향으로 변화시키기 위한 실천의 일부이며, 그러한 구도 속에서 비평 주체의 읽기와 쓰기는 자신을 변화시키는 순환의 한 계기이다. 그런데 실천에 대한 이러한 지향은 반드시 리얼리즘 비평가에게만 해당되지 않는다. 문학을 통한 가치의 습득과 작품을 읽는 가운데 변화하는 주체의 세계관은 굳이 전문적인 리얼리즘 비평가에게만 해당되는 특징은 아니기 때문이다. 그런 점에서 리얼리즘 비평의 주체 재구성에 대한 관심은 비평 활동 교육의 주요 내용으로 설정될 수 있을 것이다.

3. 내용과 형식의 역사적 의미 파악

개별 작품을 세계관이나 이데올로기와 같은 개념적 등가물로 변환시키는 일은 이제 더 이상 문학교육에서 권장할 수 있는 읽기 방법이 아닌 듯하다. 사실 이러한 독법의 한계는 구성주의나 대화주의 대두 이전에 이미 문예학이나 미학에 의해 일찌감치 지적된 바 있다. 문학 작품의 본질은 '정답 없는 수수께끼'로서, 이러한 특징을 억압할 경우 작품의 '다의성'과 비평 주체의 능동적 해석 행위가 방해를 받게 된다는 것이다. 그런데 작품에 담긴 현실을 능동적으로 해석하고 작품과 대화하면서 비판적이고 창조적 사고를 펼쳐 나가기 위해서라면, 텍스트의 의미를 자신의 시각에서 잠정적으로나마 확정하는 단계를 거쳐야 한다. 좀 도식적인 감은 있지만, 다양한 해석 가능성은 여러 비평 주체들 사이에서의 문제라면, 해석을 통한 의미의 잠재적 확정은 개별 주체의 독서 행위에 관련되는 범주라고 할 수 있다. 그런 점에서 비평은 작품의 다의성을 전제로 행해지는 것이지만, 단의성을 배제, 폐기하는 것이 아니라 그것을 '해석의 일관성'으로 변환시켜 다의성의 한 계기로 보존하게 된다.[27]

---

[27] 이에 대해서는 김정우, 「시 해석 교육 내용 연구」, 서울대학교 박사 학위 논문, 2004와 김미혜, 「지식 구성적 놀이로서의 시 읽기 교육 연구」, 서울대학교 박사 학위 논문, 2007을 참조할 수 있다.

여기서는 일단 문학 작품의 내용을 중심으로 작품을 평하고, 그것을 특정 개념을 통해 뒷받침하는 '내용 미학'이 제시하는 비평이 구체적으로 어떤 모습으로 나타나며 그것이 교육적으로 어떤 의미를 가질 수 있는지를 살펴볼 것이다. 일반적으로 카프의 비평은 작가의 세계관과 작품에 드러난 정치적 의식을 문제 삼는 '내용 미학'의 대표격이라 할 수 있다.[28] 그중에서도 1930년대 중반 임화는 작품에 담긴 세계관이나 정치 의식을 직접적으로 문제 삼았던 것에서 탈피해 '전형'이라는 범주를 바탕으로 비평에 임하는 모습을 보여준다.

경향 문학을 이론적으로 뒷받침했던 논자들이 카프 해산을 전후한 혼란의 와중에서 도달한 결론은, 각각 외연과 내포는 조금씩 차이를 보였지만 리얼리즘이었다. 그중에서도 임화는 그의 사상적 모색을 한마디로 '리얼리즘을 향한 길'이라고 정의해도 지나치지 않을 정도로 10여 년에 걸쳐 리얼리즘 이론의 정립에 심혈을 기울인다. 카프 해산 직후 잠시 낭만주의론에 기울어 있다가 1937년 무렵 자신의 낭만주의론을 반성하고 리얼리즘론을 기반으로 하는 비평문을 집중적으로 발표하는 시기 임화의 관심은 '특수성'이라는 범주를 어떻게 구체화할 것인가에 놓여 있다. 이는 카프의 방향 전환 이후 누구보다도 과격한 볼세비키적 예술론을 펴면서 문학과 정치적 실천을 동일시한 바 있는 임화의 이력에 비추어 볼 때, 인식상의 '전환'에 가까운 것이기도 하다. 임화는 프로 예술이 反프로 예술에 비하여 무조건 우월하다는 인식과 그간의 프로 예술이 제재주의에 빠져 있다는 자기 비판을 시작하면서 그가 전개한 기왕의 예술론과 구별되는 새로운 인식에 도달한다.[29]

임화가 문학의 특수성에 대한 인식에 도달한 것은 앞에서 살펴 본 '물 논쟁'을 거치면서부터이다. 그런데 예술적 실천의 특수성에 대한 원론적 이해

---

28) 지마는 헤겔에서 마르크스, 루카치, 골드만에 이르는 헤겔주의 미학과 그레마스의 기호학을 '내용 미학'으로 분류하고 있다. 자세한 사항은 P. Zima, *Literarische Aesthetik*, 1991, 허창운 역, 『문예미학』, 을유문화사, 1993, 17-31면을 참조할 것.
29) 임화, 「당면정세의 특질과 예술운동의 일반적 방향」, 〈조선일보〉 1932. 1. 1.- 2. 10.

는 이제 조선 문학사의 전개에 대한 관심을 바탕으로 보다 구체화된 모습을 가지게 된다. 임화는 「역사적 반성에의 요망」(〈조선중앙일보〉 1935. 7. 4.-16.) 에서 비평, 문학사, 문예학의 삼자를 이론적 사업의 삼대 영역으로 설정한 바 있다.[30] 이러한 언급은 이후 전개되는 임화의 문학사 연구가 현실로부터의 도피가 아니라 현실에 맞서는 행위의 일환이라는 점을 짐작할 수 있게 해준다. 임화는 카프의 해산과 프로 문학의 붕괴에 따른 방향 상실을 구체적인 역사의 전개에 대한 탐구를 통해 메우고자 했다. 이는 임화가 당시 김두용, 한효, 안함광 등의 창작 방법 논쟁에 별다른 관심을 보이지 않았으며, 가끔 내비치는 반응도 냉소나 조롱에 가까운 것이었다는 점을 해명하는 열쇠이기도 하다. 자신이 시인으로서 누구보다도 창작의 문제에 관심을 가졌을 임화가 이런 반응을 보인 이유는 당시 문단을 휩쓸고 있던 '창작 방법 논쟁'이 우리 문학의 구체적인 발전과 무관한 '수입' 논쟁이었다고 판단했기 때문이다. 임화는 '구체적 현실의 기초'를 탐색할 필요성을 강조하고 있다.

조선 문학의 역사적 현실에 바탕을 둔 실제 비평을 강조하는 가운데 형성된 '특수성'에 대한 관심은 이 시기 임화가 수용한 문학 이론의 영역에서도 마찬가지로 강조된다.[31] 임화는 특히 헤겔의 개념인 '감성적 가상'을 원용하여 문학의 형상성에 접근하고 있다. 임화는 헤겔의 논리를 따라 문학적 형상은 감성적이지만 그것이 "글자 그대로 무근거한 가공의 형상이 아니라 본질의 존재에 의하여 현상"된다는 점을 강조한다.[32] 집단 묘사와 개인 묘사라는 개념을 사용하여 프로문학과 그 이전의 문학을 구별하려 했던 함대훈

---

30) 임화, 앞의 책, 84면.
31) 임화에게 있어 문학사와 예술학은 입론을 지탱하는 두 가지 중심 기둥인 셈이다. "우리는 지금 단순한 감상적 회고가 아니라 과학적 문학사, 예술학을 가지고 일체의 복고주의적 유령과 그 환상을 파괴하고 20년에 가까운 '신문학'의 예술적 발전과 그 도달의 수준을 밝히고, 진실로 명일의 위대한 예술문학 건설에 공헌해야 할 것이다. 이것이 내가 지금 요망하는 문학사적 반성의 가장 큰 이유이다." 임화, 「역사적 반성에의 요망」, 〈조선중앙일보〉 1935. 7. 11.
32) 임화, 「집단과 개성의 문제」, 〈조선중앙일보〉 1934. 3. 15.

의 시도에 대해 "막연한 집단적 형상"과 "구체적으로 계급적 성격이 부여된 집단의 형상"을 구별하지 못하고 있다고 비판할 수 있었던 근거도, 임화가 헤겔을 통해 '형상성'의 인식에 도달했기 때문이라 할 수 있다.

> 다시 말하면 프롤레타리아 문학은 개성을 집단 가운데 용해하는 것이 아니라 오히려 과거와는 결코 인간 학술 의미의 그것이 아니라 현실적 사회적인 인간의 개화 그것이다. 따라서 프롤레타리아 문학은 계급적인 것과 개인적인 것의 통일 가운데서 필연적으로 표현되는 계급적인 것의 우위를 통해 개성의 완전한 개화가 실현되는 것이다.[33]

이는 당시 임화가 통독했던 엥겔스의 발자크론에 큰 영향을 받은 것인데, 이 글은 비록 원론적인 전형론을 반복하고 있는 수준이지만 함대훈의 '집단묘사론'에 대한 비판을 통해 리얼리즘 소설의 중요한 형식이라 할 수 있는 전형에 대한 사고에 접근하고 있다는 점에서 의미가 있다. 임화는 특히 엥겔스가 발자크론에서 밝혔던 '보편과 개별, 개인적인 것과 사회적인 것의 통일로서의 형상'으로서의 전형에 주목한다.

「작가의 '눈'과 문학의 세계 - 「남매」의 작자에게 보내는 편지를 대신해서」, (『조선문학』, 1937년 제13호)는 인물에 초점을 맞춘 전형론을 작품 해석의 기준으로 삼고 있는 모습을 가장 잘 보여주고 있다. 그런데 이 글은 작품 평가의 기준이 둘로 뚜렷이 대별하고 있다는 점에서 주목을 요한다. 이 글의 전반부에서 임화는 '작가의 눈'이라는 개념을 동원하여 작품을 평한다. 임화가 말하는 '작가의 눈'은 작가의 세계관 혹은 관점 이상의 의미, 다시 말해 작품의 '내적 구성'에 대한 인식을 담고 있다.

> 우선 소설의 구성이 한 개의 초점을 향하여 유기적으로 형성되어 있는

---

33) 임화, 「집단과 개성의 문제 - 다시 형상의 성질에 관하여」, 〈조선중앙일보〉 1934. 3. 20.

데, 작자의 '눈'은 강렬한 렌즈의 작용을 하고 있다. 이 소설 가운데 활약하고 있는 인물들, 전개되는 사건이 모두다 김봉근이란 소년의 무고한 수난이란 一點으로 집중되어 있어 그의 가슴에 여원히 메꾸어지지 못할 구녕을 뚫어버림으로 끝이 났다. (중략) 정교한 렌즈는 항상 단 하나의 초점밖에 안갖는 것이다. 이 단 한 개의 초점에서 광채는 일층 밝아지고 열도는 일층 뜨거워져 비로소 불을 일으키고 적확한 구녕을 뚫는 것이다.[34]

여기서 임화는 '작자의 눈'이 '렌즈'의 작용을 하고 있다는 점을 부각시킴으로써 「남매」가 단일 구성을 특징으로 하는 단편 소설의 미학을 뚜렷하고 의식하고 있음을 강조하고 있다. "작품의 내적 구성을 하나의 중심 유일의 초점을 향하여 또는 그 일점(一點)에서 제조하는데 성공"했다는 평가는 소설의 그러한 구성에 초점을 맞추고 있다. 여기서 임화는 소설에 등장하는 여러 화소(話素)가 주인공 김봉근에 유기적으로 결부됨으로써 주인공의 슬픔과 비극적 인식을 강화시켜 주고 있음을 고평하고 있다. 이는 작품의 구성, 일반적으로 형식에 포함될 수 있는 특징에 주목하고 있는 것이다.

그런데 이 글의 후반부에서 임화는 '구성'과는 다른 기준으로 「남매」를 평가한다. 「남매」는 "빈곤과 손밑에 인간으로서의 제일의 권리, 최초의 자존심을 분쇄당한 비극적 운명의 숨은 눈물"을, 다시 말해 "인간의 생활과 심혼을 무참히 짓밟는 사회적 암영"을 효과적으로 형상화하고 있기 때문에 의미 있는 작품이라는 것이다. 여기에는 '전형적 인물'이라는 기준이 자리잡고 있음을 쉽게 짐작할 수 있다. 이런 경향은 「남매」론 후반부에 대한 평에서 더욱 강화된다. '작가의 눈'이라는 개념을 통해 제시된 소설의 구성에 대한 관심은 사라지고, '전형적 인물'의 형상화 여부가 유일무이한 평가 기준으로 자리잡게 된다. 이는 특히 봉근의 누나 계향이 마음에 두고 있는 인물 '윤재수'를 평가하고 있는 대목이나 계향이 결국 몸을 허락하고 마는 '식료품점 주인'에

---

34) 임화, 앞의 책, 1940, 286면.

대한 평에서 잘 드러난다.

> 우선 '윤재수'란 인물은 전혀 개성으로서도 성격으로서도 또는 타입으로서도 형상화되어 있지 않다. 오직 누이와 동생의 운명을 측면에서 조종하는 한 그림자로서 빚어 있었고, 그의 실체는 통속연애 비극에 등장하는 인물에서처럼 안이화되어 있다. 이 점은 세무서 하급리원으로서의 '윤재수'의 성격을 적출지 못하였을 뿐더라 계향과의 연애 사건, 그곳에서까지 현실성을 소멸하였다. 멜로드라마로 표현된 계향과의 연애사건은 이 소설중 가장 현실미 없는 약점이다. 봉근의 비극을 만들기 위한 한 개의 인위적 조작에 불과하지 않을까?[35]

「남매」는 가족 내부를 상당히 현실적으로 그리고 형상화하기에 성공했으나 가족과 외계를 연결하는 사건 묘사에 있어서나 인물의 형상화에 있어서나 모두 덜 현실적인 한계를 보인다는 것이다. 여기서 평가의 기준은 '사회적인 것과 개인적인 것의 통일을 통해 사회적 연관성을 형상화'한다는 인물론으로 경도된 전형론이다. 주지하다시피 전형론은 장편 소설을 배경으로 해서 제시된 이론이다. 따라서 '전형적 인물'은 단편 소설의 평가에 무차별적으로 적용될 수 있는 개념이 아니다. 만일 임화의 요구처럼 윤재수와 식료품점 주인이 폭넓은 사회적 의미와 더불어 풍부한 개성을 가진 인물로 보다 구체적으로 형상화되어야 한다면, 「남매」는 임화가 앞서 고평했던 단일한 구성의 효과를 유지하기가 쉽지 않았을 것이다. 결국 「남매」에 등장하는 인물은 현실적 인물을 그저 대변하는 '평균' 이상의 의미를 벗어나기 어렵게 된다.

지금까지 살펴본 임화의 비평은 작품에서 이념과 사상이 어떻게 형상화되고 있는가를 중심으로 비평에 임하고 있다. 그의 비평은 문학 읽기를 삶과 무관한 심미 체험으로 한정하거나 객관적인 연구의 대상으로 삼는 태도에

---

35) 임화, 앞의 책, 1940, 305-306면.

비해 문학을 비평 주체의 '삶'과 연결시키고 있다는 점에서 일상인의 문학 읽기에 시사하는 바가 크다. 현재의 문학교육에서 비평은 지나치게 심미화 되거나 학적 연구에 가깝게 변화함으로써 문학의 '소외'를 가중시키고 있다고 해도 지나치지 않다. 그런 점에서 사상이나 주제를 중심으로 하는 비평 활동은 대단히 소박해 보이지만 일상적인 독자들이 정작 문학에서 필요로 하는 '내용'의 문제를 중심으로 하고 있다는 점에서 여전히 의미가 있다.

그런데 작품에 담긴 사상이나 세계관 혹은 현실 반영과 같은 작품의 내용 요소를 중심으로 하는 것과는 또 다른 차원에서 작품과 작품을 낳은 현실 맥락을 연결하는 비평 활동을 구별할 수 있다. 지금부터 살펴볼 임화의 소설 비평은 내용 미학에 따른 비평이 한 단계 발전한 수준을 보여준다. 그것은 작품에 담긴 형식의 의미를 사회·역사적 차원과 연결시키려 하고 있기 때문이다.

임화가 이해한 '전형적 인물' 이론이 소설 장르의 특성에 대한 이해의 부족을 드러내고 동시에 소설의 역사적 전개에 대한 안목에까지는 이르지 못했음을 전술한 바 있다. 이에 비해 '말하려는 것과 그리려는 것의 분열'을 통해 당시 소설의 특징을 파악하려는 시도에는 장편 소설의 본질에 대한 이해와 더불어 그것의 역사적 전개에 대한 통찰이 담겨 있다. 임화는 발자크(Balzac)나 졸라(Zola) 혹은 톨스토이(Tolstoi) 등이 보여준 고전적 의미의 소설을 '본격 소설'이라 부른다. 본격 소설은 "고전적인 의미의 '드라마'와 같이 성격과 환경과 그 사이에 얽혀지는 생활과 생활의 부단한 연속이 만들어내는 성격의 운명"[36]을 소설 구조의 중심으로 삼고 그러한 구조를 통해 작가가 자신의 제 사상을 표현하는 소설이다. 여기서 임화는 '성격과 환경의 조화' 혹은 '묘사와 표현의 조화'를 특징으로 하는 본격 소설에 대한 정의가 장편 소설을 근거로 하고 있음을 인식하고 있다. 이로써 임화는 소설 장르의 특수성에 대한 의식 없이 수용된 전형 논의보다는 진일보한 면모를 보인다.

---

36) 임화, 「본격소설론」, 앞의 책, 1940, 367면.

그런데 특기할 만한 사실은, 본격 소설론이 실은 본격 소설이 불가능한 시대 상황에 대한 의식에서 나왔다는 점이다. 임화는 당시 본격 소설을 불가능하게 만드는 작가의 상황을 '말하려는 것과 그리려는 것의 분열'이라는 용어를 통해 정식화하고 있다.

> 나는 이것을 작가의 내부에 있어서 말하려는 것과 그리려는 것과의 분열에 있지 않은가 하고 생각한다. 더 자세히 말하자면 작가가 주장하려는 바를 표현하려면 묘사되는 세계가 그것과 부합되지 않고, 묘사되는 세계를 충실하게 살리려면, 작가의 생각이 그것과 일치할 수 없는 상태다.[37]

여기서 '말하려는 것'은 '작가가 주장하는 바' 혹은 '작자의 생각'을, 그리고 '그리려는 것'은 '묘사되는 세계' 혹은 '사실성'을 뜻한다. 특히 "작가의 생각이 사는 방법은 묘사되는 현실을 통해야만 예술로써 형성"된다는 위 구절을 그대로 풀이한다면, 주제 의식과 묘사의 대상이 되는 현실이 합치되지 않는 당대의 현실에 대한 지적 이상의 의미를 가지지 않는 것으로 보인다. 그러나 임화가 말한 '말하려는 것'과 '그리려는 것'은 이러한 평범한 의미 이상의 내용을 담고 있다.

여기서 임화가 당시 일본판으로 번역된 루카치(Lukács)의 『소설의 본질』을 읽었다는 점[38]이 '말하려는 것과 그리려는 것의 분열'이 의미하는 바를 보다 명확히 이해하기 위한 실마리를 제공한다. 『조광』 1938년 4월호에 실린 「휴머니즘 논쟁의 총결산」에서 임화는 명시적으로 루카치를 언급하고 있다.

---

37) 임화, 앞의 책, 1940, 346면.
38) 당시 임화와 김남천에게 중요한 영향을 미쳤던 루카치의 논문은 두 편이다. 그것은 1934년 말 『소비에트 문예백과 사전』의 '소설' 항목을 위해 기술된 「장편 소설 - 부르주아 서사시로서의 장편소설」과 1934년 말에서 1935년 초에 발표된 「장편 소설에 관한 보고」이다. 이 책의 번역은 熊澤復六에 의해 후자가 먼저 1936년 3월에, 그리고 전자가 1937년 6월에 이루어진 바 있다. 루카치 글의 발표 연대와 번역 연대에 관한 사실은 조현일, 「임화 소설론 연구」, 『한국문학의 근대성과 리얼리즘』, 월인, 2004를 참조하였다.

루캇치의 말과 같이 새시대가 전개하는 능력에 대한 유토피아적 이해나 낡은 세계에 대한 위대한 항쟁 원리를 가진 신세계의 풍자적 대조에서 생겨난 것은 사실일 것이나 여하간 현실적으로 실현되지 않는 곳에서 옵티미즘은 천재의 공상을 빈 것이다.[39]

결론부터 말하자면, 임화의 '말하려는 것'은 단순히 '작가의 생각' 혹은 '주제의식' 이상의 의미를 가지고 있다. 임화는 작가의 생각과 현실의 불일치 이상의 것, 다시 말해 루카치가 말했던 현대 소설의 서술 원리로서의 '서사와 묘사의 대립'을 이야기하고 있다. '서사'는 작가가 사회의 성립 과정에 능동적으로 동참함으로써 행위 속에서 인간의 운명을 드러내는 줄거리를 창조하는 방법을 뜻한다. 이러한 '서사'와의 관계에 따라 '묘사'는 두 가지 다른 위상을 지닌다. 첫 번째 의미의 '묘사'는 '서사'의 내적 구성 요소로서, 18세기에 들어서 개인과 계급의 관계가 복잡해지면서 현실의 일상성과 산문성을 '서사적 줄거리'에 담아내기 위해 사용된 기법을 뜻한다.[40]

여기서 '묘사'는 '서사'에 대립하는 독자적인 서술의 원리가 아니라 현대의 서사를 풍부하게 할 수 있는 서사의 중요한 내적 계기이다. "소설 가운데서 작자의 생각이 사는 방법은 오직 묘사되는 현실을 통해서만 예술로써 형성"된다고 할 정도로 임화는 묘사의 중요성을 강조한다. 임화는 묘사를 '근대적

---

[39] 임화, 「휴머니즘 논쟁의 총결산 - 현대문학과 '휴매니틔'의 문제」, 『조광』 1938년 4월호, 143면.
[40] "새로운 양식은 사회 생활의 새로운 현상 양태를 적합하게 형상화해야 할 필요성에 의해서 성립된다. 개인과 계급의 관계는 17세기와 18세기에서보다 더욱 복잡한 것으로 되었다. 예컨대 르 사쥬의 경우 주위 환경, 표면의 현상, 개인의 생활 습관은 매우 단순한 지적만으로도 그려질 수가 있었고, 이런 단순함에도 불구하고 명료하고 포괄적인 사회적 성격 묘사가 가능했다. (중략) 발자크의 소설에서 주위 환경에 대한 서술이 한번도 단순 묘사에 그치지 않는다. 거의 어디에서나 그것은 행위로 전화된다는 점(일례로 그랑데가 낡아빠진 양탄자를 손수 수선하는 장면을 생각하는 것만으로도 충분하다)은 차치하고라도 발자크의 소설에서 묘사는 결정적인 새로운 요소, 즉 '극적인 것'을 소설 구조에 도입하기 위한 폭넓은 기반을 제공해주는 의미를 갖는 것이다." G. Lukács, Erzählen oder Beschreiben, *Probleme des Realismus I*, Luchterhand, 1971, S.204.

의미의 서사를 가능하게 하는 분석 정신'으로 규정할 정도로 묘사의 의의를 높이 평가한다.

> 묘사의 정신이란 과학에 있어 분석의 정신이다. (중략) 정밀한 묘사라는 것은 최후의 어떠한 정신이 그것을 통합해 가든지 간에 우선 소설로서의 성질을 획득한다. 마치 사변적인 결말에 도달하는 것일지라도 정확한 분석은 과학적 가치를 갖는 것과 같이……. 그러나 최초부터 묘사 대신에 서술의 방법을 중시하는 것은 분석하지 않은 과학처럼 항상 상식에서 출발하여 상식에서 끝나는 것이다.[41]

그런데 19세기 후반에 들어 서사의 한 계기에 지나지 않았던 묘사가 자립화되어 '서사'에 대립하는 독자적인 위상을 가지게 된다. 이 경우 '묘사'는 작가가 사회를 관찰하는 데 머무름으로써 행위의 서사적 형상화를 상황과 환경에 대한 묘사로 대체하는 방법을 뜻한다.[42] 임화가 말하는 '말하려는 것과 그리려는 것의 분열'이란 서사의 구성 요소였던 묘사가 자립화되어 서사에 맞서거나 적대적인 서술 방법으로 변화한 현대 소설의 경향, 다시 말해 루카치가 '서사냐 묘사냐'라고 물었을 때 후자를 뜻하는 것이다.

「천변풍경」과 「날개」에 나타난 세태와 내성의 경향이 "똑같은 정신적 입장에서 쓰여진 두 개의 작품"[43]이라고 평하는 근거는 바로 두 소설이 모두 '말하려는 것과 그리려는 것의 분열'에 의해 발생한, 다시 말해 서사에 대해 적대적으로 변한 묘사의 자립화를 보여주는 예이기 때문이다. 특히 임화는 박태원의 소설에 드러난 묘사에 대해, 묘사의 배후에 있는 '묘사하는 의식'에 주목할 것을 주장한다. 임화는 그것을 "묘사되는 현실 그것을 통하여 독자에

---

41) 임화, 「통속소설론」, 앞의 책, 1940, 409-410면.
42) 자세한 사항은 G. Lukács, op. cit., S. 203-208을 참조할 것.
43) 임화, 앞의 책, 1940, 350면.

게 현실의 지저분함을 능히 전달"하려는 의도, 즉 현실에 대한 환멸과 경멸에서 나온 '일종의 복수심'으로 규정한다.

> 작자가 제 눈을 사진기의 렌즈처럼 닦아가지고 현실생활의 각부(各部)를 노리는데 자기를 약하게 만든 보이지 않는 세계에 대한 한 개의 보복 심리가 들어 있다. 그것은 지저분한 실로 너무나 지저분한 현실을 일일이 소설 가운데 끄집어 내다가 공중(公衆) 앞에 톡톡히 망신을 시켜주려는 꼬챙이 같은 악의(惡意)다.44)

박태원의 소설에 담긴 '묘사하는 의식'은, 앞에서 말한 서사에 대립되는 독자적 서술 원리가 된 묘사를 낳은 현대 소설의 정신이다. 루카치 역시 서사에 대립하는 묘사 수법의 대표자격으로 꼽히는 플로베르(Flaubert)와 졸라의 정신세계를 임화와 비슷한 방식으로 설명한다. '자기 무력의 증명이나 제가 사는 환경에 대한 경멸과 악의의 한계를 넘기 어려운'45) 현대 작가의 정신적 한계가 '말하려는 것과 그리려는 것의 분열'을 낳은 것이다. 그리고 이는 현대 작가의 한계인 동시에 "우리 시대의 특색"이기도 하다.

지금까지 살펴본 임화의 비평은 내용과 형식을 분리시키지 않고 형식이 가지고 있는 역사 철학적 의미를 파악하는 모습을 보여주고 있다. 여기서는 형식의 사회적 의미를 파악하는 것이 비평의 주된 목표이다. 사상이나 내용을 직접적으로 문제 삼는 일에 비해 한층 더 높은 수준에 도달한 것이다. 이처럼 작품의 형식을 바탕으로 해서 작품의 사회·역사적 맥락으로 나아가는 비평의 특징을 '매개'라는 용어로 포착할 수 있다. 매개는 한 예술 작품의 내용과 형식에 대한 분석을 항상 작품을 낳은 사회적 근거와 연결시켜 설명하려는 변증법적 작업이다. 여기에는 분과로 나뉘어져 전문화된 영역들 사이

---

44) 임화, 「세태소설론」, 앞의 책, 1940, 351-352면.
45) 임화, 앞의 책, 1940, 354면.

의 장벽을 무너뜨리고 겉으로 보기에는 이질적인 듯한 사회적 삶의 현상들을 연관시켜 총체적으로 이해하려는 문제의식이 담겨 있다.[46]

　매개 작업을 중심으로 한 비평은 작품에 담긴 가치관이나 세계관을 평가하면서 그것을 자신의 시각과 비교함으로써 자아를 성장시키는 것에서 한 걸음 나아가 그것이 하나의 장르나 예술 형식으로 구체화되는 지점을 발견함으로써 당대의 이념을 더욱 구체적으로 파악할 수 있다는 장점이 있다. 카프의 해체 이후 주체 재건에 이르지 못하게 하는 역사철학적 조건을 해명하고 그러한 악조건 속에서 생산된 일련의 소설 경향의 역사・철학적 의미를 논했던 임화의 비평은 이념적 실천을 주된 속성으로 하는 비평이 도달할 수 있는 지점이 어디인가를 알 수 있게 한다. 지금까지 살펴본 것처럼, 문학 읽기와 그에 대한 비평 활동을 역사적 상황을 인식하면서 사회를 자신의 이념에 따라 변화시키기 위한 총체적인 구도 속에 위치시키는 것이야말로 리얼리즘 비평을 다른 비평과 구별시켜주는 근본적인 특징이다. 문학 작품을 읽는 것을 자신의 삶을 기획하는 폭넓은 사회적 실천의 일부로 파악한다면, 이러한 총체적 시각의 획득은 비단 리얼리즘 비평가들에게만 중요한 문제가 아니라 비평 활동을 이루는 주요한 한 속성으로 자리 매김될 수 있을 것이다.

4. 비평 활동의 교육 내용 3 : 사회・역사적 가치 탐구

　모든 교육의 궁극적 목표는 가치의 추구로 연결되는데, 그중에서도 특히 어떤 사실을 설명하는 것보다는 인간과 사회가 지향하는 바람직한 가치가 무엇인가와 관련된 물음이 중요하게 부각되는 영역이 있다. 어쩌면 인문학 전체가 추구하고 있을지도 모르는 이러한 목표가 이념적 실천의 이름으로

---

46) 변증법적 비평에서 매개 범주에 담긴 의미와 문제의식에 대해서는 F. Jameson, *The Political Unconscious*, Cornell University Press, 1981, pp.39-40을 참조할 것.

비평에서 각별히 강조되었던 이유가 여기에 있을지 모른다. 작품의 미적 성질에만 주목하면서 문학 읽기를 '심미 체험'에 국한시키는 관점은 문학에 대한 자기화의 양상 중에서 한 가지 방식에만 특권적 지위를 부여하는 태도이다. 사실 근대 이성의 합리화가 낳은 '순수 예술 작품'이란 미적 성질 자체만을 목표로 하여 선택하는 일종의 '추상 작용'에 의해 탄생한 개념에 지나지 않는다. 작품의 세계와 현실 세계를 구별해야 한다는 '심미성'의 논리는 나름대로 타당한 구석이 없지 않지만, 동시에 '심미적 태도'를 전면에 내세움으로써 작품의 인식적 계기나 윤리적 계기 같은 작품의 '비미적인 계기'를 배제할 필요는 없다. 정치적 혹은 도덕적 또는 종교적 입장으로 규정되어 작품에서 비본질적인 것으로 상정되는 내용에서 일상적 독자는 오히려 더 많은 것을 얻는다.

필자는 텍스트를 생산한 사회·역사적 맥락을 확인하는 '반영론'의 문제의식을 포괄하면서 바람직한 사회와 인간의 상을 형성하고 조정하면서 그것을 실현하려는 노력을 포함하는 비평의 수행을 사회·역사적 가치 탐구 중심 활동으로 규정하였다. 아래에서는 그러한 활동의 세부 내용을 맥락 복원하기와 가치 전유하기로 나누어 살펴볼 것이다.

(1) 사회·문화적 맥락의 복원

비평을 문학과 비평 담론 내부에 국한시키지 않고 작품과 비평 주체가 속한 정치적이고 사회적인 맥락과 연결시키는 것이 리얼리즘 비평의 중요한 특징이다. 이처럼 여러 가지 외부 조건과 작품을 연결하면서 작품을 해석하는 비평 활동을 '맥락의 복원'이라는 용어로 요약할 수 있다.

맥락의 복원은 작품의 총체성을 파악하는 것을 목표로 삼는다. 대상과 그것을 둘러싸고 있는 전체 세계 사이의 관계를 무시하고 대상을 고립시킬 경우 작품의 특정한 부분만을 설명하는 데 그치고 만다는 판단 때문이다. 총체성에 대한 파악은 모든 것들이 사회 혹은 넓은 의미의 정치 속에서 서로 밀접하게 연관되어 있으며, 따라서 모든 대상은 그 자체로는 불완전하며 항상 전체와의 관련 속에서 논의되어야 한다는 점을 강조한다.

김말봉의 「찔레꽃」이나 채만식의 「탁류」에 대한 임화의 비평은 맥락의 복원을 통한 총체성의 추구가 무엇인지를 잘 보여준다. 임화는 이들 소설을 '통속 소설'로 규정하면서 이들 통속 소설의 내적 특징에 대한 논의에 그치지 않고 이를 1930년대 중반 급격히 팽창하게 된 역사철학적 조건과 연결시키고 있기 때문이다.

> 채만식씨의 「탁류」를 이야기할 때 작자가 묘사와 주장과의 모순을 다분히 통속적인 줄거리의 발전 가운데서 해결하려고 들었다는 것을 나는 지적한 일이 있는데, 이것은 前言의 好例임을 不失한다. 이것은 「탁류」의 예에 그치는 것이 아니고, 예하면 박태원씨의 「愚氓」에도 나타나 있다. 白白敎의 묘사와 그것을 보는 작가의 입장이나 정신이 장대한 사회소설로서 구성되려면, 백백교의 일단과 청년 학수와의 관계 쯤으로는 해결되지 못하는 것이다. (중략) 그러나 사실에 있어 학수의 존재는 「우맹」 진전상 거의 영향을 주는 바 없는 인물이고, 오히려 여분의 인물과 같은 감이 不無하다.47)

성격과 환경이 정상적인 교섭을 함으로써 인간의 참된 모험과 행동을 바탕으로 한 서사적 줄거리를 더 이상 창조할 수 없는 상황에서 소설은 플롯의 폐기를 선택한 모더니즘의 길을 택하게 된다. 모더니즘 소설이 메울 수 없는 '이야기'에 대한 욕망이 '통속 소설'을 낳는데, 다만 그 줄거리는 어디까지나 통속적인 상식의 공간에 머무르게 된다.

> 최초부터 묘사 대신에 서술의 방법을 중시하는 것은 분석하지 않은 과학처럼 항상 상식에서 출발하여 상식에서 끝나는 것이다. 이 오로지 상식적

---

47) 임화, 「세태소설론」, 『문학의 논리』, 1940, 400-401면.

인데 통속소설로서의 특징이 있는 것으로 묘사란 묘사되는 현상을 그 현상 이상으로 이해할려는 정신의 발견이고, 상식이란 현상을 그대로 사실 자체로 믿어 버리려는 엄청난 긍정 의식이다.[48]

이러한 분석을 바탕으로 임화는 "좀처럼 해서는 제 예술성을 상실치 않고 줄거리를 만들어낼 수 없다는 근본 조건"에 놓여 있는 현대 소설의 비극적 상황이 바로 통속 소설 대두의 사회적 문화적 토대임을 지적한다. 그리고 이러한 근본 조건의 배후에는 '사상성의 감퇴'로 요약되는 특수한 역사적 상황이 놓여 있음을 주장함으로써 통속 소설을 둘러싼 최종적인 맥락으로 나아가게 되는 것이다.

이렇게 보았을 때 총체성은 처음부터 작품에 주어진 것이라기보다는 작품을 분석하고 비평하는 하나의 방법론에 가깝다고 보아야 할 것이다. 기호학의 용어를 빌어 말하자면, 총체성은 '약호 전환'에 의해 가능한 것인데, 작품의 내용과 형식을 경제학, 사회학, 역사학과 같은 다른 분과 학문의 내용으로 전이시켜 양자를 비교할 수 있게 하는 것이 총체성 추구의 내용이다.

비평 활동에서 총체성의 추구를 강조하는 이유는 전문화된 학문 분과들의 격리 상태를 깨뜨리고, 겉으로 보아서는 무관한 것처럼 보이는 사회적 삶의 현상들을 서로 연결시키기 위해서이다.[49] 다양한 삶의 여러 영역들의 파편화와 자율화, 구획화와 전문화, 달리 말하자면 이데올로기적인 것과 정치적인 것, 윤리적인 것과 경제적인 것의 분리 그리고 일상 생활과 학문적 실천 사이의 간극이 특수한 분석에 의해 적어도 국지적으로는 극복될 수 있다는 점에서 총체성을 추구하는 비평은 사회·역사적 의미를 탐구하는 비평 활동의 중심 내용이 될 수 있다.

'맥락 복원하기'를 정희성의 「저문 강에 삽을 씻고」를 대상으로 적용할 경

---

48) 임화, 앞의 책, 1940, 409-410면.
49) F. Jameson, *The Political Unconscious*, Cornell University Press, 1981, p.39.

우 다음과 같은 활동으로 구체화할 수 있다.

> 정희성의 「저문 강에 삽을 씻고」는 1970년대에 창작된 작품이다. 이 시에 등장하는 시적 화자의 현실을 다루고 있다고 생각하는 과거의 신문 기사를 참조하여, 시적 화자와 가상 인터뷰 기사를 작성하라.

이상의 논의를 정리하여 성취 기준 방식으로 서술하면 '작품의 내용과 형식을 낳은 사회·문화적 배경을 알고 양자를 연결시켜 설명할 수 있다'가 된다.

(2) 가치의 자기화

앞에서 살펴본 것처럼 임화나 김동리의 비평은 모두 그것이 작품의 사상이든 아니면 반영된 현실이든 일차적으로 내용에 해당하는 사항을 중심으로 이루어진다는 공통점을 가지고 있다. 이러한 비평은 문학의 특수성을 제대로 고려하지 못하는 대단히 소박한 차원에 머무르는 것처럼 보인다. 그러나 작품의 세계와 현실 세계를 구별해야 한다는 논리는 그 자체로 틀림이 없지만, 지나치게 '미적 차별성'을 내세움으로써 잃게 되는 것도 적지 않다. 가다머가 '미적 무차별성'을 내세우고 있는 이유도 작품의 인식적 계기나 윤리적 계기 같은 작품의 '비미적인 계기'를 복권시키려 하기 때문이다. 정치적 혹은 도덕적 또는 종교적 입장으로 규정되어 작품의 비본질적인 것으로 상정되는 내용으로부터 작품의 미적 자질을 구별하는 행위는 얻는 것보다는 잃는 것이 더 많으며, 그런 식으로 추상화된 '미' 역시 작품을 낳은 삶과 무관한 앙상한 개념이라는 것이다.[50]

필자가 전통적으로 문학에서 중시했던 윤리적이고 인식론적인 계기를 적극적으로 끌어안아 문학을 삶에 대한 '도구 존재자'로 취급하는 태도를 강조

---

50) Gadamer, *Wahrheit und Methode*(2. Aufgabe), J. C. B. Mohr(Paul Siebeck) Tübingen, 1965, S.81.

하는 이유는 그것이 비록 소박할지라도 생활인의 문학에 대한 감각에 보다 가깝기 때문이다. 내용적 가치의 전유 항목은 비록 구식의 소박한 활동일지라도 제대로 실천된 적이 없다는 면에서는 여전히 참신해 보인다. 그러나 내용적 가치의 전유를 작품에 드러난 세계관이나 주제를 일방적으로 수용하는 것으로 이해할 필요는 없다. 작품에 드러난 가치를 자신의 시각에서 비교·평가하면서 자신의 가치를 조정하는 활동이 감상문에서 드러나곤 하는 '교훈 찾기'와는 구별되어야 할 것이다. 블룸은 가치화의 내용을 '가치 수용, 가치 선호, 확신'으로 설정하여 논의하고 있기 때문에 작품에 나타난 가치를 일방적으로 따르거나 거부하는 양자 택일적 선택을 은연 중에 부추기고 있다. 이러한 편향에는 가치에 대한 평가와 조정이라는 인지 활동을 가치화에서 포괄하지 못하는 인지·정의의 이분법이 작용하고 있음은 두말할 여지가 없다.[51]

이와 같은 문제점을 보완하기 위해서는 작품에 나타난 가치 인식, 가치 비교·평가, 가치 통합·조정으로 내용적 가치의 전유를 구별하는 것이 필요하다. 리꾀르(Ricoeur)가 이해를 자기화이자 탈자기화로 본 것도 이처럼 거부나 수용 어느 한 쪽으로 귀결될 수 없는 가치 전유의 복합성을 파악했기 때문이다. 그러므로 비평 주체의 세계관에 비추어 부적합한 내용을 거부하는 '의심의 해석학'으로 가치의 전유를 국한시키는 경향에 대해 필자는 일정한 거리를 유지하고 있다. 때로는 텍스트의 세계가 불러일으키는 경이로운 체험에 귀기울이며 자기가 지금까지 공고하게 지켜왔던 기준을 겸허하게 되돌아보는 자기 반성에 담긴 '긍정의 해석학' 역시 가치 전유의 중요한 계기이기 때문이다. 여기서 이해는 "텍스트 앞에서 자기 자신을 이해하는 것"이다. 그러므로 주체가 열쇠를 가지고 있는 구성과는 반대로 '자기'가 텍스트의 세계에 의해서 구성되는 면을 강조하게 된다.[52]

---

[51] 블룸의 '가치화'에 대한 논의는 김상호, 『태도교육』, 교육과학사, 1980, 187-194면을 참조하였다.

'가치 전유하기'를 채만식의 소설 「태평천하」에 적용할 경우 다음과 같은 활동으로 구체화할 수 있다.

> 「태평천하」에서 다루고 있는 세계는 지금 우리가 살고 있는 세계와는 시대적으로 많이 다르다. 그렇지만 소설에 그려진 세상과 인간의 모습을 현재 우리가 살고 있는 시대에도 발견할 수 있다면 어떤 면에서 그러한지를 설명하라.

이러한 활동을 통해 학습자는 작품이 쓰여진 시기와 작품을 읽고 있는 현재 사이의 역사적 변화를 고려하면서 독자 당대의 시각에서 작품에 나타난 가치를 비판적으로 전유할 수 있다. 이상의 논의를 정리하여 성취 기준 방식으로 서술하면 다음과 같다. 첫째, 작가의 주장에 담긴 인간과 사회에 대한 관점을 파악할 수 있다. 둘째, 자신의 가치관을 작품 속에 드러난 가치관과 비교하여 평가하여 조정할 수 있다.

지금까지 2장과 3장 그리고 4장에서 살펴본 직관의 표현, 논리적 설명, 이념적 실천에 대한 지향은 비평의 모든 국면을 다 포괄한다고 볼 수는 없지만, 근대적 이성을 바탕으로 주체가 문학을 전유하는 양상을 설명하기에 적합한 비평의 핵심적인 속성이다. 비록 1930년대라는 특수한 상황을 배경으로 하고 있으며, 문학의 세계에 막 입문하는 학생들의 수준과는 질적으로 구별되는 전문 비평가의 자료를 바탕으로 하고 있다는 제한점이 있지만, 지금까지 분석한 세 가지 속성은 비평 활동의 교육 내용을 구성하기 위해 필요한 지침을 제공할 수 있을 것이다. 나아가 그러한 세 가지 속성은, 독자가 어떠한 면에 초점을 맞추어 작품을 읽어야 할지를 스스로 판단하게 하는 준거점을 제공할 수 있다. '감상'은 다양한 문학 읽기의 방식을 모두 포괄하고

---

52) P. Ricoeur, *Du Texte à l'Action*, 1972, 박병수·남기영 편역, 『텍스트에서 행동으로』, 아카넷, 2002, 132-133면.

있는 바, 이를 인상주의 비평, 주지주의 비평, 리얼리즘 비평의 주요 속성으로 분할함으로써 독자로 하여금 자신의 읽기가 어디에 근접하고 있으며, 그러한 읽기를 통해 얻을 수 있는 바가 무엇인지를 파악하면서 작품 읽기에 임하도록 할 수 있기 때문이다.

제5장

비평 활동의 목표 혹은 지혜

1. 왜 지혜인가?

 필자는 전통적으로 문학에서 중시했던 윤리적이고 인식론적인 계기가 비평 활동의 최종적인 목표로 설정하여 이를 '지혜의 획득'이라는 말로 정리하고자 한다. 이를 위해 아래의 논의에서는 작품의 미적 성질에만 주목하면서 문학 읽기를 '심미 체험'에 국한시키는 관점을 비판하면서 대안적 목표 설정에 대한 논의를 펼칠 것이다.
 미적 태도에 특권을 부여할 경우 목적, 기능, 내용의 의미와 같이 작품에 포함되어 있는 미의 외적 계기들을 도외시하게 된다. 그러나 미적 태도가 배제하는 이러한 계기들은 작품을 낳은 세계의 일부로, 작품 전체의 의미를 결정하는 중요한 역할을 수행한다. 가다머는 근대 이성의 합리화가 낳은 '순수 예술 작품'이란 미적 성질 자체만을 목표로 하여 선택하는 일종의 '추상 작용'에 의해 탄생하는 것임을 강조한 바 있다. 독자반응 이론이 독자의 반응에서 출발함으로써 신비평이 문학교육에 미친 해악을 극복하려 했지만, 문학 전유를 '작품의 아름다운 면에 주목하며 읽는 것'과 동일시함으로써 다시금 신비평의 전제로 회귀해버린 사정도 심미 체험을 지나치게 강조했기 때문이다. 다음과 같은 발언은 미적 태도가 특정한 시기에 탄생한 '인위적인 것'이며, 그것도 작품의 총체적 의미망을 협소한 지평에 국한시키고 있음을 설득력 있게 지적하고 있다.

> 예술사의 모든 위대한 시대에는 미적 의식이나 우리가 말하는 '예술'의 개념이 없어도 사람들이 조형물에 둘러싸여 있었으며, 이 조형물들의 종교적 또는 세속적 삶의 기능이 모두에게 이해될 수 있었고, 어느 누구에게도 오로지 미적으로만 즐거운 것은 아니었다.[1]

작품을 미적 계기와 비(非)미적 계기로 나누어 전자에만 집중하는 작품 읽기 태도의 성립은, 근대에 접어들어 '취미' 개념이 철저하게 사적인 것으로 취급된 것과 맥을 같이 한다. 취미는 원래 미학적 개념이라기보다는 도덕적 개념에 가까운 것으로서, 취미가 자립적이며 독립적인 영역으로 제한되면서 취미에 어떠한 인식 의미도 인정하지 않게 된 것은 칸트의 작업에 이르러서였다. 칸트는 『판단력 비판』에서 미적 판단을 선험적으로 정당화하는 가운데, 대상에 대한 어떠한 인식도 가져오지 않는 미적 취미의 주관적 보편성을 주장함으로써 자율적 영역으로서의 미와 예술의 영역을 정초한 바 있다. 그러나 또 한편으로 칸트의 이러한 입론은 취미 판단을 철저하게 주관화함으로써 미와 인식의 연관성을 파괴하고 순수한 이성의 사용만이 인식의 영역 속하는 것으로 규정하는 문제점을 낳기도 한다.

그러나 취미가 단순한 사적인 특성으로 제한된 지는 얼마 되지 않는다. 비록 서구의 예이지만, 17세기만 해도 취미는 신분적 특권과 무관한 '진정한 인간성의 이상'으로 규정되었다고 한다. 그러한 논법에 따르면, 좋은 사회는 그 사회가 이해의 편협함과 사적인 편견을 넘어서는 판단을 요구할 수 있는 '좋은 취미'의 이상으로 넘치는 사회이다. 이 경우 취미는 일종의 인식 방식과 윤리적 판단을 포함하는데, 예를 들어 누군가가 자기 자신과 사적인 편견

---

[1] Gadamer, *op. cit.*, 1965, S.77.

에 대해 거리를 취할 수 있다는 것이야말로 좋은 취미를 가지고 있다는 징표가 된다. 이처럼 원래 취미는 사적인 것이 아니라 중요한 사회적 현상의 일부로 받아들여진 바 있다. 그러므로 취미를 자연과 예술의 아름다움에 국한시켰던 칸트의 논의와는 정반대로, 자연과 예술의 아름다움은 인간의 윤리적 현실에까지 뻗어 있는 아름다움의 넓은 바다의 일부로 규정해야 한다. 그러한 규정을 통해 미적 감식안을 갖춘 소수 전문가의 영역을 넘어서 아름다움을 모든 사회 구성원의 '삶'과 관련을 맺는 세속적 기능과 연결할 수 있게 된다.

물론 지적·과학적 태도, 윤리적 태도, 심미적 태도로 분화된 인간의 이성을 강제로 통일시키는 일은 불가능에 가깝다. 필자 역시 심미적 태도를 완전히 부정하자는 주장을 하고 있는 것은 아니다. 다만 근대에 들어와 성립된 전문적인 문학 연구와 비평 제도가 과대 평가한 '미적 태도'가 부분적인 것임을 강조할 뿐이다. 문학 작품의 감상에서 당연한 것으로 간주되고 있는 미적 태도란 전체로서의 작품에서 '미적 요소'만을 분리하는 일종의 추상 작용에 의해 성립된 것이다. 특히 '감식력 있는 일반 독자'의 비평 활동은 전체로서의 문학이 가지는 세속적 기능에 중요한 비중을 두어야 할 것이다. 문학을 읽는 일상인에게 더욱 중요한 문학의 기능 역시 바로 그러한 면이기 때문이다. 여기서 비평 활동을 통한 독자의 판단과 의견 교환의 과정을 통해 얻고자 하는 '앎'과 '깨달음'을 포괄하여 '지혜'라 부를 수 있다.

여기서 '지혜'는 넓은 의미의 지식이라 볼 수 있지만, 이론적 지식이 아니라 실천적 지식으로서, 알려진 사실을 관조적으로 아는 것이 아니라 어떻게 행동할 것인지를 구체적으로 판단하는 '윤리적 지식'의 다른 명칭이기도 하다. '지혜'는 라일(Ryle)의 용어를 따르자면, '어떻게'에 대한 앎이라는 점에서는 같은 실천적 지식인 '방법적 지식'과 동일한 위상을 갖는다.[2] 그러나 윤

---

2) 라일의 지식론에 대해서는 조영태, 『교육 내용의 두 측면:이해와 활동』, 교육과학사, 1998, 163-196면을 참조할 것.

리적 지식으로서의 '지혜'는 그것의 '응용'에 대해 지식이 갖는 관계에서 일반적인 방법적 지식과 구별된다. 인간은 덕스러운 행위들을 함으로써 덕스럽게 되며 이런 점에서 윤리적 지식의 구조는 기술적인 숙련의 경우와 동일한 것처럼 보인다. 그러나 컴퓨터를 조립한다거나 '문장을 요약'하는 방법을 아는 '기술적인 지식'과 달리 윤리적 지식은 개인이 처한 상황 맥락에 훨씬 더 많이 의존하기 마련이다. 예를 들어 컴퓨터를 조립하는 경우 직면하게 되는 다양한 변수들은, 조립 절차에 영향을 미치게 된다. 그러나 용기 있는 행위를 하는 경우, 다양한 변수는 단순히 절차의 문제가 아니라 과연 '용기란 무엇인가'와 관련된 앎에 직접적인 영향을 미친다. 그런 점에서 비평 활동의 목표인 '지혜'는 구체적이고 맥락 의존적인 지식으로서의 윤리적 지식의 다른 명칭이다.

그런데 여기서 말하는 윤리란 특수한 상황에서 개인이 따라야 하는 도덕규칙 차원 이상의 의미를 가지고 있다. 사람의 행위에 대한 근거와 기준, 행위의 동기와 목적, 행위의 규범과 가치를 다루는 '도덕 철학'의 지평을 넘어서, 보다 근원적인 이상에 대한 탐구와 연결되는 인간의 윤리적 자질을 '덕(virtue)'이라 규정해 왔다. 예를 들어 공자가 말하는 '도'는 불의를 행하지 말라는 단순한 도덕률이 아니라, 협동적인 사회의 미래도를 뜻하는데, 이는 보다 살기 좋은 세상에 대한 꿈을 현실에 구현하는 '길'의 탐색과 연결된다.[3] 이처럼 '덕(virtue)'은 기존 가치의 준수를 넘어서 '가치의 창조'를 행할 수 있는 능력을 뜻한다. 아리스토텔레스(Aristoteles)가 덕의 한 예로 들고 있는 '우애'는 친구 사이의 의무뿐만 아니라 보다 넓은 관행 공동체 다시 말해 특정한 행동 기준과 목표를 지니고 공동의 활동이 이루어지는 공동체에 대한 의무에 기초하고 있다. '특정한 감정의 상태'가 되어버린 현대의 '우정' 개념과 달리 덕으로서의 '우애'는 '공동의 기획으로서의 정치적 공동체에 대한 개념'

---

[3] 공자의 '도'에 대해서는 H. G. Creel, 이성규 역, 『공자: 인간과 신화』, 지식산업사, 1988의 9장을 참조하였다.

이라는 공동선에 대한 감각을 바탕으로 한다는 것이다.[4]

지금까지 살펴본 것처럼 동·서양 모두 '도덕'과 '윤리'를 창출하는 근원적인 앎과 행위의 문제를 '덕'이라는 용어로 포괄하고 있다. 그러므로 덕을 가진 사람은 '특정한 상황에서 어떻게 판단해야 하는 지를 아는' 윤리적 지식으로서의 지혜 — 아리스토텔레스는 이를 phronesis라고 명명했다 — 를 가지고 있는 사람이다. 바로 이런 이유 때문에 윤리적 지식은 단순한 공식의 적용이 아니라 규범 자체에 대한 성찰이나 반성을 필요로 한다. 가다머는 이를 다음과 같이 표현하고 있다.

> 행위를 인도하는 지식은 우리가 행해야 할 바를 선택해야 하는 구체적인 상황에 의해 요구되며, 학습되고 숙련된 기술에 의한 숙고나 결정과는 무관하다.[5]

대상과 감각을 '실천'이라는 맥락 속에서 파악한다면, 주체의 '입장'과 '관점'은 지식의 내적 본질을 구성한다. 이러한 새로운 지식관은 주관/객관의 대립항을 그대로 유지하면서 어느 한 편을 택하는 것이 아니라, 진(眞)과 선(善), 사실과 가치의 분리를 특징으로 하는 근대적 사유 체계를 극복하고자 한다.[6] 이런 점에서 인식 주체의 적극적인 참여를 강조하고 있는 '인격적 지식(personal knowledge)'이라는 개념은 실증주의의 가설 비판이 무엇을 의미하는가를 잘 설명해 준다. 그의 논의에 따르면, '인격적'이라는 수식어는 주

---

[4] 아리스토텔레스의 덕 개념에 대해서는 A. Macintyre, *After Virtue*, 1981, 이진우 옮김, 『덕의 상실』, 문예출판사, 1997, 183-196면을 참조하였다.
[5] H. G. Gadamer, *Vernunft im Zitalter der Wissenschaften*, Suhfkamp, 1976, S.83.
[6] 여기서 근대의 학문 구조를 자연과학 대 인문과학의 근본적 대립 구도에 모호한 정체성으로 고민하는 사회과학이 부가된 것으로 설명하는 월러스틴의 논의 역시 이 대목에서 참조할 만하다. 그 역시 진과 선의 분리를 근대의 문제로 파악하면서, '의사 과학성'에 사로잡힌 '사회과학'을 '재고'(rethinking)할 것이 아니라, 그것으로부터 '탈피'(unthinking)할 것을 제안한다. 자세한 사항은 I. Wallerstein, *Unthinking Socila Scinece*, 1991, 성백용 옮김, 『사회과학으로부터의 탈피』, 창작과비평사, 1994를 참조할 것.

관적인 것도 아니고 객관적인 것도 아니다. 인격적 지식은 모종의 정신적인 노력에서 비롯된 소신으로서, 적어도 그 주체에게는 만민에 대해서 보편성을 가진 것으로 느껴지기 때문에, 단순히 주관적인 것일 수 없다. 폴라니가 마음과 신체, 이성과 경험, 주체와 객체, 사적인 것과 공적인 것, 주관적인 것과 객관적인 것, 사실과 가치, 자연과학과 인문과학, 학문적인 지식과 기술이라고 하는 이분법을 비판하는 이유도 진리와 선함을 '따로따로'가 아니라 '함께' 추구하고자 하기 때문이다.[7]

이로써 '지식'은 학문의 세계에 객관적으로 머물러 있는 추상에 국한되지 않고, 주체가 대상 세계를 꿰뚫어 보면서 실천을 구하는 지혜(智慧)에 가까워진다. '명제적 진실'을 포괄하면서 필연적으로 실천에 대한 지향을 포함하고, 선하고 올바른 길을 닦으며 따르는 훈련의 의미를 담고 있는 '지혜'는 앞에서 말한 문학의 세속적 기능이 추구하는 바를 압축적으로 나타낼 수 있는 용어이다. 물론 '지혜'는 엄밀한 학문적 용어라고 할 수는 없다. 그러나 '지혜'라는 용어를 통해 '지식'이라는 개념에 따라붙기 마련인 객관주의적 편향을 교정하면서 동시에 진(眞)과 선(善)을 함께 추구할 수 있는 길을 마련할 수 있다면, 나름의 궁여지책은 될 수 있어 보인다.

서양 철학 특히 영미 철학의 발전 과정에서 인간의 삶에 결정적인 보다 근원적인 '진리'에 대한 관심이 '진술과 외부 사실의 상응(correspondence)'을 뜻하거나 '진술 자체의 내적 정합성(coherence)'을 뜻하는 협의의 '진실성'으로 축소된 상황에서, 본원적인 진리를 구제하기 위해 '지혜'라는 용어는 보다 유용해 보인다. "과학은 진리의 근원적 일어남이 아니고 항상 이미 알려진 진리 영역의 확장"이며, 과학이 "정확함(das Richtige)을 넘어 진리(Wahrheit)로, 즉 존재자의 본질적인 드러냄으로 나아갈 때, 그리고 그렇게 나가는 한에서 과학은 철학이 된다."는 하이데거의 발언 역시 이런 문제의식을 가지고 과학적 진실성과 진리의 관계를 설명하고 있다.

---

[7] 장상호, 『폴라니, 인격적 지식의 확장』, 교육과학사, 1994.

비평 활동이 목표로 하는 '지혜'는 그 윤리적이고 실천적 성격으로 인해 보다 고차적인 '진리'의 속성을 내포하고 있다. 그러나 예술의 '진리'는 모든 창조적 실천에 공통된 진리이지 예술만의 진리란 있을 수 없다는 관점을 유지함으로써 앞 장에서 논한 예술의 절대적 주권성 주장과는 구별되는 인식을 보일 수 있게 된다. 비평 활동의 목표로서의 '지혜'는 이처럼 문학 작품을 포함한 다양한 영역에서의 '진리'의 구현을 식별하고 그것을 바탕으로 자신의 삶을 기획할 수 있는 문학에 대한 세속적 전유 능력의 다른 명칭인 것이다. 그렇다면 비평 활동을 포함한 문학 읽기의 장은 미학의 자장을 벗어나, 윤리학의 영역에 접근하는 가운데 세부적인 학습 활동의 내용을 마련해야 할 것이다. 갈수록 자신의 내적 논리에 빠져들어 독립된 제도로 굳어져 가고 있는 문학을 생활 세계와 소통할 수 있게 하는 것이야말로 비평 활동이 추구하는 바이기 때문이다.

2. 비평 주체와 텍스트의 '공명(共鳴)'

태도는 어떤 사물이나 상황에 대한 개인들의 반응을 위한 심리적인 준비 상태를 형성하여 행위를 특정의 방향으로 이끌어감으로써 개인들의 행위에 직접 영향을 끼친다.[8] 비평 활동에서의 태도 역시 활동의 방향을 규정하면서 활동의 내용에도 직·간접적으로 영향을 미치게 된다. 비평 활동을 보다 효율적으로 수행하는 동시에 비평 주체의 풍부한 의미 실현을 가능하게 하는 태도를 구체화하기 위해 일단 'Critic'에 대한 일종의 메타 비평이 필요하다. 비판과 비평으로 모두 번역될 수 있는 Critic의 폭넓은 의미망으로 인해 발생하는 몇 가지 이론(異論)을 점검해보면서 특히 문학교육의 영역에서 요구되

---

[8] 자세한 사항은 차배근, 『설득 커뮤니케이션 이론』, 서울대학교출판부, 1989, 116-117면을 참조할 것.

는 비평 활동의 태도를 구체화할 필요성이 더욱 부각되고 있기 때문이다.

먼저 읽기 교육에서 사용되고 있는 '비판적 이해' 개념을 살펴보도록 하자. 일반적으로 필자가 제시한 주제, 자료, 증거, 논증, 인물의 성격, 작품의 가치, 정확성, 효용성, 필자의 의도와 글의 표현 방식 등을 일련의 준거에 의해 타당한 것으로 수용할 것인가, 아니면 불합리한 것으로 반박할 것인가에 대한 판단을 내리는 이해 과정이 비판적 이해의 중요 활동으로 규정된다. 비판적 이해 기능은 독해의 과정에서 글에 제시된 내용, 표현, 조직 등에 대하여 그 적절성과 정확성, 타당성 및 효율성을 일정한 준거에 따라 판단하면서 이해하는 기능으로, 비판적 사고 기능에 근거하고 있다. 그 구체적인 방법으로는 다음과 같은 것들이 제시된다. (1) 단어 선택 및 문장 구조의 측면에서 내용 및 표현의 정확성과 적절성을 판단하며 글을 읽는다. (2) 문단의 구조, 글 전체의 구조, 내용의 논리적 전개 등의 측면에서 내용 및 조직의 정확성과 적절성을 판단하며 읽는다. (3) 글 전체의 통일성, 일관성, 강조성 등의 측면에서 내용 및 조직의 적절성을 판단하며 읽는다. (4) 글의 주제나 목적에 비추어 내용의 타당성과 효용성을 판단하며 읽는다. (5) 건전한 상식이나 사회 통념, 윤리적 가치, 미적 가치 등에 비추어 내용의 타당성과 효용성을 '비판하며' 읽는다.[9]

여기서 (5)를 제외하고는 전체가 텍스트 내적인 차원의 문제로서 주로 논리적이고 형식적인 기준을 바탕으로 텍스트의 문제점을 발견하는 차원에 머무르고 있다. 비판적 이해와 밀접한 관련을 맺을 수밖에 없는 비판적 사고를 설명하고 있는 논의를 보아도 사정은 크게 다르지 않아 보인다. 감정 또는 편견에 사로잡히거나 권위에 맹종하지 않고 합리적이고 논리적으로 분석·평가·분류하는 사고를 비판적 사고라 정의하면서 그 하위 요소로 건전한 회의성, 지적 정직성, 객관성, 체계성, 철저성의 다섯 가지 요소를 들고 있는 논의 역시 논리의 타당성을 따져 보는 것을 비판적 사고의 중요한 내

---

9) 박영목, 『국어이해론』, 법인문화사, 1996, 201면.

용으로 삼고 있다.10) 이처럼 비판적 이해나 비판적 사고 영역에서는 텍스트 내부의 논리적 타당성에 초점을 맞추어 글의 내용을 무조건 수용하는 것이 아니라 건전하게 회의하여 받아들일 것은 받아들이고 버릴 것은 버리는 과정을 중시하고 있다.

한편 다문화주의나 여성주의의 맥락에서 사용되는 '비판'은 독자적인 문제의식을 보여주고 있다. 그것은 '논리적 타당성'에 초점을 맞추어 왔던 기왕의 논의와 구별해서 주로 이데올로기 차원에 초점을 맞추고 있다. 특히 단순히 문자를 사용하여 읽고 쓸 수 있는 능력을 말하던 문식성(Literacy)이 여기서는 말과 글에 숨겨져 있는 이데올로기적 편견을 발견하여 자신이 속해 있는 소수 집단의 시각에서 이데올로기적인 전제의 모순을 밝히는 '비판적 문식성'으로 의미가 변환된다. 여기서 '비판'의 대상은 논리적 타당성이라기보다는 누구나 자연스럽게 받아들이고 있는 가치에 숨겨진 편견으로서, 계급적이고 인종적이고 성적인 차별을 은폐하고 있는 '상식'이다. 여기서 비판은 좀 더 명확하게 '폭로'와 '거부'라는 내용을 갖게 된다.

이처럼 '비판적 읽기'는 주체가 가지고 있는 어떤 기준을 사용하여 부적합한 내용(그것이 논리적인 이유에서든 아니면 이데올로기적인 이유에서든 간에)을 '거부'하는 쪽으로 기울어져 있다. 물론 맹목적인 거부가 아니라는 점에서 따져 보아 수용할 것은 수용하고 거부할 것은 거부하는 활동임을 명시하고 있으나, 아무래도 초점은 주체가 소유하고 있는 어떤 기준에 의거해서 텍스트를 '회의'하는 쪽에 가 있게 된다. 여러 영역에서 다양한 의미로 쓰이고 있는 '비판'이라는 용어의 공통점으로 '어떤 대상을 무조건 수용하지 않는 건전한 회의'를 드는 것을 보아도 이를 알 수 있다. 이런 경향은 결국 텍스트에 숨겨진 의도를 발견해내는 것을 강조하게 된다. 비판적 이해의 관건은 텍스트 이면에 숨겨진 무엇을 '간파'해내는 것이다.

---

10) J. E. Mcpeck, *Critical Thinking and Education*, 1981, 박영환·김공하 역, 『비판적 사고와 교육』, 배영사, 1981, 12면.

이와는 달리 최근 읽기 이론에서의 '비판적 이해'에 대한 논의는 '간파'의 문제 설정과는 구별되는 면모를 보여주고 있다. 특히 그 동안 간과해 왔던 텍스트의 영향을 고려하는 가운데 읽기 과정 전체에 개입하는 독자의 능동적인 의미 구성 작용 전체에 주목하는 방향으로 변화하고 있다. 이를 통해 '간파'의 문제 설정에 갇혀 있는 기왕의 '비판적 읽기' 논의의 한계를 벗어날 가능성을 보여주고 있다. 이 논의에 따르면, 비판적 읽기는 읽기 과정의 특정한 한 단계가 아니라 사회·문화적 의미에 이르는 이해의 전 과정에 걸친 것이다. 텍스트의 유형과 표면 구조에 구속되어 있는 표면적 주제 의미를 넘어서, 텍스트 생산과 수용의 사회 문화적 맥락과 결부된 이면적 의미를 독자가 추론해 가는 과정이 바로 비판적 텍스트 이해이다. 그러나 이러한 문제 의식은 실제 텍스트 이해 과정을 구조화하는 가운데에서 일관되게 관철되지 못한다. 예를 들어 "비판적으로 텍스트를 읽는다는 것은 글 내용의 표면 뒤에 숨겨진 필자의 의도를 찾아내면서 그것이 얼마나 타당하고 적절한지를 자신의 스키마에 비추어 판단하는 상위 인지적 과정"이라는 발언은 다시금 '간파'로서의 비판적 이해의 문제 설정으로 되돌아가고 마는 한계를 드러내고 있다.[11]

우리는 다양한 읽기의 체험 가운데 종종 자신이 가지고 있는 잣대 자체를 뒤흔들어 놓는 체험에 맞닥뜨리기도 한다. 비판적 이해를 '간파'로 파악하는 논의는, 드물지만 뜻깊은 이러한 읽기의 경험을 해명하기에는 부족함이 많다. 예를 들어 한 '평범한' 독자가 『까라마죠프 집안의 형제들』을 읽는 과정에서 적당히 의례적이고 관습적인 자신의 종교 생활을 뒤흔들어 놓는 심적 충격을 받았다고 가정해 보자. 그는 이미 '신앙'이라는 나름의 가치 규준을 가지고 생활하고 있었을 것이다. 그리고 어쩌면 책을 읽는 과정에서 처음에는 자신의 잣대를 동원하여 『까라마죠프 집안의 형제들』이 제기한 대면하고

---

[11] 김혜정, 「텍스트 이해에서 의미 구성의 층위와 인지적 상호 작용」, 『국어교육학연구』 제15집, 국어교육학회, 2002, 283면.

싶지 않은 질문을 '거부'하고자 했을지도 모른다. 어떤 독자들은 여기서 효과적으로 자신의 완결된 '신앙'을 보호하는 데 성공했을 수도 있다. 그러나 또 다른 독자들은 계속해서 읽어 가는 가운데 기존의 '잣대'로는 도저히 해결할 수 없는 물음 앞에 자신을 내던져 놓을 수밖에 없는 체험을 할 수도 있다. 다시 말해 독자는 지금까지 자신이 속해 왔던 완결된 세계나 선입견을 깨뜨리는 전율과 경이의 체험 속에서 잣대 자체를 다시 검토할 수밖에 없는 상황에 처하기도 한다. 그렇다면 독자의 이러한 수용은 비판적인 이해인가 아니면 수동적인 수용인가? 비판적 이해를 '간파'로 규정하는 한, 이러한 체험을 제대로 설명하기란 어려워 보인다.

이러한 사례에 대해 문학에서나 가능한 '감동'의 예를 가지고 문제를 복잡하게 만든다는 반론이 나올 수 있다. 다시 말해 논설문과 같은 비문학적 글에는 비판적 이해나 비판적 사고를, 문학에는 비평이라는 용어를 사용하면 해결되지 않는가 하는 '선명한' 해결책을 굳이 외면하는 이유를 물을 수도 있다. 그러나 이 둘을 나누는 절대적인 기준은 무엇인가에 답하기란 쉬운 일이 아니다. 과연 그러한 기준을 설정할 수 있는가에 대해서도 의견의 일치를 보기가 쉽지 않다는 것이 최근 논의의 대세인 듯하다. 게다가 '비문학'을 통해서도 얼마든지 주체의 판단 기준을 조정하는 과정을 겪을 수 있다. 그러므로 그것이 어떤 종류의 텍스트이냐에 상관없이, 독자가 텍스트와의 상호 작용 속에서 자신의 능동적 판단을 통해 텍스트에 담긴 세계를 전유하는 과정 전체를 비평 활동으로 규정할 수 있는 것이다.

자신의 평가 기준을 뒤흔들어 놓는 체험에 귀기울이며 자기가 지금까지 공고하게 지켜왔던 모종의 기준을 겸허하게 다시 되돌아보게 하는 과정에도 '비판'의 계기가 자리잡고 있다. 그러므로 주체가 가지고 있는 나름의 기준으로 텍스트를 회의하는 과정이 비판적 이해에 중요함은 물론이려니와 텍스트가 열어 보이는 새로운 세계의 소리를 귀담아들을 줄 아는 분별력 역시 중요하다. '활동으로서의 비평'은 텍스트의 세계와 읽기 주체 사이에 벌어지는 이러한 상호 작용 과정을 모두 포괄한다. 그러므로 아래 인용된 구절처럼 비평의 태도를 '텍스트에 대항'하는 '거부' 혹은 '부정'에 국한시키는 관점을 지양해야 한다.

읽어나갈 때 우리는 텍스트 내부에서 텍스트를 생산하며, 해석할 때는 텍스트 위에서 텍스트를 만들며, 비평할 때는 텍스트에 대항하여 텍스트를 생산한다. 문학 텍스트를 가르치는 교사로서 우리는 두 가지 중요한 책임을 맡고 있다. 하나는 학생들이 이들 생산적인 활동을 가능한 한 충실하게 수행할 수 있는 방안을 고안하는 것이며, 이는 곧 세 가지 텍스트화의 양식 - 그 속에서, 그 위에서, 그것에 대항하여 - 안에서 학생들 자신이 말로 혹은 글로 텍스트를 생산해내는 것이다.[12]

앞에서 설명한 것처럼 비평 활동의 태도는 '거부' 혹은 '수용' 그 어느 쪽으로 일면화될 수 없는 복합성을 지닌다. 이처럼 '거부'나 '수용' 어느 한쪽에 귀속될 수 없는 비평 활동의 태도를 명확히 하기 위하여 필자는 '공명(共鳴)'이라는 용어를 제시하였다. 비록 '공명'이라는 용어에 대해 학술 용어로 타당한가라는 문제가 제기될 수 있다. 그러나 문학 읽기를 본질적으로 '울림'의 독서로 규정한 다음과 같은 선행 논의 역시 '공명'이라는 용어를 직접 사용하지 않았지만, 비평 태도에 대한 필자의 문제의식을 뒷받침하고 있기 때문에 그러한 용어의 도입이 불가능해 보이지는 않는다.

문학 텍스트 내의 세계가 일차적 언어 정보로 독자에게 수용되면서 동시에 독자의 삶의 세계와 조응하는, 그리하여 무수히 많은 상징의 층위로 의미가 재생되는 그러한 기제가 바로 울림의 기제인 것이다. 여기서는 인지적인 것과 정의적인 것이 경계 없이 교섭하고, 허구와 사실이 상상력 속에서 서로 교차하여, 문학적 진실을 빚어내게 하며, 감정이입과 이격이 감상

---

12) R. Scholes, 김상욱 역, 앞의 책, 1995, 32면.

의 회로 속에서 병존하기도 한다.13)

공명은 어떤 소리가 불러일으키는 파동에 다른 대상이 공조하여 울림을 불러일으키는 경우를 지칭하는 용어이다. 독자가 텍스트를 읽고 그 과정에서 비평 활동에 임하게 될 경우, 텍스트가 주는 울림이 긍정적인 면이든 아니면, 부정적인 면이든 독서 주체에게 작용을 가한다는 측면에는 틀림이 없다. 그리고 그러한 상호 작용의 결과 텍스트의 세계와 독서 주체가 가지고 있는 서로 다른 전망들이 사상(事象)에 관한 보다 깊은 이해의 방향으로 융합을 추구한다는 특징이야말로 비평 활동의 본질적인 태도라 할 수 있다. 이는 우리의 일상적인 언어 활동인 토론에서, 토론을 마친 뒤 원래 입장을 바꾸느냐 그대로 유지하느냐에 상관없이, 토론의 결과로 토론 당사자들이 자신이 가지고 있던 원래의 견해를 보다 심화 발전시키는 상황과 유사하다. 가다머가 대화와 토론은 그 자체로 이성의 진보를 촉진한다고 본 이유도 필자가 말하는 '공명'의 면을 보았기 때문일 것이다.14)

이처럼 '공명'의 태도를 강조함으로써 긍정이냐 부정이냐, 수용이냐 거부냐라는 양자 택일의 협소한 지평을 넘어서, 비평 주체와 텍스트가 담고 있는 세계 사이의 상호 작용과 그러한 상호 작용을 통한 독서 주체의 성장을 강조할 수 있게 된다. 물론 '공명'은 텍스트에 담긴 권위를 일방적으로 수용하는 것이 아닌 '결렬을 포함하는 과정'이다. 다만 비평 주체의 견해를 텍스트에 일방적으로 강요하는 것 역시 '공명'과는 거리가 멀다. '해석학적 의견 일치'를 설명하고 있는 가다머의 의견을 참조한다면, 비평 활동의 태도로서의 '공명'은 텍스트와 해석자가 가지고 있는 최초 입장들을 '지평 융합'이나 의미에 대한 합의 과정을 거쳐 변형시키는 것을 포함한다. 그리고 이를 통해

---

13) 박인기, 『문학교육과정의 구조와 이론』, 서울대학교출판부, 1996, 244면.
14) '합의'의 이러한 변증법적 특징에 대한 가다머의 설명은 G. Warnke, 이한우 옮김, 앞의 책, 1999, 291-295면을 참조하였다.

사상 혹은 주제 내용의 새로운 차원들을 열어 밝히고, 새로운 문제를 제기할 수 있게 된다. '공명'의 태도를 강조함으로써 '비평'을 텍스트에 '대항하는' 하나의 단계로 보지 않고 '읽기와 해석, 쓰기'의 단계를 포괄하는 전체적인 과정으로 규정해야 한다는 비판적 읽기 이론의 최근 동향에 더욱 힘이 실릴 수 있을 것이다.

비평 활동에서 교육적으로 의미 있는 태도는 '비판'을 포괄하면서 그것을 넘어선 '상호 작용'에 가까운 것이다. 이러한 문제의식은, 텍스트에 주체의 유한한 관점을 부과하는 것이 아니라 텍스트에 자신을 드러내고 텍스트로부터 보다 심화된 자기 자신의 모습을 구성해내는 것이 진정한 의미의 텍스트 이해라 본 리꾀르의 관점과도 연결된다. 필자가 앞서 제시한 비평의 세 가지 속성은 물론 그 자체로도 유의미한 비평 활동의 계열을 형성할 수 있지만, 어떤 최종적인 목표를 향해 종합됨으로써 독자가 균형 잡힌 감식력을 획득하는 데 도움을 줄 수 있다. 그런 면에서 근대 미학의 발전 이후 비(非)미적인 것으로 간주되어 평가 절하되어 왔던 작품의 윤리적 계기가 일상적인 독자들에게는 종합의 지향점이 될 수 있을 것이다.

참고문헌

• 국내 논문 및 도서

경규진, 「반응 중심 문학교육의 방법 연구」, 서울대학교 박사학위 논문, 1993.
구인환 외, 『문학교육론』, 삼지원, 2007.
_____, 『문학 교수·학습 방법론』, 삼지원, 1998.
권성우, 『모더니티와 타자의 현상학』, 솔, 1999.
권오현, 「독일 문학교육에서 〈행위지향〉 패러다임」, 『문학교육학』 1호, 1997.
김대행, 「내용론을 위하여」, 『국어교육연구』 10집, 2002.
_____, 『국어교과학의 지평』, 서울대학교출판부, 1995.
김대행 외, 『문학교육원론』, 서울대학교출판부, 2000.
김동환, 「비평적 에세이 쓰기」, 『문학과 교육』 7호, 한국교육미디어, 1999.
_____, 「『고향』론」, 『민족문학사연구』 1호, 1991.
김미혜, 『비평을 통한 시 읽기 교육』, 태학사, 2009.
_____, 「텍스트 해석에 있어서 타당성의 조건에 관한 연구」, 『국어국문학』 135집, 국어국문학회, 2003.
김봉순, 「균형있는 읽기 교육의 가능성」, 『국어교육학연구』 15집, 2002.
김상욱, 「아동문학의 장르와 용어」, 『아동청소년문학연구』 4호, 한국아동청소년문학학회, 2009.
_____, 「실천적 이론과 이론적 실천」, 『문학교육학』 18호, 2005.
_____, 『문학교육의 길 찾기』, 나라말, 2003.
김성도, 『현대 기호학 강의』, 민음사, 1998.
김성수, 「이기영 소설 연구」, 성균관대학교 박사학위 논문, 1991.
김성진, 「애도의 서사 윤리와 문학 치료」, 『문학교육학』 37집, 2012.
_____, 「김동리 초기 소설에 나타난 원시적 열정의 현대성」, 『국어국문학』 160집, 2012.
_____, 「2009 개정 교육과정 문학 영역의 변화상과 이후의 과제」, 『국어교육연구』 50집, 2012.
_____, 「청소년 소설의 장르적 특징과 문학교육」, 『비평문학』 39호, 2011.
_____, 「진정성의 서사윤리와 소설교육」, 『국어교육』 132호, 2010.

_____, 「서사교육에서 맥락과 장르의 관계에 대한 연구」, 『문학교육학』 30호, 2010.
_____, 「작품 읽기와 비평 이론」, 『문학교육학』 28집, 2009.
_____, 「청소년 소설의 현실 형상화 방식에 대한 연구」, 『우리말글』 45집, 2009.
_____, 「소설교육에서 해석의 다양성 문제 재론」, 『우리말글』 42집, 2008.
_____, 「아동청소년 문학의 정전과 권정생의 '한국전쟁 3부작'」, 『문학교육학』 25집, 2008.
_____, 「문학의 창조적 재구성 내용 연구」, 『국어교육학연구』 30집, 2007.
_____, 「서사 이론과 읽기 교육의 소통을 위한 시론」, 『문학교육학』 19호, 2006.
_____, 『문학교육론의 쟁점과 전망』, 삼지원, 2004.
_____, 「비평 활동 교육의 내용 연구」, 서울대학교 박사학위 논문, 2004.
김영민, 『한국문학비평논쟁사』, 한길사, 1992.
김영희, 『비평의 객관성과 실천적 지평』, 창작과비평사, 1993.
김윤식, 『한국근대문학사상연구 2』, 아세아문화사, 1994.
_____, 『한국 현대 현실주의 소설 연구』, 문학과지성사, 1990.
_____, 『한국근대문학사상사』, 한길사, 1984.
_____, 『한국근대문학사상연구 1』, 일지사, 1984.
김은성, 「국어 문법 교육의 태도 교육 내용 연구」, 서울대학교 박사학위 논문, 2006.
김정우, 『시 해석 교육론』, 태학사, 2006.
김정탁, 『禮&藝 : 한국인의 의사소통 사상을 찾아서』, 한울, 2004.
김중신, 『한국 문학교육론의 방법과 실천』, 한국문화사, 2003.
김창원, 『문학교육론』, 한국문화사, 2011.
_____, 「'述而不作'에 관한 질문」, 『문학교육학』 2호, 1998.
김 현, 『사회와 윤리』, 일지사, 1974.
김혜영, 「한국 모더니즘소설의 글쓰기 방법 연구」, 서울대학교 박사학위 논문, 2000.
김혜정, 「읽기의 맥락과 맥락 읽기」, 『독서 연구』 21호, 2009.
_____, 「텍스트 이해의 과정과 전략에 관한 연구」, 서울대학교 박사학위 논문, 2002.
김홍중, 『마음의 사회학』, 문학동네, 2010.
남민우, 『문학교육의 역사와 성장의 시학』, 역락, 2006.
노은희, 「상황 맥락의 도입을 통한 말하기 지도 연구」, 서울대학교 석사학위 논문, 1993.
도정일, 『시인은 숲으로 가지 못한다』, 민음사, 1994.
류보선, 「1930년대 후반기 문학비평 연구」, 서울대학교 박사학위 논문, 1996.

문영진, 『동시대의 삶과 서사교육』, 한국문화사, 2007.
_____, 『한국 근대산문의 읽기와 글쓰기』, 소명출판, 2000.
민현식 외, 『2011 국어과 교육과정 개정을 위한 시안 개발 연구』, 교육과학기술부, 2011.
박기범, 「시점-서술 교육의 반성과 개선 방향」, 『국어교육학연구』 31집, 2008.
박인기, 「국어교육학 연구의 방향 : 재개념화 그리고 가로지르기」, 『국어교육학연구』 22집, 2005,
_____, 『문학교육과정의 구조와 이론』, 서울대학교출판부, 1996.
백락청, 『통일시대 한국문학의 보람』, 창작과비평사, 2006.
서영채, 『사랑의 문법』, 민음사, 2004.
서유경, 「공감적 자기화를 통한 문학교육 연구」, 서울대학교 박사학위 논문, 2002.
서지영, 「계약과 실험, 충돌과 모순」, 『여성문학연구』 19호, 139-175면, 2008.
심영택, 「사고기술형 읽기 포트폴리오 평가의 이론과 실제」, 『국어교육학연구』 9집, 1999.
양정실, 「해석 텍스트 쓰기의 서사교육 방법 연구」, 서울대학교 박사학위 논문, 2006.
염은열, 「국어 활동 영역과 문학 영역의 관계 설정에 대한 연구」, 『문학교육학』 18호, 2005.
영미문학연구회, 『영미 문학의 길잡이 2』, 창작과비평사, 2001.
왕한석, 「개화기 서양인이 본 한국문화」, 『비교문화연구』 4호, 1998.
우한용, 『창작교육론』, 태학사, 2009.
_____, 「문학교육과 도덕성 발달의 의미망」, 『문학교육학 14호』, 2004.
_____, 『문학교육과 문화론』, 서울대학교출판부, 1997.
_____, 「문학교육의 평가—메타비평의 글쓰기 평가를 중심으로」, 『국어교육』 100집, 1999.
우한용 외, 『문학교육과정론』, 삼지원, 1997.
_____, 『서사교육론』, 동아시아, 2001.
유영희, 「문학 능력의 개념과 구조화 방안」, 『문학교육학』 27호, 2008.
윤여탁 외, 『현대시 교육론』, 사회평론, 2010.
윤지관, 『근대사회의 교양과 비평』, 창작과비평사, 1995.
이광린, 「비숍 여사의 여행기」, 『진단학보』 71·72집, 1991.
이상경, 「이기영 소설의 변모 과정 연구」, 서울대학교 박사학위 논문, 1992.
이성영, 『국어교육의 내용 연구』, 서울대출판부, 1995.

이양숙, 「최재서 문학 비평 연구」, 서울대학교 박사학위 논문, 2003.
이재기, 「맥락 중심 문식성 교육 방법론 고찰」, 『청람어문교육』 34집, 2006.
이재선, 『한국현대소설사』, 홍성사, 1997.
임경순, 「구성주의적 관점에서의 문학 텍스트 읽기」, 『독서연구』 18호, 2007.
_____, 『문학의 해석과 문학교육』, 2004.
_____, 『서사표현교육론 연구』, 역락, 2003.
정재찬, 「문학교육과 도덕적 상상력」, 『문학교육학』 14호, 2004.
_____, 『문학교육의 현상과 인식』, 역락, 2004.
정현선, 『다매체 시대의 국어교육과 문화교육』, 역락, 2004.
조동일, 『신소설의 문학사적 성격』, 서울대출판부, 1973.
조영태, 『교육 내용의 두 측면: 이해와 활동』, 교육과학사, 1998.
조현일, 『한국문학의 근대성과 리얼리즘』, 월인, 2004.
진선희, 「문학 소통 '맥락'의 교육적 탐색」, 『문학교육학』 26호, 2008.
최미숙, 「대화 중심의 현대시 교수·학습 방법」, 『국어교육학연구』 26집, 2006.
최병우, 『다매체 문화와 사이버 소설』, 푸른사상사, 2002.
최원식, 『민족문학의 논리』, 창작과비평사, 1986.
최인자, 「문학독서의 사회·문화적 모델과 '맥락' 중심 문학교육의 원리」, 『문학교육학』 25호, 2008.
최지현, 「문학 능력의 위계적 발달, 평가 모형」, 『문학교육학』 28호, 2009.
_____, 『문학교육과정론』, 역락, 2006.
최혜실, 「『무정』에 나타난 '사랑'과 '주체'의 문제」, 『여성문학연구』 창간호, 1999.
하정일, 『탈식민의 미학』, 소명, 2008.
한형구, 「일제말기 시대의 미의식에 관한 연구」, 서울대학교 박사학위 논문, 1992.
황정규, 『학교학습과 교육평가』, 교육과학사, 1984.
황혜진, 「가치 경험을 위한 소설교육 내용 연구」, 서울대학교 박사학위 논문, 2006.

• 국외 논문 및 도서

가라타니 고진, 송태욱 역, 『트랜스크리틱』, 한길사, 2005.
가라타니 고진, 송태욱 역, 『윤리 21』, 사회평론, 2001.
Anderson, L. W., *Assessing Affective Characteristics in the Schools*(1981), 변창진·

문수백 공역, 『정의적 특성의 사정』, 교육과학사, 1987.

Arendt, H., *Lectures on Kant's Political Philosophy*(1982), 김선욱 옮김, 『칸트 정치철학 강의』, 푸른숲, 2002.

Bahktin, M., *Dialogic Imagination*(1981), 전승희 외 역, 『장편소설과 민중언어』, 창작과비평사, 1988.

Bal, M., *Narratology*(1985), 한용환 역, 『서사란 무엇인가』, 1999.

Barthes, R., *S/Z*, Hill and Wang, 1974.

Bleich, D., *Subjective Criticism*, The Johns Hopkins University Press, 1978.

Bloom, B. S. et al., *Taxonomy of Educational Objectives*(1964), 임의도 외 공역, 『교육목표분류학 Ⅰ. 지적 영역』, 배영사, 1972.

Bloom, B. S. et al., *Taxonomy of Educational Objectives:the Classification of Educational Goals. 2, Affective Domain*(1964), 임의도 외 공역, 『교육목표분류학 Ⅱ. 정의적 영역』, 교육과학사, 1983.

Bohrer, K., *Das absolute Präsens*(1994), 최문규 옮김, 『절대적 현존』, 문학동네, 1995.

Booth, W., "The Ethics of Teaching Literature", *College English* V.61, 1998.

Brooks, P., *Reading for the Plot*, Random House, 1985.

Brooks, C.·Warren, P., *The Scope of fiction*(1960), 안동림 역, 『소설의 분석』, 현암사, 1985.

Buckingham, D., *Media Education*(2003), 기선정·김아미 옮김, 『미디어 교육』, 제이앤북, 2004.

Bürger, P., *Theorie der Avantgarde*(1974), 최성만 역, 『전위예술의 새로운 이해』, 심설당, 1986.

Chatman, S., *Story and Discourse*, Cornell University Press, 1978.

Dilthey, W., *Gesammelte Schriften 7*(1979), 이한우 옮김, 『체험·표현·이해』, 책세상, 2002.

Eagleton, T., *The Ideology of the Aesthetics*, Blackwell, 1990.

Elbow, "The Cultures of Literature and Composition : What could each learn from the other?", *College English* V.64, 2002.

Fish, S., *Is There a Text in This Class?*, Harvard University Press, 1980.

Foucault, M., *Histoire de la Sexualite* 2(1984), 문경자·신은영 공역, 『성의 역사 2』, 나남출판, 1997.

Gadamer, H. G., *Wahrheit und Methode*(2. Aufgabe), J. C. B. Mohr(Paul Siebeck) Tübingen, 1965.

Genette, G., *Narrative Discourse*(1980), 권택영 역, 『서사담론』, 교보문고, 1992.

Gregory, M., "The Many-headed Hydra of Theory VS. The Unifying Mission of Teaching", *College English* V.59, 1997.

Gribble, J., *Literary Education: A Revaluation*(1983), 나병철 역, 『문학교육론』, 문예출판사, 1987.

Habermas, J., *The Philosophical Discourse of Modernity*, Polity Press, 1987.

Habermas, J., "Modernity: Incomplete Project", *Postmodern Culture*, Pluto, 1985.

Hawkes, T., *Structualism and Semiotics*, Methuen, 1977.

Hegel, G. W. F., Phanomenologie des Geistes, 임석진 역, 『정신현상학 2』, 한길사, 2005.

Hegel, G. W. F., *Vorlesungen über die Ästhetik*, Suhrkamp, 1969.

Heidegger, M., *Wegmarken*(1967), 신상희 역, 『이정표 1』, 한길사, 2005.

Heidegger, M., *Sein und Zeit*(1927), 이기상 옮김, 『존재와 시간』, 까치, 1998.

Hernadi, P., *Beyond Genre*(1972), 김준오 옮김, 『장르론』, 문장, 1983.

Hernadi, Paul ed., *What is Criticism?* (1981), 최상규 역, 『비평이란 무엇인가』, 예림기획, 1998.

Hutcheon, L., *Narcissistic Narrative*, Wilfrid Lauer University Press, 1980.

Ingarden, R., *Literarische Kunstwerk*(1960), 이동승 역, 『문학예술작품』, 민음사, 1985.

Jameson, F., *The Political Unconscious*, Cornell University Press, 1981.

Jameson, F., *The Prison-House of Language*, Princeton University Press, 1972.

Kant, I., *Kritik der Urteilskraft*(1790), 이석윤 역, 『판단력 비판』, 박영사, 1974.

Kaulbach, F., *Immanuel Kant*(1982), 백종현 옮김, 『칸트 - 비판철학의 형성과정과 체계』, 서광사, 1992.

Kermode, F., *The Sense of an Ending*(1967), 조초희 역, 『종말 의식과 인간적 시간』, 문학과지성사, 1993.

Knapp, P., *Genre, Text, Grammar*(2005), 주세형·김은성·남가영 옮김, 『장르, 텍스트, 문법』, 박이정, 2007.

Lukács, G., *Die Seele und die Formen*(1910), 반성완·심희섭 역, 『영혼과 형식』, 심설당, 1988.

Lukács, G., *Die Theorie des Romans*(1920), 김경식 역, 『소설의 이론』, 문예출판사, 2007.
Lukács, G., *Der Historische Roman*(1965), 이영욱 역, 『역사소설론』, 거름, 1987.
Lukács, G., *Writer & Critic and other Essays*, The Merlin Press, 1971.
Macherey, P., *Pour une Theorie de la Production Litteraire*(1978), 배영달 옮김, 『문학생산 이론을 위하여』, 백의, 1994.
Macintyre, A., *After Virtue*(1981), 이진우 옮김, 『덕의 상실』, 문예출판사, 1997.
Martin, W., *Recent Theories of Narrative*, Cornell University Press, 1986
Mcpeck, J. E., *Critical Thinking and Education*(1981), 박영환·김공하 역, 『비판적 사고와 교육』, 배영사, 1981.
Menke, C., *The Sovereignty of Art*, The MIT Press, 1998.
Moretti, F., *Modern Epic*(1996), 조형준 역, 『근대의 서사시』, 새물결, 2001.
Moretti, F., *Sign Taken for Wonders*, Verso, 1988.
Morris, P., *Literature and Feminism*(1993), 강희원 옮김, 『문학과 페미니즘』, 문예출판사, 1987.
Morson, G. S. & Emerson C., *Mikhail Bakhtin : Creation of a Prosaics*(1990), 오문석 외 옮김, 『바흐친의 산문학』, 책세상, 2006.
Palmer, R., 이한우 역, *Hermeneutics*(1969), 『해석학이란 무엇인가』, 문예출판사, 1988.
Ricoeur, P., *Du Texte à l'Action*(1972), 박병수·남기영 편역, 『텍스트에서 행동으로』, 아카넷, 2002.
Rimon-Kennen, *Narrative Fiction*(1983), 최상규 역, 『소설의 시학』, 문학과지성사, 1985.
Roderick, R., *Habermas and the Foundation of Critical Theory*, Macmillan, 1986.
Rodriguess, R., *A Guidebook for Teaching Literature*(1978), 박인기 외 역, 『문학작품을 어떻게 가르칠 것인가』, 박이정, 2001.
Ryan, M. L., "Toward a Competence Theory of Genre", *Poetics* V.8, North-Holland Publishing Company, 1979.
Said, E., *Orientalism*(1995), 박홍규 옮김, 『오리엔탈리즘』, 교보문고, 2000.
Scholes, R., *Textual Power*(1985), 김상욱 역, 『문학이론과 문학교육-텍스트의 위력』, 하우, 1995.
Spellmeyer, C., *Arts of Living*(2003), 정연희 옮김, 『인문학의 즐거움』, Human &Books, 2008.
Stlonitz, J., *Aestetics and Philosophy of Art Criticism*, 오병남 역, 『미학과 비평철학』,

이론과실천사, 1993.

Taylor, C., *The Malaise of Modernity*(2001), 송영배 옮김, 『불안한 현대 사회』, 이학사, 2001.

Veyne, P., *Comment on Ecrit l'histoire*(1971), 이상길·김현경 옮김, 『역사를 어떻게 쓰는가』, 문예출판사, 2004.

Warnke, G., *Gadamer: Hermeneutics, Tradition and Reason*(1987), 이한우 옮김, 『가다머 - 해석학, 전통 그리고 이성』, 민음사, 1999.

Waugh, P., *Metafiction*, Methuen, 1984.

White, H., *Metahistory*(1975), 천형균 옮김, 『19세기 유럽의 역사적 상상력』, 문학과지성사, 1991.

Williams, R., *Keywords*(1976), 김성기·유리 옮김, 『키워드』, 민음사, 2010.

Zima, P., *Dekonstruktion*(1994), 김혜진 역, 『데리다와 예일 학파』, 문학동네, 2001.

Zima, P., *Roman und Ideologie*(1986), 서영상·김창주 옮김, 『소설과 이데올로기』, 문예출판사, 1996.

Zima, P., *Literarische Aesthetik*(1991), 허창운 역, 『문예미학』, 을유문화사, 1993.

색인

(ㄱ)

가다머(Gadamer)　18, 347
가상(Schein)　245
가치 탐구　155
감상(鑑賞)　55, 88, 202, 212
감상문　178, 224
감정이입　213, 219
고발 문학론　304
고쳐 쓰기　183
『고향』　115, 303
공감　102, 251
공명(共鳴)　346
『광장』　157
구성주의　58
기법　268, 279
김기진　121
김남천　118, 297
김현　205
김환태　229, 238
깨어진 거울　24

(ㄴ)

「날개」　272, 280
「남매」　319
내적 대화　155
논리적 설명　257
누스바움(Nussbaum)　140
니체(Nietzsche)　247

(ㄷ)

대중소설론　121
도덕　153
도덕교육　138

독백주의　161
독자반응 이론　250, 335
딜타이(Dilthey)　212, 254

(ㄹ)

로젠블라트(Rosenblatt)　97
루카치(Lukács)　142, 163, 206
리꾀르(Ricoeur)　17, 216
리얼리즘　118, 124

(ㅁ)

마슈레이(Macherey)　24
말하려는 것과 그리려는 것의 분열　322
매개　326
맥락　35, 38, 52
메타소설　183, 194
몰이해적 관심　231
『무정』　26
문식성(Literacy)　343
문제적 개인　142, 153
문학 소통　201
문화　86
미디어 교육　180
미적 만족　234
미적 판단　237

(ㅂ)

바흐친(Bakhtin)　24, 40, 182
반응 중심 교수 학습법　96
베티(Betti)　16
본격 소설　321
부르너(Bruner)　289

블룸(Bloom) 85, 211
「비 오는 길」 144
비판적 읽기 59, 73, 343
비평 204, 208, 215, 341
비평 능력 203
비평 활동 203, 225
비평적 에세이 224

(ㅅ)

사회·문화적 맥락 36
삼각관계 29, 129
상호텍스트성 292
상황 맥락 36
서사 윤리학 139
수용과 창작 175, 181
쉴라이에르마흐(Schleiermacher) 16
신비평 14, 287
『신여성』 128
실증주의 비평 205
심미 체험 335
심미적 읽기 249

(ㅇ)

아이러니 142
양가성 161
양가적(ambivalent) 비판 171
에세이 207
엘리어트(Eliot) 263
예술의 '자율성' 245
『외딴 방』 184
윤리 140
2011 개정 국어과 교육과정 76
이기영 115
이념적 실천 295
이데올로기 비판 160, 171
이론 133

이저(Iser) 202
이해 57
이해와 감상 175
인가르덴(Ingarden) 13
인격적 지식(personal knowledge) 339
『인문평론』 258
인상주의 비평 229, 241, 252
『임꺽정』 313
임화 117, 132, 299, 306

(ㅈ)

자전적 소설 184
장르 39
전형 117
전후 문학 159
정서 209
제임슨(Jameson) 222
조윤제 283
주지주의 260
중도적 인물 163
『조선과 그 이웃 나라들』 64
지마(Zima) 160
지혜 337
직관의 표현 230
진정성(Aunthenticity) 141, 147, 154

(ㅊ)

창작 교육 91, 179
창조적 재구성 88, 181
「천변풍경」 275
채트먼(Chatman) 46, 162
초점 주체 51
총체적 체험 137
최인훈 157
최재서 258
추체험(nachleben) 254

춘원 연구 29
취미 336

(ㅋ)
카메라의 눈 275
칸트(Kant) 233, 237, 336
콜론타이(Kollontai) 127
콜버그(Kohlberg) 138

(ㅌ)
탐구 학습 289
태도 84, 341
테일러(Taylor) 147
통속성 125, 129, 132
통속 소설 132

(ㅍ)
패러디 181
퍼스(Pierce) 61

푸코(Foucault) 153
풍자 269
플롯 62

(ㅎ)
하버마스(Habermas) 61, 100, 227, 246
하이데거(Heidegger) 57, 221
하이퍼텍스트 196
학년군 77
학문 중심 교육과정 290
한나 아렌트(H. Arendt) 91
할러데이(Halliday) 38
해석 약호 221
해석 텍스트 177
해체주의 134, 178
허쉬(Hirsch) 16
헤겔(Hegel) 125, 149, 248
흄(T. E. Hulme) 260

- 1부 1장은 「소설교육에서 해석의 다양성 문제 재론」, 『우리말글』 42집, 2008를 수정한 것이다.
- 1부 2장은 「서사교육에서 맥락과 장르의 관계에 대한 연구」, 『문학교육학』 30호, 2009를 수정한 것이다.
- 1부 3장은 「서사 이론과 읽기 교육의 소통을 위한 시론」, 『문학교육학』 19호, 2006을 수정한 것이다.
- 1부 4장은 「2009 개정 교육과정 문학 영역의 변화상과 이후의 과제」, 『국어교육연구』 50집, 2012를 수정한 것이다.
- 1부 5장은 「문학 교수 학습 방법론 연구」, 『국어교육학연구』 21집, 2004를 수정한 것이다.

- 2부 1장은 「작품 읽기와 비평 이론」, 『문학교육학』 28집, 2009를 수정한 것이다.
- 2부 2장은 「진정성의 서사윤리와 소설교육」, 『국어교육』 132호, 2010을 수정한 것이다.
- 2부 3장은 「인물 중심의 장편소설 감상 교육 연구」, 『국어교육』 118호, 2005를 수정한 것이다.
- 2부 4장은 「문학의 창조적 재구성 내용 연구」, 『국어교육학연구』 30집, 2007를 수정한 것이다.

- 3부는 「비평 활동 교육의 내용 연구」, 서울대학교 박사학위 논문, 2004를 바탕으로 다시 쓴 것이다.